比　较　译　丛　26

比 较 出 思 想

比较

Comparative Studies

叙事经济学

NARRATIVE ECONOMICS

HOW STORIES GO VIRAL & DRIVE MAJOR ECONOMIC EVENTS

[美]
罗伯特 · 希勒
（Robert J. Shiller）
_著_

陆殷莉
_译_

中信出版集团 | 北京

图书在版编目（CIP）数据

叙事经济学 /（美）罗伯特・希勒著；陆殷莉译
. -- 北京：中信出版社，2020.4（2026.1 重印）
书名原文：Narrative Economics: How Stories Go Viral & Drive Major Economic Events
ISBN 978-7-5217-1510-1

Ⅰ.①叙… Ⅱ.①罗… ②陆… Ⅲ.①经济学 Ⅳ.①F0

中国版本图书馆 CIP 数据核字（2020）第 028106 号

叙事经济学

著　　者：［美］罗伯特・希勒
译　　者：陆殷莉
出版发行：中信出版集团股份有限公司
（北京市朝阳区东三环北路 27 号嘉铭中心　邮编　100020）
承 印 者：嘉业印刷（天津）有限公司

开　　本：787mm×1092mm　1/16　　印　　张：23.75　　字　　数：298 千字
版　　次：2020 年 4 月第 1 版　　印　　次：2026 年 1 月第 19 次印刷
京权图字：01-2019-7327
书　　号：ISBN 978-7-5217-1510-1
定　　价：88.00 元

目 录

第一篇　叙事经济学的缘起

第二篇　叙事经济学的理论基础

第三篇 长期经济叙事

第四篇 发展中的叙事经济学

“比较译丛”序

2002年，我为中信出版社刚刚成立的《比较》编辑室推荐了当时在国际经济学界产生了广泛影响的几本著作，其中包括《枪炮、病菌与钢铁》《从资本家手中拯救资本主义》《再造市场》（中译本后来的书名为《市场演进的故事》）。其时，通过二十世纪九十年代的改革，中国经济的改革开放取得阶段性成果，突出标志是初步建立了市场经济体制的基本框架和加入世贸组织。当时我推荐这些著作的一个目的是，通过比较分析世界上不同国家的经济体制转型和经济发展经验，启发我们在新的阶段，多角度、更全面地思考中国的体制转型和经济发展的机制。由此便开启了“比较译丛”的翻译和出版。从那时起至今的十多年间，“比较译丛”引介了数十种译著，内容涵盖经济学前沿理论、转轨经济、比较制度分析、经济史、经济增长和发展等诸多方面。

时至2015年，中国已经成为全球第二大经济体，跻身中等收入国家的行列，并开始向高收入国家转型。中国经济的增速虽有所放缓，但依然保持在中高速的水平上。与此同时，曾经引领世界经济发展的欧美等发达经济体，却陷入了由次贷危机引爆的全球金融危机，至今仍未走出衰退的阴影。这种对比自然地引发出有关制度比较和发展模式比较的讨论。在这种形势下，我认为更有必要以开放的心态，更多、更深入地学习各国的发展经验和教训，从中汲取智慧，这对思考中国的深层次问题极具价值。正如美国著名政治学家和社会学家李普塞特（Seymour Martin Lipset）说过的一句名言："只懂得一个国家的人，他实际上什么国家都不懂"（Those who only know one country know no country）。这是因为只有越过自己的国家，才能知道什么是真正的共同规律，什么是真正的特殊情况。如果没有比较分析的视野，既不利于深刻地认识中国，也不利于明智地认识世界。

相比于人们眼中的既得利益，人的思想观念更应受到重视。就像技术创新可以放宽资源约束一样，思想观念的创新可以放宽政策选择面临的政治约束。无论是我们国家在上世纪八九十年代的改革，还是过去和当下世界其他国家的一些重大变革，都表明"重要的改变并不是权力和利益结构的变化，而是当权者将新的思想观念付诸实施。改革不是发生在既得利益者受挫的时候，而是发生在他们运用不同策略追求利益的时候，或者他们的利益被重新界定的时候"*。可以说，利益和思想观念是改革的一体两面。囿于利益而不敢在思想观念上有所突破，改革就不可能破冰前行。正是在这个意义上，当今中国仍然是一个需要思想创新、观念突破的时代。而比较分析可以激发好奇心，开拓新视野，启发独立思考，加深对世界的理解，因此是催生思想观念创新的重要机制。衷心希望"比较译丛"能够成为这个过程中的一部分。

钱颖一

* Dani Rodrik, "When Ideas Trump Interests: Preferences, Worldviews, and Policy Innovations," NBER Working Paper 19631, 2003.

推荐序

叙事：理解过去与未来

在传统经济学的研究范式中，有两个最基本的假设：理性人假定和完全信息假定。经济学家习惯用量化分析的方式，把许多易感知、易追踪、易整理的定量指标作为经济研究的重要参数。然而，耶鲁大学经济学教授罗伯特·希勒在《叙事经济学》一书中，独辟蹊径地将“叙事”引入经济学领域，将过去依赖于抽象建模和数理统计的经济学还原到有温度、有感知的生活切片或历史场景中，人们的言谈、议题和故事，成为解构经济现象的重要维度。比研究成果更为难得的是，这位2013年诺贝尔经济学奖获得者特有的跨学科思维、开放式思考以及具有人文关怀意义的道德精神，尤为令人敬仰。

“叙事”一词的含义不止于故事或者讲述，归根结底，叙事是历史、文化、时代精神以及个体选择相结合的载体，甚至是一种集体共情。某种程度上，它是在解释或说明一个社会、一个时期的重要公共信念，而信念一旦形成，将潜移默化或者直接影响每个人的经济行为。正是这些特性，使叙事传播成为一个非常重要的经济变化机制和关键预测变量。诸如对市场下跌的恐慌、对未来经济增长的信心、对技术替代的批判以及投资的情绪波动等，这些长期的、变化的叙事载体，无论是对消费者、企业家、投资人，还是对决策者，都将产生非常重要的影响。

上述叙事经济学的核心要旨，以参与者而不是旁观者的视角，将时代中的重要事件作为背景，将人们复杂变化的信念作为研究核心，将事实背后的深层社会心理因素、情感因素，纳入可感知的范畴。理解了叙事，就有可能理解普遍的价值认同，从而获得真正理解经济运行机制的能力。

第一，叙事是理解时代与环境变化的重要门径，而洞察变化是经济活动非常重要的分析维度。在商业实践中，环境是一个关键变量，寻找环境中的关键时点和关键变化，是重大决策的前提。而关键时点和关键变化，很大程度上来源于重大叙事，因为叙事永远是针对当下的，不仅是不断沉淀和更迭的新价值主张，包含了时代特质、观念潮流、思想变革，还可以影响和塑造人们的共同信念。尤其是随着信息时代、智能时代的发展，环境尤其是舆论传播环境，正在成为决定商业成败的关键所在。口碑传播、社群传播正在成为新零售的推广模式，传统品牌和新品牌厂商正在用各种有趣的方式抢占人们的心智，流行事件发生时的快速商业决策正在成为打造企业影响力的重要手段。一旦理解了时代中的关键叙事，就能够判断一种商业模式的底层价值观是否符合消费者的精神诉求，是否具有真正的可持续性，是否真正在创造价值。

第二，叙事将枯燥的信息还原到系统中，理解信息传播的原因比理解信息的真相更为关键。罗伯特·希勒在书中说道，人们并非简单地喜欢好记的或者漂亮的话，而是喜欢深层次的故事。深层次的故事之所以能够广泛传播，一定是触动了人们最原始的情感本能，而不一定是故事简单的真相。正如商业世界无法像科学实验那样，在纯粹理想的空间中，甚至通过设置对照组来验证决策是否正确。我们需要做的是，把决策放在动态环境中，借助“传播”来测试，筛选出符合商业规律的行动策略。我们永远无法预测，只能不断试错。这种思维模式就是第一性原理，不局限于理论上的推想，而是在真实的系统中定义问题，通过现实环境的动态观察挖掘真正重要的原理，把问题研究深研究透。

第三，叙事是建立同理心的桥梁，而同理心在未来愈加重要。一直以来，人文科学的意义在于寻找共同的价值观基础，而叙事的要义在于构建并提炼人们的精神指引。对于企业家而言，理解叙事的核心在于具备同理心。好比产品经理不仅要从功用主义考虑产品的功能属性，还要从美学意义考虑产品的设计、交互和体验；好比医生对病人不仅仅是治愈，还要宽慰；好比人工智能科学家，不仅要从效率和安全上思考技术的革新，还要以有温度的方式思考劳动者的长远价值。一旦企业家掌握了影响商业波动的集体情绪密码，就能够把产品的价值回归到客户真正需要的价值区间。同样，同理心能够帮助投资人，在更大的格局上，获得与未来对话的可能。这种深层次的信念，来源于叙事经济学的源起，用贴近人生经历的本质来指导思维与决策。

《叙事经济学》的阅读体验，是一场不折不扣的知识融通与精神共鸣之旅，它对经济学的反思、商业世界的追问以及金融投资领域的关切，让人们感受到炽热的人文精神。像罗伯特·希勒教授打破经济学的一般假设，运用不同的学科模型，在更宽泛的研究空间里寻求叙事之于经济的启示一样，我们在价值投资的旅途中，也在不断反思。究竟什么是企业真正的护城河？究竟什么是真正创造价值的企业家精神？究竟怎样的投资能够穿越周期、不论天气？这一切都来源于对价值本质的理解。无论是传统产业的升级，还是新兴产业的崛起，最终创造的价值都是为了人们更美好的生活。我们希望企业家追求的伟大格局观，核心就是拥有在变化的时代中构筑宏大叙事的能力，这是一种超长期主义。我们也希望将投资赋予更多人文关怀上的意义，做提供解决方案的资本和良善资本，通过长期投资、赋能投资为社会创造更多的普惠价值。

感谢罗伯特·希勒教授，这是一本理解过去和未来的书，相信每个人都能从叙事经济学中找到理解这个时代的答案。

高瓴资本创始人兼首席执行官

前言

何为叙事经济学？

半个世纪前，19 岁的我在密歇根大学就读本科，我的历史学教授肖·利弗莫尔（Shaw Livermore）指定我们阅读弗雷德里克·刘易斯·艾伦（Frederick Lewis Allen）的著作《仅仅是昨日：从大繁荣到大萧条》。这本书讲述了 1929 年股市崩盘之前的情形和 20 世纪 30 年代大萧条的起始。该书在 1931 年一经出版便成为畅销书。看完这本书之后，我意识到这是一本极为重要的书，因为它不仅描述了“喧嚣的 20 年代”的生机勃勃和一派繁荣，也阐明了大萧条这一全球最大经济危机的起因。这本书给我的感觉是，那一时期快速传播的叙事也对时代精神的转变起到了一定的作用。比如，艾伦记录了他在股市到达顶峰之前亲眼目睹的贯穿整个 1929 年的叙事传播：

> 人们坐在餐桌边听着各种突发横财的故事：一位年轻的银行家将自己微薄财产中的每一美元都投进了一家公司（Niles-Bement-Pond 公司），现在过上了衣食无忧的生活；一位寡妇凭着她在肯尼柯特（Kennecott）公司的收益购买了一幢乡间大别墅。成千上万的人盲目投机，而且还赚了钱，他们对自己投资的公司一无所知，有些购买海滨航线（Seaboard Air Line）的人还以为它是航空股票。（海滨航线是一条铁路，得名于 19 世纪，在那个时

候，“航线”意味着两点之间可以想象到的最短路径。[1]）

这些叙事听起来有点不真实，但它们被反复提起，因此让人很难置之不理。发财致富不可能会这般轻而易举，20 世纪 20 年代的明智之士想必应该明白这一点。那些反驳性叙事原本应该指出一夜暴富的愚蠢荒唐之处，但是它们的传播力显然不是很强。

看完艾伦的书之后，我的个人感觉是股市和经济的变化轨迹以及大萧条的发生肯定都与这一时期的报道、错误认知和叙事有着千丝万缕的联系。但是经济学家从来没有重视过艾伦的著作，叙事传播的概念也从未被纳入他们的经济学模型。这种传播正是叙事经济学的核心所在。

用现在的话说，投资者虽然不是金融专家却大获成功的故事“像病毒般传播”。就像流行病一样，它们借助电话、收音机、报纸和书籍等方式，通过口口相传，在晚宴和其他聚会上从一个人传播给另一个人。我们可以在 ProQuest News & Newspapers（proquest. com，以下简称 ProQuest）上在线搜索早至 18 世纪初的报纸文章和广告，搜索结果显示，“像病毒般传播”（go viral，其变体有 going viral、went viral 和 gone viral）这个短语直到 2009 年左右才第一次在报纸上流行开来，而且通常都出现在与互联网相关的报道之中。而“病毒式营销”这个与之相关的术语也仅能向前追溯至 1991 年，当时它是印度那格浦尔一家小公司的名字。ProQuest 的搜索结果显示，“像病毒般传播”这个短语本身如今已经也像病毒般传播。谷歌书籍词频统计器 Google Ngrams（books. google. com/ngrams）允许用户搜索早至 16 世纪初的书籍中的单词和短语，它对“像病毒般传播”这一短语的搜索结果也显示出类似的轨迹。自 2009 年以来，“当下趋势”这个“像病毒般传播”的同义词也已经像病毒般传播。各个网站显著地展示关于浏览量和点赞量的统计数据也对这些用语的流行起到了推波助澜的作用。

“像病毒般传播”和“当下趋势”都处于感染曲线的上升阶段，即流行呈快速增长的趋势。人们对遗忘过程，即感染曲线的后期下降阶段，并没有投以同等的关注，不过对于经济叙事来说，这一部分同样也可能是经济行为发生变化的重要原因。

艾伦这本书的着眼点就是像病毒般传播的故事，只是他没有使用这个说法而已。他写到自己“重点关注公众心态的变化状态以及公众关注的那些有时可谓微不足道的事情”,[2]不过他并没有形成正式的叙事传播理论。

我们需要将叙事传播纳入经济学理论。否则，我们就是在对一个非常真实、非常明显、非常重要的经济变化机制和一个关键的经济预测因素视而不见。如果我们不明白大众叙事的流行是怎么回事，就无法完全弄懂经济和经济行为的变化。我们在疾病流行预测领域有着丰富的医学文献。这类文献表明，比起纯粹的统计方法，弄明白流行病的性质及其与传染因素的关系，可以帮助我们做出更好的预测。

叙事经济学：流行短语有何特别之处？

“叙事经济学”这个短语以前就曾被人使用过，不过并不多见。《帕尔格雷夫政治经济学辞典》（1894）简单提及了叙事经济学,[3]但这个术语指的是一种用自己的叙述介绍历史事件的研究方法。我关注的不是提出新的叙事，而是研究其他人对重大经济事件的讲述，即像病毒般传播的流行叙事。在使用“叙事经济学”这个术语时，我的侧重点有两个：（1）以故事为载体的观点被人口口相传；（2）人们努力生成新的可传播故事或是让故事更具传播力。首先也是最重要的，我想研究一下叙事传播如何影响经济事件。

“叙事”这个词很多时候与“故事”是同义词。但是我在使用这个术语时，表达的是《牛津英语词典》中一个特定的现代定义：“解释性或说明性地描述一个社会、一个时期的故事或表现。”具体到这一定义，我想补充说明的是，故事并不仅限于简单的人类事件年表。故事也可能是一首歌、一则笑话、一个理论、一条注解或一项计划，它们能够激起情感共鸣，而且可以很轻松地在日常谈话中得到传播。我们可以将历史视为一连串相继发生的罕见重大事件，在每起事件中都有一个故事像病毒般传播，这种传播通常（但并非总是如此）都会借助某个名人效应（有时只是一个略有名气的人物或虚构的固定人物形象），这个名人会让叙事更有人情味。

举例来说，20 世纪下半叶的叙事声称自由市场“足够有效率”，不会因为政府干预而进一步改善。这些叙事随之引发了公众对政府监管的反对之声。当然，有些针对当时监管措施的批评是合理的，但这些批评通常都不具备强大的病毒式传播力。能像病毒一样传播的叙事需要一些个性和一些故事。其中一则叙事与电影明星罗纳德·里根有关，里根于 1953 年至 1962 年在美国超火爆电视秀《通用电气剧场》（General Electric Theater）中担任诙谐而迷人的解说员，是一位家喻户晓的人物。1962 年后，他进入政界并支持自由市场。里根于 1980 年当选为美国总统。在 1984 年竞选连任时，他赢得了竞选对手的家乡州之外所有州的支持。里根利用他的名人效应发起了一场大规模的自由市场革命，这场革命造成的影响好坏参半，且至今余波犹存。

当人们感觉自己与故事中的人物——无论是固定人物形象还是真正的名人——存在关联时，故事的传播力会达到最强水平。比如，特朗普在 2016 年出人意料地当选为美国总统，而将特朗普描述成强硬聪明的交易商和白手起家的亿万富翁的叙事是导致这一结果的经济叙事的核心所在。名人有时会杜撰自己的叙事，就像特朗普那样，但在很多时候，人们只是将名人的名字加入之前传播力较弱的某则叙事中，从而加强其传播力，就像无数个白手起家的故事一样，每次出场的都是一个不同的名人。（我在本书中介绍了很多有关名人的叙事。）

叙事经济学向我们展示了流行故事如何随着时间的推移而改变，从而对经济结果产生影响，这其中不仅包括衰退和萧条，还包括其他重要的经济现象。房价只会上涨的观点与电视上看到的炒房致富的故事大有关联。黄金投资最安全的观点又与战争和萧条叙事大有关联。即便这些叙事与某个名人之间的关联微不足道，它们依然具有传播力。

归根结底，叙事是文化、时代思潮和经济行为发生快速变化的主要载体。[4]有时，叙事会与一时的风尚和短暂的狂热融合在一起。精明的营销员和推销员会对这些叙事加以发挥，以图获利。

除了流行叙事外，还有学者圈共享的专业叙事，这些叙事包含复杂的观点，潜移默化地影响着更广泛的社会行为。其中有一则专业叙事就是投机价格的随机游走理论，该理论认为，股票市场的价格包含了所有信息，这就意味着，任何想要战胜市场的尝试都是徒劳。这一叙事有一定的可信之处（专业叙事通常都是这样），但是，现在已经有专业文献发现该理论没有预测到的信息不完全。

这些专业叙事偶尔会转变为流行叙事，但大众常常会歪曲这些叙事。比如，一则扭曲失真的叙事声称，在国内股票市场买入并持有是最好的投资决策。尽管人们普遍认为买入并持有的策略来自学术研究，但实际上大众的叙事与专业准则是冲突的。就像大众对随机游走理论的解释那样，一些扭曲失真的叙事对几代人都产生了经济影响。

就像所有的历史重构一样，我们无法穿越时空回到过去并使用录音机捕捉那些创建和传播叙事的对话，因此我们只能依赖间接来源。但是，现如今我们可以通过社交媒体和 Google Ngrams 等其他工具捕捉当代叙事的轨迹。

对未来重大事件做出更好的预测

大多数当代经济学家倾向于认为流行叙事“并非我们的研究领

域”。如果进一步追问，他们可能会建议你去询问大学里的其他科系，如新闻系和社会学系。但是这些领域的学者通常会发现想要踏足经济学理论的领域颇有难度，因此，在叙事研究和叙事的经济影响之间出现了空白。

在20世纪30年代的大萧条发生之前，没有哪位经济学家对这次萧条的全球传播做出了可信的预测，也只有极少数人预测到了2005年的美国房地产泡沫顶峰或2007年至2009年的“大衰退”和“世界金融危机”。20世纪20年代末期的一些经济学家认为，经济繁荣将在20世纪30年代达到新的高度，而另一些人则认为会出现另一个极端：失业率将永远保持高位，因为劳动节约型机器将永久取代人的岗位。但似乎没有哪项公共经济预测预见了真实的情况：失业率在极高位上持续了十年之后又恢复了常态。

一般来说，研究数据的经济学家在创建抽象理论模型和分析短期经济数据方面有着出色的表现。他们可以准确地预测未来几个季度的宏观经济变化，但在过去半个世纪里，他们的年度预测总体上是毫无价值的。在评估美国季度GDP（国内生产总值）增长率在未来一年为负数的可能性时，他们的预测与实际的后续负增长率毫不吻合。[5]根据法腾咨询公司（Fathom Consulting）的一项调查，IMF（国际货币基金组织）自1988年以来在其一年两次的《世界经济展望》中预测了194个国家的469次经济衰退（衰退的定义是指一国的GDP连续下滑一年以上）。其中只有17次是提前一年预测到的经济衰退。他们预测的经济衰退中有47次并没有发生。[6]

人们可能会认为这种预测结果相对于天气预报而言已经算不错了，因为天气预测只能提前几天。但在经济决策中，人们通常要考虑到数年之后。他们计划将孩子送到高中或去大学待上四年，并申请了30年的房屋抵押贷款。因此，我们自然希望自己有时能知道经济在接下来的几年里会走强还是变弱。

也许经济预测人员已经竭尽所能。但是，经济事件一次又一次在没有明显起因的情况下发生，看起来我们应该思考能否对经济理论做出一些根本的改进。

我们很少看到专业经济学家在解读过去或预测未来时引用商人或报纸撰稿人对现状的看法，出租车司机的看法就更不必提了。但是，要想弄明白复杂的经济，我们必须将诸多与经济决策相关但相互对立的流行叙事和观点纳入考量，无论这些观点是正确的还是错误的。

对传统宏观经济研究方法的批判并不是近来才出现的。经济学家佳林·库普曼斯（Tjalling Koopmans）在1947年撰写了著名的《无理论的测量》（Measurement without Theory）一文，他在文中批评了当时的标准做法，即专门研究时间序列数据——如国民生产总值或利率——的统计特性，以寻找有助于做出预测的先行指标。他希望能有一些理论基于对深层次人类行为的实际观察：

> 不同于时间序列数据体现出来的观察结果，这些经济理论基于对消费者的动机与习惯，以及对企业盈利目标的了解，这种了解部分基于内省法，部分基于访谈或根据观察到的个人行动得出的推论，简而言之，就是对人类行为及其动机或多或少系统化的认识。[7]

简而言之，正如库普曼斯指出的那样，传统的经济学方法没能考虑到公共信念，即叙事在重大经济事件中的作用。如果经济学家将他们对流行叙事的理解纳入对经济事件的解释，那么他们在预测未来时就能够更为敏锐地察觉流行叙事的影响。采取这种方法之后，他们将为政策制定者提供更好的工具来预测和处理这些事态发展。我在本书中提出的观点是，经济学家可以发展叙事经济学这门“艺术”并将之融入他们的“学科”，从而最有效地推动这门学科的发展。接下来的章节将奠定一个基础，让学科和艺术融合，从而形成更加强大的经济学。

预测经济事件是一种道德责任

归根究底，预测的目的是在当下进行干预，以改变未来的结果，从而造福社会。肯尼思·博尔丁（Kenneth E. Boulding，另一位在密歇根大学对我影响颇深的老师）在1969年发表美国经济学会主席演讲时表示，经济学应该被视为一门“道德”科学，因为它涉及人类的思想和理想。他抨击了下面这种说法：

> 一种被称为无差异曲线的正统学说认为偏好是给定的，我们无法探究它们形成的过程。这一学说可以说是“针对鸟类的”，因为它们的口味主要由其基因结构决定，因此口味可被视为鸟类社会动态变化中的常量。[8]

博尔丁说，经济学“创造了这个它正在研究的世界”。[9]很多时候，我们并不是想预测，而是想提前预警。我们从不是想要预测灾难，我们是想采取行动来防止灾难的发生。

报纸上关于央行例行提高或降低利率等举措的报道似乎反映了这样一种假设：真正重要的是这些举措的确切数量和时机，而非那些与之相随的文字和故事。欧文·克里斯托尔（Irving Kristol）在1977年的著作中言简意赅地表达了典型经济学家的观点，对旨在评估商业信心的民意调查不屑一顾：

> 这是极其愚蠢的做法。商业信心具体体现为投资新工厂和新设备的意愿，它并非心理现象，而是经济现象。重要的是卡特先生和伯恩斯先生做了什么，而不是他们说了什么。约翰·梅纳德·凯恩斯可能曾经相信，显然他的一些门徒至今仍然相信，投资倾向受到商人中普遍存在的或多或少的“动物精神”的支配。

> 但是，凯恩斯派经济学家对商人的智商一直评价不高，他们认为这些商人是喜怒无常的孩子，需要得到家长式的“管理”……决定商业信心的是投资的盈利前景。仅此而已，别无其他。总统说了什么、高管说了什么、其他任何人说了什么都不重要。[10]

克里斯托尔并没有指出故事中那些独立发挥作用并促成经济危机的经济力量。然而，他认为经济学家描述那种称不上最佳选择的商业行为，是在侮辱商人的智商，这时他暗指的是经济学的政治化。很多经济学家已经知道，奉承商人是能带来回报的，商人的支持对经济学家的职业生涯很有帮助。如果声称经济仅受抽象经济力量的推动，就表明经济是在道德真空中运行的，这样领导层就无须受到批评了。

凯恩斯：叙事经济学家

虽然克里斯托尔对民意调查不屑一顾，但全球历史上一些最著名的经济预测似乎基本上都源自对叙事的观察以及对叙事给人类带来后果的担忧。剑桥大学经济学家约翰·梅纳德·凯恩斯在1919年的《和平的经济后果》一书中预言，《凡尔赛和约》给第一次世界大战画上了句号，但它约定的沉重赔偿将让德国不堪重负。凯恩斯并不是唯一一个在战后做出这一预测的人；比如，和平主义者简·亚当斯（Jane Addams）就发起过一场运动，声援战败的德国人。[11]但凯恩斯为自己的观点给出了经济现实方面的证据。德国确实无力支付赔偿，他也正确地判断了迫使德国支付赔偿会带来什么样的危险。凯恩斯预测了德国人将如何解读这些赔偿以及和约中声称德国犯有战争罪的相关条款。凯恩斯的这种洞见正是叙事经济学的范例，因为它的侧重点是人们如何根据自身的经济条件解读《凡尔赛和约》。这同时也是一次预测，因为在外交政策于1919年上演“低俗情景剧”的时候，他警告一场战争即将来临：

> 如果我们刻意想要榨干欧洲中部的财力，那我敢预测，复仇之心将不会消散。过不了多久，反动力量和绝望的革命骚动终将引爆欧洲内战，什么都无法阻止，在这场战争面前，上一场德国战争带来的恐惧阴云将逐渐消散无踪；无论谁是胜利者，这场战争都将毁灭文明和我们这一代人取得的进步。[12]

凯恩斯是对的，20年后，第二次世界大战在挥之不去的怒火之中爆发并夺去6 200万人的生命。他的警告基于经济学，也来自他对经济的把握能力。但凯恩斯谈论的并非我们今天理解的纯粹经济学。他使用的“复仇”和“绝望的革命骚动”等词让人想到充满了道德基础的叙事，触及了我们各种活动的深层含义。

从非理性繁荣到叙事经济学

本书是我大半生心路历程的结晶。我在书中借鉴了我和各位同事，尤其是乔治·阿克洛夫（George Akerlof），数十年来研究工作的成果，[13]这些成果汇集成我于2017年在美国经济学会的主席演讲“叙事经济学”和2018年在剑桥大学的马歇尔讲座。本书尝试着综合所有这些作品中的观点，将这些观点与流行病学（与疾病传播相关的学科分支）关联起来，并提出这样一种理念：“观点病毒”要为我们在经济活动中观察到的很多变化负起责任。讲述我们所处时代和个人生活的“故事”在不断变化，从而改变了我们的行为方式。

本书提出的叙事经济学见解与信息技术和社交媒体的最新进展是吻合的，因为它们是故事在几毫秒内像病毒般传遍全球的渠道，这些渠道对经济行为产生了深远影响。不过，本书也研究了一段时间跨度颇久的历史，这一时期通信速度较慢，故事是通过电话、电报以及由卡车或火车递送的报纸得到转述的。

本书共四篇。第一篇介绍了引自医学和历史等多个研究领域的基本概念，并列举了读者耳熟能详的两个叙事实例：（1）2009 年开始风行的比特币叙事；（2）主要流行于 20 世纪 70 年代和 80 年代的拉弗曲线叙事。第二篇提出了一系列构想，帮助指导我们对经济叙事的思考，并防止我们在思考过程中犯下错误。比如，很多人都没有意识到，长期叙事可能会经历一个变化的过程，这种变化会将一度极具传播力的故事改头换面，并让它们再次恢复活力。第三篇回顾了 9 个长期叙事，如涉及他人信心、节俭或职业不安全感的叙事，事实证明它们能够影响重要的经济决策。第四篇展望未来，并对叙事在当下这个历史节点上会带领我们走向何方、未来什么样的研究可以提高我们对叙事的认识等提出了一些看法。第四篇之后的附录将叙事分析与流行病医学理论结合在一起。

第一篇

叙事经济学的缘起

第1章　比特币叙事

本书开启了一种新的经济变化理论，该理论在驱动经济的传统因素中引入了一个重要的新元素：通过口述、新闻媒体和社交媒体传开的传播性大众故事。大众思维往往会推动人们做出一些最终会对决策产生影响的决定，比如，在什么地点以什么方式投资、花费或储蓄多少、是上大学还是找工作。叙事经济学研究的是影响经济行为的流行叙事的病毒式传播，它可以提高我们预测经济事件并未雨绸缪的能力，还可以帮助我们制定经济制度和政策。

为了让读者直观感受我们的研究方向，我们先来看一则近来风行一时的流行叙事。现在我们有数千种私人发行的加密货币，包括莱特币（Litecoin）、瑞波币（Ripple）、以太坊（Ethereum）和天秤币（Libra）等。作为这些加密货币的先行者，比特币已经激起了无数的热议、激情和创业活动。从人们对它的投机热情以及它的市场价格而非它的实际商业应用来看，比特币可谓有史以来最引人关注的加密货币，而所有这些围绕比特币的叙事都为探讨叙事经济学的基本流行病学特征提供了直观的基础（我们将在第3章中对此予以详述）。

经济叙事指的是有可能改变人们经济决策的传播性故事，这些决策包括：是雇用一名工人还是等待形势好转，在商业上是大胆冒进还是谨小慎微，是从事商业创投还是投资于波动的投机性资产。经济叙事通常并不是特别突出的叙事，要想识别它们，我们必须考量它们改变经济行为的可能性。比特币的故事就是一个成功的经济叙事实例，因为它有很强的传播力，并已在全球大部分地区带来了重大经济变化。它不仅推动了真正的创业热情，也刺激了商业信心，至少在一段时间内做到了这一点。

比特币和泡沫

比特币叙事讲述的是充满创意的国际化年轻人的故事，他们与乏善可陈的官员形成了鲜明对比；这是一个关于财富、不平等、先进信息技术的故事，里面充满了深奥难懂的专业用语。对大多数人来说，比特币就是一次又一次的意外。它的首次发行就是一个意外，然后，随着全球关注度的迅速提高，它一次又一次地刷新人们的认知。比特币的总价值一度超过 3 000 亿美元。但是，除非人们认为比特币具有价值——其支持者就欣然接受了这一点——否则它就是没有价值的。那么比特币的价值又是怎么在短短几年间从 0 美元上涨到 3 000 亿美元的？

比特币最早出现的时间要追溯至 2008 年，当时一篇题为“比特币：一种点对点的电子现金系统”并署名中本聪的文章被发送到一个邮件通信组中。2009 年，第一个加密货币根据这篇文章提出的理念横空出世并被命名为比特币。加密货币是计算机管理的公共账本的账目，可以充当货币，但前提是人们将这些账目视为货币并将它们用于交易。支撑加密货币的是一个令人印象深刻的数学理论，但是该理论并未说明是什么原因导致人们认为加密货币具有价值或深信其他人也认为它们具有价值。

批评者经常指称比特币的估值只是投机泡沫而已。传奇投资人沃伦·巴菲特说过：“这就是一种赌博工具。”[1]批评人士发现比特币的故事很像 17 世纪 30 年代发生在荷兰的著名的郁金香热，当时投机者将郁金香球茎的价格炒到了一个球茎价值一幢房子的高度。也就是说，比特币现在之所以有价值，完全是因为公众的狂热。人们必须对比特币现象感到足够的狂热并纷纷寻找不同寻常的交易平台购买比特币，它才能够取得这样巨大的成功。

对比特币的支持者来说，将比特币贴上投机泡沫的标签是一种终极侮辱。比特币支持者经常指出的一点是，公众对比特币的支持与公众对其他很多事物的支持并无本质上的差异。举例来说，几千年来，黄金在公众心目中一直具有极高的价值，但如果人们一开始使用其他物品充当货币，那公众也可能会认定黄金没有什么价值。人们之所以看重黄金，主要是因为他们认为其他人都很看重黄金。此外，彼得·盖伯尔（Peter Garber）在他的著作《天下第一泡沫》（2000）中指出，泡沫可以持续很长一段时间。在 17 世纪的郁金香热消退之后很久，稀有而美丽的郁金香仍被赋予极高的价值，只不过不再那么极端而已。从某种程度上说，郁金香热直到今天仍在继续，只不过热度在逐渐降低。比特币可能也会出现同样的情况。

不过，比特币的价值极不稳定。《华尔街日报》的一则头条新闻显示，比特币的美元价格一度在 40 小时内上涨了 40%。[2]这种波动性证明了经济叙事的传播力，这种传播力可能导致价格出现反复无常的波动。

在此我不打算解释比特币的具体技术，只想指出它是数十年研究的结果。在从事比特币交易的人中，很少有人了解这项技术。我在遇到比特币爱好者时，经常会请他们解释一下它的基本概念和理论，如默克尔树（MerkleTredd）或椭圆曲线数字签名算法，或者请他们将比特币描述成吞吐量有限的堵车排队游戏的均衡状态。[3]通常情况下，他们的回答就是茫然地看着我。所以，至少可以说，理论并不是叙事的核心，人们只需要知道这个想法是一些聪明绝顶的数学家或计算机专家提出的即可。

叙事经济学经常会揭示一些令人意外的关联。沿着历史的长河，比特币背后的这些情绪可以回溯到19世纪无政府主义的兴起。

比特币和无政府主义

Google Ngrams对无政府主义者或无政府主义的搜索结果显示，反对一切政府的无政府主义运动始于1880年左右并缓慢发展。但这个术语本身可以追溯到更早的时期，即皮埃尔－约瑟夫·蒲鲁东和其他人的著作。蒲鲁东在1840年对无政府主义描述如下：

> 被统治，就是被那些既无权利也无智慧又无美德的人看守、审查、监视、指令、训诫、编号、管束、征召、灌输、说教、控制、检查、评估、作价、斥责和命令。[4]

蒲鲁东的话显然会迎合那些对政府感到灰心或者将自己缺少个人成就感归咎于政府的人。无政府主义过了大约40年的时间才达到传播规模，但它已经显示出强大的持久力，甚至持续至今。Bitcoin. org网站刊载了无政府主义者斯特林·卢汉（Sterlin Lujan）2016年的一段文字：

> 比特币是和平无政府状态与自由的催化剂。它的出现是对腐败政府和金融机构的回击。它的设立不仅仅是为了改善金融科技。但有些人往这个真相里掺了假。事实上，比特币的目的是充当一种货币武器，充当一种有望削弱权力当局的加密货币。[5]

大多数比特币爱好者可能都不会用如此极端的术语描述他们的热情，但这段文字似乎抓住了比特币叙事的核心要素。加密货币和区块链（区块链是加密货币的会计系统，从设计上说，这些系统是由大批匿名个体以民主方式维护的，据说不受任何政府的监管）似乎能够引起某些人的强烈情感共鸣，点燃他们对自身社会地位和角色的深层感受。比特币的故事能够格外让人产生共鸣，因为它构成了早先反对无政府主义叙事的反向叙事——这类反对无政府主义的叙事将无政府主义者描绘成投掷炸弹的疯子，他们对社会的看法只会带来混乱和暴力。比特币是一种具有传播力的反向叙事，因为它展现了一个自由的无政府主义社会最终能够创造出来的惊人发明。

“黑客伦理”（hacker ethic）这一术语是无政府主义在现代社会的又一化身。在万维网广为应用之前，社会学家安德鲁·罗斯（Andrew Ross）在 1991 年写道：

> 20 世纪 50 年代，麻省理工学院开发多用户系统的学生首次提出了“黑客伦理”。从它的知情权原则及其对技术去中心化的倡导来看，这一伦理是一种自由主义和加密无政府主义。[6]

派卡·海曼（Pekka Himanen）在 2001 年的《黑客伦理与信息时代精神》一书中描写了“狂热程序员”的伦理。[7]在互联网时代，人们在摆脱了政府、传统利润或律师的新框架下与新技术共事的意愿和能力令我们很多人大感意外。譬如，维基百科鼓励大批匿名人士通过合作打造令人叹为观止的信息库。免费开源的 Linux 操作系统也是一个成功的案例。

但是，在众多病毒式传播的经济叙事中，比特币显得格外突出。这是一则为了传播而精心设计的叙事，有效地捕捉到了无政府主义精神；当然，正是因为这一点，我们大多数人都听说过这则叙事。它在一定程度上既是泡沫故事，也是神秘故事。比特币使非专业人士和市井小民也得以参与叙事，让他们感觉置身其中，甚至让他们围绕比特币建立起身份认同感。还有一点也同样富有感染力，那就是这一叙事也生成了很多发家致富的故事。

充满人情味的比特币叙事

对于世界各地的国际化阶层、渴望加入该阶层的人以及那些认同先进技术的人来说，比特币叙事起到了激励作用。和很多经济叙事一样，比特币也有自己的名人主角中本聪，他构成了比特币的核心人文故事。而另一则神秘故事又进一步增添了比特币叙事的浪漫色彩，那就是从来没有人可以作证说他见过中本聪本人。一位比特币早期开发人员表示，中本聪只通过电子邮件与人联系，他们两人从未谋面。[8] Bitcoin. org 在其网站上只是说："中本聪在 2010 年底退出本项目，他没有透露太多自己的信息。"

人们喜欢神秘故事，喜欢揭开神秘的面纱，大量丰富多彩的神秘文学也因此问世。比特币的神秘故事被人一再提起，尤其是每当侦探们发现某个人可能是中本聪的时候，就会掀起一阵浪潮。如果没有对神秘谜团的反复宣传，比特币叙事的传播率不会如此之高。

比特币和对不平等的恐惧

除了利用无政府主义情绪和中本聪的神秘色彩之外，比特币的故事也是一个寻求经济赋权的故事。在 21 世纪，由于发达国家的经济不平等迅速加剧，很多人感到绝望无助，他们希望能够更好地掌控自己的经济状况。比特币大概在 2011 年"占领华尔街"/"我们是那 99%"的抗议活动前后出现了第一次价格飞涨。社会活动家组织 Adbusters希望自己想要传达的信息能像病毒一样传播，于是在美国发起了这些抗议活动。其他很多国家也发生了"占领"抗议活动。比特币叙事是一则个人赋权叙事，这并非巧合，因为根据它的叙事，比特币是匿名的，完全不受政府的控制、管理和影响。

计算机正越来越多地控制着人类生活的说法，是推动比特币和其他加密货币高传播率的又一个叙事构成。在 21 世纪，亚马逊的 Alexa、苹果的 Siri 和阿里巴巴的天猫精灵等自动助手可以为我们所用，它们能够理解人类的语言并用模拟人声对各种问题给出头头是道的智能回应。此外，无人驾驶的汽车、卡车、火车和船只似乎在不久的将来就会成为现实，而这将导致卡车司机和其他以驾驶或导航为生的人大规模失业。劳动节约型机器的相关叙事自工业革命以来就令人倍感恐惧，而“技术正在掌控我们的生活”的叙事可谓是它的最新体现。

这一卢德派叙事（我们将在第 13 章再次讨论这一叙事）提出了一种挥之不去的担忧，那就是机器将取代人类的工作岗位。这种担忧并不是说你某一天去上班，结果被告知公司正在购买一台新电脑来完成你的工作。相反，这样的改变是渐进的，但又是不可避免且意义重大的。更有可能出现的情况是，随着计算机自动化执行的任务越来越多，你可能会发现雇主好像对你的存在越来越漠不关心，他们不再给你加薪，不再鼓励你留在公司，也不会再雇用其他像你这样的人，最终甚至不再记得你。对未来的恐惧更多的是担心自己不再被人需要的存在主义恐惧。

在这样的环境下，人们没有什么选择。我们可以训练计算机执行新任务，其速度会比人类快出多个数量级。呼吁政府增加教育支出以抵消计算机造成的岗位流失，这样的要求似乎是合理的，但我们很难想象人类最后能够获胜。全世界数以百万计的学生都想知道他们接受的教育能否让自己走上成功之路，这种焦虑间接助长了比特币等技术驱动型加密货币的传播力，因为至少从表面上看，这些加密货币似乎让人们看到了一些掌控计算机的希望。

比特币和未来

数字签名算法是比特币的基础所在，它界定了比特币的个人所有者，也让盗贼难以窃取比特币。这一算法自20世纪90年代初就已经受到了一些关注，但其覆盖范围完全无法与比特币相比。ProQuest在其整个数据库里只找到了一篇提到“椭圆曲线数字签名算法”这几个词的文章。提到“数字签名算法”的只有五篇文章。RSA算法*可能算得上是启动比特币革命的原始加密算法，它可以追溯至1977年。ProQuest列出了26篇提到RSA算法的文章。但这个数字完全无法与提到比特币一词的15 000多篇文章相比。

造成这一差距的必然是比特币这一更大规模叙事的传播力。“数字签名算法”这个术语听起来就像是学生时代为了应付考试而费心背诵的东西：带有专业性、令人痛苦、枯燥乏味。而比特币的故事则远比它精彩得多。尤其值得一提的是，它讲述的是比特币投资者仅仅因为了解了最前沿的新事物就发家致富的故事。比特币是面向“未来”的。这样的漂亮话很容易被人记住，是可以在社交聚会上热烈探讨的话题。简而言之，比特币是一个美妙绝伦的故事。

很多时候，人们购买比特币是因为他们希望参与令人兴奋的新鲜事物，他们希望能够从中学习经验教训。这种动机之所以格外强烈，还在于它的深层故事，即计算机有望取代人类多种工作岗位的说法。但计算机无法取代所有的工作岗位，得有人控制这些计算机才行，于是现如今又有了一种说法，即掌握新技术的人将成为赢家。很少人有十成把握认为自己将站在这条曲线的赢家那一端。如今，即使攻读计算机科学学位似乎也不能保证我们一定会取得成功，因为我们照样有

---

* RSA算法是由Ron Rivest、Adi Shamir和Leonard Adleman于1977年提出的一种非对称加密算法。RSA是由三人姓氏开头字母组合而成的。——编者注

可能干着低级别程序员的无趣工作，甚至有可能根本找不到工作。人们普遍想要投身科技产业的金融领域，因为有很多故事都表明金融家控制着一切，而比特币正处在这一领域。比特币的狂热追捧者可能会认为，尝试参与比特币会让他们与那些将要成为新世界赢家的人建立起联系，并让他们深入了解如何保持（或获得）控制权。只要购买一些比特币，就可以轻松快速地启动一个人与这种新现实的链接。最重要的是，人们在购买比特币时用不着做到对它了如指掌。现在，便利店的自动售货机都出售比特币和其他加密货币。这种“参与未来”的叙事使比特币具备了价值，与此同时，比特币价格剧烈波动的日常消息也在对之推波助澜。这一叙事使比特币价格相对于国家货币出现波动，而这些波动既借势于传播性叙事，又会生成传播性叙事。

比特币是世界经济的会员证

我们正身处人类历史上一个特殊的过渡时期，很多全球成功人士都将自己视为更广泛的国际文化的一部分。有些时候，相对于我们的雄心壮志而言，我们的民族国家似乎越来越无关紧要。比特币没有国籍，因此兼具了民主化和国际化这两方面的吸引力。它的泛国家叙事中有一个与生俱来的观点，那就是，任何政府都无法控制它或阻止它。与之形成对比的是，老式纸币上通常都印有一国历史名人，它代表了一种过时的国家主义，一种适合输家的东西。从某种程度上说，纸币就像小号的国旗；它是一个人国籍的象征。比特币钱包则让拥有者成为世界公民，从某种意义上说，也使他在心理上摆脱了传统的依附感。

那么，我们如何总结比特币大受欢迎的原因呢？归根究底，人们之所以对比特币感兴趣，恰恰是因为其他很多人都对它感兴趣。他们对比特币的新故事感兴趣，是因为他们相信其他人也会对这些故事感兴趣。

一些探究人类心理、历史和反馈数学模型的学术人士发现了叙事的一些基本原理，只要我们想想这些原理，就会发现比特币的成功也没有那么多出人意料之处。我们将在下一章介绍这些伟大的学者以及他们所做的贡献。这些学者中的大多数人都不是受过训练的或专业的经济学家。

第2章　知识融通之旅

对我来说，思考叙事经济学一直是一场知识融通的发现之旅。“知识融通”这个词是在1840年由科学哲学家威廉·惠威尔（William Whewell）提出来的，在1994年由生物学家威尔逊（E. O. Wilson）予以了普及。它指的是不同学科之间的知识统一，尤其是科学与人文学之间的知识统一。在探究经济的真实现象和人文现象以及突如其来的经济变化时，所有这些学习知识的方法都是紧密相关的。只要一个人意识到经济是由有意识的、活着的人构成的，这些人会根据带有情感和观点的故事审视自己的行为，那他就会发现自己需要多种不同的视角。因此，叙事经济学需要用上大多数大学院系的理论概念。

不幸的是，现在各个学科往往都变得比较孤立。研究人员无法做到无所不知，所以人们在冲动之下会觉得一个人必须从事专门研究，缩小自己的研究范围，做到可以合理地认为自己在一个狭义的主题上掌握了所有相关知识。从某种程度上说，大学研究人员只能接受这种现实。但是这种冲动有时会走向极端，而且往往会导致过度专业化。

经济学家在尝试弄明白历史重大经济事件的时候很少会关注与这些事件相伴的重要叙事。如图2.1所示，经济学远不如其他大多数学科那样关注叙事的重要性。所有学科都越来越重视叙事，但是，即使偶尔有人呼吁采取更全面的实证经济学方法，经济学和金融学也还是处于落后地位。[1]

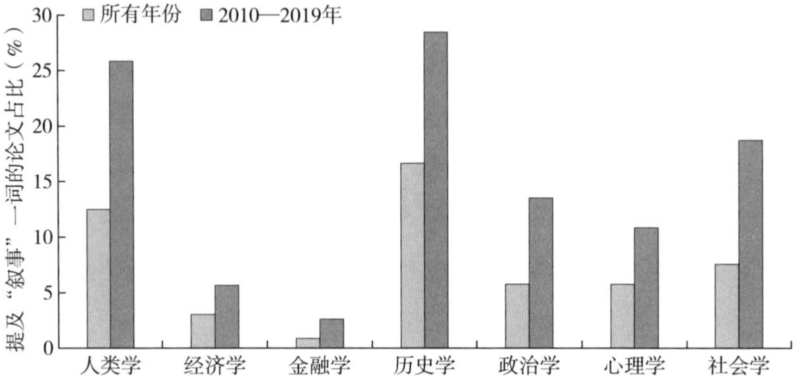

图 2.1　提及"叙事"一词的论文在所有学科论文中的占比

注：近年来，所有领域都越来越关注叙事，但经济学和金融学相对落后。

资料来源：作者根据 JSTOR 的数据计算得出的结果。

大多数经济学家似乎也没有兴趣拿他们在工作中所用的书面文字数据库来研究叙事。当他们确实在出版作品中用到这个词时，通常是随意而离题地用这个词指代一个在他们眼里应该受到批判的传统观点。此外，他们很少记录叙事的受欢迎程度，讲述它们那些充满人文趣味的故事或考量其受欢迎程度对经济的影响。最后，"叙事"这个词往往出现在标新立异或普及推广类经济学期刊上。然而，初具雏形的叙事经济学理论有望帮助我们更好地预测重大经济事件，就这一点来说，经济学家可以而且应该更多地了解叙事并收集本章所说这些领域的学者的见解。本章可以说是一次知识融通的练习。它总结了各个领域的学者如何利用叙事拓展学科内和跨学科知识；同时，它也奠定了一个基础，经济学家可以基于此，对叙事展开更具想象力的思考。

流行病学和叙事

近百年来，医学院一直在对流行病的传播构建数学模型，因此这个领域发展得非常完善，其中很多成果都有望应用于经济学。流行病学生成的可不止一种模型，而是多个可以应用于不同环境的不同模型；我们将在后续章节中看到，这一点对本书来说非常关键。如果有人想要详细研究这些数学模型，可以参见书末附录，了解这些模型的概况及其有可能应用于经济叙事的地方。

历史和叙事

历史学家一直都对叙事欣赏有加。然而，正如历史学家拉姆齐·麦克马伦（Ramsay MacMullen，2003）在《感受历史：古代与现代》中指出的那样，要想深刻理解历史，就需要推断出那些历史创造者的想法，也就是说，他们的叙事是什么样的。他并没有从字面上强调叙事的概念；他曾告诉我，他想用一个词表达“促成某些情绪反应的刺激因素，可是没有这样的词”。他认为，如果我们想要弄懂人们的行为，就得研究“那些带有激励作用的术语和形象”。比如，他认为，要想真正弄明白美国为什么会爆发内战，就得深入研究那些绘声绘色的故事，比如 1837 年一则新闻报道了愤怒的暴徒在伊利诺伊州奥尔顿枪杀主张废奴的报纸编辑洛夫乔伊（E. P. Lovejoy）一事。这个带有煽动性的故事将北方的反奴隶制情绪推向了持续多年的狂怒。除非我们将相关叙事的情感力量纳入考量，否则，有关美国内战在何种程度上因奴隶制而起的学术讨论就不可能得出确凿的结论。

已故经济史学家和诺贝尔奖获得者道格拉斯·诺思（Douglass North）在 2005 年出版的《理解经济变迁过程》一书中认同了麦克马伦的这一看法。这本书着重强调了人类意向在经济制度发展过程中的重要作用，这些意向基本上以叙事的形式展现。

社会学、人类学、心理学、市场营销、心理分析和宗教研究领域的见解

在社会科学领域，重视流行叙事研究的学派在过去半个世纪纷纷兴起。这些研究被命名为叙事心理学[2]、叙事社会学[3]、叙事心理分析[4]、宗教研究叙事法[5]、叙事犯罪学[6]、民俗研究[7]、口碑营销[8]等。最重要的是，如果你让人们解释他们的生活目标或人生观，那么大多数人几乎都没有什么可说的，但是，一旦给他们一个讲述个人故事的机会，那他们就会两眼放光，而这些故事也揭示了他们的价值观。[9]譬如，我们发现，在采访监狱囚犯时，当我们请受访者讲述其他囚犯的故事时，一般会得到较好的回应，而这些故事表达的往往不是道德缺失感，而是道德变化感。

再举一个例子：人类学家威廉·奥巴尔（William M. O'Barr）和经济学家约翰·康利（John M. Conley）采访了一些投资经理并请他们谈谈自己的业务，结果发现公司员工普遍倾向于讲述有关公司成立及其价值观的故事。[10]各家公司的故事都有一些共同特征，类似于人类学家所说的原始部落用来讲述自身起源的创世神话。这样的故事往往聚焦于一位男性（极少数情况下是一位女性），这个人在创建部落——或者说，在此处应该是创建公司——的时候展现了非凡的远见或勇气。这样的叙事倾向于回归到创始人的故事，从而让很多讲述公司现状的故事更具说服力。

文学研究和叙事

有关经济叙事的思考将经济学家带到了一个他们通常不大熟悉的大学角落——文学系。一些文学理论家在一定程度上受到卡尔·荣格（Carl Jung）的“原型”[11]和梅兰妮·克莱因（Melanie Klein）的“幻想”[12]等心理分析的启发，他们发现，虽然故事里的名字和环境因故事而异，但某些基本的故事结构反复被人使用，这表明人类的大脑可能带有

针对某些故事的内置接收器。约翰·卡维提（John G. Cawelti，1976）将他所说的“公式故事”分类为“冷面侦探故事”或“哥特式浪漫故事”。弗拉基米尔·普洛普（Vladimir Propp，1984）发现所有民间故事里都出现了31种“功能”，它们的名字非常抽象，如“违背禁令”和“罪行与缺乏”。罗纳德·托比亚斯（Ronald B. Tobias，1999）认为，所有小说都不外乎20种经典情节：“探寻、探险、追逐、解救、逃跑、复仇、推理故事、对手戏、落魄之人、诱惑、变形记、转变、成长、爱情故事、不伦之恋、牺牲、自我发现之旅、可悲的无节制行为、盛衰沉浮。”克里斯托弗·布克（Christopher Booker，2004）则认为故事只有7种基本情节：“斩妖除魔、白手起家、探险、远行回归、喜剧、悲剧和重生。”

文学理论家玛丽·克拉格斯（Mary Klages，2006）表示，结构主义文学理论认为这些列举所有基本故事架构的做法属于“过度还原、去个性化”。[13]虽然她驳斥了其他学者的基本情节列表，但她也表示：“结构论者认为，将片段和规则组织成有意义体系的机制来自人类的思想本身。”[14]彼得·布鲁克斯（Peter Brooks，1992）认为，叙事学应该关注“叙事如何影响身为读者的我们创造理解模式，以及我们为什么需要和想要这样的塑造秩序”。[15]布鲁克斯认为，结构良好的叙事会“激活意义构建过程”并实现“对意义的热忱追求”，[16]而对叙事的研究也自然而然地走向了心理分析。

俄罗斯文学家加利·索尔·默森（Gary Saul Morson）近来与经济学家莫顿·夏皮罗（Morton Schapiro）合作推出了著作《金钱与情感》（2017），他们在书中指出，如果能够更好地欣赏伟大的小说作品，将有助于改进对经济生活的建模，因为这些作品能够带领我们贴近人生经历的本质。

神经科学、神经语言学和叙事

叙事是词语的排列组合，因此语言学与之息息相关。除了隐喻用法之外，词语既有简单直接的含义，也有内在含义。现代神经语言学研究了支撑叙事的大脑结构和组织。[17]

传播性叙事通常像隐喻一样发挥作用。也就是说，它们暗含了一些故事中根本没有提及的观点、机制或目的，实际上，它只是借故事之名而已。人类大脑喜欢围绕着隐喻运转。比如，我们会在讲话中随意地加入战争隐喻。我们会说某个论点“一败涂地”或“无力防守”。人类的大脑注意到了这些词语与战争叙事的关联，只不过这种关联并不全都是有意识的关联。这种关联暗示了其他可能性，从而丰富了讲话的内容。因此，当我们说到股市“崩盘”时，大多数人都会想起1929年的股市崩盘及其后果。语言学家乔治·拉考夫（George Lakoff）和哲学家马克·约翰逊（Mark Johnson，2003）认为，这种隐喻不仅是绘声绘色的写作方式和说话方式，而且塑造了我们的思想，影响了我们的结论。神经科学家奥辛·瓦塔尼安（Oshin Vartanian，2012）指出，从人类大脑的功能性磁共振成像（fMRI）来看，类比和隐喻会始终如一地“准确激活”同样的大脑区域。也就是说，人类大脑在构造上似乎会对那些导致类比联想的故事做出反应。

知识融通需要协同研究

本章简要总结了一系列令人眼花缭乱的理解叙事传播的方法，这意味着经济学家和其他学科专家之间的协同研究将有望革新经济学。这其中尤为重要的是流行病学家的观点和见解，他们的模型成功地预测了流行病的未来发展轨迹，并解释了如何抵御这些流行病。我们将在下一章中看到，经济学家可以借鉴这些流行病学模型改进自己的模型和预测。经济学和流行病学的结合将是本书的第一个知识融通示例。

第3章　传播、星座和交汇

在我们着手研究经济叙事如何像病毒般传播之前，可以先思考一下细菌和病毒是如何蔓延传播的。流行病学领域宝贵的经验教训也许能够帮助解释比特币的故事（以及其他很多经济叙事）是如何像病毒般传播的。

我们先来看看由真正的病毒引起的疾病。在2013—2015年间席卷西非——几内亚、利比里亚和塞拉利昂——的埃博拉重大疫情就是其中一例。埃博拉是一种病毒性疾病，目前还没有有效的疫苗或疗法，感染者大多会丧命。埃博拉是通过体液在人与人之间传播的。通过住院治疗、隔离检疫以及妥善处理埋葬死者，可以降低其传染性。

在图3.1中，我们可以看到利比里亚一个社区的埃博拉疫情情况，这是一条典型的流行病曲线。请注意，埃博拉新增病例数呈驼峰模式。疫情先是上升，然后再下降。上升期为传染率（即新感染者增长率）超过康复率与死亡率之和的时期。在上升期，因传染导致的感染者人数增加的速度超过了因康复或死亡导致的感染者人数下降的速度。而在下降期，这个过程出现了反转。也就是说，由于康复或死亡导致的感染者数量下降的速度超过了由于传染导致的感染人数增加的速度，从而让感染人数稳定下降，这也标志着疫情的终止。

疫情开始之后，埃博拉病毒的传染率最终因各种原因下降，这其中尤其要感谢无国界医生组织、一百多个非政府组织以及冒着生命危险的个人为了降低非洲的传染率做出的不懈努力。根据世界卫生组织

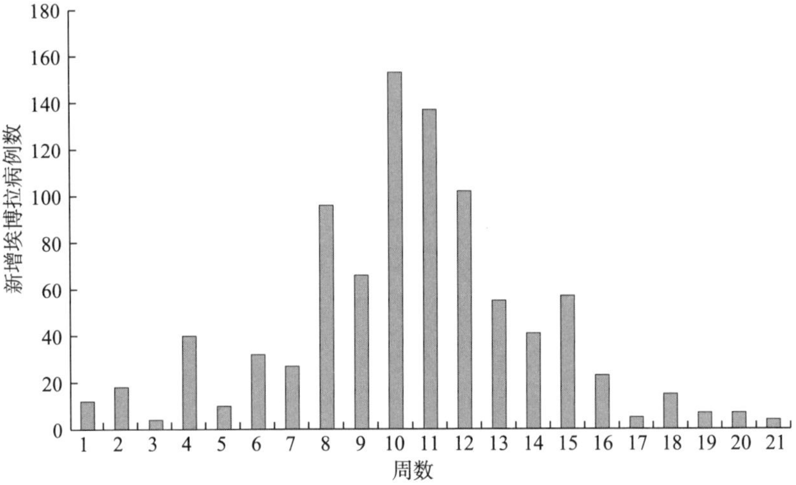

图3.1 流行病曲线示例（2014年6月8日至11月1日利比里亚洛法县）

注：每周新增的埃博拉病例数量。后面我们将会看到很多经济叙事，它们在数字化数据库中的盛行程度也遵循类似的驼峰模式。

资料来源：美国疾病控制和预防中心。

的数据，医护人员感染埃博拉的可能性是当地一般人群的21～32倍，截至2015年，已有815起医护人员感染埃博拉的确诊和疑似病例。他们中的大多数人都去世了。[1]

传染、康复和衰退

通过避免与病人接触降低传染率的做法算不上什么新举措。隔离措施的历史至少可以回溯至1377年，当时，威尼斯在瘟疫期间对海上抵达者实施了30天的隔离期，然后又对陆地旅行者实施了40天的隔离期（“隔离”这个词起源于拉丁语的“四十”）。我们偶尔也会看到旨在加剧传染的战争行为，比如在1346年围攻卡法一役中，就曾有过将瘟疫死者的尸体弹射到一座设防城市的做法。[2]

传染率下降的另一个原因是易感人群的减少。这一人群之所以会随着时间的推移减少，是因为感染过疾病的人现在产生了免疫力（或者已经死亡）。即使没有医护人员采取行动控制疾病，这一机制也会生效，附录对这一机制进行了建模；在现代医学出现之前，过去的流行病就是这种情况。最终，这些流行病在所有人都被感染之前结束了。

在传染率低于康复率和死亡率之和时，疾病并不会立即消失，传染率并不会降至零。要想战胜流行病，唯一需要做的就是将传染率降到康复率以下。除非传染率为零，否则新的病例仍会出现，但病人总数在下降，并逐渐减少至零，此时疫情也就告一段落。

我们在此所说的是多人的平均传染率和平均康复率。但是，不同携带者的传染率和康复率可能会有很大差异。即使所占比例相对较少，超级传播者仍有可能传染很多人。一个世纪前的“伤寒玛丽”——玛丽·马龙（Mary Mallon）就是这样一个超级传播者，她在几年的时间内将伤寒传播给了至少122人。[3]就叙事而言，如果没有这些超级传播者，我们大多数人的传染性可能都不足以引发一场流行病。一小部分的超级传播者就有可能让平均传染率远高于标准传染率。如今可以使用加速分析进行营销，从而实现叙事的超级传播，比如近来英伟达公司（NVIDIA）或超威半导体公司（AMD）提供的那类分析，而这种营销是我们大多数人看不到的。因此，我们不能总是通过自己对叙事的着迷程度准确判断它的传播力。

流行病为何会在某一时间和地点出现？它在高峰期之后为何会出现下降？这两点往往都难以解释。很多因素影响着传染率和康复率，而这些因素可能难以记录在案。比如，康复的最终原因可能是天气变化，这是比较容易记录在案的，也可能是导致疾病传播的人际接触减少了，而这是很难记录在案的；也可能它是两者结合起来导致的结果。要想造成这样的结果并不需要极大的或明显的变化。

我们可以将同样的模型应用于经济叙事的流行。无论是面对面还是通过电话或社交媒体，传播都是通过谈话在人与人之间发生的。传播也可以发生在新闻媒体和脱口秀节目之间，因为他们会观看和阅读对方的故事。和刚才一样，这种传播的最终原因可能并不那么一目了然。幸运的是，大多数经济叙事不会致人死亡，但基本过程是一样的。医学模型中的“康复加死亡”变量在我们构建的经济模型中仅表现为恢复，即对叙事失去兴趣，或者遗忘。经济叙事遵循的模式与疾病传播的模式是一样的：先是越来越多的感染者向外传播叙事，持续一段时间之后，就是遗忘叙事以及失去谈论的兴趣。[4]

在医学和叙事流行中，我们看到了相同的基本原理：要想让流行蔓延起来，传染率必须超过康复率。比如，当我们发现埃博拉病毒在一个城镇感染了数百人而在另一个城镇几乎没有感染任何人时，可能是某个不起眼的因素导致 1 号城镇的埃博拉病毒传染率高于 2 号城镇，从而使得 1 号城镇在疫情开始时的传染率高于康复率。同时，2 号城镇没有出现疾病蔓延是因为传染率不够高，无法抵消康复率。同样，叙事流行中也可能存在两种不同的叙事，其中一种叙事的繁枝细节使它比另一种叙事更具传播力。繁枝细节使第一种叙事而非第二种叙事成为流行叙事。我们可以将这一结论应用于比特币叙事。

比特币叙事的传播

图 3.2 绘出了“金银复本位制”和“比特币”这两个词在新闻和报纸中的出现频率。这幅图不是价格图，而是公众关注度指数。“金银复本位制”或“比特币”都代表了要求货币本位制转型的激进思想，两者都号称会让经济受益无穷。这两个词各自代表着一个叙事星座，星座中不仅包含了理论故事，也包含了人文故事。这两个词的走势图看起来非常相似，也都类似于图 3.1 中的典型感染曲线。我们还没有像金银复本位制那样看到比特币叙事的明确终点，只有时间才能给出答案。

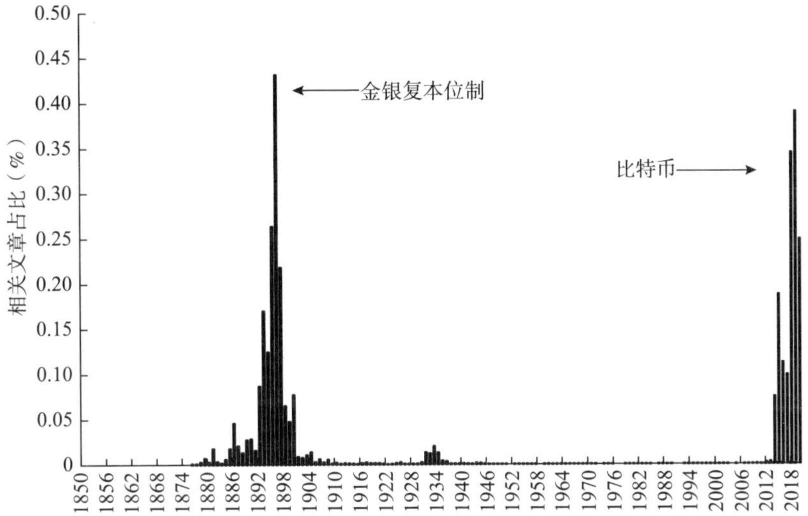

图 3. 2　1850—2019 年新闻和报纸中提到“金银复本位制”或“比特币”的文章占比（按年统计）

注：这两个相隔一个多世纪的货币创新流行叙事有着惊人相似的流行模式，两者与图 3. 1 中的疾病流行曲线也很相似。

资料来源：作者根据 ProQuest 的数据计算得出的结果。

我们将在第 12 章详细讨论曾经风行一时的金银复本位制流行以及其他叙事流行。眼下我们只需要知道金银复本位制和比特币都诉诸货币理论就足够了。在这两种情况下，很多人都开始将一项特定的创新视为绝妙的、时尚的或是走在时代前沿的创新。两者的传播都呈现与流行病曲线相似的驼峰形曲线。相比之下，图 3. 2 中的曲线看起来更尖（也就是说，左右被压缩了），这是因为该图绘制了一个多世纪的数据，因而超出了病毒感染的恶性期。事实上，金银复本位制和比特币的叙事持续了多年，而不是像埃博拉那样只持续了数周，但同一流行病理论适用于所有这三种情况。就金银复本位制而言，我们还会在 20 世纪 30 年代的大萧条时期看到一次规模较小的继发流行，但并没有达到太大的规模。这就像是疾病的一次继发性传播。

所以，叙事流行真的很像疾病流行，而且还不止如此。同样值得注意的是，疾病和叙事会有同时流行的情况。2018 年埃博拉疫情暴发期间，刚果的医学研究人员发现该病的高度传染性与当地人口接触的叙事是相互关联的。超过 80% 的受访者表示他们听说过“埃博拉病毒并不存在”“埃博拉病毒是为了获取经济利益捏造出来的”“埃博拉病毒是为了破坏该地区的稳定捏造出来的”等错误信息。对每一种说法，都有 25% 以上的受访者表示他们相信相关叙事。这些叙事阻碍了预防措施并扩大了疾病范围。[5]这两种流行相互汲取力量，进而发展壮大。

本书附录列出了流行病学的理论和模型，包括 1927 年的克马克—麦肯德里克（Kermack-McKendrick）SIR 原始模型，以帮助解释经济叙事的传播原理。这些模型将人群分成几个类别：疾病易感人群（S）、感染并传播疾病的人群（I）以及康复或死亡人群（R）。所有模型都设定了传染率和康复率。我们可以将图 3.1 和图 3.2 视为感染者人数（I）的证据。即使没有任何医疗干预，这些模型往往也都预测出驼峰形状的流行路径，如附录中的图 A.1。疾病流行趋势终将减弱，因为尚未感染疾病的人口比例正在下降，从而使传染率降至康复率以下。

我们在附录中还会看到，到达峰值的时间和流行病的持续时长可能会有极大差异，具体取决于模型参数。埃博拉疫情在一个特定地区流行了几个月，但我们不应该认为所有的流行病都遵循同样短的时间表。换言之，只要传染率不低于康复率，那么即使初始传染率较低，埃博拉疫情也有可能会持续数年。

举例来说，流行病学家已将人类免疫缺陷病毒（以下简称 HIV 病毒）引起的获得性免疫缺陷综合征（以下简称艾滋病）定性为不具有很强传染性的疾病，他们也建议专业医疗人员不要因为害怕感染 HIV 病毒就不敢治疗艾滋病人。[6]艾滋病往往只会在某些涉及不安全操作的情况下传播。艾滋病是一种缓慢发展了数十年的流行病，甚至比金银复本位制和比特币的流行还要缓慢，虽然传染率较低，但它还是能够继续增长，因为它的康复率更低：HIV 病毒感染者可以在长达多年的时间里继续感染其他人。

经济学模型的传播

2011 年，让 – 巴蒂斯特 · 米歇尔（Jean-Baptiste Michel）及其合作团队在《科学》上发表了一篇文章，他们给出证据表明，名人在书籍中被提及的次数往往会随着时间的推移呈现驼峰形状：先是上升，然后出现下降，时长为数十年而不是数月或数年。他们在埃雷兹 · 艾登（Erez Aiden）和让 – 巴蒂斯特 · 米歇尔的《可视化未来：数据透视下的人文大趋势》（2013）一书中详述了这一结论。

相同的模式似乎也适用于经济理论。在第 5 章中，我们会着手探讨拉弗曲线这一叙事的传播。拉弗曲线是揭示税率与税收收入之间关系的一个简单模型。不过先让我们简要地指出一点，即这些模式甚至适用于那些主要在专业经济学家中传阅的“高雅”经济理论。图 3. 3 列出了 Google Ngrams 对四种经济理论的搜索结果：［约翰 · 希克斯爵士（Sir John Hicks）于 1937 年提出的］IS – LM 模型、乘数 – 加速数模型（Paul A. Samuelson，1939）[7]、叠代模型（Samuelson，1958）以及真实经济周期模型（Finn E. Kydland and Edward C. Prescott，1982）。所有模型都呈现与疾病流行类似的驼峰形状。[8]就本书的研究目的而言，这些理论的内容是什么并不重要。没有哪个理论被证明是完全正确或完全错误的。它们都有可能让人产生兴趣。每个理论都是一则故事，其流行程度都遵循着预设的流行病发展趋势。

其中有三种模型在提出十多年以后开始流行起来，我们在医学—流行病学框架中也可以看到这种现象，即流行病的起始规模很小，暂时不会被观察到。病例数所占百分比可能在稳步增长，但在病例数达到一定阈值之前，疾病一直未能引起广泛注意。在现实中，经济理论

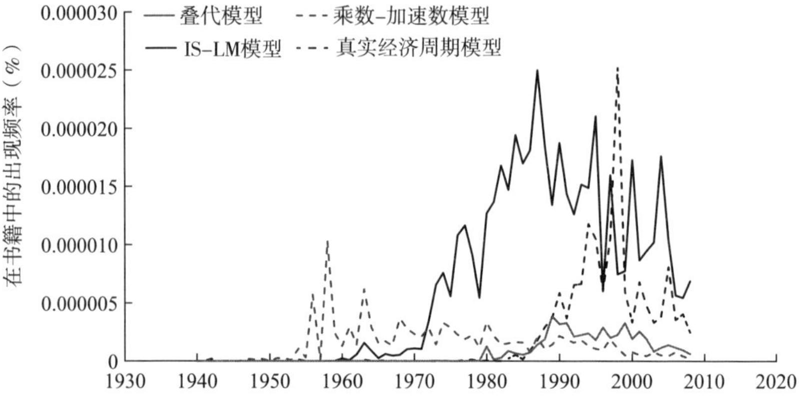

图 3.3　1940—2008 年四种经济理论在书籍中的出现频率

注：该图列出了四个重要模型：IS－LM 模型、乘数－加速数模型、叠代模型以及真实经济周期模型。这四个理论都呈现出随时间变化的驼峰形状。

资料来源：Google Ngrams，没有进行平滑处理。

的出版与其最终风行一时的状态之间存在长期滞后，正是在这段时间里，模型从与众不同且发人深思的理论发展成正确无误且公认伟大的理论。在这段孕育期里，该学科的其他学者越来越欣赏该模型，它会通过各种学术仪式，如研讨会和重大会议上的论文演示，流行开来。[9]最终，模型被写进了教科书。再过一段时间，模型引起的讨论开始让新闻媒体觉得应该报道它，那些以知识广博自矜的经济学圈外人士也开始觉得他们应该对这个模型有所了解。但是，到了流行的这一晚期阶段，该模型的传播势头开始减弱。有些人开始觉得，虽然它有自己的优点，但也已经陈旧过时，另一些人则在最后将它彻底遗忘。

这些理论的传播形式一般不会是某个人拿着笔和纸坐下来说："我给你解释一下 IS－LM 模型。"大多数时候，这种交流可能会更简单，也更有人情味儿。经济史学家沃伦·扬（Warren Young）认为 IS－LM 模型图和供求曲线交点的相似性对它的广为传播起到了一定作用，因为供求曲线可能是经济学中最著名的图形。[10]

此外，IS－LM 模型是对凯恩斯理论的形式化。凯恩斯是一位杰出的作家，但正如我们看到的那样，很多叙事都与名人有关。凯恩斯本身就是个经历丰富多彩的名人：他与布鲁姆斯伯里的一群名人艺术家和知识分子过从甚密，这些名人包括作家弗吉尼亚·伍尔夫（Virginia Woolf），她自己也逐渐声名远扬，但直到 20 世纪末才达到顶峰，这时距她 1941 年去世已经相当久远了。凯恩斯据说是同性恋或双性恋，他与男性的关系在宽容度颇高的布鲁姆斯伯里圈子里是众所周知的，在当时这些八卦只能通过口口相传。在凯恩斯那个时代，身为同性恋通常不利于一个人的职业生涯，但在某种叙事背景下，情况可能会反过来。凯恩斯后来娶了一位美丽的芭蕾舞女演员莉迪亚·洛波科娃（Lydia Lopokova），她在退出舞蹈行业之后也名声大噪，而这可能要归因于她与凯恩斯的关系。我们都知道，凯恩斯因 1919 年的畅销书《和平的经济后果》而闻名于世，这本书可以说是预测了第二次世界大战。相比之下，第一个提出 IS－LM 模型的约翰·希克斯并不是那么出彩的人物。因此，凯恩斯的故事就成了驮着 IS－LM 传播的“驴子”。[11]

图 3. 3 显示了四种经济学模型的发展历史。这些历史不仅类似于疾病流行的基本过程，也类似于其他叙事类型的历史。经济叙事中的基本思想要素可能会继续存活下来，因为人们会对它们进行修改并将它们合并到讲述其他传播性观点的叙事之中，但在这个过程中它们往往会失去冲击力和原先的特征。它们指导思想和行动的能力将会大大减弱。

本书的一个重要构想是，经济波动主要是由各种过度简化且易于转述传播的经济叙事驱动的。这些观点给人们零散的思想和行动染上了颜色。与流行病一样，并非每个人都会被感染。就叙事流行而言，错过这种流行的人可能会告诉你根本不存在这一重要叙事流行。但是，在一次历史性的流行之中，对大多数人来说，叙事将成为他们决定做什么或不做什么的原因所在，而这将对经济产生影响。就像图 3. 3 中的经济理论一样，流行理论在普通大众中呈现向上的传播趋势，但只会持续一段时间。如果不改头换面，它们就会逐渐消退。

值得注意的是，凯恩斯的著作《就业、利息和货币通论》（以下简称《通论》，1936）提出了一种完全属于机械传播的概念，只不过他没有使用这个词而已。根据凯恩斯的理论，当一些初步刺激措施，如政府赤字支出，导致一部分人的收入出现初步上涨，经济繁荣就开始了。然后，这些人会花掉大部分额外收入，这又给那些向他们出售商品或在商品销售公司里工作的人带来收入。这些人又会花掉大部分额外收入，从而给其他人带来又一轮收入增长，然后又是一轮一轮的支出。我们可以像保罗·萨缪尔森在 1939 年用他的乘数 - 加速数模型展示的那样，对凯恩斯理论做一些调整，加入一些投资动态，从而生成国民收入在经济刺激下的驼峰形反应。这些驼峰形反应类似于我们前面看到的流行病曲线。我们可以勉强将凯恩斯—萨缪尔森模型视为一个流行病模型，其中收入是它的传播元素。但是，仅从机械的多轮支出角度思考问题是远远不够的。我们必须考虑经济叙事的多轮传播以及这些叙事代表的观点和感受。

叙事星座和叙事交汇

我们会经历疾病的同步流行，即两种或多种疾病相互推动；同样，我们也会看到叙事的同步流行，在这个过程中，人们认为这些叙事共享同一个主题，比如阐述政治争议的案例研究，这些叙事共同在人们脑海中形成一幅画面，如果一个人只关注其中一则叙事，就很难看到画面的全貌。换言之，大规模经济叙事通常是由一系列较小规模的叙事组成的。每则小叙事都有可能代表着大故事的一部分，但我们需要看到完整的组合才能识别完整的主题。

在此我需要对叙事与星座的类比做一些说明。天鹅座等天文星座是恒星的偶然组合，但是人类自然会从人类心智的角度解读它们，天鹅座的得名就是因为人类将之看成了一只天鹅。有时人类会出于某些目的把某些星座拉拢到自己的阵营。比如，基督徒将天鹅座改名为“北十字星”，从而将基督教的象征符号高悬于天空。他们还为居住在南半球的人们配了另一个星座，即“南十字星”。其他群体和文化也有出于其他动机的其他叙事。

叙事以星座形式出现的部分原因在于它们的可信度依赖于现存的其他一系列叙事。也就是说，有了其他叙事为背景，它们会显得合理而有趣。故事讲述者无须通过反驳其他叙事为当前叙事搭建舞台。此外，叙事有可能基于某些假定的事实，讲述者和听众并不知道如何验证这些事实。一些叙事之所以具有传播力，是因为它们看似给出了确定的事实。下面这种说法应该没有什么大错：大多数人都会表现出知识渊博的样子，并尽力掩饰他们对无数事实的无知。因此，看起来与主流思想对立的叙事就可能只有较低的传播率，也就不会流行起来。

有些叙事星座可能在高峰期只影响了一小部分人群，但如果这一部分人群大幅削减支出，那这一叙事就有可能起到非常重要的作用。举例来说，如果叙事仅传至一国20%的人口，但这部分人口决定推迟购买新车或修理房屋，那么其支出减少产生的影响可能足以让该国陷入衰退。

除了叙事星座之外，叙事的交汇也有可能推动经济事件。我所说的“交汇”指的是一组叙事彼此之间并没有特别相关的地方，但在某个时间点会产生相似的经济效应，因而可以解释一起格外重大的经济事件的起因。比如，我在2000年出版的《非理性繁荣》一书中，列出了十几个促成因素，或者说十几则叙事，它们恰好同时出现在2000年左右，使美国股市指数达到了有史以来的最高位，但崩盘随之而来。简单地说，这份清单包括万维网、资本主义的胜利、商业成功故事、共和党统治、婴儿潮一代的退休、商业媒体的扩张、乐观的分析师、新的退休计划、共同基金、通胀率的下降、贸易量的增加和赌博文化的兴起。如果我们想知道异常重大的经济事件为什么会发生，就需要列出看似无关的叙事，这些叙事几乎在同一时间像病毒一样传播，并往同一个方向影响着经济。然而，有一点很重要，那就是我们要认识到，重大经济事件通常并不是由单一的叙事星座造成的。重大经济事件不太可能这般令人满意地得到解释。相反，要想解释这些事件，就需要列出一份经济叙事清单，这份清单并不能被描述为一则简单的故事或一则传播性叙事。

在本书的第三篇，我们会重点关注叙事星座中一些较亮的星星，它们的重要性足以对经济动机的变化产生重大影响。我们尚且无法将这些叙事星座与重大经济事件精准地对应起来。但是，虽然对叙事星座和叙事交汇只是一知半解，但我们在解析这些事件的道路上依然取得了进展。

对于那些推动某些叙事风靡一时的力量，我们也是一知半解。叙事“像病毒般传播”的能力是一个谜，我们将试着在下一章解开这个谜题。

第 4 章　为何有些叙事会出现病毒式传播？

为何少数经济叙事能够出现病毒式传播而大多数叙事并不能流行起来？我们很难确切说明或量化个中原因。答案取决于一个与经济环境相互作用的人类元素。除了一些简单且可以预测的规律之外，人类的思维网络在选择让哪些叙事出现病毒式传播的时候差不多就像一个随机数字发生器。结果之所以带有明显的随机性，既因为哪些故事变得更具传播力是随机的，也与我们个人生活和关注点在某些瞬间的状态有关，这些因素可能会导致公众对某些特定叙事突然大感兴趣。我们经常会在几年后发现自己对历史上某些流行叙事一举成名的原因及其经济后果感到大惑不解。

人类思维和行动中的叙事自发性

20 世纪初，来自各个学科的学者都开始认为叙事——看似只具备娱乐价值的故事——是人类思维和动机的核心所在。例如，存在主义哲学家让－保罗·萨特（Jean-Paul Sartre）在 1938 年写道：

> 人总是在讲述故事，他的生活被自己的故事和他人的故事包围，他通过这些故事看到了发生在自己身上的一切；他尝试着像讲述故事一样过自己的一生。[1]

人们自己的故事和人们讲述的关于他人的故事不可避免地与我们所说的“人情味”有着各种直接或间接的关联。

当我们在夜晚进入睡眠时，叙事以梦的形式呈现在我们面前。我们不会梦到任何没有人类要素的方程或几何图形。神经科学家认为梦境——涉及角色、背景和层级事件结构——出自讲故事的本能。事实上，大脑在做梦期间的活动类似于某些受损大脑的活动，这些大脑的前边缘系统损伤及皮质下连接会导致自发性虚构。[2]

社会学家在尝试解析社会运动的过程中，开始将叙事的传播视为社会变革的核心因素。比如，社会学家弗朗西斯卡·波莱塔（Francesca Polletta）研究过20世纪60年代的静坐运动，美国白人参加了这场抗议黑人所受歧视的运动。她在报告中指出，学生称这些示威活动没有经过筹划，完全是冲动行事，“就像发烧一样”，“一次又一次，全是自发的”。[3]推动这些示威活动的往往是一则提到黑人在写有“仅接待白人”字样的午餐柜台前要求享受服务的流行叙事，同时，一些年轻的白人支持者也对这种排斥黑人的行为表现出道义上的愤慨。这种被称为“静坐”的抗议形式最终成为新式社会运动的象征。

这个静坐的故事源自另一个故事，后者讲述的是1960年2月1日格林斯博罗农业技术学院4名学生的抗议活动。在故事中，年轻有礼的黑人被要求离开不服务黑人的午餐柜台，他们对这样的要求置之不理，耐心地坐在那里等待上餐，直到餐厅关门，然后在第二天，他们又带来了更多的年轻人。这个故事通过口口相传和新闻媒体的关注，像病毒一样传播开来。在数周之内，静坐活动就传到了美国的大部分地区。波莱塔总结说这个故事的传播并非全无计划。活动人士试着宣传这个故事，但他们并没有完全把控这场病毒般传播的社会运动。创造于1960年的“静坐”一词是一次真正的流行，它的驼峰曲线类似于我们在疾病流行中看到的驼峰曲线（见图A.1）。Google Ngrams的搜索结果显示，“静坐”一词的使用频率持续增长，直至10年之后的1970年。在此期间，这场运动又促生了“宣讲会”（teach-in）这个词，它有着类似的流行曲线，不过强度没有那么大，消退得也更快。

另一个故事在几代人之前也曾引发白人对美国黑人处境的同情。这个故事出现在哈丽叶特·比切·斯托（Harriet Beecher Stowe）1852 年的小说《汤姆叔叔的小屋》之中。这本书是美国 19 世纪最成功的小说，销量超过了 100 万册，要知道，美国当时的人口远远少于现在，人们也不太买得起书籍。这本书讲述了一个年长奴隶，即汤姆叔叔的故事，他喜欢孩子，经常给白人奴隶主天真无邪的小女儿小伊娃讲故事。伊娃在孩童时期突然染病去世，她在死前要求将自己的头发剪掉几绺并分给奴隶们，她希望这样做就能在天堂再次看到他们。汤姆被迫与妻儿分离并被卖给了一个凶残的奴隶主西蒙·勒格里，汤姆因为拒绝执行勒格里的命令殴打另一个奴隶而受到了他的无情抽打。

这本书中有一些场景极为打动人心，其中一个场景是一位奴隶母亲伊丽莎得知她 4 岁的儿子将被卖掉之后带着他出逃。在奴隶主豢养的猎犬的追击之下，伊丽莎紧紧抱着儿子，奋力想要穿过危险的俄亥俄河冰面。一首（以乐谱形式出现的）热门歌曲“伊丽莎的飞行”于 1852 年问世，无数被称为“汤姆叔叔的小屋”的巡回演出戏剧也在美国北部像雨后春笋般纷纷冒出来，伊丽莎出逃的这一幕往往都被包含在内。受它们感染的人应该还要多于原书。在美国南部各州宣布脱离美国之后，美国北部决定进攻南部，汤姆叔叔、西蒙·勒格里和伊丽莎的叙事在这个决定中发挥了明显作用。内战开始于 1861 年，这是一个极具人文和经济意义的历史事件。

叙事的普遍性

研究世界各地不同文化的人类学家观察到了一类“普遍行为”，也就是说，就算不是在每个人身上看到，也会在每个人类社会中看到这类行为。人类学家唐纳德·布朗（Donald E. Brown）发现了一种对本书来说至关重要的普遍行为：人们“会使用叙事解释事物的由来，也会使用叙事讲述故事”。[4]事实上，叙事是一种独特的人类现象，其他任何物种都没有这样的行为。有人认为是故事将人类与动物区分开来，甚至还认为我们这一物种应该被称为“叙事人”［Homo narrans（Fisher，1984）；Homo narrator（Gould，1994）；Homo narrativus（Ferrand and Weil，2001）］。这种描述会比智人更准确吗？把自己视为智人确实更能满足虚荣心，但未必更准确。

古希腊哲学家柏拉图就很看重叙事，他借虚构的苏格拉底的对话写下了自己的哲学。叙事发挥的作用有助于解释他的作品为何会流传至今。他的《理想国》写于公元前380年左右，在这本对话录中，柏拉图认为政府应该对流行故事进行审查。苏格拉底在与阿德曼托斯（Adeimantus）对话的时候指出：

> 我并不是说这些可怕的故事可能没有什么用处，但是我们的护卫者有可能会因为它们而变得容易激动且软弱无力。[5]

古罗马政治家西塞罗在其关于叙事的著作《论雄辩家》（*De Oratore*，公元前55年）中指出：

> 大自然将人塑造成滑稽可笑的模仿者或故事讲述者：他们的外表、声音和表达方式有助于他们的构思。[6]

其他物种也有文化，但是并没有叙事来传播这种文化。其他动物如何学习基本的生存技能，如害怕特定的捕食者？实验表明，猴子天生就怕蛇，而鸟类天生就怕鹰。实验还表明，当猴子和鸟类观察到其他物种攻击自己所属的物种时，就会产生恐惧。当它们观察到有情况引发团队中其他成员的恐惧时，即使它们自身没有受到攻击，也依然会产生恐惧，甚至是持久的恐惧。[7]但这样的文化传播机制并不完美，用语言传播故事的能力是人类独有的。人类的叙事能够激发恐惧，这种力量源自如下事实：信息可以在没有观察到任何恐惧诱因的情况下得到传播。如果叙事强大到足以促生显著的情绪反应，它就可以产生强烈的反应，比如本能的战斗或逃跑反应。

能够推动叙事传播的礼貌对话规范也具有普遍性。基本的礼貌包括一些简单的行为，如平视与自己交谈的人，在谈话开始时相互问候，在谈话结束时相互告别。这些规范的目的是为了取悦另一方。实验表明，这些规范已经深入人心，因此人们即便在跟计算机交谈时都颇为彬彬有礼。[8]不管造访哪个人类社会，访客都会发现人们面对面坐在电视机或篝火旁交谈——近来还包括推特和其他社交媒体上发布的内容——并注意其他人的反应，留意对方的反馈是认同还是否定他们的想法。看起来，人类思维会将事件形成一种嵌入社会交往的叙事，从而努力实现对事件的持续理解。

还有人建议将我们这个物种称为音乐人（Homo musicus），因为所有的人类文化都包含音乐，但非人类物种都没有。[9]语言学家雷・杰肯道夫（Ray Jackendoff）发现，叙事和音乐的心理处理过程有很多相似之处。[10]安尼鲁德・帕泰尔（Aniruddh Patel）在他的《音乐、语言与脑》一书中得出结论认为，音乐有一种“叙事倾向”。[11]纯粹的器乐也确实存在，但是一旦它在市场上获得成功，往往就会被并入标题音乐或交响诗中，而这些音乐或交响诗的标题或动作会讲述一个能激发听众想象力的故事。在音乐学家安东尼・纽科姆（Anthony Newcomb）看来，古典交响乐实际上是一部“小说”，至少在情感上模糊地讲述了一个故事。[12]

叙事中的阴谋论

流行叙事通常会有一个“我们与他们”的主题，这是一种揭示故事中某些人物之邪恶或荒谬的摩尼教语气。玩笑话通常都要拿别人——其他某个群体的成员——来打趣。在极端情况下，他们可能会将事件视为证据来证明想象中的阴谋。历史学家理查德·霍夫斯塔特（Richard Hofstadter）给出了美国历史上很多毫无根据的阴谋论实例，在他看来，这些叙事虽然近乎荒谬，却往往表现出“几乎令人感动的对真实性的关注”。[13]当然，人们对阴谋保持警惕是合理的，因为历史上到处可见真正的阴谋。但是，人类思维似乎对阴谋有着天生的兴趣，往往因为想要保护自己免受他人阴谋伤害而形成个人身份和对朋友的忠诚。这种倾向似乎与人类的互助模式和同仇敌忾模式颇有关联，人们发现这两种倾向与经济行为是相关的，即愿意讨价还价或急于惩罚不公平行为，即使这样做意味着经济损失。[14]

故事和叙事

叙事和故事这两个词经常互换使用。不过，根据韦氏在线词典，叙事是“呈现或解析一种情境或一系列事件的一种方式，这种方式会反映并促成一种特定的观点或一系列价值观”。[15]因此，叙事是故事的一种特定形式，指出了重要元素及它们对接收者的意义。叙事通常采取对真实或虚构事件进行叙述的形式，很多时候，被描述的特定事件只不过是在渲染某个概念并使它更具传播力。

哪怕是最复杂的事件链，人类也倾向于形成简单的叙事，即使最善于分析的头脑也会受到这种倾向的影响。国际象棋大师加里·卡斯帕罗夫（Garry Kasparov）从他自己的经验中得出了这样的看法：

> 最大的问题在于，即使棋手也会陷入这样的陷阱：将每一局国际象棋比赛视为一个故事，一个有开头、有经过、有结尾并在途中略起波澜的连贯叙事。当然，故事的最后还会点明寓意。[16]

历史学家海登·怀特（Hayden White）专门强调了历史叙事和历史编年史之间的区别，后者只是按照时序列出了事件：

> 我认为，对历史故事完整性的需求是一种对道德寓意的需求，一种将系列真实事件视为道德剧的要素来评估其重要性的需求。[17]

经济学家在创建理论时往往表现得像仁慈的独裁者，他可以实施一项特定的计划来实现最大化的社会福利。但我们没有这样的计划者。我们面对的是或自利、或利他或两者兼而有之的人。这些人会受到故事的影响。

关于脚本和轮式行李箱

根据心理学家罗杰·尚克（Roger C. Schank）和罗伯特·埃布尔森（Robert P. Abelson）的说法，叙事也许可以只被视为脚本。[18]这些脚本也被称为社会规范，它们在一定程度上管理着我们的行为，包括我们的经济行为。比如，金融中的“审慎人规则”就是一种具有经济影响的社会规范。受托人和专家无权根据自己的判断采取行动。相反，他们必须模拟一个“审慎人”，这其实就意味着遵循脚本。[19]

当人们在模棱两可的情境下不知道该如何表现的时候，可能会回想起一些叙事并将自己代入他们听说过的某个角色，就好像在演一场自己以前看过的戏剧。我们可以探讨这种行为是否合理。从某种意义上说，模仿成功人士的做法是合理的，即使这种行为没有任何逻辑可言。那些被模仿的人在采取某些行为的时候也许有着奇奇怪怪或不为人知的理由，但他们的成功表明他们至少在偶然间采取了一种有利的做法。不过传统经济学理论并没有对这种理性建模。它认为模仿他人行为的做法更多的是一种反射行为，而不是深思熟虑地应用“拿不准的时候就模仿他人”这一原则。这种反射性通常并不遵循“人们会根据所有可用信息实现效用最大化”的典型经济学假设。相反，遵循他人设定的脚本在很多时候看起来是相当愚蠢的行为。

如果有些观点不构成脚本的一部分或者包装得不够好，那么人们往往注意不到这些观点。我在2003年出版的《新金融秩序》一书中指出，一些显而易见的金融发明没有被应用于任何地方，我想问一下：为什么？我用轮式行李箱的例子做了一个类比。这种行李箱直到20世纪90年代才流行起来，当时西北航空公司的飞行员罗伯特·普拉斯（Robert Plath）用滑轮和一个可以折叠到行李箱里的硬手柄发明了拉杆箱（Rollaboard）。伯纳德·萨多（Bernard Sadow）在1972年发明了轮式行李箱的早期版本，但是这个版本的接受度非常有限。出行者用皮带拉着它行走，它表现得还算不错，但算不上完美，因为很容易侧翻。不过，比起非轮式行李箱，这已经是很大的改进。萨多发现很难让市场接受他的轮式行李箱。没人对萨多的轮式行李箱感兴趣，可这是为什么呢？轮式行李箱是一个很好的点子，而且现如今基本上每个旅行者都会拥有拉杆箱或者它的派生品。大多数人根本不会考虑没有轮子的行李箱。

《新金融秩序》出版了数年之后，我收到了一位前专利审查员发来的电子邮件，这位专利员向我介绍了1887年的一项轮式行李箱专利，这项专利有着基本差不多的理念。[20]但是我在那个时代的报纸上没有找到它的广告。后来我找到了约翰·艾伦·梅（John Allan May）写于1951年的一篇文章，他在文中讲述了自己从1932年开始制造和销售轮式行李箱的经历。梅写道：

> 他们笑了。我很严肃，但他们却笑了起来，所有人都笑了。
>
> 不管我向哪个群体介绍滚轮理论的进一步应用，他们都会用一种催眠般的方式表示自己很开心。
>
> （为什么不彻底利用这些轮子呢？为什么我们没给人类安上轮子？）……
>
> 据我统计，我曾向 125 个群体和约 1 500 个人介绍过轮式行李箱的想法。我的妻子在 1937 年的时候已经不想再听到关于它的只言片语。唯一认真对待我的人是一个发明家，他曾在距离我家几幢房子之外的地方住过一阵子。麻烦的是，没有人把他当回事。[21]

我一直搞不明白为什么轮式行李箱的想法在早年没有产生绝对的传播力。我能想到的最合理的猜测是，在普拉斯后来的发明中，轮式行李箱的迷人魅力超越了轮子带来的滑稽感。它在 1991 年刊登的报纸广告中将拉杆箱的故事与航空业联系到一起，而航空业在 20 世纪 90 年代的时候远比现在有魅力：

> 这是出自飞行员之手的设计，大多数航空公司都准许将它随身携带。凭借内置的滑轮和可以伸缩的手柄，您可以拉着它穿过机场、登上飞机、走过走道。[22]

在飞行机组人员开始使用拉杆箱之后，乘客可以看到这些神采奕奕的人毫不费力地拉着他们的拉杆箱穿行机场，这又进一步推动了流行趋势。到 1993 年，拉杆箱的广告充分利用这一宣传优势，将它称为“全球机组人员的首选”。也许这就是一个问世已有一百多年的好点子突然流行起来的全部原因。

关于病毒式传播的实验证据

实验证据表明，单个创意作品的成功与否取决于人们如何评估观察这一作品的其他人的反应。在一项实验中，[23]社会学家马修·萨尔加尼克（Matthew J. Salganik）和他的同事在网上创建了一个“虚拟音乐市场”。该市场有一系列歌曲供顾客收听、评价，如果他们愿意的话，还可以下载。所有歌曲都是由未知乐队演奏的，没有一个听众在参加实验之前听过其中的任何一首歌。

这个虚拟市场模拟了真实的在线市场，也就是说，除了可以看到歌曲的受欢迎程度之外，实验对象之间没有任何交流。人气排名仅依据得到的星数。实验对象被随机分配为两种状态：独立和共享。独立状态的人看不到别人的选择，只能自行选择歌曲。而共享状态的人则被分成八个组，每个组的人只能看见自己组里其他人的下载情况。在完全共享的情况下，计算机屏幕总是按照人气排名显示歌曲，而人气是根据下载量评判的。每个共享组里第一个购买歌曲的实验客户看不到其他人的选择，第二个客户可以看到第一个客户的选择，第三个客户则可以看到前两个客户的选择，依此类推。

研究人员发现，八个组都发展出了自己的点击模式，但各个组之间的相关度不是太高，不过各组的人气不平等程度全都高于客户无法看到他人选择的独立组，无一例外。看来可以得出这样一个合乎逻辑的结论：共享组的随机初始选择会随着时间的推移而增强。在现实世界中，这一效应可能还要更加明显，因为现实世界的营销人员会尽可能地扩大受众规模。这项研究也许可被视作“大风起于青萍之末”这一说法的实验证据。

由此得出的经验教训是，历史——包括经济史——并不是用想要弄懂历史或想要达成公众共识的叙事呈现出来的、逻辑有序的系列事件。重大事件之所以发生，或是因为叙事中看似无关紧要的变化（这些变化有着较高的传播率和较低的遗忘率），或是因为先发制人效应使得一组叙事在竞争中拔得头筹。我们将在下一章中看到，这些随机事件可能会反馈到更大规模、更为盛行的叙事星座之中。下一章将会探讨与著名的（或者说声名不佳的）拉弗曲线相关的叙事星座。

第5章　拉弗曲线和鲁比克魔方的病毒式传播

叙事研究中最棘手的挑战之一是预测传染率和康复率这两个至关重要的因素。尽管流行病学家和其他学者做了很多工作，我们还是无法准确地观察造成传播的心理过程和社会过程，因此很难搞明白它们是如何发展的。[1]

以流行文化为例，众所周知，我们根本无法在电影发行前就预测它们能否成功。[2]美国电影协会前主席杰克·瓦伦蒂（Jack Valenti）说过：

> 即使拿出全部经验，拿出我们这个行业顶尖人才的全部创作本能，也没有任何人，绝对没有任何人可以告诉你一部电影会有什么样的市场表现……只有当这部电影在黑暗的影院中拉开帷幕，然后屏幕和观众之间“火花”四溅的时候，你才能说这部电影拍得很成功。[3]

编剧威廉·戈德曼（William Goldman）在其著作的开头部分提出了一个类似的观点：

> 大家都一头雾水。整个电影行业没有一个人能够明确预知什么能取得成功。每一次都是推测，如果运气好的话，就是一次据理推测。[4]

事实上，很多昙花一现式走红的电影和歌曲[5]都证明了病毒式传播的难度。同一个人在走红一次之后通常都很难再现辉煌。同样，曾经名噪一时的事物也都无法再次真正走红，至少在没有经过重大修改的情况下无法再次走红。

经济学也有过昙花一现式走红的现象，包括现在声名不佳的拉弗曲线。通过研究这一经济叙事如何出现病毒式传播，我们可以进一步了解经济叙事如何导向现实世界的结果。

拉弗曲线和声名不佳的餐巾

1974 年，经济学家阿瑟·拉弗（Arthur Laffer）在一次晚餐中画了张图来证明政府可以在不削减开支的情况下减税，如果证明成立的话，这种做法将取悦很多选民。这就是著名的拉弗曲线。只要搜索“拉弗曲线”这个词就可以画出相关叙事的走势图（见图 5.1）。两条类似流行病的曲线（请勿与拉弗曲线本身混淆）相继出现，第一条曲线在 20 世纪 80 年代初之前一直处于上升状态，第二条曲线在 2000 年之后开始上升，当时它被卷入了另一则证明政府赤字合理性的叙事，跟“现代货币理论”扯上了关系。

拉弗曲线看上去就像是入门经济学教科书里的简单图表，只不过它有一个重要的与众不同之处：它在普通民众中的知名度非常高。这个倒 U 形曲线描述的是国民所得税收入与税率之间的关系，该曲线考虑了较高税率会削弱人们的工作热情并导致国民收入降低这一事实。这个概念听起来会让大多数人觉得枯燥乏味。但是，不知何故，拉弗曲线出现了病毒式传播（图 5.1）。

图 5.1 绘制的拉弗曲线叙事之所以广为传播，很大程度上要归因于下面这一点：该曲线被拿来证明对高收入人群大幅减税的合理性。拉弗曲线的传播与 1980 年当选美国总统的罗纳德·里根和 1979 年成为英国

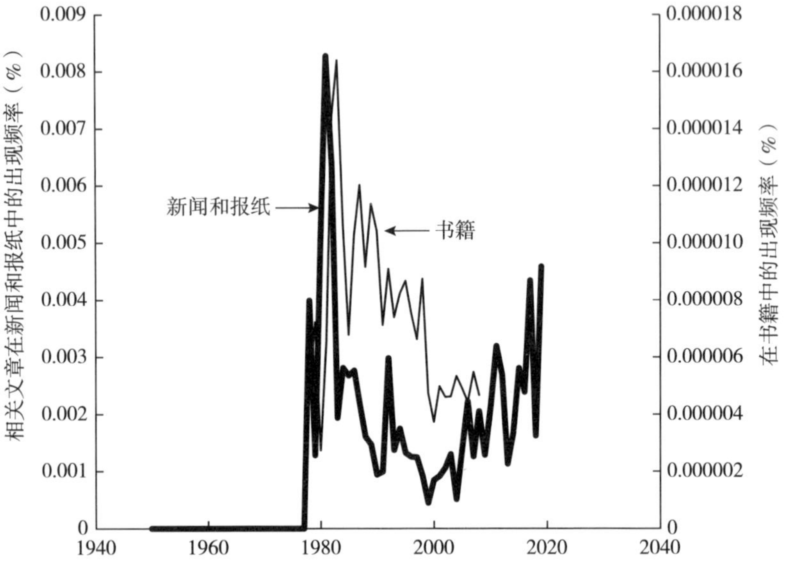

图 5. 1　拉弗曲线的出现频率

注：阿瑟·拉弗在餐巾上画下了税收对经济的影响，这一经济叙事在 1980 年左右风行一时，然后在 2000 年之后又出现继发性流行。

资料来源：作者根据 1950—2019 年的 ProQuest 数据和 1950—2008 年的 Google Ngrams 数据计算得出的结果，没有进行平滑处理。

首相的玛格丽特·撒切尔推行的基本政治变革有关。这两人都是保守派，在竞选活动中都承诺会减税。然而，拉弗曲线叙事在同一时期的法国大选中没有发挥作用，在这次选举中，社会党的弗朗索瓦·密特朗当选为总统。对法国数字化媒体的分析显示，拉弗曲线在法国也出现了病毒式传播，但没有美国和英国那么声势浩大。

拉弗曲线叙事有一处叫人大感意外的点睛之笔，不过不是令人发笑的那种。这则叙事是这样的：所得税税率与政府税收收入之间是什么关系？很明显，如果税率为 0，政府收上来的税收收入也会是 0。在另一个极端，如果税率为 100%，所有收入都会被政府征收。当税率为 100% 的时候，没有人愿意工作，税收收入还是 0。当税率介于 0% 到 100% 之间时，政府征收到的税收收入会是正值。将所有的点连到一起，就得出了拉弗曲线。点睛之笔就在这里：因为这一曲线的形状是倒 U 形，所以，任一税收收入额都对应着两种税率。这个结论令人意外，因为几乎没有人说过某一特定税收收入可以对应两种税率。显然，政府在征税时，更好的做法是采用两种税率中较低的税率，而不是较高的税率。

税收有可能会影响大家赚取收入和创造就业岗位的积极性，这并不是什么新鲜的想法。亚当·斯密在 18 世纪就提出过这个观点。[6]1921 年至 1932 年担任美国财政部长的安德鲁·梅隆（Andrew Mellon）以其“涓滴”经济学闻名，他与美国总统卡尔文·柯立芝（1923—1929 年在任）一起，成功地削减了一战之后一直保持高位的所得税。但是，随后，梅隆的名声（在卡内基－梅隆大学之外的地方）开始消退，相关的叙事也失去了传播力。

拉弗是在 1974 年第一次提出拉弗曲线的，但这个故事在当年并未出现病毒式传播。裘德·万尼斯基（Jude Wanniski）在 1978 年出版的《世界运转方式》一书中提到了一件逸事，这件逸事可以解释拉弗曲线为何会风靡一时。万尼斯基是《华尔街日报》的一位社论主笔，他绘声绘色地写了一篇拉弗 1974 年在华盛顿特区两大陆（Two Continents）餐厅与万尼斯基和白宫两名高官迪克·切尼（Dick Cheney）[7]、唐纳德·拉姆斯菲尔德（Donald Rumsfeld）[8]共进牛排晚餐的故事。故事说，拉弗把餐巾铺在桌上，在上面画出了拉弗曲线。多年以后，在万尼斯基去世以后，他的妻子在亡夫的文件里找到了一张画有拉弗曲线的餐巾。这张餐巾现在是美国国家历史博物馆的馆藏。[9]馆长彼得·利布霍尔德（Peter Liebhold）在博物馆网站上是这样介绍这张餐巾的：

> 拥有一件令人称奇的标志性藏品，一件本身具有吸引力又能代表美国历史上某个伟大时刻的绝佳藏品，这是每个博物馆馆长

> 的梦想。不幸的是，这样的文物可遇不可求；有些故事虽然美好，却出自杜撰。但是，有时候你还是会淘到金子。我就非常幸运地收藏到一个令人称奇的故事，这是一个关于美国商业历史的故事，一个关于政治变革、经济革命和社会影响的故事，这可是货真价实的故事。[10]

唯一的问题是，拉弗自己否认了这个餐巾故事。他是这么写的：

> 关于万尼斯基所说的故事，我只有一个问题，那就是餐厅使用的餐巾是布做的，而我母亲从小就教育我不要亵渎美好的事物。行吧，这是我这个版本的故事，我不会改口。[11]

拉弗忠实于自己的记忆，但他的诚实已无法阻止一个广为传播的故事。

视觉辅助的病毒式传播

这个有关餐巾的故事为什么会出现病毒式传播？好的故事讲述至少起到了部分作用。在万尼斯基的故事疯传之后，拉弗说他基本不记得四年前的这件事了。[12]但万尼斯基是一名记者，他感到自己掌握了一个好故事的要素。他呈现出来的核心思想也确实做到了醒目有力。

如果由此认为餐巾上的曲线图这一要素有助于故事的病毒式传播，似乎很荒谬。但是，大量科学证据表明，不同寻常的视觉刺激有助于记忆，并让叙事成为“经典”。这并不是说每个人都记住了故事中的餐巾，而是说，画在餐巾上的曲线图这个小细节可能会使叙事最初的传播率高于遗忘率。

拉弗曲线体现了一个对任何人来说都简单易懂的经济效率概念。

万尼斯基在没有任何数据的情况下，就声称我们正位于拉弗曲线低效率的那一侧。拉弗曲线似乎表明，减税会给国民收入带来巨大的意外收获。对于大多数不熟悉经济学、只看定量数据的人来说，这种对经济效率低下的解释是一个深入人心的概念，其传播性足以产生病毒式传播，哪怕经济学家反驳说美国实际上并没有处于拉弗曲线低效率的那一侧也无济于事。[13]然而，可能在某些情况下，拉弗曲线可以提供重要的政策指导，尤其是在企业利润税方面。如果一个小国将企业利润税率降到比其他国家都低，那么企业就会纷纷将总部迁至该国，这就足以提高该国的企业税收入。[14]但是，对拉弗曲线的客观分析并没有形成一个原本有可能扼杀拉弗曲线流行以及它与个人所得税之间关联的言简意赅的故事。要想讲好这个故事，我们必须将场景设置在一家高档餐厅，出场的既有华盛顿高官，还有一块餐巾。

归根究底，拉弗曲线和餐巾的故事之所以出现病毒式传播，可能是因为这个故事传达出的紧迫感和顿悟：这个想法是如此惊人、如此重要，以至于一位经济学教授不由自主地在一家高档餐厅做出一些不合时宜的举动，以便让政府官员了解它的不同寻常之处。

最终，这个故事中丰富的视觉形象帮助它从经济学奇闻逸事演变成为长期记忆。餐巾这一视觉细节可能降低了人们遗忘该叙事的速度，从而帮助它传播至大部分人群。对于那些希望自己的故事能够像病毒一样传播的人来说，可以从这里学到一个经验教训：如果作者希望受众记住一个故事，就应当刻画引人注目的视觉形象。古罗马政治家西塞罗就以学者西蒙尼德斯（Simonides）为例，提倡运用这一策略：

> 西蒙尼德斯，或其他任何发明这门艺术的人，都睿智地发现，这些东西牢牢地印在我们的脑海里，它们通过感官传递并刻印在脑海里；在所有感官中，视觉是最敏锐的；因此，如果我们听到的或理解到的东西也通过心灵之眼传递到想象中，那么这些

> 东西最容易留存在脑海之中。[15]

的确，心理学和市场营销期刊发现，至少在某些情况下，奇特的意识图像确实起到了辅助记忆的作用。[16]例如，记忆训练专家哈里·洛拉尼（Harry Lorayne）长期以来一直主张，那些想要提高记忆力的人应该设法形成不同寻常且高度视觉化的意识图像。他对那些老是乱放钥匙的人提出了这样的建议：

> 当你把钥匙扔进花盆里的时候，请在脑海里形成两个关键实物的意识图像——钥匙和你放置钥匙的地方。让这幅图像要么愚不可及，要么天方夜谭。示例："看到"一把巨大无比的钥匙长在花盆里。[17]

神经科学告诉我们，长期记忆的形成涉及大脑的多个区域，包括视觉图像处理区域。[18]

鲁比克魔方、企业掠夺者和同一时期的其他流行叙事

在拉弗曲线流行的时候，还出现了另一种风尚。厄尔诺·鲁比克（Ernő Rubik）在 1974 年发明的魔方是一种由彩色小立方体构成的立体拼图。魔方的叙事是这样的：鲁比克是一位富有创造力的匈牙利雕刻家和建筑师，他的魔方吸引了全世界的科学界和数学界人士，因为它而形成的叙事称它展现了一些有趣的数学原理。《科学美国人》杂志在 1981 年 3 月刊上登载了有关魔方的封面故事，其中的主要文章由侯世达（Douglas R. Hofstadter）执笔。侯世达是畅销书《哥德尔、艾舍尔、巴赫》（1980）的作者，他是一位科普作家，擅长将科学与艺术和人文学科结合在一起。他在文章中指出，鲁比克魔方呈现了深刻

的科学原理。他描述了它与量子力学及夸克（一种亚原粒子）组合规则之间的关系。如今很少有人还记得这些细节，但他们确实记得鲁比克魔方有一些非同寻常之处。鲁比克魔方在 ProQuest 上的流行度超过了拉弗曲线，但在 Google Ngrams 上不如拉弗曲线。两者都呈现出相似的驼峰形走势。

同一时期还涌现出其他一些与拉弗曲线处于同一星座的叙事。“杠杆收购”和“企业掠夺者”等术语也在 20 世纪 80 年代风行一时，它们通常出现在励志故事里，这些故事讲述的是那些对真正的激励因素应对得当并因此创下高利润的公司。这类故事的一个标志是“股东价值最大化”这个说法，根据 ProQuest 和 Google Ngrams 的搜索结果，该说法直到 20 世纪 70 年代才开始出现，它的使用率直到 21 世纪还在稳步增长。“股东价值最大化”这个说法使备受质疑的企业掠夺者行为（比如让公司背负巨额债务、无视与员工和利益相关者的隐性契约）来了一个华丽转身。“最大化”让人想到才智、科学、微积分。“股东”是在提醒听众，整个企业的开端有赖于某些人的资金，而这些人有时可能会被人遗忘。“价值”听起来比“财富”或“利润”更好听、更理想化。人们在 20 世纪 80 年代将这三个词合成一个短语，用它讲述企业掠夺者及其成功的故事。“股东价值最大化”这一术语是对雄心勃勃和财富追求的辩解，带有传播性，而利用这一术语的叙事无疑具有重要的经济意义。

拉弗曲线、供给经济学和叙事星座

在拉弗曲线流行之后，里根政府（1981—1989 年）将美国联邦所得税最高税率从 70% 降至 28%。它还将美国企业所得税最高税率从 46% 降至 34%，并在 1981 年将美国资本收益税最高税率从 28% 降至 20%（不过它在 1987 年再次回升至 28%，这时仍是里根执政期间）。

如果说拉弗曲线的流行只对这些变化产生了微小影响，那它对产量和价格无疑产生了巨大影响。

由于这些原因，人们至今仍对拉弗曲线记忆犹新，但其实它只是如今被称为“供给经济学”这一叙事星座的一部分，该叙事星座认为政府可以通过减少监管、降低税率推动经济增长。“供给经济学”这个术语大约在拉弗曲线流行的同时也出现了病毒式传播。拉弗曲线叙事格外具有说服力，很多供给经济学叙事的影响都要归功于它。画有草图的餐巾给人留下了深刻的视觉意象；就像鲁比克魔方有《科学美国人》为其背书一样，拉弗曲线的背后也有权威的支持，而且它的言下之意是提高税率的政客都是傻瓜。

供给经济学叙事星座中有一个广为流传的故事，讲的是瑞典社会党政府在奥洛夫·帕尔梅（Olof Palme）的领导下，由于极度无能而在不经意间让（高收入的）有效所得税率超过了100%。工作越多的人最终获得的税后收入反而越少。这个故事在世界各地都有报道，比如1976年《波士顿环球报》在美国所做的报道：

> 一般的瑞典牙医每周工作不到30个小时，因为更多的收入实际上会减少他的留存工资。电影导演英格玛·伯格曼（Ingmar Bergman）可能是这个国家最有名气、最受尊敬的公民，他在去年永远离开了瑞典，因为税务人员一再骚扰他并在一次拍摄过程中没收了他的录像带，原因是搞错了他公司的税务而非他个人的税务。[19]

瑞典税率高于100%的故事在1976年又有了进一步的变化，那一年，著名的瑞典童书作者阿斯特丽德·林格伦（Astrid Lindgren）就此创作了一篇有趣的成人童话故事《金钱世界里的潘帕里泼撒》（*Pomperipossa in the World of Money*）。帕尔梅政府在那一年垮台，“潘帕里泼撒效应”可能在其中发挥了一定的作用。

关于人们缴纳的税收超过边际收入 100% 的类似叙事在随后几年里出现了病毒式传播，就连美国也未能例外，因而形成了一个叙事星座。[20]这些故事在传播过程中相互借势。叙事的关注点是政府的无能，而不是主张降低已经远远低于 100% 的税率，但它们加深了税率过高这一普遍印象。我们在数字化报纸中搜索“最高税率”这个术语就可以找到这个叙事星座曾经存在过的证据。在 20 世纪 50 年代，虽然美国的所得税最高税率达到了 84%～92% 这么高的水平，但 ProQuest 的搜索结果显示只有 33 篇报道。在 20 世纪 80 年代，虽然所得税最高税率从 70% 逐渐降至 28%，[21]但 ProQuest 仍能搜索出 520 个与这一术语相匹配的报道。自 20 世纪 80 年代以来，最高税率故事的流行趋势一直在持续增长。

对最高税率的关注自然引起了人们对最低税率和最贫困人口实际负税率的关注，大家现在不再以那么同情的目光评判这些穷人了。在美国，“接受福利救济的母亲”（welfare mother）指的是没有结婚的女性和她的子女，他们接受男性纳税人的救济，但这些纳税人并非心甘情愿。这个术语在 1960 年的使用率为零，但是在林登・约翰逊总统于 20 世纪 70 年代初宣布推行“伟大社会”计划消除贫困之后，这个词一夜爆红，达到顶峰。

财产税也受到了猛烈的抨击。新闻媒体在 20 世纪 70 年代开始注意到公众舆论的变化（在此后至少 10 年里都很明显），这一变化与名人无关，但与加利福尼亚州的 13 号提案公投有关。这个提案的通过导致加利福尼亚州在 1978 年提出宪法修正案，严格限制财产税涨幅。这股被当时的报纸称为“纳税人起义”的浪潮席卷了美国：

> 始于加利福尼亚州的纳税人起义活动都是针对类似提子果仁麦片这样的普通事项，这使加利福尼亚州政府和地方官员没有什

> 么恐惧和罪恶感……13 号提案在美国一半的州都出现了效仿者。[22]

1978 年风行于美国各地的故事讲述的是税率高到一些房主无力再居住在自己家中而被迫出售房屋。相关故事抨击了政府在税收支出方面的低效和腐败。这些观点和美国"纳税人起义"的基础叙事就此传播开来。但在 1978 年前后的那几年里，纳税人起义活动来得快，去得也快。

相关背景是 20 世纪下半叶自由市场、自由放任主义叙事在盎格鲁-撒克逊国家的兴起。这种兴起是由安·兰德（Ayn Rand）1943 年的小说《源泉》等故事推动的。这部小说的读者群在 20 世纪 40 年代还很有限，但在 20 世纪接下来的时间里，它的影响范围逐渐扩大。安·兰德 1957 年的小说《阿特拉斯耸耸肩》曾风行一时。这部小说讲述的是一次全国大罢工，这次罢工是少数能干的人反抗大多数人，后者是掠夺者，支持政府监管（包括税收）以攫取财富满足私利。与昙花一现的纳税人起义故事不同，安·兰德于 1982 年去世，在那之后，兰德及其小说的影响力持续增长。看起来，这些小说的流行速度虽然比较慢，最终却达到了更大的规模。"刺激经济"这一短语出现于稍早时的 20 世纪 50 年代后期，它的使用频率在 1978 年至 1980 年迅速增长，意味着通过对高收入群体的减税来发挥助推作用，使原本优秀的人才能够放开手脚，为社会做出贡献。

名人、妙言妙语和政治

虽然拉弗曲线的流行可能对里根和撒切尔的当选做出了贡献，但其他叙事也必然有其影响力，例如里根的这句名言：

> 政府对经济的见解可以用几个短语总结：如果经济增长，就

对它征税；如果经济继续增长，就对它监管；如果经济停滞不前，就给它补贴。[23]

里根是在1986年的一次演讲中说出这番话的，但其基本理念至少要回溯至1967年，只不过形式略有不同而已。《芝加哥论坛报》的保守派评论员沃尔特·特罗安（Walter Trohan）在那一年写道：

联邦政府的运作基本遵照如下名言："如果经济增长，就对它征税；如果不能征税，就对它控制；如果不能控制，就给它拨款100万美元。"[24]

也就是说，这段妙语在1967年就已经为人所知。但是，它需要一个名人赋予真正的传播力，而罗纳德·里根就是这个名人。

请注意这段妙语中三个元素的诗歌特点，不过，从特罗安的版本到里根的版本，这一特点得到了改进。在里根的版本中，每一句都是"如果—就"这样的基本结构，其中从句以"如果"开头，而主句就是两个词的简单陈述，其形式为一个命令式动词跟着一个单词"它"（it）。这种修辞手法不仅让这段妙语看起来更正式，也使它更易于原封不动地得到传播，从而对它的高传播率做出贡献，这可能是因为它让人感觉大家都在讨论税务有多繁重，而不只是讲话者在抱怨。

总之，拉弗曲线和其他供给经济学故事等叙事触发了公众对减税的强烈要求。

我们也许还可以认为，关于减税和精简政府的叙事星座推动了一场社会运动，即企业家精神的兴起。1987年，《纽约时报》报道了一则里根支持企业家精神的叙事。它的风趣幽默使人至今还不时回想起它：

“你们知道嘛，我近来有一个爱好，”总统在本月早些时候的经济问题讲话中如是说，“有一些故事我能看出来或证明是苏联公民之间互相转述的故事，我一直在收集这些故事，它们不仅流露出一种幽默感，也体现了苏联公民对本国制度的看法。”

然后，里根先生讲述了他眼下最喜欢的那个故事，一个苏联人买车的故事，即《交货问题》。

这个人来到官方机构，交了钱，得知自己可以在10年后提车。

买家问道：“上午还是下午？”店员回答说：“10年以后的事儿，上午下午还有什么区别吗？”

买主说：“呃，水管工会在上午过来。”[25]

魔方只是一种玩具，并不足以支撑起一则经济叙事。但是，里根那些让人会心一笑的玩笑话则构成了极具经济影响力的企业家精神叙事。这些新的叙事鼓励了企业家精神和敢于冒险的劲头，并使发达经济体的法律架构发生了深刻变化。

拉弗曲线和鲁比克魔方只是众多叙事中的两个例子而已。我们需要弄明白它们的组织力量是什么。所有这些叙事的存储点都是具有惊人记忆力的人脑。在下一章中，我们将通过神经科学来研究这一存储库的结构。

第 6 章 关于经济叙事传播性的多元证据

关于叙事传播对经济的影响，我们可以从人类大脑的故事结构、大脑如何处理触发恐惧的故事、新闻媒体推动早期人类互动的长期历史以及书封、徽标、选美比赛的情感影响等方面找到进一步的证据。

传播故事的冲动

1958 年，脑外科医生怀尔德·彭菲尔德（Wilder Penfield）在进行脑外科手术时，出于医学原因而将电极植入人类大脑，这些手术中的患者完全清醒，仅做了局部麻醉，因为大脑本身没有痛觉感受器。他发现，对某些大脑部位进行电刺激会让大脑听到一系列有序的声音：

> 当电极探查第 23 点处颞叶切面上的灰质时，患者表示："我听到一些音乐。"15 分钟后，在她不知情的情况下，电极再次探查同一个地方。她说："我又听到了音乐，就像收音机一样。"接下来，电极头一次又一次触碰这个点。每次她都会听到管弦乐队在演奏同一首音乐。很显然，音乐每次都从同一个地方开始，并从主歌一直延续至合唱。她躺在手术单下面可以看到电刺激盒，就以为这是一台留声机，不时有人在打开这台留声机。[1]

刺激大脑的另一个部位则会让人听到一个故事，而且也是按时间顺序发展的：

> 一位年轻女子（N. C.）说，当她的左颞叶，即图5中的第19点处，从前方接受刺激时，“我做了一个梦，我的胳膊下面夹着一本书。我正和一个男人说话。他试图说服我不要担心这本书”。在刺激1厘米之外的另一个位置，即第20点处后，她说：“母亲正在和我说话。”15分钟后同一个位置又接受了刺激：患者在电极就位后大声笑了起来。在取出电极后，我们请她说一下是怎么回事。她说：“呃，这是个很长的故事，且听我说吧……”[2]

彭菲尔德的研究工作在很多学科都有极大的影响力。就我们的研究目的而言，他的研究结果表明人类大脑结构在多大程度上体现了那些在我们看来是人类专属的特征：创作音乐的倾向以及按照事件顺序讲述触发情感的故事的倾向。

现代神经科学正在设法判定是哪些决定性因素促成了人类想要讲述故事的冲动。比如，来自宾夕法尼亚大学安南伯格学院（Annenberg School）艾米丽·福尔克（Emily B. Falk）神经科学实验室的一个团队曾使用功能性磁共振成像来研究那些正在决定是否分享保健新闻报道的人的大脑。该团队得出的结论是，人们倾向于分享能够强化自我观念的内容，也就是说，这些信息“参与此类过程（自我呈现或心理概念）所涉区域的神经活动，尤其是内侧前额叶皮质”，而且“涉及对他人心理状态的认知或预测”。[3]换句话说，这些人更愿意以讲述自己和他人故事的形式分享他们的健康信息。

神经经济学家保罗·扎克（Paul J. Zak）通过实验证明，与较为“平铺直叙”的叙事相比，“戏剧般跌宕起伏”的叙事会提高听众血液中催产素和皮质醇等荷尔蒙的水平，[4]而这些荷尔蒙对人类行为的影响是有据可查的。催产素有时被称为“爱的荷尔蒙”，它在推动关系发展方面起着重要作用。皮质醇有时也被称为“压力荷尔蒙”，已被证明在调节血糖、协助记忆形成与缓和炎症等方面发挥着作用。

触发恐惧的故事引起的神经学反应

长期以来，新闻媒体和大众舆论一直将金融危机描述为一系列突如其来的经济失败造成的恐慌，通常发生在一段对经济风险过度自满的时期之后。诸如“恐慌”和“自满”等带有感情色彩的词语可能看起来像是新闻炒作，前者会让人联想到人群四处奔散想要逃离突发危险的画面，后者则让人联想到自鸣得意的傻瓜。然而，大部分时候，人们在此类金融事件中表现得似乎非常理性，在这些金融事件持续数月和数年的时候，人们的生活大多正常，他们倾向于表现出自己正在厘清事实的样子。即使在金融“恐慌”期间，人们大多看上去也既正常又放松，照常逗乐大笑。

但“恐慌”和“自满”是否就真的那么不切题呢？这两个词描述的都是需要通过神经结构得到支持的心理状态。我们需要研究这些结构，以判定金融恐慌与其他恐慌之间、金融自满与其他自满之间是否涉及共同的神经学原理。

我们来看看本书撰写期间发生的一个实例：在 2007—2009 年全球金融危机临近 10 周年之际，银行承担的风险越来越高。2017 年，联邦存款保险公司发布报告，声称它担心美国银行正在承担过高的风险，因为它们为了实现收益率而延长了投资期限。金融危机后近 10 年来，利率一直处于极低水平，不过长期利率要高一些。想要达到这些较高收益率对银行来说是有风险的，因为如果利率突然上涨，它们为了留住存款人而付出的成本就有可能多于它们从较长期投资中获得的收益，而这有可能让银行陷入大麻烦。最终，银行决定承担风险，但它们又是如何预判未来利率的呢？

没有哪位专家曾准确预测几年后的利率。没有人能告诉银行家低利率期再过多久就会结束，也没有人能保证低利率时期会永远持续下去。银行家只有一些褪色的叙事记忆，这些叙事描述了另一些历史时期：当时利率大幅上升，存款人纷纷涌入银行取出自己的存款。当利率在低位保持了10年的时候，这些故事似乎不再那么具有现实意义，但是我们并没有办法量化它们的现实意义减少了多少。

最好的办法是将银行家在这类时刻的行为视为原始神经系统模式驱动下的行为——同样的大脑结构模式已经经受住了达尔文所说的数百万年进化史的考验。现在狗和啮齿动物有一些相同的管理恐惧的大脑结构，这一事实证明它们都起源于中生代。恐惧是所有哺乳动物和高等动物的正常情绪，受到大脑结构的支撑。恐惧的消退是一个在危险过去之后恐惧逐渐释放的过程。

科学家先是间接地观察这些脑结构的作用。1927年，苏联生理学家伊万·巴甫洛夫（Ivan P. Pavlov）在报告中总结了他对狗所做的研究。如果一边让节拍器发出咔嗒声一边反复将一定剂量的酸性物质放到狗的舌头上，那么稍后即使只有节拍器发声而不往狗的舌头上放酸性物质，也会引起同样的无意识反应，就像放了酸性物质一样。在实验的后续阶段，巴甫洛夫反复打开节拍器，但是没有往狗的舌头上放酸性物质，狗的厌恶反应逐渐消失。后来，人们发现了这种反应涉及的大脑结构。以老鼠来说，外侧杏仁核（大脑的杏仁状区域）的神经元在恐惧产生阶段和恐惧消退阶段发挥了重要作用，它们在恐惧产生阶段会加强放电，在恐惧消退阶段会减少放电。并非所有的神经元都会减少放电，从而会残留一部分恐惧。神经科学家由此得出结论：

> 总的来说，有很多证据表明，涉及杏仁核、腹内侧前额叶皮质（vmPFC）和海马体之间相互作用的独特神经回路是恐惧消除

能力的基础所在，这种回路在进化过程中保存了下来。[5]

老鼠表现出了与人类相同的回路和下意识的恐惧触发。人类腹内侧前额叶皮层的厚度与恐惧的消退程度是相关的。[6]某些人类神经系统疾病，如创伤后应激障碍（PTSD），就是因为未能成功消除恐惧，研究这些疾病可以揭示恐惧管理的基底结构。[7]可以说，人类尚未完成对产生恐惧和消除恐惧的神经回路进行优化的进化过程，因为到目前为止人类文明才只有几千年的历史而已。

类似于创伤后应激障碍的精神状态有时可能会折磨一整个群体。波兰诗人切斯瓦夫·米沃什（Czesław Miłosz）在 1951 年出版的《被禁锢的头脑》一书中，描述了他对斯大林式政权后期那些悄声传播的非官方叙事的印象，他指出，斯大林式政权营造的恐惧氛围至关重要。人们恐惧的是消失于秘密警察之手，是与家人一起被强行流放到西伯利亚，一旦到了那里，等待他们的将是饿死或冻死：

> 恐惧是一种众所周知的社会黏合剂。在一个自由资本主义经济体中，担心没钱、担心失业、担心自身社会等级下降等种种恐惧促使个人付出更大的努力。但是，在帝制国家，恐惧就是赤裸裸的恐惧。在一个拥有十万人口的资本主义城市里，可能会有一万人因害怕失业而受到恐惧的困扰。这种恐惧是一种个人处境，从人们对其处境的漠不关心和冷酷无情看，这种恐惧是悲惨的。但是，如果所有十万人都生活在日常恐惧之中，他们就会散发出一种集体氛围，而这氛围会像厚厚的云层一样笼罩在整个城市的上空。[8]

就像米沃什一样，我们有理由认为，因害怕失业产生的恐惧不如因害怕被流放到西伯利亚产生的恐惧那么强烈，我们也有理由认为，任何程度的恐惧都依赖于同样的大脑回路。在没有逻辑答案或解决方案的困境下，比如，在决定是否进行风险投资的时候，人类意识可能会将决定权委托给某个与老鼠类似的脑回路。在这种情况下，对过往痛苦经历的记忆以及以叙事形式传播的对他人经历的记忆可能会决定人们采取的行动，在某些时候，它们可能会导致一些令人遗憾的经济决策。

恐惧的减少可能反映了恐惧逐渐消退的过程，如果叙事出现戏剧性的新进展或变化，这一过程有可能会被逆转。近来有关流氓国家拥有核武器的叙事看上去似乎足以重新燃起人们对核毁灭的恐惧，但很显然，目前它们还没有做到这一点。正如很难或无法预测哪部电影会一炮走红一样，我们也很难预测哪则叙事最终会产生经济影响。

叙事的病毒式传播已经持续了千年

人类自古以来就在传播叙事。集市和宗教节日上的交流以及不经意间的接触都促进了传播。比如，在古罗马，想要探听消息的人就会定期前往庇护人家中参加晨礼，或者去公共集会场所听演讲者或拍卖人的消息，后者穿着特殊的托加袍，显得与众不同。拍卖人向人群讲述新闻和故事、宣读广告并处理拍卖。传言（rumor）这个词是古拉丁语，意指传播性叙事。

哲学大师大卫·休谟（1711—1776 年）在 1742 年写道：

> 当某些缘由在某个时候和某些人之间引起某种倾向或激情的时候，虽然会有很多人避开传播并且只受特有激情的控制，但多数民众肯定会受到共同感情的束缚，他们的所有行为也会受其控制。[9]

休谟的著作写于疾病细菌学说被创建之前，写于细菌和病毒被发现之前，但那个时代的很多人都知道疾病和思想是通过人际接触传播的。

英属美国殖民地在法国—印第安人战争（即七年战争）之后，陷入经济萧条，其间，[10]亚历山大·温德米尔（Alexander Windmill）（这显然是个化名）于 1765 年致信康涅狄格州《新伦敦公报》（*New-London Gazette*）的印刷商，讲述了一则跟“没钱”这句话有关的叙事：

> 我想当然地认为，读者全都听说过“没钱”这句叫人忧伤不已并被人反复提起的话：每个人自己也时不时会发出这样的抱怨。在过去几个月里，我发现，不管是哪个层级的人，他们的对话都会朝着一个不变的方向运行，而且人们总是按照完全相同的顺序切入陈词滥调的谈话主题，这种整齐划一简直令人叹服。遵照祖先从远古时代开始实行的令人称道的习俗，先是慈爱地询问一下健康状况，再谈论一番天气。一旦讨论完这些不同寻常的重要事项，面部的肌肉就会被调动起来，组合成痛苦与怨恨并存的激动表情，再辅以一定比例的政治洞察力；紧接着出场的就是上述这一惊人发现——“没钱”；在场各方会立即以各种无比惊讶的方式重复这句话。他们面容上的惊讶、话语中的激动会让人觉得他们直到这一刻才刚刚得知这样的不幸遭遇，即便同一群人在不到两个小时前刚刚谈论过同一个主题并说过同样的话。[11]

温德米尔接着又算出，在当时，“没钱”这句话每天要被美国殖民地说英语的居民重复 5 000 万次（或许有些夸大其词）。根据他的观察，他觉得可以合理地推断，在白天的大部分时间里，有上百万人每 20 分钟就重复一次这句话，有些人甚至在梦里还在说这句话。

查尔斯·麦基（Charles Mackay）在 1841 年出版的《大癫狂：非同

寻常的大众幻想与群众性癫狂》一书中，将注意力投向了“非同寻常的大众幻想”的大肆传播。古斯塔夫·勒庞在他的著作《乌合之众》(1895）中说道：“各种观念、感情、情绪和信念，在群众中都具有和微生物一样强大的传染力。”[12] 与之相关的术语有集体意识（Durkheim，1897)、集体记忆（Halbwachs，1925）和模因（meme，Dawkins，1976)。

书封和公司徽标

那些想要创作出病毒式叙事的人会做实验，观察它们的成功和失败，并试图找出能为下一步创作指明道路的模式。但是，病毒式叙事和非病毒式叙事之间的差异可能取决于叙事的某个方面，而这个方面又与我们对该叙事的热情无关。它可能取决于某些很难直接观察到的因素，例如叙事与其他话题相关联的能力，或其他叙事中出现的提示。

传播率一般都是自然生成的，与引发流行的事件密切相关，但有些时候，它是由营销人员设计策划出来的。他们的设计策划几乎不留痕迹，因为这种事的发生频率已经高到让我们习以为常，而且我们也很难想象营销设计中涉及的全部理念和研究。让我们来看一下现代书封，也就是出版商套在精装书籍外面的纸质封面，上面经常会印有宣传语、醒目的字体、作者照片和彩色绘图。现代书封发明于20世纪20年代的广告和营销革命时期，它取代了较早的普通纸质书封，后者的作用仅仅是为了防止书籍在书店里放旧变脏。

需要注意的是，书封看上去是出版商的意思，而非作者的本意，因此并没有让作者显得曲意逢迎或夸大其词。虽然有的书封庸俗低劣，但书籍的传播率可以借此大幅提升。我们可能很难理解书封刚被引入时公众的抵触情绪。诗人多萝西娅·劳伦斯·曼（Dorothea Lawrence Mann）于1921年评论了这一新现象，指出它导致很多读者：

> 愤怒地表示，对书封这种明目张胆的广告营销，他们根本不会细看，也不会受其影响，而是以最快的速度把它扔到一边；在安全地处理掉并彻底遗忘一本书的书封之前，他们是坚决不会看那本书的。[13]

虽然买家如此抵触，但现代书封仍然蓬勃发展，因为它提高了书籍的传播力。大多数人都不会看书封上的宣传语，很快书店就学会了在橱窗里展示最新书籍的书封，以吸引路人的注意。书封无疑是一次绝妙的营销创新，因为读者做出了最终决定：他们可能会把书封拿下来扔掉，也有可能会留着它并把书放在咖啡桌上，让它落入来访者的眼中。就连体面的作者也会允许出版商用炫目的书封包装自己的书籍，一旦这一点成为既定事实，书封就成了永久的固定装置。事实上，如果其他人全都使用书封，那么想要在激烈竞争中生存下去的出版商也就别无选择，因为书封正是我和乔治·阿克洛夫所说的钓愚均衡的一部分。也就是说，在竞争市场中，竞争对手操纵顾客，利润率因竞争而处于正常水平，那么没有一家公司能够选择不参与类似的操纵。如果它们这样做了，就有可能破产。因此，在叙事中无伤大雅地撒点小谎的钓愚均衡也就建立了起来。[14]钓愚均衡也不完全是坏事。就书籍护封而言，它发展出了一门书封艺术，而这门艺术有时还具有重要的价值。

营销驱动传播的另一个实例是“新闻”，即新闻出版商希望能在某一天引起人们关注的新信息。“上钩者”（Phool）——这是我和乔治·阿克洛夫对他们的称呼——不会想到营销手段，他们只是觉得事件就这样忽然发生，给我们带来新闻。但事实上，新闻媒体会对新闻进行筛选，因为他们的财务业绩取决于他们的报道能否造成病毒式影响。2017 年出现在美国的日全食是近来的一个例子，当时很多人出门旅行，以便全程观察这次日食。大众传媒不遗余力地报道这个故事，因为这是很多人的共同经历，媒体无疑认识到了它的传播力。一些报道采用了神秘兮兮的爱国口吻，就好像是上帝将这种极为罕见的现象赐予美国一般。美国媒体频频使用“一生仅此一次”的说法，他们都没有提到，就在 7 年之后，也就是 2024 年，美国会再次观察到日全食。事实上，2017 年的那次日食没有任何真正的新闻价值；人们对日食的研究和了解已经有数个世纪之久。

我们也会看到印在服装和鞋子上的公司徽标（logo）的精心营销，尤其是运动品牌或工作场所的服装和鞋子。徽标这个词最早只能追溯至 20 世纪 30 年代，意指某一公司或某一产品系列的代表符号。其中一例就是鳄鱼（Lacoste）服装系列，它的运动服、休闲服和其他产品上都带有鳄鱼标志。该公司创始人让・雷恩・拉科斯特（Jean René Lacoste）在 20 世纪 20 年代和 30 年代早期是一位广受赞誉的网球明星，绰号就叫“鳄鱼”。他在 1933 年推出的服装系列最初能够流行就得益于他的名气。如今，网球明星拉科斯特基本已被人遗忘。但记忆仍然留存，徽标仍然存在。那些没有研究过市场营销的必要性的人可能会觉得，人们之所以穿着带有品牌徽标的服饰，是因为他们想要在自己与某位著名的服装设计师之间建立起联系。但实际上，徽标营销之所以行之有效，也许是因为它提高了传播力。客户可能会下意识地寻找徽标产品，因为它既熟悉又可靠，同时也因为其他很多人都穿着带有相同徽标的衣服。

新闻媒体、赞助商和营销人员对叙事的构建也有助于降低遗忘率。叙事可能会与符号或仪式相关，这些符号或仪式会让人们记住叙事的基本要素。符号可以被包含在房屋建筑、信件抬头、电子邮件和其他上百万种事物之中，而叙事可以被包含在常规仪式之中，如国家法定假日的传统游行等。专家并不完全清楚仪式和符号在加深记忆方面起何作用，但他们确实知道，它们能够成功地加深记忆。

所有这些例子都揭示了人们容易犯的一个根本错误：“上钩者”

认为故事或品牌的受欢迎程度是其质量和重要性的证明，而事实很少是这样的。相反，近年来有越来越多的证据表明，很多消费者都厌恶徽标和大张旗鼓的营销。[15]叙事的传播往往是某些随机细节的结果，比如人们见面的频率（很多人在别人的衬衫上看到徽标）或叙事与其他传播性叙事的天然关联（拉科斯特曾是名噪一时的网球运动员）。

选美比赛和尾羽：心智理论如何推动经济叙事

心理学家注意到，人类这个物种在心智理论方面取得了独一无二的进展，也就是说，人类有一种强烈倾向，要在自己心里形成他人内心活动的模型。我们会思考别人在想什么，也即他们的个人想法。我们观察他们的行为、面部表情和语调，然后再将这些与他们的信念和意图联系起来。

特定叙事的传播可能与故事讲述者对他人所持想法的印象有关。人们喜欢听的是那种可以向别人转述并让别人喜欢的故事，因此故事讲述者喜欢讲述这样的故事。

1936 年，凯恩斯用“选美比赛”这个比喻将我们现在所说的心智理论引入了经济理论，[16]用它解释股市等投机市场。凯恩斯认为，人们在决定进行哪些投资时，考量的是其他投资者的想法或其他投资者会怎么配置自己的投资（这可能会导致未来的价格变化）。就股票市场投资而言，投资者会考量他们随机遇到的其他人怎么说、怎么想，也会考量股票价格模式，这些模式会揭示其他人正在做什么或将要做什么。他们通常不会考量公司的技术或管理风格等实实在在的证据。

凯恩斯说，他看过报纸上的一场选美比赛，上面刊出了 100 张照片，每张照片上的面孔都很漂亮。但照片中的女性并不是这场形式非同寻常的选美比赛的参赛者，报纸的读者才是。他们需要将自己心目中最漂亮的六张面孔的名单邮寄给报纸。谁的名单与所有投票选出的最受欢迎的面孔最为匹配，谁将赢得比赛的大奖。[17]

凯恩斯指出，最佳策略不是根据自己的看法选择六张最漂亮的面孔。相反，更合理的做法是猜测其他人会觉得哪六张面孔最漂亮。但是，如果我们将心智模型带入下一步的话，这也不是最佳策略。一个人应该做的是猜想其他人会猜想其他人觉得哪张面孔最漂亮。因此，在一个理性的世界中，人们可能会认为，投资者会尽力判断别的投资者如何猜测其他投资者的想法，会试着判断对投机性投资来说需要考量的是哪个方面。然而，即使所有投资者都是理性的，也知道其他投资者都是理性的，他们也未必会遵循这一策略。[18]此外，我们必须考虑到投资者的不够理性以及其他投资者预料到的这种不够理性。

在2009年出版的《动物精神》一书中——这本书在很多方面都可以说是对凯恩斯观点的扩展和阐述——我和阿克洛夫用选美比赛这个比喻构建了一个理论以阐述商业波动的情感基础。选美比赛的比喻也同样适用于叙事的传播。当我们选择向其他人讲故事时，这一选择出自我们关于他人会对这个故事做何反应的看法。如果我们觉得其他人会足够喜欢一个故事并想要进一步传播它，我们就有可能会传播这个故事，不管这个故事讲述的是经济繁荣还是经济绝望。即使在传播经济叙事的时候仅仅为了自娱自乐，我们也仍有可能根据自身构建的他人心智模型来设计我们的故事。

病毒式传播的故事基本上是随机的，其随机性类似于进化生物学中的突变。传统进化理论认为，只有极少数有利于生存的突变会存活下来并传播出去。但是达尔文理论还有另一个分支，那就是性选择，它表明获胜的突变有可能像原始突变一样具有随机性。这样的随机性也有可能影响病毒式传播的经济叙事。

鸟类学家理查德·普鲁姆（Richard O. Prum）在2017年的《美的进化》一书中指出，性选择会引起动物世界的彷徨变异，这类似于经济学中的投机泡沫。生物学中最著名的性选择实例也许要属雄孔雀，它长着沉重的尾羽，这样的尾羽会妨碍它的行动。但是雌孔雀很青睐这些羽毛，这一点推动了交配，也推动了它们繁殖出更美丽的尾羽。因此，雌性的性选择可能会在一个以理论家费舍尔（R. A. Fisher）命名的“费舍尔氏失控”（Fisherian runaway）的过程中，给某些无用的特征创造出进化优势。[19]该机制甚至并不限于两个不同性别的物种之间，因为有证据表明这种性选择过程也存在于雌雄同体的物种之中，即那些既有雄性器官也有雌性器官的物种。[20]在进化生物学和叙事经济学中，某种装饰或摆设的流行可能仅仅是因为它随机流行了起来，除此之外别无他因。

非理性冲动对经济叙事的影响

心理学家杰罗姆·布鲁纳（Jerome Bruner）强调叙事在理解人类文化中的重要性，他写道，我们不应该假设人类行为之所以受到驱动是为了回应纯粹客观的事实：

> 我不相信事实总是直白地摆在所有人的面前。从心理学家的角度看，事实并不是这样的行事风格，从我们对感知、记忆和思考的研究中就能很清楚地看到这一点。我们的真实世界更像是精心打磨而成的橱柜，而不是无意中偶然发现的原始森林。[21]

也就是说，叙事是一种人为建构，混合了事实、情感、人情味和其他在人类头脑中留下印象的繁枝细节。

精神病学家和心理学家认识到，精神疾病通常是正常行为的极端形式或正常人类心智的小范围紊乱。因此，我们可以通过研究叙事功能障碍（dysnarrativia），即反常叙事现象，了解正常人类叙事的大脑处理过程的复杂性。神经科学家凯·扬和杰弗瑞·塞弗（Kay Young and Jeffrey Saver，2001）列出了这种病症的一些变体：受阻叙述（只能讲述大脑损伤之前听到的故事），叙述不足（讲述摇摆不定、临时兴起的故事），消解叙述（无法按照行动发生的时间框架组织一个故事），以及虚构症（编造与事实关系不大或没有关系的故事）。每种形式的叙事功能障碍都与大脑某个部位的损伤有关。

精神分裂症是一种严重的精神疾病，可以表现为一种叙事障碍，因为病人经常会幻听到有声音在讲述奇妙而混乱的故事。[22]幻听是精神分裂症的症状之一，与大脑特定区域的容量缺失相关。[23]我们在自闭症谱系障碍中发现的叙事中断也与大脑异常有关。[24]

框架、代表性启发和情绪启发

叙事心理学也与“框架”（framing）这个心理学概念有关。[25]如果我们能够创作一个会被复述的有趣故事，那么就可以建立一个观点、一个参照点来影响决策。框架与丹尼尔·卡尼曼和阿莫斯·特沃斯基的代表性启发（Kahneman and Tversky，1973）有关，所谓代表性启发，就是人们会根据一些典型故事或模型形成自身的期望，他们在判断这些期望的时候依据的是典型故事备受瞩目的程度，而不是估算概率。比如，我们在判断一场新兴经济危机的危险性时，依据的可能是它与记忆中前一场危机的相似性，而不是按照逻辑判断。

乔治·卡托纳（George Katona）是行为经济学的创始人之一，也是1975年出版的《心理经济学》一书的作者，他注意到了一个奇怪的现象：当他采访普通人并询问他们对关键经济变量的预期时，他感到这些人并没有明确的预期，但他们会当场编一些数据取悦他。不过在我看来，这些普通人当时心里想到的是那些讲述他人和价格的故事。比如，如果在采访中被问及他们对通胀的预期，他们可能不会直接回答这个问题，而是讲述一个带有人情味和明显道德说教的离奇故事，谈谈那些与通胀相关的政客或工会的活动。

心理学家还注意到了一种情绪启发，即那些正在经历恐惧等强烈情绪的人倾向于将这些感受延伸至不相关的事件。[26]有时人们会发现自己对一些逻辑上并不真实的可能性怀有强烈的情绪或恐惧，这表明大脑有评估风险的多重系统。这种"风险即情绪"（risk as feelings）的假设认为，与可感知情绪有着更高相关度的原始大脑系统在评估风险时有自身的情绪启发效应。[27]

在与威廉·戈茨曼（William Goetzmann）和达索尔·金（Dasol Kim）合作展开的研究工作中，我和乔治·阿克洛夫查看了对1989年以来的投资者和高收入美国人所做的问卷调查数据。我们发现，人们会高估股市崩盘的风险，而这些评估受到了他们阅读的新闻报道，尤其是头版报道的影响。一个有趣的发现是，诸如地震之类的自然事件可能会影响人们对股市崩盘可能性的评估。在我们所做的调查中，如果受访者所在区域周边30英里范围内在30天内发生过地震，触发了情绪启发，那他们预估的股市崩盘可能性就会出现统计上显著的上升。由此看来，我们可以合理地认为，地方性地震会带来具有负面情绪效价的地方性叙事。类似证据表明，看似无关紧要却具有强烈叙事潜力的事件可能会影响经济或政治结果：世界杯比赛可能会影响经济信心，[28]地方海滩的鲨鱼伤人事件可能会影响当地现任官员的得票数，[29]广告的背景音乐可能会对消费者产生强烈的影响。[30]葡萄酒专卖店发现，如果店里播放的背景音乐是古典音乐而不是音乐排行榜的前40首歌，买家就会购买更昂贵的葡萄酒。[31]

情绪启发也可以诱发"网络喷子"（Internet trolls，在网上发布低俗或淫秽评论的人）行为。[32]喷子行为似乎具有传染性：从一般人群中随机选出一个实验组并向他们事先演示令人讨厌的喷子示例，此后，该组成员就变得更有可能发表类似的评论。

下一步

神经科学和相关观察就叙事的影响力给出了一些振奋人心的证据，这些证据表明我们可以对重大经济事件的严重性做出完全不同的解释。在本书的第二篇，我们研究了叙事经济学的一些组织原则。关键问题是在分散而又界定不明的叙事星座与现实的经济活动之间建立起因果关系。这将是我们第 7 章的主题。第 8 章会介绍叙事经济学的主要基础。然后，本书第三篇会列出 9 个持续多年的重要叙事星座，每章分别介绍一个（或一对）星座。

第二篇

叙事经济学的理论基础

第7章　因果关系和叙事星座

本书的目标是鼓励人们识别那些能够帮助定义重大经济事件（如萧条、衰退或长期停滞）的经济叙事，并将它们纳入思考，从而提高人们预测和处理这些事件的能力。在我们能够做出可靠的预测之前，我们需要对这些事件真正的终极原因有所了解。关键的问题是要弄清楚何为因、何为果。

虽然现代经济学家大多非常重视因果关系，但一般而言，他们并不认为新叙事的出现有任何因果方面的重要性。在此我想指出，因果关系不但存在，而且是双向的：新的传播性叙事导向经济事件，经济事件再导向改头换面的叙事。

当然，除了太阳黑子之外，经济受到的影响基本上都不是纯粹的外部影响（本章稍后还会谈到太阳黑子），不过我们可以将新出现的叙事视为起因方面的创新，因为每则叙事都源于某个个体的脑海（或是少数几个人的合作产物）。经济史学家乔尔·莫克尔（Joel Mokyr, 2016）将这样的个体称为“文化企业家”，他认为这一概念可以追溯至哲学家和博学家大卫·休谟。休谟在1742年写道：

> 很大程度上，起源于少数人的往往要归因于机缘巧合，或是神秘未知的缘由；出自大多数人的往往可以通过明确已知的原因得到解释。[1]

对于叙事经济学理论基础的形成来说，至关重要的是了解这些创作传播性新叙事的“少数人”的影响力。

这“少数人”的影响力有时通过创作传播性新叙事实现。虽然叙事通常都与名人联系在一起，但创作出传播性叙事的“少数人”通常并不出名，很多时候我们永远都不知道他们是谁。我们可以找到与这些叙事相关的名人，但通常找不到这些叙事的作者。

在本章中，我们将研究那些致使经济叙事出现病毒式传播的因素，尤其是故事和故事讲述，以便对这些叙事的深层结构有更好的理解。

因果关系的走向

想要证明叙事与经济之间的因果走向并非易事。比如，成功的投机者和对股票的狂热是20世纪20年代的一大特征，这些故事是否导致了股价上涨和公司收益的增加？还是说收入增加引发了人们的狂热？2009年之后与之类似的比特币狂热是否造成了比特币价格的上涨？还是说比特币价格的上涨只是新闻报道和加密算法的数学理论有了新进展引发的合理反应？

我们在确定重大经济事件的因果关系时会遇到一个问题，那就是，经济学家通常无法通过对照实验来准确地模拟整体经济状况。与之形成对比的是，实验室科学家可以开展随机实验，比如将实验药物施用于实验组，将安慰剂施用于对照组，然后再运用统计分析确定药物是否真的促成了患者的康复。即便是最出色的经济学家，通常能做的也就是寻找那些能被视为自然实验的事件。亨利·法纳姆（Henry W. Farnam）在1912年发表美国经济学会主席演讲时就指出了经济学家无法进行对照实验的事实，不过他也表示，经济史研究可以让经济学家推理出因果关系，因为历史上不断发生随机冲击事件，比如政府实施疯狂的经济政策。事实上，法纳姆表示："经济学家真的很幸运，不用花钱就有做好的实验摆在他们面前。"[2]

在 1963 年出版的《美国货币史》一书中，米尔顿·弗里德曼（Milton Friedman）和安娜·施瓦茨（Anna J. Schwartz）列举了三个被他们称为"准对照实验"的例子，以此确定货币政策对总体经济的因果影响：1897 年至 1914 年间的黄金大发现（这扩大了货币供应量）以及两次世界大战期间和战争刚刚结束的时候。这些事件是否真的属于随机发生的外生冲击（也就是说，不是由经济引起的）可以另行探讨，但自 1963 年以来，人们开始更多地探讨利用经济数据推断因果关系的可行性。总的结论是，即使无法进行对照实验，想要推断因果关系也是有可能的。新的叙事可以被解读为外生因素，帮助我们识别更多的准对照实验。事实上，弗里德曼和施瓦茨强调的黄金发现和战争很可能是外生冲击，因为流行叙事的创新，如关于淘金热的故事或关于他国阴谋的虚假新闻，导致了它们的发生。

很多（但并非所有）经济学家都认为因果关系的走向总是从经济事件到叙事，而非从叙事到经济事件，对此我们必须持谨慎态度。关于自我实现的预言在经济学中的影响，一直存在激烈的争论。社会学家罗伯特·默顿（Robert K. Merton）在 1948 年创造了"自我实现的预言"这一短语，并将这一概念应用于经济波动。这个术语一般是指完全由外生的事件推动的预言，其中最常见的例子就是太阳黑子（太阳上不断形成又消失的斑点，通过望远镜可以观察到）。

经济学家威廉·斯坦利·杰文斯（William Stanley Jevons）在 1878 年提出，全球经济波动可能是由"太阳光线的周期性变化造成的，太阳黑子仅是这种变化的一个迹象而已"。[3]如果来自太阳的热量在某些年份里强于其他年份，那么农作物和其他经济产出水平在比较炎热的年份里就有可能更高，而这有可能导致重大的经济波动。在 1878 年的时候，已经有关于太阳活动的天文学证据，即可以往前追溯几个世纪的太阳黑子数量记录。杰文斯认为自己发现了太阳黑子数量与经济事件之间的相关性。而这种相关性的“因”必然是太阳，因为我们想不出来有哪个理论能够证明反向的因果关系，即地球上的经济事件导致了太阳上的黑子。他的理论听起来似乎颇有道理，但后续的经济研究并不支持这一观点，而且太阳辐射的变化实在太过微弱，不足以产生任何实质性影响。太阳黑子几乎不会对经济产生任何影响，但是，经济学家大卫·卡斯和卡尔·谢尔（David Cass and Karl Shell, 1983）解释说，如果人们神乎其神地认为太阳黑子能够产生影响，那么它们就有可能真的产生影响。现在，经济学家用“太阳黑子”这个词指代下面的外来噪声：它们之所以能够影响经济是因为人们相信它们能够影响经济。经济学家罗杰·法默（Roger E. A. Farmer）一直是宏观经济自我实现预言领域的带头人。[4]对于他和其他人的研究工作，我想补充一点，那就是这些自我实现的预言并不是凭空冒出来的。相反，它们通常来自叙事中的数百万种变化，其中有少数变化在当前环境中具有足够的传播力，从而形成重要的流行趋势。我们已经看到，这个过程是可以观察、可以建模的。

随机事件、生日和纪念日：叙事如何成为经济叙事？

一般来说，大多数人都怀有模糊的由叙事刺激产生的恐惧和担忧，但这些恐惧对他们的行为几乎没有影响。如果叙事涉及他人采取行动的故事并描述这些人采取的行动，如在某些金融市场进行投资并发财致富，那么这些叙事就成了经济叙事。因此，经济叙事往往会涉及脚本和行动序列，人们采取这些行动序列可能没有更好的理由，纯粹就是因为听到有叙事称其他人在做这些事情。

如果想要通过查看经济总量变化数据，如 GDP、工资率、利率和税率，解析重大经济事件，就有可能错过造成这种变化的根本动因。

这种做法就跟想要通过查看宗教手册的印刷成本解析宗教觉醒一样。不过，经济学家经常落入这个陷阱的原因也一目了然：GDP、工资率、利率和税率都有丰富的数据，而有关叙事的数据充其量只能算是参差不齐。经济学家可能正在陷入历史学家杰里·穆勒（Jerry Z. Muller）所说的“指标暴政”。穆勒并不反对设立重要经济现象的定量指标，但他也确实注意到，大多数人都对这些指数反应过度而且未能意识到自己高估了随意量化数据的重要性，它们的价值其实相当有限。[5]

在叙事背景下做出经济决策的人通常不会解释他们的决策。如果要求他们给出解释，他们要么哑口无言，要么说起话来像个经济学家。比如，人们是否能解释他们在经济衰退期间对支出感到犹豫不决的最终原因？犹豫即不采取行动，造成犹豫的可能只是因为在各种纷杂的念头中没有任何想要采取行动的明确念头。

传播性故事大多具有创造力和创新性，它们不仅仅是对经济事件的合理反应。比如，重大股市调整会持续多日，在此期间，公众有足够的时间阅读各家新闻媒体花样百出、耸人听闻的报道，这些媒体的工作就是吸人眼球。在这段时间内，股市参与者置身于无数次的对话，这些对话重新诠释了新闻，其目的不仅仅是让人获取资讯，也是为了消遣娱乐。

从很多方面来说，这个过程就是一起随机事件，就像细菌或病毒等微生物的突变。比如，一位名人可能会信口说出一句不合适的话。1929 年 10 月 15 日就发生过这样的事情，那是在 1929 年大崩盘前的两周，当时耶鲁大学著名教授欧文·费雪（Irving Fisher）在纽约采购代理商协会发表讲话时表示，美国股市已经登上了“永久的高原”。报纸在接下来的几天里大肆报道这种新说法。[6]这句不合时宜并具有讽刺意味的短语风行一时，它有可能对市场崩溃的持续时长产生了影响，而且时至今日仍被人们牢记在心。事实上，这一说法的知名度现在超过了费雪耗时多年写就的任何一本书的书名。现在，它和“非理性繁荣”“拉弗曲线”等其他短语处在同一阵营。这些词语及其产生的影响来自经济之外，因此它们属于外生因素。

此外，过往事件的纪念日也可以让经济叙事起死回生。尽管几年前的某一叙事，如 1987 年的股市暴跌，已经失去了传播力，但它仍有可能留存于记忆深处，至少对年岁较长的人来说是这样。不过，如果将它稍做调整（可能再换个名字）并重新附着到一个带有人情味的故事上，它就有可能再次恢复传播力。比如，新闻媒体总是在重大纪念日提醒公众想起 1987 年的暴跌，可以预见，他们还会继续这样做，直到出现更大的单日跌幅。到了那个时候，1987 年就不再是纪录保持者，它也就不再值得关注。

比特币叙事的力度在 2013 年的时候开始消退。它已经成为一个古老的故事，比特币的价格也从 2013 年时高于 1 000 美元的峰值跌至 200 美元出头。但是，新发明或者说新变化的激增让相关理念一直保持活力。这些发明中值得关注的当属“首次代币发行”（ICO），新的加密货币由此得以开发并生成截然不同的叙事。实际上，人们将这些货币视为公司股票。“首次代币发行”生成了一大波新的叙事，每一则叙事都涉及某类业务的某种货币。因为它，挑选股票这种老行当又重新赢回了公众的青睐，在此之前这种做法已经被视为一种徒劳无益之举。新的话题出现了。仅在 2017 年一年就有 900 多种首次代币发行，它们面向的是那些想为新企业筹集资金的众筹新创公司。其中将近一半在一年内就以失败告终，但是新的首次代币发行还在不断涌现。[7]

当然，经济学家都知道这些与事件相关联的叙事，但大多数时候他们都认为，这些叙事只不过是在有关深层经济力量的真实新闻出现之后冒出来的一些愚蠢说法。他们总是贸然认为，促生这些深层经济力量的不外乎生产技术的进步；自然资源的开发或意外耗尽；人口变化或相关的经济研究，这些经济研究为政府决策者如何推行更佳行为规则提供了新的信息。但是，这种思维方式没有看到那些有可能导致经济变化的基本要素。我们在本书第一篇中已经看到，围绕这些事件的经济叙事在以可预测的方式发挥着作用：它们具有传播力，它们提供了脚本供人遵循，它们一再重复自己想要传达的信息，它们凭借人情趣味而蓬勃发展。它们以非常重要的方式影响着社会，影响着经济活动的过程。

经济学领域之外的对照实验揭示了因果关系的走向

虽然我们有时可以通过研究经济史推断因果关系的走向，但我们还需要认识到，经济学领域之外的对照实验已经揭示了叙事对人类行为的影响。

在营销领域，詹妮弗·埃德森·埃斯卡拉斯（Jennifer Edson Escalas）指出，当广告的受众将产品与自己的个人经历联系到一起时，就会出现自我参照效应。但并非所有的自我参照都能同样有效地改变买家的行为。埃斯卡拉斯通过对照实验，比较了分析性自我参照（解释你为何需要这一产品）与叙事性自我参照和叙事传输（讲述一个故事，使用“我”而不是“你”这个词，从而让人将自己想象成另一个人）。埃斯卡拉斯发现叙事传输更为有效，当产品的分析性自我参照不大起效的时候更是如此。[8]

在新闻领域，马塞尔·麦克希尔（Marcel Machill）及其合著者发现有证据表明，电视新闻的受众基本没有记住自己听到的新闻。他们向对照组提供了一份真实的关于空气污染危害的电视新闻报道。他们还以故事的形式向实验组提交了这则报道的变体，故事的主人公是一位因空气污染出现健康问题的面包师，他与从污染活动中受益的对手展开力量悬殊的斗争。实验组的这种新闻展示方式给人留下了更深的记忆。[9]

在教育领域，斯科特·麦奎根（Scott W. McQuiggan）及其合著者发现，以叙事为中心的学习方式可以增强学习动力。实验组中的每一位8年级学生都在一款虚拟现实电脑游戏中扮演年轻的艾力克斯。在这个虚构的故事里，艾力克斯的父亲是水晶岛一个研究团队的负责人。一种神秘的严重疾病感染了一些科学家，包括艾力克斯的父亲。艾力克斯下决心要找出原因。在游戏中，学生玩家要与其他模拟人物进行对话。在这个过程中，学生会学习微生物学、细菌、病毒、真菌和寄生虫的相关知识。研究记录表明，相较于对照组，实验组在“自我效能、存在感、兴趣和控制感”方面表现出了学习优势。[10]

在健康干预领域，迈克尔·斯莱特（Michael D. Slater）及其合著者研究了如何说服人们多吃水果和蔬菜。他们从实验中得出结论认为，说教式地给出营养证据的做法是无效的。当受众对叙事信息刻画的人物产生认同感时，就会对叙事信息产生更强烈的反应。这样的研究结果表明，在健康干预领域，需要对故事进行精心的预先测试并挑出合适的人选来传达相关信息。[11]

在慈善领域，基思·韦伯等人（Keith Weber，2006）先让受试者阅读有关器官捐赠的信息，再请他们签署器官捐献卡。信息的内容（或是叙事信息，或是统计信息）是经过处理的。研究结果表明，叙事信息比统计信息更为有效。

在法律领域，布拉德·贝尔（Brad E. Bell）和伊丽莎白·洛夫特斯（Elizabeth F. Loftus）1985年进行了一项对照实验，让受试者在实验中担任陪审团成员。实验的目标是为了研究陪审团成员对生动描述的诉讼和非生动描述的诉讼做何回应。例如，生动描述的诉讼会写上一句无关紧要的话，指称被告在犯罪时失手“将一碗牛油果酱碰翻在白色粗毛地毯上”。这种无关紧要但生动鲜活的心理画面有助于实验组陪审团做出有罪裁决。

总而言之，经济学可以借鉴其他社会科学的经验，如心理学（尤其是社会心理学）、社会学、人类学（尤其是文化或历史人类学）和历史学［尤其是文化史和思想史，后者也可以说成心态史（histoire des mentalités）］。经济学家无法进行整体经济的对照实验，因此判定并解析经济叙事的构成要素就成为重中之重。而故事就是其中一个重要的组成部分。

故事在推动人类活动方面发挥的重要作用

情感在叙事、经济和其他架构中相当重要，它会在故事中展现出来。历史小说和历史电影不属于主流历史，但它们能够很好地帮助我们感受历史并赏析一些推动历史进程的叙事。历史小说家或电影制作人在构建人物对话时依据的是研究工作给予他们的想象和直觉，他们看上去更像是发明家，而不是学者。

历史学家威廉·克罗农（William Cronon）2013年在美国历史学会发表主席演讲时，对历史学术研究与历史小说进行了比较：

> 我们的文献对历史的某些方面不置一词，历史学家也选择不介绍这些方面，但其中一些方面，尤以意识流和非正式谈话最为明显，对生活来说至关重要，以至于我们很难判断下面哪一种描述更歪曲历史：一部对其中一些方面不做任何描述的历史，还是一部在缺乏权威证据的情况下尽可能以负责任的方式呈现这些方面的小说？[12]

因此，我们用来解析经济危机的主要比喻存在一个基本问题。现在，“经济健康与否”这个比喻主导了大众媒体的讨论。我们有时候说经济很“健康”，有时候又说经济“生病”了，就好像经济需要医生开出良方（财政或货币政策）一样。为了跟生病/健康这个比喻保持一致，大众媒体经常会报道“信心”温度计的读数，这个温度计是用信心指数或股市表现衡量的。

人情味故事的重要性让人想起心理学家罗伯特·斯腾伯格（Robert Sternberg）的著作。在《爱情是一个故事》（1998）一书中，他认为两个人之间那种健康并充满爱意的关系是通过有关两人关系的叙事形成的。就像在爱情关系中一样，经济过程也不止一个维度。相反，除了公众对经济健康状况的看法之外，经济故事还有其他维度。这个故事也具有道德维度，涉及忠诚与机会主义、信任与不信任、插队与耐心排队。此外，这个故事还涉及情感、安全与不安全、内在引导与公共引导等维度。任何一个时间点流传的各种故事都传递了所有这些维度。

闪光灯记忆

除了具有故事般的结构之外，我们的记忆往往会聚焦于少数突出的随机画面。某些深刻的叙事让人产生的情绪反应如此强烈，以至于人们在数年之后还依然记忆犹新。相关叙事可能只是被简明扼要地提及了一下并与其他诸多很快被人遗忘的信息混杂在一起。为什么这种与叙事的短暂接触会在之后的很长时间里导致经济行为的变化呢？

如果要求人们描述他们的信心状况或当前动机，他们有时会想起并谈到自己心理状态的某一次突然变化，这意味着一种离散而且可识别的因果刺激。在极端情况下，长期记忆的建立可能会非常突然，因而可以被视为闪光灯记忆。[13]闪光灯记忆类似于曝光不足的电影效果——拍摄于黑暗之中，仅在摄影机闪光灯亮起的瞬间才被照亮。这样的闪光灯画面有可能讲述一个故事，让人想起一件事以及当时的环境和氛围。在我们的众多记忆中，我们会记住一些片段，对它的前因后果也有一些记忆，但总也忘不掉那些成为焦点的闪光灯记忆。

心理学家研究过大脑如何选择赋予哪些记忆以闪光灯记忆的地位，这类似于选择将哪些照片放入家庭相册之中。研究表明，闪光灯记忆不仅与被记忆事件附着的情感有关，也与社会心理因素有关。与他人产生身份认同或与他人共同经历的记忆更有可能成为闪光灯记忆。[14]因此，人们选择闪光灯记忆的方式使它们有更好的机会参与传播性叙事的形成。

比如，描述 1861 年萨姆特要塞附近打响的美国内战第一枪的叙事直到几十年后还生动地留存在人们的脑海中。事情发生 35 年后，一位美国前上士非常详细地讲述了自己当时正在做什么，那个时候，他有生以来第一次得知自己必须带领手下完成一项有可能丧命的任务：

> 当时我是一个步兵连队的上士，这个连队由 100 名受过良好训练的新兵组成，正在纽约港总督岛上执勤。我们刚刚搞完节日庆典活动，在战前，军队的这些活动会持续 10 天左右，而且都是些非常尽兴的庆典活动。星期六那天，也就是 1 月 5 日，我正忙着安排打扫宿舍，为例行的周日晨检做准备，我当时想的是安静地过完白天，然后在晚上再搞点假期活动来收尾，这时我被传唤到副官办公室，军士长告诉我让我的连队在下午 2 点列队接受检阅。问什么问题都没用。[15]

日本在 1941 年 12 月突袭了珍珠港的美军基地，美国就此卷入第二次世界大战，一些极具影响力的叙事也描述了这次偷袭行动，这些叙事可以解释美国当时的参战决心。40 年后，人们仍然记得他们第一次听到珍珠港新闻时的情形：

> 加州大学附高的学生约翰·霍姆斯仍然清楚地记得自己当时

身在何处以及自己正在做什么：

“那时候人们都在街角卖报纸。我是一个报童，在皮可和普罗瑟的街角售卖《旧金山晚报》。我卖的报纸上报道了珍珠港遭到空袭的新闻……

“但那时我并不知道这意味着什么，也不知道这会改变我的人生。那时我还太小了。”

乔·阿诺德在韦斯特伍德格林顿和伦德布鲁克的一家加油站工作。“那里有一座高塔。那一天雾蒙蒙的，我爬上高塔的顶部，想看看能不能看到什么。我也不知道自己想看到什么……”

芭芭拉·瑞安·邓纳姆的记忆是很多美国人的典型记忆。

她说：“我们正坐在桌边吃早饭。我们刚从教堂回到家，打开了收音机……一开始没人相信这个消息。”[16]

人类往往会被看似随意的故事细节触动，包括逸事这类简短的故事，而闪光灯记忆正体现了这种倾向。上面列举的故事按顺序讲述了一系列基本没有什么意义的事情，展现了爆炸性新闻之前或之后的情况。相比之下，如果我们让人们讲述数十年前随便某个日子里这些微不足道的细节，那他们什么都记不起来，原因就在于那一天并没有和某个著名的事件产生关联。

美国近期历史上有一起著名的闪光灯记忆事件，那就是2001年9月11日的恐怖袭击事件，在这起事件中，纽约市的世贸中心被摧毁，华盛顿特区的五角大楼也遭到严重破坏。美国很多人至今都能回想起自己在得知这起恐怖袭击事件时正在做什么。人们在回忆的时候仿佛一切都历历在目，这充分证明了此次袭击对人们经济行为的因果影响。

根据美国国民经济研究局（NBER）的数据，继2000年全球股市高峰以及随后的金融危机和重大衰退之后，美国经济自2001年3月以来一直处于衰退期。在2001年9月11日的袭击事件中，恐怖分子劫持飞机并撞上了具有象征意义的国家性目标，在这次事件之后，大家普遍担心美国经济会陷入持续衰退，因为人们害怕再次发生这样的袭击，于是选择留在家中。[17]这次恐怖袭击发生在2000年的股市泡沫破裂一年之后，在众多的经济衰退迹象中，它是推动“经济撞墙”的“完美风暴”。[18]

但这次袭击似乎产生了完全相反的效果。2001年11月，经济衰退结束，美国经济几乎立即复苏，这次经济衰退也成为美国历史上最短的经济衰退之一。我们如何解释美国的快速复苏呢？袭击事件发生后，有叙事称美国领导人请求美国人民采取象征性的举动以提振全民信心。袭击发生两周后，美国总统小布什向航空业雇员和全体国民发表了讲话：

> 我们必须通过重返工作岗位来对抗恐怖主义。这个重要行业中奋战在工作岗位上的每一个人都在明确宣告：恐怖主义不会得逞，这些作恶者吓不倒美国、美国雇员和美国人民（掌声）……他们发动袭击的时候，是想营造一种恐惧气氛。这场国家战争的一个伟大目标就是恢复公众对航空业的信心。那就是，告诉出行的民众：请登机。前往全国各地开展业务吧。登上飞机并尽情享受美国的绝佳旅游目的地吧。去佛罗里达州的迪士尼乐园吧。带上家人，想怎么享受生活就怎么享受生活吧。[19]

小布什总统也盛赞了美国人民：“我们是一个坚强的国家，一个伟大的国家。我们这个国家有卓越的价值观基础。”就像优秀的体育教练那样，他是在鼓励团队精神，既面向航空业雇员，也面向全美公民。他的叙事提出了有关坚强、勇敢、励志的脚本。这则叙事的明确目的就是让下面这一理念深入人心：其他人都在看着我们，我们所有人都必须树立起勇气的榜样。然而，在经济复苏期间，大多数经济学家都没有认识到“9·11”事件的闪光灯性质，这次袭击促成了具有传播性的叙事星座，并有可能已经对美国企业和美国经济产生了深远的影响。[20]

虚假新闻无处不在

为了做到生动逼真，故事讲述者经常会借助小说或假新闻，讲述一些夸大其词的故事。叙事史表明，“虚假新闻”并不新鲜。事实上，人们总是喜欢有趣的故事，并传播他们知道并不属实的故事，比如坊间传言。事实上，人们在传播有趣的故事时，通常并没有明确地从道德上判断自己是否在散布谎言。

虚假新闻经常会给人留下深刻印象，因为负责现实性监测（reality monitoring）的大脑活动过程并不完美。在心理学家和神经科学家看来，来源监测对大脑而言是一个很有难度的活动过程，大脑在判断来源时依靠的是它们与其他记忆的联系。[21]因此，随着时间的推移，大脑可能会忘记它曾经判定有些故事并不可信。此外，来源监测的熟练程度因人而异，大脑的颞间脑和额叶损伤有可能导致来源监测出现极大缺陷。[22]

现在我们来看一下假摔跤比赛的例子，在这些比赛中，摔跤选手看似违反了规则，几乎是在互相残杀。人们似乎因为观看这样一场在他人眼中明显做假的比赛并假装它是真实比赛而获得了快感。表演式摔跤（Kayfabe）* 就是一个形容这一奇怪现象的词，它于20世纪70年代开始见诸文字。

假摔跤比赛并不是高中或大学那种遵守规则的摔跤比赛。相反，它包含了很多骇人的故事元素。其中一名摔跤手近乎赤裸，看上去邪恶并/或丑陋，另一名摔跤手则干净利落，英俊而体面。那个坏人会

---

* 摔跤界术语，意思是即便观众知道摔跤是表演，但摔跤选手还要融入角色和剧情，在一切情况下都要把角色、剧情和打斗描述成是真的，而不能承认“这只是表演”的事实。——译者注

表现出懦弱的样子，躲在绳子后面，然后在裁判暂时移开视线的时候，他会在众目睽睽之下偷偷给予对手非法一击。他先在下面折磨对手，然后爬上高高的绳索，假装跳到对手的肚子上。

这种弄虚作假一般都非常明显，哪个观众都至少能看出其中一部分做假。有时候，当表演没有达到标准的时候，观众甚至会在比赛过程中大喊“好假”。然而，这样的比赛就像真比赛一样被呈现在观众面前并被大部分人接受。观众似乎希望它有可能是真的，至少在某些时候是真的，而且他们可能会假装它是真的，以便刺激自己的想象力。然而，正如文学理论家罗兰·巴特（Roland Barthes）指出的那样，这些比赛的观众很少像观看其他体育运动那样对比赛结果下注，“这样做没有任何意义……表演式摔跤通过所有过火行为维持其独创性，而这些行为使它成为一种奇观，而不是一项运动”。[23]换言之，从某种意义上说，很多人只是享受这种相信故事的乐趣而不关心它的真实性。

假的格斗比赛在很多国家都有漫长的历史，这表明它是一个久已有之的故事。ProQuest 对“假摔跤”的搜索结果显示这个短语可追溯至1890年，当时一名记者提到“近来有很多假摔跤比赛”。[24]即使在古罗马，在真正的角斗（这种角斗有时会致人死亡）开始之前的几分钟里也会有假格斗（prolusio），从而激发观众对接下来真打实斗的兴趣。[25]假格斗可能类似于现代的假摔跤比赛，从某些方面来说，它有可能更值得观看，因为演员在操纵观众方面经验丰富、技术娴熟，其中有些还很有名气。

与罗马人在罗马斗兽场放出狮子撕咬并杀死罪犯、在逃奴隶和基督徒的时代相比，情况已经有了很大改善。我们设立了以诚信闻名的新闻媒体。事实核查网站也在21世纪出现（如AP Fact Check、factcheck. org、politifact. com、snopes. com、USAfacts. org 和 wikitribune. com）。这些网站的信誉在于它们揭穿虚假新闻，而非不偏不倚地报道争议各方——这种做法在主流新闻媒体一度很常见。不幸的是，大多数人都不查看这些事实核查网站。此外，它们的可信度近来因为一些旨在损害其声誉的假新闻而受损，导致部分民众放弃了寻找真相的希望。

我们可以从中得出什么结论呢？虚假新闻已经存在了数百年、数千年，有鉴于此，它似乎是人间百态的一部分。虚假业绩、虚假故事和虚假英雄无处不在。有些造假是如此别出心裁，以至于我们无法将它们视为基本经济力量的结果。情况正好相反：以虚假叙事为形式的造假会影响经济结果。

叙事星座中因果关系的证据

我们在研究档案数据中的叙事时，有可能会错过文化变迁的某个维度背后的叙事星座，因为我们也许只能看到一些表层的叙事。从数十年以后的角度看，这种感觉就像是在一个多云的夜晚，站在地球上仰望天空并试图辨别那些星座。我们肯定看不到其中的某些星星。此外，叙事通常会持续数年，但经济波动往往是突然发生的，比如金融恐慌的蔓延也就是几天的工夫。但是，恐慌的种子很可能已经在地下埋了数月或数年。

归根究底，因其消费和投资决策导致经济波动的人群并不太了解情况。他们中的大多数人都没有仔细收看或阅读新闻，而且他们很少按事件发生的顺序获知情况。然而，他们的决策推动了整体经济活动。因此，情况必然是这样的：引人注目的叙事驱动着这些决策，很多时候还有名人或可信赖人物的推波助澜。

一旦我们认识到叙事星座中的陈年旧事在近来改头换面后仍可能引发当前的经济事件，我们就已经取得了实质性的进展。但是，想要正确地认识叙事如何影响经济并非易事。我们需要先后退一步，考量一些基本原则（前几章提到了其中一些原则），用这些原则指导我们的思路。现在，让我们进入第 8 章。

第 8 章　叙事经济学的 7 个构想

至此，我们已经看到，病毒般传播的流行叙事能够产生经济影响。我们最终的希望是经济学家能对这种关系构建模型，以帮助预测经济事件。首先，我想介绍一些有关经济叙事的基本构想，我们可以通过这些构想解析具有历史重要性的叙事，并在新的叙事酝酿过程中识别它们。

在开始之前，让我们先回顾一下经济叙事的几个关键特征。就像比特币叙事展现的那样，经济叙事会让人想起可能已经遗忘的事实，对事情在经济中如何运作给出解释，影响人们对经济行为的理由或目的持有的看法。叙事可能会对世界的运行方式做出一些暗示，例如比特币叙事就暗示：计算机正在接管一切，我们正在进入一个新的世界主义时代，使人们摆脱本地政府的无能和腐败这一沉疴宿疾；叙事也对我们如何将这些信息为己所用给出一些暗示。叙事还有可能表明，采取某一经济行动是一种有益的学习体验，它可能会在以后带来收益。有时候，采取经济行动是让自己参与叙事的一种方式。参与叙事之后，我们就可以说自己是历史的一部分。比如，购买了比特币之后，我们就加入了国际资本家精英的行列。

构想 1　流行趋势可快可慢、可大可小

经济叙事的流行趋势呈现多种不同的规模和时间框架。叙事的快

速流行并没有什么标准的过程，也并不意味着它就一定有长远的意义。本书附录介绍了流行病学模型，在这些模型中，我们可以选择用不同的传染和康复参数代表快速蔓延的大规模流行病、快速蔓延的小规模流行病、缓慢蔓延的大规模流行病和缓慢蔓延的小规模流行病。

一则叙事可能会起起伏伏数十年，它的持续时长可能会超出经济学家赖以评估叙事影响的所有数据序列。因此，我们一定不能急于判断叙事的影响。比如，如果我们认定一则病毒式传播的经济叙事和一个在脸书（Facebook）或推特（Twitter）上风靡数日的模因并无二致，那么我们就意识不到下面这种可能性：历史上的某一次长期繁荣是一次持续时间比之还要长上很久的叙事流行的结果。

再举个例子：如果我们认识不到叙事流行有快慢之分，就有可能过度依赖畅销程度评判某一著作的重要性。畅销书排行榜反映的往往是短时间内的销售情况。例如，《纽约时报》畅销书榜单列出的是当周销量最高的书籍。（前面的章节解释过新闻媒体为什么要强调较短的时间段：它们必须不断地推出新的报道。）较短的时间框架解释了《圣经》和《古兰经》为什么永远不会出现在畅销书榜单上。如果我们看一下过去数十年的《纽约时报》畅销书榜单，会发现几乎没有一本眼熟的书。其中的大多数都是昙花一现、转瞬即逝。

不同流行叙事之间的传播率也有很大差异。说到传播率极高的流行叙事，全国紧急状况，如战争爆发，可谓其中一例。这类叙事会让人们感觉这个故事是如此重要，他们有权在其他对话中插入这条新闻，或者与平时很少交流的人进行交谈。说到传播率极低的成功叙事，彰显国家伟大的爱国故事可谓是其中一例。这类故事只有在时机合适的情况下才会在家中、在课堂上或在民间组织支持的活动中被人提起。只要遗忘率够低，这类叙事就可以（慢慢地）发展成大规模的流行。

不同叙事的康复率或遗忘率也各不相同。遗忘率高的叙事往往是孤立的叙事，不属于任何星座。那些不断让人回想的叙事属于遗忘率低的叙事。比如，当我们在街头看到无家可归者和乞丐时，就会想起那些讲述萧条时期大规模失业的叙事。长期叙事更有可能影响一个人的世界观或人生观。

正如附录中的数学模型所示，高传播率和低遗忘率意味着叙事最终几乎会传播至整个人群，而且有时速度非常快。不过，如果传播率较低但遗忘率更低的话，同样的叙事也可以相当缓慢地传播至大多数人。下面这个例子就很能说明问题。

1987 年 10 月 19 日的股市崩盘创下了美国历史上的最大单日跌幅，在那之后，我在美国做了一次问卷调查。我随机抽样询问美国一些高收入个人具体是什么时候第一次听说这次崩盘的。97% 的受访者表示他们在当天就听说了这一消息。平均回答是东部时间下午 1：56/太平洋时间上午 10：56。[1]大部分受访者并不是通过早报或晚间电视新闻听说这一消息，而是在事情发生时直接通过口口相传听到的。

构想 2　重要的经济叙事可能只包含一小部分热门话题

在判断经济叙事流行的重要性时，我们的结论不应该基于这样的假设：经济上最重要的叙事就是那些常被人们谈论的叙事。非常重要的叙事流行有可能并不产生什么话题。此外，人们总在交谈，因此总会有叙事在传播。在研究经济叙事时，我们不能被闲谈寒暄分心，因为它们解释不了经济变化。

1932 年，在大萧条接近谷底时，富兰克林·罗斯福与时任总统赫伯特·胡佛一起竞选美国总统。普利策奖获奖记者阿瑟·克罗克（Arthur Krock）在为《纽约时报》撰稿时，总结了普通人是怎样谈论经济形势的。他倾听人们的交谈，“尽量不做任何提示”[2]：

> 通过火车、汽车、飞机和步行，我已经旅行了 10 000 英里。

我在火车上、餐馆里、街头、娱乐场所、酒店大堂、俱乐部和人们家中与数百人有过交集，我与他们交谈、观察他们、倾听他们所说的话。

他在一个月的时间里走访了美国 20 座城市，逐字记录了他与人们之间的日常谈话或无意间听到的日常谈话，从这些谈话中似乎可以看出当时的人们都在谈论些什么。让他略感意外的是，几乎所有的谈话都平淡乏味：

我基本没有听到人们谈论书籍或戏剧。没有听到哪个鼓手讲新笑话。没有听到人们提到自己对哪个候选人感兴趣，一个字也没有。

克罗克的文章是在提醒人们不要高估仅在某些场所传播和只在某些特定时候被人谈及的叙事。虽然新闻媒体时常探讨经济学观点，人们也在思考这些观点，但经济理论并不是日常对话的主题。

克罗克发现人们更愿意不停地谈论大萧条的影响和可怕。比如，他记录了一名出租车司机在 1932 年所说的话：

克利夫兰的一名出租车司机——你是从东部地区过来的？那里情况怎么样？你要是想了解这边的情况，凌晨 3 点左右去看看通宵餐厅后面的垃圾桶就行了。看看那些靠此果腹的人。他们绝不是什么流浪汉……他们觉得东部的那个罗斯福能让情况好起来吗？反正也没法更坏了。在胡佛上台之前，我的日子过得挺不错的。那时我不是开出租车的。我在中部上班，结果他们让我丢了工作；没有生意。这个城市很不错，可现在已经完蛋了。你觉得情况什么时候能恢复如初？

这段引述代表了这样一则传播性叙事：体面的人竟然因为大萧条而沦落到去垃圾桶里翻找食物的地步。这个念头会激起心理意象和厌恶情绪。这位出租车司机也问了一个没有明确答案的问题：繁荣何时才会再现？他想知道美国是不是陷入了长期萧条，因为他的经济决策（例如，拿出多少钱用于开销）取决于这个问题的答案。人们已经沦落到吃垃圾，这样的绝望叙事可能意味着一场持久战，所以这位出租车司机才会急切地问出下面这个问题："你觉得情况什么时候能恢复如初？"他想从看上去很有见识的克罗克那里得到一些有关未来的启示，但他可能并没指望得到一个量化的确切答案。相反，他很可能希望克罗克给他讲述一个分析未来前景的叙事。[3]

人们的对话很少涉及重要的经济决策，比如为退休之后存储多少钱；在判断经济叙事对人类经济行为的影响时，我们会发现有必要记住这一点。你应该把 5% 还是 10% 的收入存起来？或者更多？试着想一想有没有关于这个主题的对话，你可能会发现自己连一次这样的对话都想不出来。但是，人们必须在存多少钱这个问题上做出决策，他们必须根据某些原因做出这一决策。那些讲述大萧条艰难局面的叙事，比如有人在凌晨 3 点从垃圾桶里捡东西吃的叙事，也许影响了人们在大萧条期间所做的决策。也有可能这个决策基于那些忧心忡忡的专家给人的印象，实际上人们并不认识这些专家，但这些专家让人觉得也许有理由担心这将是一次长期经济衰退并会造成严重后果。模糊的单一叙事本身可能不会决定人们的行为，但由这些叙事组成的星座则有可能做到这一点。

构想 3　叙事星座比单一叙事更具影响力

出现在同一星座的叙事可能有不同的起源，但在我们的想象中，它们似乎因某个基本概念组合在一起，并且能够加强彼此的传播力。

可以替代“叙事星座”的术语有“宏大叙事”、“主叙事”和“元叙事”，但我不愿意使用这些术语，因为它们表露的组织属性或文化属性超出了简单的故事在广大公众中传播叙事时需要的组织属性或文化属性。

有时，星座中的叙事被剥夺了能够表明身份的名称或地点，这些叙事采取的形式是“他们说……”，但并不说明“他们”指的是谁。在使用“他们”这个代名词时，讲述这类“他们说”叙事的人要表达的是，这个叙事星座的主人公或讲述者看似一些权威人士。这类叙事星座的边界可能会时不时被重新绘制，其中某则叙事会从其他正在传播的叙事那里借势传播。

我们在前文已经看到，加密货币背后是一个由相关叙事组成的星座，其中有几颗主恒星，还有数千颗或数百万颗小星星。截至 2018 年，已有近 2 000 种加密货币与最早出现的比特币成为竞争对手。每一种加密货币都是一个创业故事，一个开发人员灵光一现的故事。不过，最大的加密货币叙事星座还是聚焦于那些与比特币相关的叙事。其中有一则叙事提到，流行歌手莉莉·艾伦（Lily Allen）在 2009 年拒绝了一次邀请她登台表演并给予比特币酬劳的提议。这则叙事有一个令人难忘的点睛之笔：艾伦如今后悔莫及，因为如果她接受了这个提议并长期持有那些比特币的话，她在 2017 年的时候就已经是亿万富翁了。[4]这类叙事能够激起人们对自己未能发现这一投资渠道的懊恼和遗憾之情，从而有助于维持比特币叙事和比特币价格的增长趋势。像其他很多叙事一样，这一叙事聚焦于某个名人，这个名人或者开启了一则叙事，或者帮助叙事继续传播。

我们很难定义叙事星座的确切参数。很多时候，我们只能找到一些流于表面的故事。大多数叙事都没有被记录下来，因此也就永远失传了。此外，叙事隐身幕后，人们在做出决策的时候很少提及叙事。比如，如果你正在与配偶讨论是今年购买一辆新车还是等到形势看上去更安全的时候再说，那你应该不会跟配偶讲述一个让你感觉安全或不安全的故事。因此，我们很难在叙事和行动之间建立起联系。言语叙事与经济行为之间的最终纽带可能是一种非语言联系。

构想 4　叙事的经济影响可能会随时间的推移而变化

经济叙事对行为的影响取决于叙事的当前版本及其他相关叙事的繁枝细节。在我们依赖叙事中的标志性单词或短语的数字化统计数据时，不能想当然地以为所有带有这些标志的叙事一直以来都有相同的含义。我们得从叙事对行为的影响解读叙事，至少得从人们提及叙事时的语境解读它们。在未来，一些信息处理的创新手段可能会使这份工作不再那么依赖人类的判断。

我们再来看一下 1987 年 10 月 19 日创下历史最大单日跌幅纪录的股市崩盘。这个话题仍会定期冒出来，一般都是在重要的周年日上。我们可能会认为，有关这次崩盘的记忆很容易让股市再次崩盘，因为对崩盘的担心可能会导致人们在股价刚刚出现明显下跌的时候就做出反应。但是，如果人们认为眼下的情况与当年并不具有可比性，那么有关 1987 年崩盘的叙事就不会产生这样的影响。1987 年，一套新的名叫“投资组合保险”的电脑交易程序引发了热议。有关投资组合保险的叙事和其他因素一起，促成了人们考虑卖出的倾向，这种情况是那一年特有的。[5]

围绕着引发恐慌的其他股市事件的叙事都与投资组合保险没有关系。1914 年 7 月 28 日，奥匈帝国向塞尔维亚宣战，拉开了第一次世界大战的帷幕，在此之后，股价急剧下跌。为了应对恐慌，纽约证券交易所和欧洲所有大型股票交易所都关门闭市。虽然美国没有卷入战争，但纽约证券交易所还是等到 12 月 12 日才重新开市。威廉·西尔伯（William Silber）在 2014 年出版了介绍此次闭市情况的书——《关闭华尔街：1914 年金融危机和美元霸权的崛起》，他在书中详述了造成市场强烈反应的大量故事和谣言。值得注意的是，恐慌的欧洲投资者争先恐后地将投资撤出了美国。在这次“欧洲淘金热”中，虽然跨大西洋航运的风险越来越高，但还是有大量黄金被人从美国运到欧洲。1907 年的恐慌经常被人们视为美国市场动荡不稳的证据，同时人们也担心下一次恐慌的出现。此外，还有毫无根据的谣言称，引发了第一次世界大战的斐迪南大公被暗杀是一场阴谋的一部分，这场阴谋与俄国人有关，他们正在囤积黄金，准备打一场大战。

与之形成对比的是，1939 年第二次世界大战开战之后，美国股市并没有闭市。英国于 1939 年 9 月 3 日向德国宣战，标志着第二次世界大战的爆发，此后，标准普尔股票价格指数在一个交易日内上涨了 9.6%。媒体对这种积极的市场反应普遍大感意外，他们大多解释不了股市为什么没有重蹈 1914 年的覆辙。很显然，这种截然不同的反应与下面这则叙事有一定的关系：事后看来，一些投资者靠第一次世界大战大赚了一笔，因为这些投资者坚定地持有他们的股市投资，并凭借对欧武器或供应品销售而获利。[6]第一次世界大战和第二次世界大战的人文故事可能有很多相似之处，但是，在两场战争之初描述成功投资者的叙事可谓天差地别。

我们还应注意到人们对叙事的命名。叙事命名中看似微小的变化有可能起到非常重要的作用，如果新的名称附属于另一个叙事星座，就更是如此。在语言学中，即使同义词，也不可能具有完全相同的意思。如果非要人们说的话，他们可以头头是道地说出同义词之间差别甚微的不同含义。神经语言学告诉我们，同义词在神经网络中导向不同的连接。从它们支持的经济观点看，其中一些连接可能非常重要。

构想 5　真相不足以阻止虚假叙事

有时候，经济叙事会没有明显理由地突然盛行起来，让人百思不得其解。2007—2009 年的全球金融危机之后就出现过这样一则叙事。当时，接近于零的利率被解读为“失去的十年”即将出现的先兆，就像 20 世纪 90 年代的日本那样。日本“失去的十年”只是个例，只是人们看到的单次现象，因此不具有统计学意义，但它的全球传播力强大到足以重新激活大萧条叙事，并引发人们对“长期经济停滞”的严重担忧。

确实，这类叙事和担忧会对经济和人们的生活产生严重影响。例如，根据政治学家斯蒂芬·范埃弗拉（Stephen Van Evera，1984）的说法，第一次世界大战的爆发至少部分归因于一条虚假叙事的病毒式传播。被他称为“进攻崇拜”的这则叙事提出了一种理论，即对另一国发起进攻的国家往往有先发制人的优势。这个想法得到了一些历史叙事的支持，过度简化的心理学和数学论据以及一些跟风观点也表明它是对的。范埃弗拉指出，这一理论最终导向了局势的不稳定：各方都想先发制人。德国认为自己有“机会”成功地对俄国发起“先发制人的战争”。但这一叙事是错误的。它造成的经济后果就是规模巨大的军备竞赛，并导致了一场给进攻方和防守方都造成灾难性后果的战争。诺曼·安吉尔（Norman Angell）在 1911 年出版的同名书中将这一叙事称为“大幻想”。安吉尔的观点令许多人信服（他的著作后来获得了诺贝尔和平奖），但这些观点的传播速度不够快，没能阻止战争的爆发。即使有明确的证据表明这一幻想是错误的，它还是大行其道，因为相关证据的传播速度比不上这一幻想的传播速度。

通过类比，我们可以看到，经济活动并不总是基于最新信息。有时候，它们取决于在某个时间点盛行一时的叙事。虽然很多领域的通用知识都在逐步发展，但我们未必会看到那些通常对经济行为产生重大影响的知识稳步发展。围绕并定义比特币的叙事就是其中一例。有些杰出的计算机科学家沉迷于加密货币，不肯明言这些引发公众狂热、令人心驰神往的想法究竟是对还是错。

幸运的是，就不受任何人情味或故事质量影响的简单事实而言，现代社会总体上还是坚守正道的，或者说，至少愿意在犯错的时候接受指正。比如，大多数人都可以正确说出自己家周围高速公路的名字，如果被指出有错，他们也愿意更正。对于自己一无所知的疾病，他们一般也很相信医生的话，或者在一定程度上相信医生的话。世界卫生组织在2003年的一项研究中得出了这样的结论："在慢性病治疗问题上不好好遵医嘱，这是一个极其严重的全球性问题。"[7]世界卫生组织接着报告说，发达国家只有约50%的患者在慢性疾病问题上始终遵循医嘱，在新兴国家这个比例还要低。如果涉及更具争议的经济专家或理财规划师的建议，遵从性可能还会更低。但是，建议的终点、猜测的起点又在什么地方呢？我们如何区分可靠的推想和纯粹的虚构或杜撰？一旦走上滑坡，就会身不由己地滑向深渊。归根结底，故事的传播率不会受其真实度的影响。能够迅速吸人眼球并给人留下深刻印象的故事就能够风行一时，无论这个故事是否真实。

索罗什·沃索吉（Soroush Vosoughi）及合著者2018年在《科学》杂志上发表了一项研究，这项研究通过社交媒体数据对比真实故事的传播率与虚假故事的传播率。[8]研究人员选取的故事经过了6个事实核查网站的核查（snopes. com、politifact. com、factcheck. org、truthorfiction. com、hoax-slayer. com 和 urbanlegends. about. com）。他们发现，在故事的真假问题上，这些网站能够达到95%~98%的一致。他们也研究了经由300万人传播的126 000条谣言，发现虚假故事在推特上的转发率是真实故事的6倍。研究人员没有将之视为推特独有的现象，而且调查结果也可能与这项研究的时机有关：当时，人们对传统媒体资讯的不信任达到了前所未有的程度。相反，这些研究人员认为，调查结果证明人们“更愿意分享新信息”。换句话说，这种传播反映了人们想让他人感到刺激或惊讶的急切心理。我们还可以让这一结论再来一个转折：对虚假故事进行修正的新故事未必会像虚假故事那样具有传播力，这意味着虚假叙事可能在经过纠正之后很久还对经济活动有重大影响。

构想 6 经济叙事的传播力取决于重复概率

传播力取决于叙事被带入谈话的概率。一般来说，改变谈话主题是不礼貌的或粗鲁的，除非有一些特殊情况。新颖的想法和概念可能会提高传播的概率。比如，在 20 世纪 20 年代和 30 年代，当公众开始关注股票价格指数时，股市叙事的传播力大为提高。在 20 世纪 70 年代之后，当房地产经纪人和购房者开始认识房价指数时，住房叙事的流行趋势也出现了同样的变化。在这两个实例中，新闻媒体撰稿人都在查找新的事实以撰写吸人眼球的故事，他们发现自己时不时就会查看一下这些指数。

我们再来看另一个几乎所有人都耳熟能详的例子——“祝你生日快乐”歌。这可能并不是一个重要的经济叙事。有些人可能会说它甚至算不上真正的叙事，因为这首歌的歌词并没有讲述一个故事。但实际上，几乎每个人的脑海里都有一个与这首歌相关的故事。这个故事有一系列步骤，每年生日都会重复，但会有一些变化。具体的故事是这样的：根据好几代人以前的悠久传统，人们聚集在一起庆祝亲人的生日。由一个人宣布仪式即将开始，随后点着小蜡烛的生日蛋糕被端上来，每根蜡烛代表一岁（除非过生日的人年纪过大，在这种情况下，人们可能会对蜡烛数量做一番解释或是开一些玩笑）。过生日的人许下愿望，然后试着一口气吹灭所有蜡烛，好让愿望得以实现。当然，几乎没有人相信生日愿望会真的实现，但他们还是按照悠久的传统一再重复这一仪式。有时歌中会出现额外的歌词，如“更多祝福送给你”，而这可能会让人颇觉尴尬，因为歌词的音节跟歌曲的旋律并不匹配。最后，仪式在众人的掌声中结束。

“祝你生日快乐”歌是传播性叙事的一个极佳案例，因为它已经被翻译成多种语言并传遍世界各地，而且它可能是有史以来最出名的歌曲。它风靡全球的部分原因在于人们每年都要过生日，而不是因为它是人们最喜欢的歌曲。它并不是因为优美或高雅而格外受人欣赏。它的流行纯属意外，但又势不可当。没有哪条政府法令要求人们必须唱这首歌，也没有哪个营销活动承诺，唱这首歌或者听别人唱这首歌的人会终身受人欢迎。数字化统计显示，这首歌的英文版本在20世纪20年代和30年代就像流行病一样风行一时，在第二次世界大战前后沉寂了一段时间（当时人们的脑海中想着更重要的事情），然后又再次流行起来。

多年以来，华纳音乐发行公司一直声称自己拥有这首歌在1935年登记的版权，而且每年都会收取数百万美元的版税，但它在2016年失去了版权，因为有证据表明“祝你生日快乐”歌与1893年的一首“大家早上好”有着惊人的相似之处。[9]“大家早上好”并不出名，尽管它与“祝你生日快乐”歌非常相似，两者旋律完全相同，歌词也很相似：

大家早上好
大家早上好
亲爱的孩子们早上好
大家早上好

“祝你生日快乐”歌与之如此相似，因此它很有可能形成于某个幼儿园老师想在教室里给一个孩子过生日的时候。修改后的版本从这个模糊的起点开始，出现了病毒式传播：

祝你生日快乐

祝你生日快乐

祝你（名字）生日快乐

祝你生日快乐

我们来思考一下，为什么看起来只是稍做修改的版本会比原始版本更成功呢？歌词的稍做变动使“祝你生日快乐”歌成为生日派对的组成部分——代表了关爱的生日派对是一种越来越流行的新仪式，从 19 世纪 90 年代左右开始越来越受欢迎。与其他传播性叙事之间的这种联系提高了这首歌的传播力，而且，由于生日仪式年年重复，它加深了人们的记忆并降低了康复率，要知道，康复率最终消灭了大多数流行病。此外，歌词改动之后，唱歌的人就可以把过生日者的名字加进去，让这首歌更个性化，也有了更多的人情味。

我们再来思考一下，为什么“大家早上好”的作者没有意识到如果自己将这首歌改成“祝你生日快乐”并登记版权的话就可以成为百万富翁？他们似乎应该意识到生日派对仪式将会越来越受欢迎。他们应该知道一首与生日仪式相关的歌曲，一首非常简短、易于记忆并反复传唱的歌曲，将会大获成功。而且，他们也应该意识到自己可以登记这首歌的版权并收取数百万美元的商用版权费。

说起来容易做起来难，现在看来显而易见的事情在当时并不那么一目了然。这首歌可以有其他很多组排列组合。“大家早上好”这首歌有 16 个单词（指英文版）。假设我们打算变动其中一半的歌词，但歌词总数不变，这样的话就有 16！/8！（=518 918 400）种方式来替换歌词。我们再假设英语中有 100 个单词简单到可以替换这 16 个单词中的 8 个。这意味着这首歌有 100^8（=1 000 万亿）乘 518 918 400 种可能的变化。人们根本不可能提前考虑到所有可能性并识别出能够赚钱的修改版本。因此，源自“大家早上好”的“祝你生日快乐”歌可能只是一个随机事件，一个不太可能发生的事件。但它又确确实实发生了。起初它并不被人赏识，随后悄然开始掀起新的传播趋势，但是并没有提及是谁做了这些修改，于是这个人现在已经彻底被人遗忘。随后，它又生成了一个巨大的叙事星座，这个星座涉及融入了这首歌的电影、电视节目、社交媒体等各种形式。

构想7 叙事大行其道依赖附属元素：人情味、身份认同和爱国情怀

经济叙事通常依靠充满人情味的故事得以传播，因为人类深受这类故事的吸引。当一个身份明确的人物与一则叙事产生关联时，我们就可以在脑海中描绘出一张面孔，然后大脑就会将我们的人物、声音、面孔与故事关联起来，从而降低遗忘率。但充满人情味的故事光凭自身可能尚不足以使叙事具有传播力。成功的经济叙事有时候是创造性思维的产物，具有创造性思维的人能够感知什么具有传播力、什么不具有传播力，并巧妙地将相关元素组合在一起，从而生成具有传播力的叙事。谁要是渴望创造一则病毒式叙事，在挑选名人时就务必要精挑细选，因为只有在目标受众认识并认同这个名人时，叙事才能达到最佳传播效果。

比如，乔治·华盛顿和樱桃树的故事已经流传了200多年。华盛顿在1799年去世，之后不久，这个故事第一次见诸文字，出现在梅森·洛克·威姆斯（Mason Locke Weems）所著的畅销书《乔治·华盛顿的一生和他的趣闻逸事》中。从这本书的书名就可以清楚地看出，威姆斯有意推出脍炙人口的关于华盛顿的叙事。威姆斯说自己从“一位年迈的女士”那里听说了樱桃树的故事，“她是华盛顿的远房亲戚，孩童时期的大部分时间在华盛顿家中度过”，[10]她说：

> 乔治大概6岁的时候拥有了一把斧头！就像大多数小男孩一样，他对这把斧头爱不释手，而且随时准备砍断一切挡住他去路

> 的东西。他经常在花园里砍他母亲的豌豆玩，结果有一天，他不小心把斧头砍在了一棵漂亮的英国樱桃小树上，树皮被削掉了一大块，我觉得那棵树最终没能活下来。他父亲问他："乔治，你知道是谁弄死了花园里那棵漂亮的小樱桃树吗？"这是一个棘手的问题，乔治踌躇了一会儿，但他很快就镇定下来：他看着他的父亲，年幼甜美的面庞上闪耀着无坚不摧的诚实散发出的那种无法形容的光芒，勇敢地大声说道："我不能说谎，爸爸；你知道，我不能撒谎。我确实用我的斧头砍过它。"[11]

这个小故事现如今在美国是一个广为人知的道德教育故事。"我不能撒谎"和"华盛顿"合在一起在谷歌有 188 000 条搜索结果，超过了"我不能撒谎"这一单项搜索的三分之一。这则关于华盛顿的故事正在将一个基本句型据为己有。这个故事为什么有这样强大的传播力？肯定是因为它讲述的是美国第一任总统的故事，能够唤起爱国情怀。有了这个背景，这就成为一则了不起的叙事；基本上，如果换成别人，这个故事将没有任何价值。它并没有什么特别的含义，只不过是年幼的华盛顿没有撒谎而已。"我不能撒谎"和"林肯"合在一起在谷歌上有 102 000 条搜索结果，因为同样有名的林肯总统也被带入了这个故事，有时甚至还用他替代华盛顿。这个涉及美国两位传奇人物的故事从属于一个与诚实相关的经济叙事星座。这些叙事看起来是诚实正直这一传统的一部分，诚实这一品质并非美国独有，但美国在这方面可能要强于其他一些国家，这一品质帮助树立起人们对商业交易的信任，抑制了贿赂和腐败，从而推动了美国经济。

经济叙事中基本的人情味元素通常会出现在那些风靡于同一时期的不同叙事。叙事的不同版本会根据目标受众相应地替换名人。对于涉及名人的新叙事来说，大家的记忆里已经有了一些熟悉的涉及相关名人的叙事，这一点可以增强叙事的传播力。[12]围绕名人建立起来的叙事星座是能够自我强化的。在极端情况下，名人获得超凡地位以及与之相关的理念也显得理所当然。乔治·华盛顿的照片就出现在了美国一美元纸钞和25美分硬币上。

有时，普通人会说出一些贴切的或精练的话，但是，只有在对故事做出改动并将这些话的创作者替换成名人之后，它们才具有传播力。比如，“各尽所能，按需分配”这句社会主义口号自20世纪中叶以来就被视为出自卡尔·马克思之口。事实上，这句话是社会主义哲学家路易斯·布兰克（Louis Blanc）在1851年提出的，那时马克思几乎还不为人知。《圣经》中也能找到这句话的变体。[13]在1900年之前，路易斯·布兰克一直比马克思更有名，但如今他已经被大部分人遗忘。因此，这句话在20世纪中叶被归到了马克思的名下，而做出这一改动的是一些不知名人士，他们将这句话贴上一个新的名人标签，从而启动了一次新的流行。

Wikiquotes网站可以追踪名人名言的起源，通常情况下，即便相关的名人说过相关的话，他或她其实也是在引用其他人说过的内容。但是，不要紧！即便有Wikiquotes，有关这些名言真正源头的故事也永远不会出现病毒式传播，因为它不具有传播力。传播力是最关键的要素：如果叙事在人类的交流中得不到复述，它们就会逐渐被人遗忘。如果相关名人因为某件事而名誉扫地，那么无论叙事中的观点是否属实、是否合理，这些叙事都会突然失去传播力。

我们也看到了，选择名人有爱国层面的原因，因为人们都偏爱自己国家或自己族群的成员。这样的偏好有助于解释人们为什么常常看不到或意识不到叙事的传播流行。要想意识到它的传播，一般就得承认其外部起源。实际上，除了异常情况外，没有人有兴致介绍一个来自国外的观点，因此，我们会有一种错觉，认为重要的想法自然而然地来自自己的同胞，与此同时，我们对这些观点在全世界的流行趋势视而不见。除了名人之外，还有党派、地区忠诚或宗教虔诚的问题。

爱国情怀并不仅仅是挥舞着旗帜宣示忠诚。它也是一种感受：无论是好是坏，重要的事情只会发生在我们自己的国家。比如，美国哥伦比亚广播公司有一个名叫“90 秒呈现世界”的晨间特写节目，这个节目旨在简要展示你需要知道的当日新闻。但这个名字其实并不准确，因为这一特写报道并没有涵盖全世界。事实上，所有新闻报道的都是发生在美国的事情（有关英国王室和普京的花边新闻除外）。虽然美国人口只占世界人口的 5%，但在很多美国人的眼里，美国就是世界，对他们来说，也许这个节目的名称是恰当的。

现在我们已经了解了与经济叙事有关的 7 个关键构想：

1. **流行趋势可快可慢、可大可小。**流行趋势的时间表和规模有可能天差地别。

2. **重要的经济叙事可能只包含一小部分热门话题。**传播率不高的叙事仍可能有其经济上的重要性。

3. **叙事星座比单一叙事更具影响力。**叙事星座非常重要。

4. **叙事的经济影响可能会随时间的推移而变化。**在叙事随时间演变的时候，不断变化的细节非常重要。

5. **真相不足以阻止虚假叙事。**真相很重要，但前提是它得显而易见才行。

6. **经济叙事的传播力取决于重复概率。**反复强化非常重要。

7. **叙事大行其道依赖附属元素：人情味、身份认同和爱国情怀。**这些元素至关重要。

在本书的第三篇，我们将以这 7 个构想为框架，审视具有重要历史意义的经济叙事，从而探明我们可以从经济叙事及其在现实世界的影响中学到什么。

第三篇

长期经济叙事

第 9 章　复发与变异

在前面的章节中，我们重点研究了叙事经济学的要素并探索了流行故事如何像病毒般传播并风行一时，从而影响经济和政治事件。我们在探讨过程中引用了几个现实世界的例子，如艾伦对大萧条的见解、凯恩斯对二战叙事起源的分析、比特币叙事和拉弗曲线叙事。

在这一篇，我们将研究 9 个最重要的叙事星座。这些长期叙事不会完全沉寂，它们会以多种变异形式突然冒出来。这些叙事触及了当前流行的一些重要议题：机器将取代所有工人并导致大规模失业，回归金本位制将带来更强的货币稳定性，房地产和股市具有特殊价值，企业或工会都是邪恶的。这些与时俱变的叙事会改变大众对经济的认识、对经济现实的看法，并创造出新的观点来阐述什么是有意义的、重要的、道德的，或者提出新的个人行为脚本，从而影响经济行为。

这一篇的各个章节展示了这些长期叙事对当今社会方方面面不断变化的影响。我们往往将一些挑战归因于当代的各种力量，但这些章节告诉我们，这其中有很多挑战其实受到了叙事的深刻影响，即起源于几代人乃至几个世纪以前但又以全新的演绎方式重新出场的故事。这些实例研究挑战了我们在经济问题上的思维方式，这些问题包括从萧条和战争等大规模现象，到股市和房地产等重要经济力量，再到工作和技术等由社会支持的制度。

正如我们所见，流感、麻疹或腮腺炎等流行疾病可能会出现变异并改变传染性，重新流行起来。在变异克服了获得性免疫之后，疾病往往会重新暴发，不过变异有时是因为环境状况发生变化，增强了疾病的传染力。以流感为例，既有反复发作的类型，偶尔也会有大规模暴发且非常危险的类型，具体取决于病毒基因组的细微差异或环境状况。1918 年的流感通常被称为西班牙流感，夺去的生命总数超过了第一次世界大战。流行病学中的西班牙流感映射出了经济学中讨论的 20 世纪 30 年代大萧条的轨迹，只不过传播大萧条这一“疾病”的是叙事，而不是病毒。这两者的致病力都格外强劲、出人意料。因此，在我们着手探讨长期经济叙事的细节之前，有必要先详细说明复发和变异这两种基本机制界定和影响经济叙事的方式。

经济叙事如何变异

流感变异有可能引发疾病出现新的传播，其表现类似于先前疫情的表现，同样，经济叙事也会变异。但我们在分离相似性和差异性的时候必须格外小心。通常情况下，当一则叙事重新出现时，比如出现在另一个国家或几十年之后，这种变异后的叙事往往具有不同于原始叙事的特征——不同的名人、不同的视觉形象、不同的点睛之笔。比如，在第 12 章我们将谈到金本位制叙事和金银复本位制叙事，它与比特币叙事颇有相似之处，只是威廉·詹宁斯·布赖恩（William Jennings Bryan）取代了中本聪而已。下一则新的货币叙事将会出现另一个名人的名字。正如布赖恩如今基本已经被人遗忘一样，中本聪日后也大有可能被人遗忘。如果有人在未来创造了一种极为成功的新型电子货币，那他最好能够再创作一则与它相关的传播性叙事，就像为它贴上某位名人的标签一样。要想广为传播，这种变化有可能是必要的。

当某一件事开始改变叙事的关联时，叙事也有可能发生变异。比如，某一公共事件可能会强调某一叙事是否政治正确。人们肯定不愿意复述那些在当下有可能将他们与丑闻扯到一起的故事。[1]

叙事或叙事周边环境的变异有可能让叙事与经济决策产生更大的关联，从而使之变成经济叙事。变异也可能加强传播力，但扭曲了原有的故事，这样一来它就不再是同一则经济叙事。它可能会演变为不同的寓意或训诫。比如，我们在下文将会看到，宣称劳动节约型机器将取代人类工作岗位的叙事（第 13 章）在 20 世纪 30 年代的大萧条时期催生了一种恐惧感，但同一则叙事在 20 世纪 90 年代的网络繁荣期出现了变异（第 14 章），并催生了一种机会感。这些案例可能让叙事研究人员感到困惑，因为叙事中的某些关键词在搜索中出现的时间跨度要远远长于它们能够解释某一经济现象的时间跨度。

即使叙事出现的时间与经济事件的时间并不重合，叙事也有可能与经济事件相关。叙事在流行的时候可能会激发一种潜在的恐惧，如担心技术有朝一日会取代人类工作，数年后，当另一则叙事或新闻让人感觉这种被取代的风险迫在眉睫时，这种恐惧就有可能导致经济行为的变化。

经济叙事如何重现

导致叙事复发的变异有可能是随机情况，但更有可能是一些具有创造性思维的人，如营销专家、政客、网络钓鱼者以及普通的社交媒体爱好者，参与了叙事设计的某些元素。这些具有创造性思维的人知道，相关叙事很久以前出现过病毒式传播，这证明了它们的潜力所在，但眼下它们已经不再具有传播力。与原始叙事相关的名人可能已经被人遗忘或盛誉不再。叙事可能曾与另一则已经失传的叙事同步流行过。因此，这些具有创造性思维的人必须尝试将它与一些现有的流行现象关联到一起。

重复出现的经济叙事往往具有国际性，部分原因在于新闻媒体界很早以前就意识到自己应该观察国外的新闻，因为在一个国家流行的内容往往也会在另一个国家广为传播。但是，就像传染性疾病一样，不管什么时候，总会有一些国家的叙事流行程度强于另外一些国家。此外，在说共同语言或边界相邻的国家，叙事流行情况会更为相似。本书所举实例主要选自美国，这是我一直生活的地方，我对它有最直观的了解。此外，美国有长期的商业周期历史记录。美国国民经济研究局保留了一份可追溯至1854年的商业周期扩展和收缩编年史。

一些批评人士可能认为，美国的制度变化是如此彻底、如此具有变革性，因此我们从久远的历史中几乎学不到任何有用的东西。然而，50年、100年和150年前发生的事件及其引起的反应与我们今天的所见所感有惊人的相似之处。在当今的叙事中，我们可以看到来自这些历史时期的回声。还记得那个提议抛硬币并说“正面我赢，反面你输”的小贩和那个同意打赌的傻瓜吗？这则小小的叙事自1847年以来（也许更早）就在流传。当时，它时而依附于辉格党扎卡里·泰勒（Zachary Taylor，美国第十二任总统）的故事，时而依附于19世纪自由市场积极倡导者理查德·科布登（Richard Cobden）的故事，而现在我们已经不大能想起这些人物。人们在19世纪中叶讲述的故事和表达的意思与我们今天听到的故事不尽相同，但即使时事变迁，故事的主题仍惊人得相似。

重大经济事件，重要叙事教训

根据美国国民经济研究局的定义，美国自1854年以来发生的重大经济事件如下所列。在后面的章节中我们会经常回顾这些事件。

- 1857—1859年的萧条以及随后发生的南部各州叛离（1860—1861年）和美国内战（1861—1865年）。内战是美国历史上最具破坏力的战争，它给美国造成的死亡人数超过了其他所有美国战争造成的死亡人数的总和。[2]

- 1873—1879年的萧条，此次萧条促成了美国有史以来最畅销的经济学著作的出版，即亨利·乔治（Henry George）的《进步与贫困》（1879），该书声称不受限制的自由市场体系导致了日益恶化的不平等现象。

- 19世纪90年代的萧条，此次萧条包含了美国国民经济研究局定义的两次经济收缩，分别发生在1893—1894年和1895—1897年。此次长期萧条从1893年持续至1899年，其间失业率一直高于8%。此次萧条也恰逢美国历史上的一个激进扩张阶段，当时美国发动了美西战争和美菲战争。

- 1907—1914年的三次短暂收缩，这一系列经济收缩始于1907年的大恐慌，这次恐慌直到J. P. 摩根和其他银行家毅然出手相助才画上句号。由于这些事件，美国建立了联邦储备系统，以防止未来发生此类银行危机。继这一系列收缩之后，第一次世界大战于1914年爆发。

- 1920—1921年虽然短暂但极为严重的萧条，其间发生了美国历来最为严重的通货紧缩。

- 1929年股市崩盘后出现的大萧条，此次萧条后来演变为全球性萧条。在美国，此次大萧条从1930年一直持续至1941年，其间失业率一直高于8%。“大萧条”得名于莱昂内尔·罗宾斯（Lionel Robbins）1934年的同名著作。此次萧条包含两次收缩，分别发生在1929—1933年和1937—1938年。这次全球范围的萧条之后马上就爆发了第二次世界大战。

- 1973—1975年的严重衰退，与此次衰退相关的事件有中东战争和石油禁运。经济学家奥托·埃克斯坦（Otto Eckstein）在1978年的同名著作中将这一时期称为“大衰退”，这个名字可与大萧条相提并论。[3]

- 1980—1982 年的严重衰退，此次衰退包括两次经济收缩，一次是发生在 1980 年的短暂收缩，另一次是不久之后发生在 1981—1982 年并与中东战争相关的经济收缩。这次经济衰退在当时被称为“大衰退”，也可与大萧条相提并论。
- 2007—2009 年的严重衰退，此次衰退又一次被人拿来与大萧条相提并论，也被称为“大衰退”。这一次，这个名字真正出现了病毒式传播并持续至今。

这些衰退和萧条本身就是叙事，能够积极地促成后续事件。只要想到经济衰退，人们往往都会重点强调上一次严重衰退，同时也会对纪录保持者投以关注。在美国和全球大部分地区，纪录保持者非“大萧条”莫属。

经济史学家努力想要判定经济衰退与萧条的起因，他们通常会列出经济衰退时期发生的一系列事件：银行倒闭、罢工、政府法案、黄金发现、农作物歉收和股市事件，等等。这类信息很有用，但我们的目标是从重要叙事和叙事星座的角度考量这些萧条和衰退，因为这些叙事和叙事星座有可能促成了萧条和衰退或加剧了它们的严重程度。不过，我们无法给出最终的因果关系证据，因为这些事件非常复杂，并涉及多则叙事。但是，在这些极为严重的经济事件酝酿发酵的过程中，叙事产生的累积影响绝非间接影响那么简单。

我们的第一步任务是列出一些重要的经济叙事，以及使叙事在沉寂很长一段时间后重新出现的变异，并对之进行分类。这一部分接下来的章节介绍了 9 个长期经济叙事以及它们的一些变异和复发。大多数读者都熟知这些叙事的最新版本，但不太知道它们的较早版本：

1. 恐慌与信心
2. 节俭与炫耀性消费

3. 金本位制与金银复本位制
4. 劳动节约型机器取代多种工作岗位
5. 自动化和人工智能取代几乎所有工作
6. 房地产繁荣与萧条
7. 股市泡沫
8. 杯葛（即抵制）、奸商和邪恶企业
9. 工资—物价螺旋式上升和邪恶工会

其中有些章节介绍了两个相互对立的叙事星座（如节俭与炫耀性消费）。这些对立星座反映了相反的经济行为和相反的道德判断。在某些时候，一个星座可能造成另一个星座的覆灭，但在另外一些时候，它可能会产生争议，结果加强了另一个星座的影响力。

请注意，这些章节是按主题而非时间顺序排列的，因为这些主题涵盖的范围超出了它们出现时的那个历史时刻。我们的主要目标是从这些叙事中提取共同的主题，这将有助于我们认识并预测未来经济叙事的影响。

第10章　恐慌与信心

自19世纪初以来，有关信心的一大类叙事影响了经济波动，即人们对银行、商业、彼此以及经济的信心。从经济角度看，这其中最重要的故事是那些涉及他人信心和提振公众信心的故事。

银行恐慌叙事，也就是说，我们是否相信银行有能力兑现承诺，是最早的信心叙事之一。这里所说的不仅是公众对银行家和银行监管机构道德品行的信心，还包括人们对银行其他客户的信心，即相信他们不会同时要求取出存款的信心。雷蒙德·莫利（Raymond Moley）在大萧条时期是富兰克林·罗斯福的智囊团专家之一，他用简单的叙事描述了这种心理作用：

> 一次萧条就像是一次银行挤兑。这是一种信心危机。人们陷入恐慌并攥牢自己的钱。我来讲一个故事：在我的家乡，当我还是一个小男孩时，一个爱尔兰人从他工作的采石场赶过来，走进银行说："如果我的钱就在这里，那我就不拿走它。如果我的钱不在这里，那我就要拿走它。"[1]

这则叙事和其他信心叙事可以帮助我们理解现代历史的标志性重大事件。

工业化经济史上出现过几类信心叙事。第一类是金融恐慌叙事，这类叙事反映了有关银行业危机的心理故事。第二类是商业信心叙事，这类叙事将滞缓的经济活动更多地归因于普遍的悲观主义和不愿扩大业务或雇用工人的心态，而不是归因于金融危机。第三类是消费者信心叙事，这类叙事将销售低迷归因于个人消费者的担忧，这些消费者突然减少消费，足以造成一场经济衰退。图 10.1 绘制了这些叙事自 1800 年以来的更迭交替。所有这些缓慢发展的叙事都显示出跨越多个生命周期的增长轨迹。金融恐慌叙事最先出现，随后是商业信心危机叙事，再是消费者信心危机叙事。

叙事会传播商业亏损流言并降低消费者信心，因此加强叙事自我审查有可能会加剧恐慌，有时也确实出现了这种效果。人们意识到其他人在自我审查，于是他们会进一步试图解读各种公告的言外之意，以求判明“真相”。

公众对“金融事件可能与心理有关”这一观点的广泛兴趣始于 19 世纪初，在发生于美国内战之前的 1857 年恐慌之后继续发展，并在接下来的数十年里逐渐扩大。根据 Google Ngrams 的搜索结果，“金

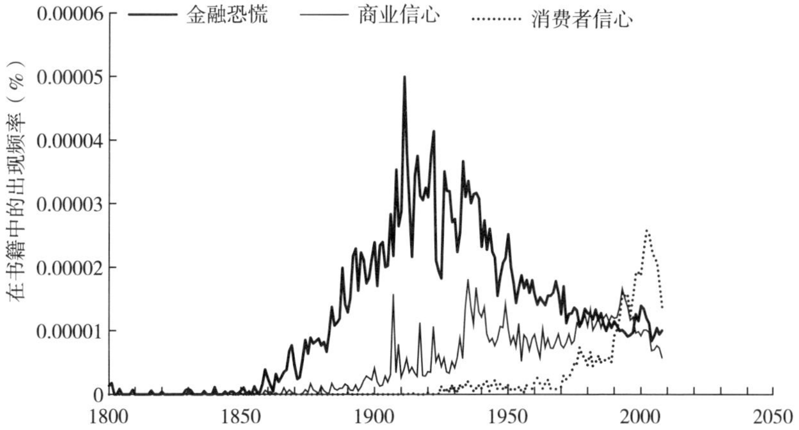

图 10.1　1800—2008 年“金融恐慌”“商业信心”“消费者信心”在书籍中的出现频率

注：本图显示了信心叙事的三次复发，但它们涉及不同的领域，分别为金融、商业和消费者。

资料来源：Google Ngrams，没有进行平滑处理。

融恐慌”一词的出现频率在1910年达到顶峰，即著名的1907年大恐慌发生三年之后。随着金融恐慌的蔓延，形成了包含这一蔓延的叙事星座。单个恐慌叙事在叙事星座内部潮起潮落。关于1907年的大恐慌，有一则影响力格外广泛的叙事，它涉及一位名人，即美国当时最著名的银行家J. P. 摩根，这则叙事因此持续了数十年。它在图10.1中非常显眼，表明公众对金融恐慌的关注度在这时达到了最高点。

图10.2列出了美国各次大规模金融恐慌事件。比如，1857年的恐慌在几年之后就基本被人抛诸脑后，但后来又再次出现在涉及其他恐慌事件的叙事星座中。在1857年的金融恐慌期间，媒体新闻既报道了破产、银行挤兑和停牌等客观事件，也提到了谣言和情绪。1857年的一篇报道总结了当年的恐慌情绪：

> 经纪人和其他人全都高度紧张，传阅着鸿篇巨制的报告……民众心理普遍受到干扰，人们无法冷静地看待这个问题，也无法弄清楚商界最可靠的人持什么观点。[2]

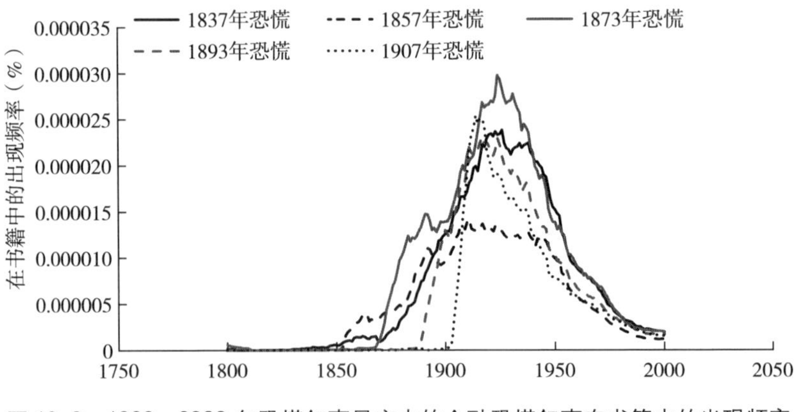

图10.2　1800—2000年恐慌叙事星座中的金融恐慌叙事在书籍中的出现频率

注：每次重大历史性金融恐慌都发生在不同的单个年份，但每起恐慌事件被提及的频率都遵循一个持续多年的模式，类似于图10.1中所示的“金融恐慌”一词的一般模式。

资料来源：Google Ngrams（平滑=5）。

我们必须回顾 19 世纪的主流叙事以及相关的世界观，才能弄明白为什么大众和报纸谈论的是“恐慌”而不是“萧条”（这个词的现代意义），以及为什么他们从未讨论过消费者信心。当时的金融恐慌叙事在大多数人眼里讲的都是那些自命不凡的富人的故事，这些人拥有银行账户，他们可能理应受到金融恐慌及相关“贸易萧条”造成的一些破坏。在 18 世纪和 19 世纪，除了藏在床垫下面或墙缝里面的一些硬币外，大多数人都没有存款。用经济学术语来说，额外收入的边际消费倾向接近 100% 。也就是说，除了高收入人群外，大多数人都花光了全部收入。因此，对于过去几个世纪的叙事陈述者来说，调查普通民众的消费者信心是没有意义的。

当时的大多数人都没有退休或送孩子上大学的概念，所以他们没有为这些目标存款的动力。[3]如果年老时卧床不起，他们认为会有家人或当地教会或慈善机构照顾自己。在那个时候，预期寿命很短，医疗费用也不高。人们往往将贫穷视为道德堕落和醉酒或嗜酒症（现在被称为酗酒症）的症候，而不是经济状况。因此，几乎没有人认为应该提振消费者信心。人们认为当局应当负责灌输伦理美德，而不是提振消费者信心。应该引导穷人存钱的想法在 19 世纪逐步发展起来，这是储蓄银行运动进行宣传的结果。但是，当时人们还远远没有意识到：萧条有可能是因为普通人听信宣传并打算把太多钱存入银行造成的。

金融恐慌这一词语的使用频率在 1907 年恐慌之后达到峰值，随后美国通过了《奥尔德里奇 – 弗里兰法案》（Aldrich-Vreeland Act, 1908），该法案创建了中央银行的前身——国家货币委员会。之后美国又通过了 1913 年的《联邦储备法案》，美国的中央银行由此成立，其使命是提供“解决商业恐慌的方法”。[4]

当时一则很有影响力的叙事讲述的是名人 J. P. 摩根的故事，他被视为美国最富有的人之一。在美国没有设立中央银行的情况下，他在 1907 年大恐慌期间自掏腰包并说服其他银行家一起出手拯救了银行系统。这个救美国于严重萧条之中的故事确实很有影响力，而 J. P. 摩根的声望也随之上涨。他后来在华尔街 23 号建造了自己的总部办公大楼。大楼于 1913 年竣工，虽然 J. P. 摩根还没有搬进新大楼就去世了，但大楼至今仍屹立原地。它刚好位于纽约证券交易所（1903 年竣工，至今仍在运行）对面，与 1842 年建于邦联议会原址的联邦大厅仅一街之隔。1789 年，乔治·华盛顿在联邦大厅的台阶上宣誓就任美国第一任总统。摩根大楼格外小巧低调，这与他的为公之心可谓相得益彰。因此，J. P. 摩根在叙事中是一位值得效仿的美国英雄的形象。从本质上说，1907 年大恐慌之后的信心恢复可谓是对一个人的信心。联邦储备系统就是以 J. P. 摩根在 1907 年成立的银行家联盟为蓝本成立的。根据这一叙事，虽然新成立的中央银行是由联邦政府创建的，但确切地说拥有它的却是银行家。自美联储成立以来，每一任美联储主席都化身为 J. P. 摩根，融入这一叙事。

1930 年以后，这一叙事出现了变化，并开始朝着另一个方向传播。商业信心缺乏以及后来的消费者信心缺乏更多的是因为绝望，而不是因为突然出现的担忧。在那个时候，“depression”这个词已经有了另一层含义：一种忧郁或沮丧的心理状态。因此，“depression”被越来越多地用于描述经济收缩，这反映出当时一种新的基于心理状态的经济叙事。

在 20 世纪 30 年代大萧条期间，盖洛普民意调查的创始人、民意调查的先驱乔治·盖洛普（George Gallup）成为第一个使用科学的民意调查方法调查商业和消费者信心的社会科学家。[5]然后，在 20 世纪 50 年代，密歇根大学心理学家乔治·卡托纳着手创立了一个“消费者情绪指数”。密歇根大学的调查研究中心现在仍在测算这个由卡托纳于 1952 年创建的指数。之后，美国经济咨商局（The Conference Board，又译世界大型企业联合会）在 1966 年创建了消费者信心指数。这两个指数的测算方法都是向消费者提出问题，了解他们对当前和近期经济实力的印象。在这两个指数提出的问题中，没有一个问题涉及银行业恐慌风险或投资者突然撤离的风险，这表明商业叙事出现了变化。但这种变化并不彻底，金融恐慌叙事仍有机会死灰复燃，比如，英国北岩银行在 2007 年就出现了挤兑风潮，这是该国自 1866 年以来首次出现银行业恐慌。

群体心理的病毒式传播

金融恐慌叙事带有强烈的心理成分，涉及群体心理这个关键概念。19 世纪中叶，查尔斯·麦基 1841 年的畅销书《大癫狂：非同寻常的大众幻想与群众性癫狂》开始引起公众对群体心理的关注。古斯塔夫·勒庞在 1895 年的畅销书《乌合之众》中推动了“群体”这个词的流行。群体心理在那个时候开始初具影响力，并呈现出类似流行病的发展趋势，其影响力在 20 世纪 30 年代早期达到顶峰。“群体心理”被越来越多提及的趋势与 20 世纪 20 年代股票市场的上涨似乎是并行的。

“暗示性”（suggestibility）一词与群体心理概念密切相关，这个术语指的是“人类个体会下意识模仿和回应他人”。这个词最早出现在 19 世纪晚期，在叙事星座和大众对群体心理的认知中起着关键作用。“暗示性”以及与之相关的“自我暗示”（这个术语是指给予自己心理暗示的做法）呈现出相当标准的流行曲线，在 1920 年左右达到峰值，在那之后基本为下降趋势（图 10. 3）。这两个概念可能在 20 世纪 20 年代的经济繁荣和 30 年代的经济萧条中发挥了作用。

“人类心理容易受到暗示”的观点与理性经济人的假设是截然相反的，后者认为，经济人是理性最大化者，一举一动都经过精心计算。暗示性则表明我们行事时经常会盲目冲动或仿若梦游。到 1920 年的时候，“暗示性”这个概念已经广为人知，这表明那个时代的人们可能已经感觉到其他人很容易受到抽象或细微事例的影响，因此在

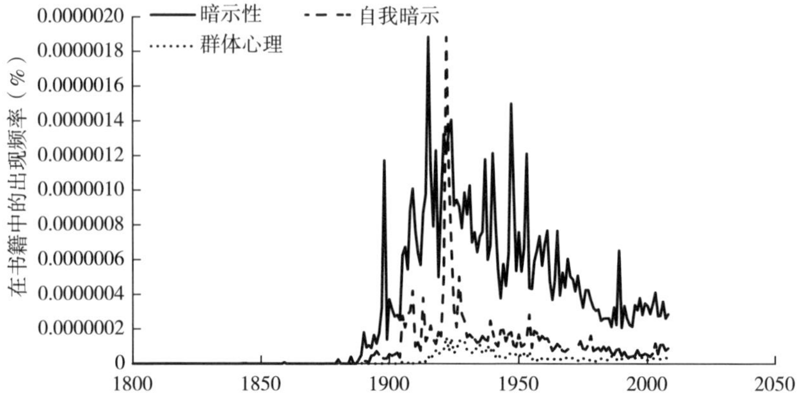

图 10.3　1800—2008 年“暗示性”“自我暗示”“群体心理”在书籍中的出现频率

注：本图绘制了三种信心叙事的复发流行趋势，三者的渲染和背景略有不同。

资料来源：Google Ngrams，没有进行平滑处理。

采取经济行动的时候对形势的不稳定性有着更充分的准备。相关的叙事会让他们预期羊群行为的发生，并有可能为这样的行为推波助澜。如果你认为其他人是易受影响的羊群成员，那你就更有可能尝试预测羊群的行动并赶在他们前面采取行动。

我们可以通过群体心理和暗示性等概念解析萧条，如 20 世纪 30 年代的大萧条。在解析的时候，我们不仅应该关注这些概念的直接应用，还应关注人们在何种程度上“认为”这些概念有助于解释经济萧条。与其说这是我们的概念，倒不如说是他们的概念。

暗示心理学和自我暗示运动

《暗示心理学》出版于 1898 年，在时间上与“暗示性”的初步风行相接近。这本书的作者是心理学家威廉·詹姆斯（William James）的同事鲍里斯·塞迪斯（Boris Sidis），他在书中记录了哈佛心理学实验室所做的实验。塞迪斯对暗示性的定义如下：

> 我拿着一份报纸并动手将它卷起来，很快我就发现，坐在我对面的朋友也以同样的方式卷起了他的报纸。我们认为这就是一个暗示实例。
>
> 我的朋友 A 先生心不在焉地坐在桌子旁边，百思不得其解地琢磨着某个深奥的数学难题。他沉浸在这个棘手的难题之中，对周遭的一切视而不见、听而不闻。他的目光直直地落在桌上，但他似乎没有看到桌上的任何东西。我把两杯水放到桌子上，隔一小会儿就朝着水杯的方向伸手，他似乎没有注意到我的举动；然后我毅然伸出手，拿起一只杯子开始喝水。我的朋友也有样学样，他就像做梦一样抬起手，拿起杯子开始喝水，直到喝掉大半杯水之后才如梦初醒。[6]

“自我暗示”这个术语的出现时间稍晚于“暗示性”，但它引发了新的预期，即人们不仅可以操纵自己，还可以操纵经济活动。从 1921 年开始，自我暗示的风行引起了广泛的公众关注。1922 年在美国举行过巡回签书会的法国心理学家艾米勒·库埃（Emile Coué）是自我暗示运动最有影响力的支持者。“自我暗示”吸引了数百万人的关键理念是：我们大多数人之所以没能取得成功，是因为我们不相信自己能够成功。要想取得成功，我们必须反复告诉自己：我们能够成功。库埃建议人们不断复述一句至关重要的自我肯定：“每一天我都会变得越来越好。”拿破仑·希尔（Napoleon Hill）从事过不同的职业，比如励志演讲，他 1925 年的著作《16 条成功定律》和 1937 年的畅销书《思考致富》进一步强化了这一自我赋能叙事的影响力。他强调要引导潜意识的力量，采取积极向上、创造财富的态度。

自我暗示叙事是较早前一则催眠叙事的变体，后者在 20 世纪 20 年代之前的数十年里出现了病毒式传播。它讲述了让人陷入恍惚状态的旅行催眠师的故事。进入催眠状态的人表现出了强烈的易受暗示性。奥里森·马登（Orison Swett Marden）在1920年出版的《成功可以复制》一书中这样写道：

> 人类整体上没能发挥该有的潜力、取得应有的成绩，人才甘于平庸的现象到处可见，原因之一就是人们连自己一半的能力都没有意识到。我们没有意识到自己的神性，没有意识到自己是宇宙因果大循环的一部分。我们不知道自身的力量，因而也就无法使用这种力量。如果催眠师让山道相信自己无法从椅子里站起来，那他就会真的无法站起来。在他能够站起来之前，他必须相信自己能够做到这一点，因为“认为自己不行就一定不行”这句话就像“认为自己能行就一定能行”这句话一样正确。[尤金·山道（Eugen Sandow）（1867—1925）是一位健美运动员，他的健壮既令观众赞叹，也激励了他们。][7]

自我暗示运动在1924年之后开始逐渐平息，但似乎留下了一些余波。值得注意的是，莱妮·里芬斯塔尔（Leni Riefenstahl）在1935年制作的亲纳粹电影《意志的胜利》大获成功，该片看起来就使用了自我暗示。希特勒的魅力在一定程度上基于这样一种观点：他将带领德意志民族摆脱德国在一战之后陷入的令人绝望、危机四伏的萧条与沉寂。当时，人们普遍认为，大萧条是信心丧失的结果，德国需要一位领导人重建整个国家的信心。里芬斯塔尔的影片记录了希特勒对狂热追随者发表的一次演讲：“帝国将千年不朽，这是我们的意志。我们将会很高兴地知道，未来都是我们的！”希特勒说“这是我们的意志”，好像说出这些话就能够神奇地将德国变成世界头号强国一样。

这种认为信心可对人类行为产生无形影响的想法之所以引人关注，既是因为它被类比为气压对天气的无形影响，也是因为对两者进行预测的可能性。

预测天气，预测经济信心

带有科学依据的天气预报是 19 世纪中期一项非凡的发现。在 19 世纪 40 年代的两项重要发明之后，科学取得了长足发展。这两项发明分别是：可以传递不同地点天气状况信息的电报和可以创建气压变化时间序列图的气压自记器。新的天气预报让人耳目一新，这些预报具有（以后还将继续具有）极大的科学性。比如，一个关于克里米亚战争的著名故事说，科学家在 1854 年 11 月得出结论认为两场看上去自成一体的风暴实际上是一场风暴，从而预测到了风暴的轨迹，使英国和法国舰队幸免于难。[8]

天气预报让人们开始畅想现代科学能实现的成就。19 世纪 90 年代，报纸每天都会发布天气预报。这样的例行公事确保了气象学叙事强大的流行潜力。这些叙事也可与经济预测相类比：公众信心的变化看上去就像是风向或气压的转变。事实上，人们确实会有复苏、悲观情绪或其他倾向“在空中流传”的说法。人们似乎自然而然地认为，如果气象学家能够预测风向，那么经济学家就应该能够预测经济衰退。

如果公众相信有关经济繁荣或经济衰退的预测，那么经济预测就可能带有自我实现的预言的元素。人们在听到经济学家宣称经济衰退迫在眉睫之后，就会推迟原本有可能刺激经济的行为。反过来，由于这些科学家/经济学家指出，以往的衰退总是会画上句号，因此人们可能会预期任何一次经济衰退都会画上句号。让我们做一个类比，假定各地的天气预报员都表示，根据他们掌握的信息，某一地区将出现暴风雨，而且这类暴风雨的危害通常会持续 6 个月。于是，人们可能会取消 6 个月内的很多活动，经济活动水平可能会下跌 6 个月。如果有预测称经济将出现衰退，那么人们可能会观察到其他人在这之后开始减少支出，并将此视为“信心丧失风暴”的证据。

“经济波动往往会一再重演”的观点遵循了一种在现代文化中占有突出地位的古老科学传统。比如，天文学家埃德蒙·哈雷（Edmund Halley）在1682年指出，彗星有时会间隔75.3年回归一次。他认为同一颗彗星会一次又一次出现，并预测人们将在1758年再次在地球上看到这颗彗星。事实证明哈雷是正确的，直到现在，哈雷彗星仍然每75.3年回归一次，只不过这颗彗星已经黯淡了很多，因此当它上一次在1985—1986年回归时，人们基本上已经无法再看到它。哈雷彗星的故事是一个精彩的故事，鲜活生动地留存在人们的记忆之中。如今，围绕这个故事已经构建起了一个叙事星座，其中有一个故事说，出生在哈雷彗星回归年份的马克·吐温就曾预测过自己将在哈雷彗星75年后回归时离开人世。

ProQuest最早提到“商业周期”是在1858年的萧条时期，这个词与天气同时出现：

> 有些人声称从气象学中得知，冷暖交替是以10年为周期的：现在看起来还有一种时长与之相同的商业周期；幸运的是，10年一期的恐慌恰好与最暖和的冬季重合。至于这是巧合还是天意，或者它究竟是不是事实，还是交由大家判断吧。[9]

有观点认为商业波动是循环反复的周期性事件，其波长或为10年，或为一个明确且固定的间隔时长，不过这一观点不再像从前那样受到经济学家的热捧，但经济衰退和信心下降带有一定周期性和可预测性的说法仍然在大众脑海中留下了根深蒂固的印象。

天气预报也激发了另一种观点，即应该设立统计在册的未来经济波动的先行指标。1929年的股市崩盘发生于大萧条之前，不到10年之后，韦斯利·米切尔（Wesley C. Mitchell）和阿瑟·伯恩斯（Arthur F. Burns）在1938年开创了经济预测的先行指标法，这种方法会推动人们在股市下跌之后进入防范式经济决策模式，因而有可能促成预测的衰退。[10]如今的先行指标包括商务部的商业环境发展（Business Conditions Developments，现已并入《当代商业纵览》）、美国经济咨商局的先行经济指标综合指数以及经合组织的综合先行指标。ProQuest 或 Google Ngrams 对“先行指标”这一术语的搜索结果表明，这个概念从 20 世纪 30 年代左右开始逐渐流行，至今仍保持着强劲的势头。

信心可谓是经济晴雨表

正如我们可以测量气压一样，我们也应该可以测量信心。此外，不同于气压，信心有可能会受人影响，在这种情况下，优秀的爱国人士在道义上有义务支持公众信心。事实上，1923—1929 年担任美国总统的卡尔文·柯立芝就一肩承担起提振公众对经济和股市信心的重任。

柯立芝所做的保证——有时被称为“柯立芝—梅隆牛市小贴士”——引发了极大的争议。在《大西洋月刊》1928 年的一篇文章中，拉尔夫·罗比（Ralph Robey）指出了这样一种模式：每次股市出现大幅下跌或公众谴责投机者大额贷款以购买股票的时候，总统卡尔文·柯立芝或财政部长安德鲁·梅隆就会对市场形势发表非常乐观的讲话，或是否认一切过度投机问题。[11]罗比怀疑柯立芝和梅隆的乐观主义是否有合理的立足点，他认为这种乐观主义是为了维护公众对股市的信心而采取的一种措施。

“柯立芝—梅隆牛市小贴士”可能是政府为了安抚那些担心投资者信心受到干扰的有影响力人物采取的举措之一。《华尔街日报》在 1928 年的一篇文章中指出：

> 我国一家领先产业企业的首席执行官不久前与一些朋友聊起市场状况。他表示：“我看好我们自己的股票，它的价格肯定能

> 马上拉上去，我也愿意大量购进股票。我不搞投机，所以股票肯定会放在我的名下。问题在于怎么把它卖掉。我已经为未来做好准备，但只要我卖掉任何股票，员工很快就会听到消息，而且他们大多数人都是股东，这么做不仅有可能干扰他们，事实上还会暗示他们出售自己持有的股份。因此，我默默地知道消息就行了。"[12]

股市在1929年10月崩盘。8个月前，即1929年2月，联邦储备委员会曾警告，美联储不会帮助那些为上涨股市提供贷款的银行。为了证明这一声明的合理性，它指出自己"既没有权力也没有倾向"评判"投机的优点"，但投资者领会了言下之意，并立即做出了强烈反应。[13]《华盛顿邮报》报道了"美联储与华尔街剑拔弩张"，在这场战争中，华尔街的主要立场是美联储不应该多管闲事。[14]1929年8月9日，即市场崩盘前的两个半月，纽约联邦储备银行提高了再贴现率（即银行向它贷款的利率）。在美国历史上，从来没有哪个政府机构的使命可以被解读为稳定股市。有一些故事对1929年的股市崩盘起到了重要作用，而有关华尔街与美联储"之战"的叙事可能在接下来几个月里推动了这些故事的传播。它也给大众造成了一种普遍印象，即知情人士感觉到了过度投机的现象。

股市崩盘之后，人们对政府官员、商界人士和记者所做预测抱有的幻想进一步破灭。一位观察人士在1930年指出："很不幸，商业分析文章的作者似乎倾向于只发表乐观的言论，并避开所有可能被视为悲观主义的词句。"[15]1931年，《纽约时报》财经编辑亚历山大·达纳·诺伊斯（Alexander Dana Noyes）指出："当那些重要人物在新年预言上写下自己的名字时，他们会追求充满希望的那一面，因此会剔除所有令人不快的反面声音。"[16]

与此同时，没有人愿意被人指称在拥挤的剧院里大喊"失火了"，从而加剧公众恐慌并有可能引发人们大举逃离市场。拥挤剧院失火的原始叙事见于《纽约时报》，这篇报道可以追溯至 1884 年，即崩盘之前约半个世纪的时候：

> 周二晚上，在哈莱姆的芒特莫里斯剧院，戏剧《风雨交加》的帷幕在拥挤的房间里缓缓升起。演到火灾那一幕的时候，有人三次大呼“起火了！”，喊声响彻楼内。很多观众脸色发白，但是戏剧还在继续上演，这让人放下心来，一场险些发生的恐慌也就此化解……路易斯·艾斯勒指称居住在第四大道 2446 号的一位名叫弗朗西斯·麦卡伦的年轻人引起了这起事故，巡警长兼警察埃德米斯顿拘捕了他……韦尔德法官将他送到岛上关押了一个月。[17]

不过，“拥挤剧院失火”的叙事并没有马上流传开来。后来，时任大法官小奥利弗·温戴尔·霍姆斯（Oliver Wendell Holmes, Jr.，后来成为首席大法官）在 1919 年的一份最高法院判决书中提到了这一叙事。因此，它与一位名人产生了关联。这则叙事在 20 世纪 30 年代开始流传，然后出现了病毒式传播。

在整个 20 世纪 30 年代，人们越来越坚定地认为，大萧条是由意见领袖的“口无遮拦”引起的，这些领袖忽视了这种口无遮拦造成的心理影响。[18]但实际上，知名人士似乎很清楚自己所说的话有可能造成的心理冲击，这导致了另一则叙事的生成：意见领袖现在非常担心自己的话会引发恐惧，结果公众普遍开始认为这是错误的乐观主义。换言之，公众认为意见领袖在竭力表现出乐观的态度，而听众必须校正这种过度自信。显而易见，在这样的环境下，人们的预期会波动得厉害。

与早期的恐慌叙事一样，很多人也将大萧条视为奔逃或恐慌。当人们看到其他人逃离大萧条时，也会心生恐惧并纷纷逃离。这种恐惧感强有力地控制住了公众的想象力。耶鲁大学经济学教授欧文·费雪在1930年写道：

> 也就是说，主要的危险根本不在于现实情况。危险在于恐惧，在于引发恐慌的恐惧，这种恐惧能从股市蔓延至企业。真正的勇士会承认："我唯一的恐惧是对恐惧的恐惧"。[19]

波士顿市长詹姆斯·柯利（James Curley）的助手托马斯·穆伦（Thomas Mullen）在1931年也有过类似的表述：

> 我认为，我们唯一需要恐惧的就是恐惧本身。[20]

后来，在1933年，即大萧条最严重的那一年，富兰克林·罗斯福总统在就职演说中说：

> 因此，首先请允许我表明自己的坚定信念，即我们唯一需要恐惧的就是恐惧本身，一种无以名状、失去理智和没有道理的恐惧。这种恐惧阻碍了我们将退却转化为前进的必要动力。[21]

托马斯·穆伦不是名人，但罗斯福总统是。因此，罗斯福成为这一说法的创始人并使之广为流传，这句话被归到了他的名下——这个说法被反复提起很多次，因此听起来很正确。如今，这句"恐惧的就是恐惧本身"可能是罗斯福最出名的一句名言了，[22] ProQuest的搜索结果显示，它在21世纪前10年的使用频率甚至高过了20世纪30年代。

但是病毒式叙事不易掌控，而且有可能产生意想不到的影响。声称人人都在恐惧并强调人们需要鼓起勇气的做法可能会生成一些决意不再恐惧的爱国之心。但是，这样的规劝也会使人怀疑其他人是否会真正消除他们的恐惧。因此，将这个问题判定为一个事关恐惧的问题，只会使问题恶化。

20 世纪 30 年代的其他叙事都在讲述这样的情形：屈居于人满为患的贫民窟，只能在晚上打开行军床，和很多人一起睡在公共区域，然后还得每天将床收起来，为其他活动腾出空间。[23]还有一些叙事讲述的是人们生病但无钱就医的故事。[24]虽然这些叙事有点夸大其词，但它们还是降低了人们在基本必需品之外进行消费的意愿。其结果就是，人们为了省钱而免去常规的牙科检查，最终可能不得不去看牙科急诊。

罗斯福还列出了消费的道德理由。他在 1933 年举行完就职典礼之后没几天就罕见地在全国性大规模银行挤兑潮中向全国发表了广播讲话，这次挤兑潮使得所有银行关门歇业。在这次“炉边谈话”中，他解释了此次银行业危机的情况并请求人们不要再去银行提款。他向全国发表这次讲话时，就像是军事指挥官在战斗前要求下属部队展现出勇气和无私。罗斯福明确指出：“你们大家一定要有信心。你们一定不要听信谣言和妄加猜测而惊慌失措。我们要团结起来消除恐惧。”[25]公众听从了罗斯福的个人要求。银行挤兑得以结束，当银行重新开业时，资金开始流入银行而不是流出银行。

时至今日，这一叙事星座还在影响着我们。虽然总体叙事已经不够有力，或者说没有被很好地派上用场，因此不足以阻止经济衰退，但它仍然留存在我们的意识之中，一旦形势变化，它就有可能东山再起。与此同时，我们现在已经习惯于在每个工作日结束时收听股市收盘价并将之视为公众信心指标。我们也在密切关注各种月度信心指数，不过不是因为经济学家敦促我们这样做，而是因为我们仍然受到以往叙事的影响，即公众信心有可能会突然崩溃，就像拥挤剧院里突然传来“失火”的惊呼声一样。

聚焦大规模失业的叙事

我们可以看一看人们在大萧条期间提出的大萧条起因清单。人们陈述或推断的这些原因往往与某些事件对应，这些事件合在一起，促成了大萧条。比如，基普林格出版社的创始人威拉德·蒙罗·基普林格（Willard Monroe Kiplinger）在大萧条初期，即 1930 年，列出了如下的起因清单：

> 导致失业的原因大致如下：
>
> 1. 机器的发展——这些机器只需要几个人操作就可以从事很多人的工作，这是技术方面。
>
> 2. 人们受环境吸引或驱动从农场来到城市，导致工业中心超负荷。
>
> 3. 女性进入了之前由男性从事的行业。
>
> 4. 移民，这一因素现在对失业的影响要小于多年前。
>
> 5. 商业萧条，这一条相当宽泛，既包含了失业的原因，也包含了失业的后果。
>
> 这都是些不错的理论，而且每条理论都很有道理，尤其是第 1 条提到的劳动节约型机器发展。但是，需要强调指出的一点是，没有哪条理论给出了答案，即使 5 条加在一起都没能给出答案，因为它们全都产生了复杂的后果，而这些后果一直没有得到相关部门的研究或探讨。[26]

在现今的大萧条流行叙事中，基普林格提出的 5 个原因中只有一个会浮现在人们心头：商业萧条。今天的大多数人都会说商业萧条与信心丧失有关。但基普林格是在 1930 年发布这份清单的，随着大萧条的延续，越来越多的人开始认为促成大萧条的是信心的丧失。

基普林格的清单列举的是事实，而不是叙事，但我们可以推断，这 5 条原因中的每一条都与 1930 年的一则流行叙事相对应，因此也都与其他一些不易研究的叙事星座有所关联。值得注意的是，这些叙事中有一些叙事，甚至是很多叙事，都可能持有一种长期观点，认为大萧条将永远持续下去。

在 20 世纪 30 年代，美国中部对环境造成灾难性影响的沙尘暴故事开始影响大萧条叙事——从 1934 年到 1940 年，一系列风暴袭击了俄克拉荷马州、堪萨斯州、科罗拉多州和得克萨斯州，将没有得到妥当处理的表层干土吹得满天飞扬，给农场造成了破坏。约翰·斯坦贝克（John Steinbeck）1939 年的小说《愤怒的葡萄》描述了一个迁徙农民之家的辛劳，这部小说进一步敲定了大萧条与沙尘暴之间的联系。《愤怒的葡萄》畅销一时，并在 1940 年被改编成由亨利·方达（Henry Fonda）主演的电影。该书获得了普利策文学奖、国家图书奖和诺贝尔文学奖，此后一直是美国高中生和大学生的必读书。它是推动大萧条叙事星座的一部分。

多萝西娅·兰格（Dorothea Lange）拍摄的大萧条记录给我们留下了令人难忘的穷苦人民身处沙尘暴之中的照片。她的照片拍摄了垂头丧气排队等待领取救济食品的人；拍摄了贩卖五分钱苹果的男子，这些苹果整齐地堆放在城市街头的小木箱或桌子上；拍摄了人们在银行外排长队的情形；拍摄了胡佛维尔（棚户区）的生活。连同兰格鲜明的肖像一起，这些照片为今天的我们提供了有关大萧条的视觉记忆。

20 世纪 30 年代是经济计量的一个转折点。在此之前，没有任何统计数据能够可靠地测算失业率。全美人口普查统计了工作者人数和不工作者人数，但是不工作者包含了老人、病人、求学者、全职妈妈和休假者。到 20 世纪 30 年代，统计数据开始把重点放到失业率上。失业率是根据劳动力总数而不是人口总数来衡量就业情况。大萧条结束以后，每月公布的失业率可能使人心生这样的想法：我们可能还会重蹈覆辙。我们可以看到失业率这个词的使用频率在 Google Ngrams 上一路上涨，不过，要等到 1960 年之后，它才会出现显著的增长。

失业率这个术语在 20 世纪 30 年代没有得到更多的报道，这一点似乎颇为奇怪，不过，缺少报道可能表明公众不熟悉它的定量表示法。他们尚未明确区分非自愿失业、懒惰和赤贫。相比之下，如今的叙事关注的是无过错失业，即那些一心想要就业的人陷入失业。

另一类大萧条叙事开始兴起

现在的大萧条叙事可能很少提及基普林格和其他人列举的原因。相反，当今的人们倾向于将大萧条归因于银行倒闭带来的恐惧和信心丧失。银行倒闭（及影子银行倒闭）是 2007—2009 年“大衰退”期间的主要叙事。在 1930 年的清单中，基普林格甚至都没有提到银行倒闭，因为大多数倒闭都发生在 1930 年以后。

一些现代理论尝试着在不直接依赖任何叙事的情况下解释大萧条的跨度之长和影响之深，这些理论看起来合情合理。哈罗德·科尔和李·奥海宁（Harold L. Cole and Lee E. Ohanian，2004）认为，1933 年的《国家工业复兴法案》要求实施“公平竞争法则”，以便应对大萧条，但这实际上延长了大萧条的持续时间。（该法案是为了回应另一则有关购买力不足的叙事，详见第 13 章。）这部法案使企业更容易组建卡特尔集团，但更难削减工资。虽然最高法院于 1935 年宣布该法案违宪，但科尔和奥海宁认为罗斯福政府还是设法让这些法规继续生效。此外，高失业率一旦出现，就会进入持续状态，因为留下来的就业劳动力成了“局内人”，而被解雇的劳动力则成了“局外人”。就像阿萨尔·林德贝克（Assar Lindbeck）和丹尼斯·斯诺尔（Dennis J. Snower）[27]指出的那样，在需求增长的时候，“局内人”倾向于抱团争取更高的工资，而不是要求重新雇用下岗的“局外人”。

其他理论也各有优点。经济史学家巴里·埃肯格林（Barry Eichengreen）和彼得·特明（Peter Temin）认为，大萧条的持续之长和切肤之痛要归因于美国当时无视劳动力市场的变化——这些变化使得工资水平更难下调——而盲目坚持金本位制。他们指出，越早放弃金本位制的国家，经济复苏得越好。[28]

米尔顿·弗里德曼和安娜·施瓦茨在《美国货币史》中将大萧条归咎于美联储及其对货币供给的控制。但埃肯格林和特明认为，造成美国货币供给量下降的主要原因是经济，而不是美联储。货币供给量下降的部分原因是银行挤兑，而造成银行挤兑的反馈环正是造成大萧条的反馈环。弗里德曼和施瓦茨认为，如果美联储当时采取措施抵消这种下降，它原本可以做得更好。特明还注意到，弗里德曼和施瓦茨认为银行挤兑与经济活动指标之间没有实质性的对应关系。

这些经济学家只是部分揭示了大萧条的严重程度。喜剧演员格劳乔·马克斯（Groucho Marx）对大萧条有着更具娱乐性的流行描述。根据格劳乔在1959年出版的自传，20世纪20年代后期的时候他刚刚三十出头，在流行歌舞杂剧舞台上担任演员，薪水相当丰厚。他回忆说：

> 很快，比起演艺业，另一个更热门的行业吸引了我和整个美国的关注。那是一个叫作股票市场的小东西。我最初知道它是在1926年左右。叫人喜出望外的是，我发现自己是一个相当精明的交易员。或者说，至少看起来挺精明的，因为我买的每只股票都在上涨……我在《椰子果》的薪水大概是每周2 000美元，但跟我理论上在华尔街所赚的钱相比，这只是一笔微不足道的小钱。请注意，我很喜欢上台演出，但不太看得上这份薪水。我从所有人那里收集市场内幕信息。现在听起来令人觉得难以置信，但在那些日子里，下面这样的事情再常见不过了。[29]

格劳乔接着描述了很多让他和他的兄弟们过度相信并投注的内幕信息：这些内幕信息有的来自开电梯的人，有的来自华尔街人士，还有的来自他的剧院制片人以及他在高尔夫球场偶遇的一个人。他将这次经历视为一场“荒唐盛事”，并竭力想要弄明白自己在其中的角色。让“喧嚣的20年代”和“大萧条”时期的种种疯狂成为传奇的是格劳乔·马克斯这样的故事大师那种颇具说服力的讲述，他们比经济学家有着更大的公众影响力。

事实上，这则故事受到的关注基本上一直处于增长状态。图10.4表明，人们在2009年对大萧条的关注度要高于人们在大萧条期间对之的关注度，不过我们要知道，在大萧条发生的时候，人们还没有将这场经济衰退命名为“大萧条”，而是称之为“艰难时期”。该时期

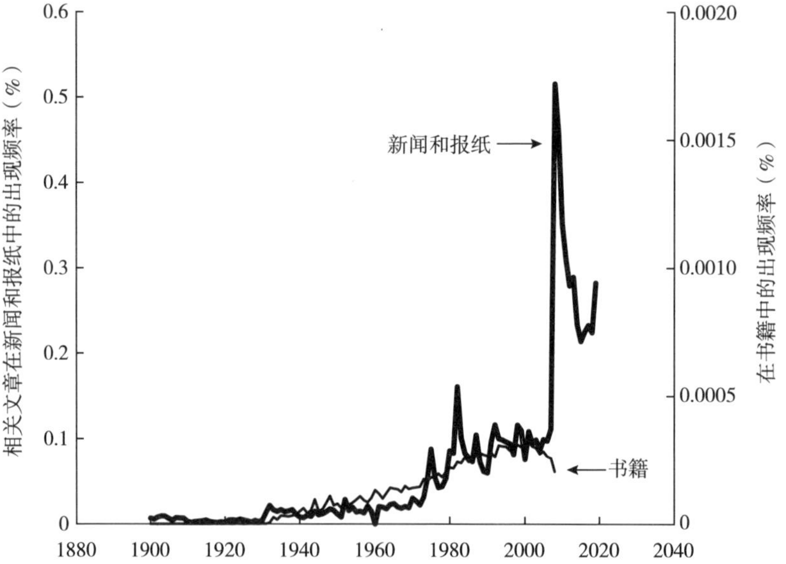

图10.4 “大萧条”一词在书籍（1900—2008年）及新闻和报纸（1900—2019年）中的出现频率

注：大萧条叙事是一则持久的流行叙事，它的持续时间比大萧条本身要长出数十年之久。

资料来源：Google Ngrams（没有进行平滑处理）和作者根据ProQuest的数据计算得出的结果。

其他与大萧条相关的叙事涉及那个时代独有的一些词汇，如“等待领取救济食品的队伍”（breadline）这个词的使用频率在 1929—1934 年迅速上涨，在那之后就一直处于稳定下降状态。谷歌趋势的搜索结果也证实了人们在 2009 年对大萧条的关注度，只不过没有图 10.4 显示的那么显著而已。

那么，大萧条叙事究竟如何影响我们对当今经济衰退的看法呢？我们来看一下 2007—2009 年世界金融危机的叙事年表，这次危机深受 19 世纪银行挤兑故事的影响——银行挤兑实际上就是金融危机的代名词。大萧条之后，人们以为银行挤兑的问题得到了解决。2007 年的北岩银行挤兑是 1866 年以来英国出现的第一起银行挤兑，人们一下子回忆起了从前那些有关恐慌储户和银行紧闭的大门之外愤怒人群的叙事。这一挤兑故事引发了国际上的紧张局势，以及一年后发生在美国的华盛顿互助银行挤兑事件，接着又在几天之后引发了主要储备基金（Reserve Prime Fund）挤兑事件。这些事件导致美国政府不合常规地为美国货币市场基金提供了为期一年的担保。很显然，各国政府都意识到，它们不能任由过去的银行挤兑故事加剧公众的焦虑。

在 2007—2009 年的经济衰退中，大萧条叙事可能与银行挤兑叙事交织在一起，给人造成了这样一种普遍印象：“我们已经经过了一个像‘喧嚣的 20 年代’那样欢欣鼓舞、冒险投机、道德败坏的时期。现在，股市和银行正在崩溃，就像 1929 年一样；整个经济有可能再次崩溃，就像 20 世纪 30 年代那样。我们可能全都会丢掉工作，聚集在破产的银行门外，绝望地想要拿回我们的钱。”

简而言之，大萧条及其起因（在一段欢欣鼓舞的时期之后出现了信心丧失）仍是一则具有影响力的叙事。大萧条是美国历史上给人留下创伤的一段时期，当人们在聆听其他叙事了解接下来有可能发生什么样的事情时，这段回忆会一直盘旋在他们的脑海之中。比起信心和恐惧叙事星座，关于谦虚、共情和简单生活的叙事星座给人留下的记忆要浅得多，但是对于经历过大萧条的人们来说，它在他们的记忆中仍占有一席之地。这些叙事大多都处于黯然沉寂的状态，在本书撰写之际，它们已经被成功叙事取代，后者认为炫耀性消费是合情合理的，下一章我们就来谈谈这一叙事。

第 11 章　节俭与炫耀性消费

节俭和想要维持简朴生活方式的念头可以追溯到远古时代。古希腊、古罗马以及中国、日本和其他一些国家设有禁奢法，禁止过度炫富。在很多国家和宗教中，对炫富予以批判的故事是持续时间最长的长期叙事之一。而与这些节俭叙事相对立的则是炫耀性消费叙事：对于成功的人生，就是要展示自己的成就和权力，以彰显自己的成功。这两则叙事一直水火不容，有些时候节俭朴素略占上风，另一些时候炫耀性消费又反败为胜。两者都是重要的经济叙事，因为它们能够影响人们的消费或储蓄模式，从而影响整体经济状况。事实上，这些叙事有可能会产生超出经济学家和政策制定者预期的深远的经济影响。

大萧条期间的节俭和共情

在 20 世纪 30 年代的大萧条期间，当人们面对大范围非自愿失业的时候，节俭叙事格外具有影响力。它们也是对人们印象中 20 世纪 20 年代铺张浪费的一种反映，我们可以通过“赶上琼斯家”使用频率的快速增长看出这一点——这个说法通常被用来讽刺那些为了撑门面，看到左邻右舍买什么自己就跟着买的人。这一说法的使用频率在 20 世纪 30 年代增长最快。在大萧条之前的年代很难找到因萧条而节俭朴素的记录。[1]“新朴素风”在二战期间一直盛行不衰并持续至 20 世纪 50 年代，然后才逐渐开始消退。

伴随着大萧条和二战出现的新朴素风源自那些声称人们无缘无故遭受苦难的有力叙事。这些人由于大萧条而失业，其中有些人后来又因二战而丧生。也许你的邻居琼斯一家过得很好，但你的邻居史密斯一家却像大萧条时期的其他很多家庭一样，正在艰难度日。一系列讲述人间悲剧的叙事在朋友和邻居之间口口相传，如一家人在父亲丢掉工作、拖欠抵押贷款、失去房屋之后流浪街头的故事，而这一切完全都不是因为他自己做错了什么。在这种情况下，就算仍然拥有工作，合理的做法也是推迟购买新车、举办豪华派对、紧跟奢华时尚等安排。这种自发的节制有助于解释大萧条初期经济的严重收缩以及二战期间消费者购买力的下滑。

大众口中的大萧条时代叙事

这个时代的话题反映了当时的主流叙事。下面是一封大萧条时代写给《波士顿环球报》“居家·姐妹互助·私房密语”专栏的一封信——这个专栏相当于那个时代的推特、微博或红迪网，在这里，女性可以用化名写信为彼此提供建议。下面这封信出现在 1930 年 3 月，也就是 1929 年股市崩盘后 6 个月：

> 亲爱的米卡多，你在近来的一封信中表示希望能够征求一份预算方案，你说你的积蓄在最近这场金融危机中化为乌有，所以我就给你写了这封信，因为我们的情况非常相似，只不过我这边不仅失去了我们曾经拥有的一切，还因此负债累累。
>
> 不过，我的问题是这样的：如果我们继续像现在这样生活，也就是说，住在现在的房子里，严格控制开销，那我们大约能在 10 年内还清债务。当然，我们可以搬到便宜一点的房子里，只购买生活必需品，从而尽早还清这笔债务，但是我想请你、兰西奥

拉塔和其他愿意写信的姐妹们告诉我，在你们看来这是不是明智之举……

我害怕搬家，因为我担心这会对我们产生精神影响。我们的生活水平将会降低，我不敢去想象这种改变，也不敢想象这一举动对我们的精神、勇气和人生观的影响。可能这样看起来不够勇敢，但是，除非经历过这样的时期，否则真的很难理解这种压力和焦虑，也很难对生活保持冷静的态度……

克莱德[2]

当一个人的邻居像克莱德这样绝望挣扎时，如果还进行炫耀性奢侈消费的话，也就太没有同情心了。值得注意的是，这封信的作者内省地提到了“我们的精神”，这让人想起了凯恩斯的说法：萧条是由“动物精神”的衰落引起的。她在决定是否出售房屋时，局限于这样的心理状态：她必须管理好一家人的精神状况。管理好人民的精神是这个时代的重要话题，不管是平民百姓还是国家领导人，不管是一家之主还是美国总统赫伯特·胡佛——他发表乐观的讲话，也鼓励他人的乐观讲话。

克莱德一家和其他处于类似（或更糟）状况的家庭很可能会推迟购买新车。在现实生活中，如果父母推迟购买新车，孩子们几乎不太可能意识到家里出现了经济困难。但是，他们会注意到，度假被取消，观看电影的行程也被取消。

的确，对家庭士气的担忧在 1929 年之后成为一种新的流行，这种担忧在 1931 年达到顶峰，在大萧条接下来的年岁里一直盛行不衰。（在 1920—1921 年萧条时期也出现了有关家庭士气的故事。）离婚率上升被归因于士气的丧失，尤其是家中的父亲找不到工作时的那种令人蒙羞之感。[3]人们将这种士气的丧失视为一个新的正在酝酿的长期问题，一个有可能在将来变得越来越重要的问题。一个妇女团体在1936年宣称：

> 家庭是美国整个生活体系的基础单位……如果家庭丧失士气，或是丧失偿债能力，必将对子孙后代造成灾难性影响。[4]

这一叙事给出了在维持正常态度的同时推迟非必要支出的理由，但这样做却延长了经济萧条。它也使未受大萧条影响的家庭有了避免炫耀性消费的理由，因为他们要考虑到其他家庭遭受的痛苦以及更多相同处境的家庭。报纸上提出了一些既能维持家庭士气又能避免太多开销的建议：

> 通常，如果资源处于低谷的话，可以重新布置家具、改变大件物品的位置（务必注意保持房内摆设的完美平衡）、将照片移到不同位置，这些做法可令一切大为改观。很多女性凭借着类似的独创性，足不出户便享受到了旅行的万般乐趣。不妨这么说吧，她的人生观变得明净而纯粹。[5]

听听人们用自己的语言讲述的大萧条时期的故事，可以让我们从中得出深刻的认识。在《仅仅是昨日》（1931）一书中，艾伦谈到了一种更加朴素的态度和更深层次的宗教信仰，谈到了“国家风气和美国人生活方式的惊人变化……走在美国的任何一座城市或乡镇，都能看到其中的一些变化”。[6]作家兼演员丽塔·魏曼（Rita Weiman）1932年在《华盛顿邮报》上也描述了这样的变化，她将大萧条时期与20世纪20年代进行了对比：

> 在通货膨胀的那些年里，在我们身处悬崖峭壁的时候，我们

失去了远见。我们花了很多钱购物享乐，其价格与价值完全不对等。如果一样东西要花很多钱，我们就会不假思索地认定它是好东西……就拿家庭娱乐来说吧，我们很多人几乎都忘了在自家餐桌边招待朋友的乐趣。我们所有人都深受“饭馆聚餐”之苦。[7]

大萧条让人们开始反思生活中除了花钱还有哪些重要的事情。专栏作家温尼弗雷德·霍尔比（Winifred Holtby）于 1931 年在英国撰文问道：

换言之，我们能不能借着这个时期，摆脱势利和空话，过上由我们自身品位决定的生活，而不是由邻居们对成功的看法决定的生活？这是一个可以做各种事情、可以有多彩经历的世界，我们非得将自己关进小小的上流社会的隔间里，用同样的标准，穿同样的衣服，吃同样的食物，表现出同样的可悲而乏味的“面貌”吗？……我们能不能忆起玛丽·劳埃德那首老歌中蕴含的智慧：“寻点自己的小欢乐于君有益！”——不是你心中认为的邻居心中认为的你应该追寻的那种小欢乐。我们能不能变得敢于贫穷？[8]

1932 年，在大萧条接近最低谷的时候，另一位作家凯瑟琳·哈克特（Catherine Hackett）讲述了她对大萧条时期“新道德”的看法：

在从前的繁荣时代，我在买一罐浴盐或多买一双晚礼服鞋的时候完全不会不安地想起那些缺少生活必需品的穷人。我总是能快乐地想到那些被媒体大肆报道的穿着丝绸衬衫骑车去福特上班的日薪工人。现在，一切都不同往昔了。如果琼斯夫妇继续举办大型派对、穿戴考究的服饰，人们会觉得他们对他人的苦难麻木

> 不仁、无动于衷。[9]

尽管有这些叙事，但比起20世纪20年代来，大萧条这一“艰难时期”在某些方面有了可取的改善。普利策奖得主、《纽约时报》记者安妮·奥黑尔·麦考密克（Anne O'Hare McCormick）在1932年写道：

> 有些时候，国人身上那种自满、自私和做作真是叫人难以忍受。但眼下并不是这样的时候。当市场处于低谷时，我们的表现要远远好于市场处于峰值的时候。大萧条时期的中心街道是全世界最有睦邻友好氛围的街道，是一条不慌不忙的街道。[10]

此外，人们注意到，在大萧条期间，虽然失业率很高，但犯罪率并没有上涨。[11]也许这种现象与“睦邻友好”和“不慌不忙”的氛围有关，这样的氛围减轻了失业给人带来的挫败感，否则失业原本是有可能推动犯罪的。

尽管邻里之间变得更加友好，但街头巷尾到处可以感知到人们的苦难。在20世纪30年代初期，“街头乞讨四处可见”。[12]《华盛顿邮报》在1932年报道：“在大萧条时期，乞讨者变得特别活跃。他们发现，那些平时不愿搭理职业乞丐的人在这个时期格外心软。”[13]

售卖苹果的举动于1930年秋在纽约开始盛行，然后蔓延至全国。[14]出售者相当于承认了自己就是乞丐，他们经常会摆上一些写有“失业中”或“吃上一个苹果，帮我勉强糊口”的标牌。[15]其实他们就是在乞讨，但出售苹果使他们看起来更可敬、可亲。报纸上也载有乞丐因为没有得到施舍而犯罪的故事，因此他们的存在营造了一种恐惧的氛围，而这显然阻止了炫耀性消费。[16]

除了路上可见的乞丐之外，还有一些叙事谈到了其他隐形失业者的内心挣扎。律师本杰明·罗斯（Benjamin Roth）在 1931 年 8 月 9 日的私人日记中写道：

> 过去两年来，大多数职业男性都依靠用保单等借来的钱为生。现在唯一可做的工作就是徒劳无功地收取风险代理费。每个人都在挖掘以前的索赔案并努力想要将之变现。人们脾气暴躁，内心充满了不信任和怀疑。大家别无选择，挣的钱少了，却还得更加卖力地工作并将支出降到最低。[17]

不过，总的说来，最根本的改变还是一种集体共情氛围，就像共同经历一场悲剧之后的感觉。正是因为这种氛围，人们愿意为了风险代理费（contingent fee）而工作，或者是即使没有心情吃苹果，也会在街角购买苹果。但是，他们停止炫耀性消费的举动在无意中进一步加剧了大萧条。

街头乞讨不仅仅限于美国。德国的失业率比美国还要高，在希特勒上台之前的那几年里，乞丐和失业青年的人数急剧上升。较高的犯罪率和失业率能够在一定程度上解释希特勒为什么吸引了很多选民。[18]在 1933 年当选之后，希特勒对这个问题的解决之道是将德国的乞丐和无家可归者关押到集中营里去。[19]

与此同时，全球大多数地方都欣然接受了节俭叙事。电影评论家格蕾丝·金斯利（Grace Kingsley）在 1932 年指出，电影对奢侈品不再那么感兴趣：

> 由于经济萧条以及它对公众造成的影响，制片人淡化了影片中的奢侈品元素。在此之前，女主人公的住宅大得就像是公共图书馆大楼，现在她们所住的房间则比较小，所展示的财富也不再那么奢华……如今，风度翩翩的理查德·巴塞尔梅斯和异国风情

的玛琳·黛德丽扮演的都是简单家庭生活故事中的角色。[20]

这些影片为人们的生活提供了脚本。人们可能会发现自己之所以减少消费并不是有意为之，而纯粹是因为潜意识的暗示。

正如1932年的一篇报纸文章报道的那样，教堂布道也抨击了炫富行为：

> 迈诺特·西蒙斯牧师昨天在万灵教会进行圣诞节布道时宣称：在这个萧条时期，公开炫富行为是对他人的冒犯。

文章进一步引述了他的讲道：

> 我希望任何想要挥霍享乐的人都能明白，这是一种没有品位的庸俗行为……这类行为总会激起强烈的不满，而在这个寒冬，我们一定不能激起这样的不满。[21]

请注意，这样的表述是道德层面的说理，而不是对自身利益的迎合。

正如安妮·麦考密克在描述美国中心街道时指出的那样，人们对待彼此的态度已经改变。他们开始注重管理他人对自己的看法。《华盛顿邮报》观察到，人们在看到他人节俭行为后对其地位和价值的判断已经完全变了：

> 然后，就像以往很多时候一样，这种模式来了个一百八十度的大转弯，贫穷变成了时尚！"我买不起这个"被人们公然说出口，甚至还带点骄傲自豪的味道——因为这不就意味着人们在股市中损失了很多钱嘛。当然，他是否真的拥有过或损失过就暂且不论了。[22]

的确，在大萧条时期，人们热衷于（甚至时至今日还会这样）讲述自己、亲人和朋友在大萧条时期遭遇的困境和损失。这一叙事有其道德层面的含义。因为贫穷不是他们的错，所以无须感到羞耻；同情受难者是一种高贵的行为。此外，当邻居们长期失业、勉强糊口的时候，公然享受财富的“罪行”越发显得不道德。

新的朴素风尚

20 世纪 30 年代，“贫穷时尚”文化激起了新的狂热潮流。自行车热潮最为显著：很多人开始在都市里骑着自行车去上班或购物。百货商店纷纷为顾客安装自行车停放架。[23]

自行车热潮的部分原因在于人们想要推迟购买新汽车。已经拥有汽车的人决定将家里的汽车再开上一段时间。那些没有汽车的人决定继续像往常一样乘坐公共交通，或者骑自行车。人们为什么推迟购买汽车？失业是主要原因之一。另一个原因是人们觉得自己可能会面临失业。

1931 年的有声电影《六缸之恋》（Six Cylinder Love）是根据 1920—1921 年萧条时期的一部戏剧改编的，该片展示了一名男子在决定购买一辆豪车时出现的一些复杂状况。这一决定带来的后果是，他的妻子和女儿变得一掷千金、挥霍无度，而很多混吃混喝的朋友也闻风而来，他们深信这一家子很有钱，因为他们拥有一辆豪车。这部电影的情节在谈及挥霍无度之后果的叙事星座中占据了一席之地。目睹邻居的失业，耳听绝望挣扎的故事，很多人都清楚地感到自己在这一年不应该购买新车。《华尔街日报》在 1932 年的一篇文章中也指出了人们在推迟购买汽车时的反炫耀性消费动机：

> 一个严重但不易感知的绊脚石现在正在阻碍那些拥有消费能力且能够明智使用这种能力推动产业发展的人行使其消费能力。

> 这个绊脚石就是，人们普遍担心自己在他人眼里过于奢侈……这会阻碍贸易恢复并不纯粹是猜测。举例来说，汽车行业收集到确凿的证据表明，大量有钱且有切实购买新车需求的人因为担心邻居的批评而放弃了购买，这在更广泛的范围内证明了这种情况的真实性。这种对购买的新型抑制是大萧条的“心理”产物之一，也就是说，人们困扰不已，不知道拥有一辆新车是不是（或在他人眼里是）种不体面的炫富行为。[24]

《华尔街日报》提出了一个很好的观点。奥里·赫菲兹（Ori Heffetz）创建的消费类别“可见性指数”旨在统计有多少人关注某项消费支出。该指数将汽车列为31个消费类别中第二显眼的类别，仅次于香烟。[25]如果你不再想表现出很富有的样子，那么放弃购买新车可能是最好的选择。

反馈环很快变得一目了然：有些人推迟购买汽车或其他大宗消费品，这导致汽车和消费品行业的工作岗位流失，这又导致更多的延迟消费，从而导致第二轮失业，依此类推，循环反复多年。数字最能说明问题：对引进了很多劳动节约型批量生产机器的福特汽车公司而言，其新车销量在1929年到1932年间下降了86%。

反馈环为什么如此严重？又为什么会出现？为了回答这些问题，我们必须更仔细地研究其背后的叙事。闲暇时间突然变多，这给家中带来了麻烦。1932年，一位女性匿名致信“私房密语”：

> 亲爱的全球各地的姐妹们：我能不能在这个专栏提出我的问题？我已经结婚六年了，育有两个孩子。我们结婚的时候很年轻，很不幸，我丈夫没有任何特殊技能。我也工作过，但是在我们的第一个孩子出生时，我不得不辞职。我让他修读一门课程提升自己，费用由我负担，在他不上班期间，我还支付了宝宝的所有费用和我

们的生活费用。他一直有稳定工作，直到一年前，他和其他很多人一样被解雇了。从那时起，他就零星地上过几天班。去年夏天我没法上班，因为我的第二个孩子才几个月大。今年冬天我们是跟亲戚一起度过的，我也在帮忙做点工作，偶尔做点缝纫活儿或护理工作，但我们还是难以度日，这让我很担心。

最让我困扰的是我丈夫的态度。这样的生活似乎并没有给他带来太多困扰。我觉得我们现在只能依靠救济为生，而这并不是长久之计。

我丈夫的这种态度是我一开始就有工作的错，还是他承担责任太慢的错？千万不要以为我丈夫不是个好人，他在很多方面都是个不错的人，但他似乎没有任何赚钱能力。当我赚到几美元时，他觉得我拿钱去付账完全没有问题。我感到很羞愧。我不习惯男人从女人那里拿钱，即便是他的妻子。

我能做些什么让他明白过来呢？我不能让自己的家人知道这种情况。我本人有望很快找到一份很好的工作。如果我得到这份工作，我感觉自己只需要支付孩子们的伙食费，然后让他自力更生。你们觉得这样做能起到什么作用吗？请允许我加入这个大家庭并给我一些建议。

露西 · 安布勒[26]

一位“来自全球各地的姐妹”不得不提醒露西，她丈夫的问题不是她丈夫的错：

亲爱的露西 · 安布勒：你写信谈到了不负责任的丈夫，这封信引起了我的兴趣。我嫁给了一个在很多方面都和你丈夫很像的男人，我觉得我们在很多地方都应该心怀感激才对。你说他是个好人，一个不错的人。如果他像其他数百万人一样无以为生的话，责任是否在他呢？如果他在一年前一直都有稳定工作，并为家人尽心尽力，那么在你当下需要帮助的时候，会有人看不起你吗？事实上，让你不满的是当前的经济状况，而不是你的丈夫吧？

卡塔琳娜[27]

我们可以想象得出夫妻之间是怎样谈论大额支出的，如果他们真的谈及这个话题的话。受伤、背叛和无助感让人难以启齿，不仅对露西·安布勒和她丈夫来说是这样，对其他担心自己陷入同等境地的夫妇来说也是如此。不难想象，关于大额支出的讨论可能和支出本身一样，是一处禁地。

当这样的故事泛滥成灾，而且失业持续时间越来越长的时候，任何为失业工人提供工作的雇主都会被视为英雄。但是，这也会产生一种抵消趋势，即让雇主担心雇用的是没有什么“赚钱能力”、也没什么其他选择的人。宾夕法尼亚州紧急救济委员会的一位管理人员在1936年指出：

与失业状况相关的另一个重要因素（当然，这也是救济的基础所在）是这样一个事实：很多人只是在大萧条之前的那段日子里被他们的雇主出于感情原因或其他原因而“顺便带上了车”，这些人永远无法再回到原来的工作岗位上。[28]

雇主需要在士气和生产力之间谋求平衡。杜鲁门·彪利（Truman Bewley）在20世纪90年代的经济衰退期间对雇主采访时发现：

经营者之所以关注士气，主要是因为它对生产力的影响。他

> 们说，在士气低落的时候，工人会不停抱怨而导致彼此分心，而良好的士气会使工人更愿意加班，更愿意熬夜直到完成工作，更愿意互相鼓励和帮助，更愿意提出改善建议，更愿意对外人说自己公司的好话。[29]

看来可以得出这样的结论：雇主在困难时期尤为关注员工的士气。他们经常会采取各种手段提振员工的士气，比如帮助员工在工作中获得成就感，比如采取无差别工资政策，向高绩效者和低绩效者支付相同的报酬，即使这会削弱员工辛勤工作的动力。[30]此外，雇主时常会出于情感原因或者为了保持职场士气而继续雇用能力较弱的员工。

但这个故事也有其阴暗的一面。大萧条的艰难时局使雇主有了合理的借口解雇能力较弱的雇员，同时又不会让自己背上没有人性的骂名。当形势略为好转的时候，他们不愿重新雇用这些能力较弱的员工，这可能会导致这些被解雇的人长期失业。

朴素风尚：蓝色牛仔裤和拼图游戏

蓝色牛仔布以前在人们眼里仅适合制作工作服，不过它在大萧条时期开始时兴起来。此前也有一些名人发表过牛仔时尚宣言。譬如，1877—1880 年担任印第安纳州州长的詹姆斯·威廉姆斯（James D. Williams）就被人称为“蓝色牛仔比尔”（Blue Jeans Bill），因为他就连正式场合也坚持穿牛仔裤。据一位观察人士说，对威廉姆斯而言，这种粗糙的蓝色织物是“平等与民主的象征”。[31]不过这种布料直到 20 世纪 30 年代才流行起来。1934 年，李维·斯特劳斯公司（Levi Strauss Company）生产了第一批蓝色牛仔女裤并将之命名为“李维斯女士”（Lady Levi’s）。[32]然后在 1936 年，李维·斯特劳斯第一次在蓝色牛仔裤的后兜上加上了时尚徽标。《时尚》杂志在 20 世纪 30 年代首次推出了身穿蓝色牛仔裤的封面模特。女性开始故意弄破新牛仔裤，“在这里弄一道口子，在那里弄一道口子”，从而达到做旧效果。[33]

我们可以回顾一下蓝色牛仔裤数十年来与各种文化的关联。在20世纪20年代和30年代，牛仔裤文化与贫穷风尚文化、牛仔文化和牧场文化相互融合。从20世纪40年代开始，牛仔裤开始融入各种不同的文化，首先是二战期间的铆钉女工萝西，然后是高中、叛逆的年轻人和女性解放。[34]牛仔裤时尚在20世纪50年代出现了突飞猛进的发展，[35]而1955年的大热电影《无因的反叛》及帅气的主演詹姆斯·迪恩（James Dean）更是将之推向了高潮，迪恩在影片上映前一个月因超速驾驶跑车而丧命，年仅24岁。他的死亡是对这部电影的完美宣传，甚至可以说是令人毛骨悚然的宣传。这部电影的一些粉丝走向了极端。例如，伦敦的邮递车司机道格拉斯·古道尔（Douglas Goodall）不仅坚持穿牛仔裤，而且到1958年时已经将这部电影看了400遍，并通过合法手段将自己的名字改成了詹姆斯·迪恩。[36]不过，到了这个时候，蓝色牛仔裤渐渐地已经不再涉及对穷人的同情，而且可能也失去了经济叙事这一地位。尽管如此，蓝色牛仔裤的普遍性（这要感谢它们的物美、价廉、耐用以及他人的时尚选择）还是让这场流行一直延续至今。

拼图狂热也与贫穷风尚有关。为了安静的夜晚在家有事可做，有些人就在下班回家的路上从报摊上随晚报一起购买一种新型的廉价纸板拼图玩具（而不是比较昂贵的传统木制拼图玩具）。突然之间，到处都在出售拼图玩具，人们不禁要问：“人类大脑里到底深埋了什么样的心理怪癖，使人一听到纸箱里那些奇形怪状的材料哗啦作响就两眼放光?”[37]

自行车、蓝色牛仔裤和硬纸板拼图有可能只是人们对大萧条时期糟糕的经济形势做出的合情合理的反应。这些东西很便宜。但是，人们对这些产品的热情和这种现象的狂热性质表明，它们的相关叙事有助于解释人们在大萧条期间为何停止购买昂贵的消费品，推而广之，这也解释了大萧条为何持续如此之长、影响如此之大。也许人们在 20 世纪 20 年代不肯骑自行车上班并不是因为他们很有钱，而是因为这样做显得很奇怪。人们只有在听到有叙事说其他人骑着自行车上班或是晚上在家拼拼图之后，才会安心做同样的事情。然后，人们可能会将这样的行为持续多年，结果削弱了高端出行和娱乐市场，减缓了大萧条期间的经济复苏。同样，如果人们认为建造奢华的新房子是件品位低俗的事情并且会引起他人的强烈反感，那么这就足以构成不建房子的充分理由，这一点有助于解释大萧条时期的房屋建设为何基本上处于停止状态。

在此我们可以看到，经济动态，即商品和服务需求随时间出现的变化，取决于叙事的细微变化。随着大萧条的持续，人们开始不再崇尚贫穷，这可能是因为叙事发生了变化，对人们表露出来的贫穷有了不一样的解读。正如《华盛顿邮报》在 1932 年所写的那样：

> 但现在又出现了一次一百八十度的大转弯。现在，彰显贫穷不再是件时髦的事儿。即使有人因为不明智的投机或股市亏了钱，他也已经有足够的时间从这场全球动荡中恢复过来。如果他还是宣称自己很贫穷，好吧，这意味着他可能从来就不曾拥有过任何财富！[38]

我们可以从中得出什么结论呢？大萧条在 1933 年跌至谷底，经济由此开始缓慢复苏，而这种复苏至少部分是因为人们开始加大支出，因为贫穷不再是什么潮流风尚！所有这些叙事都表明，大萧条的原因和结果并非经济学家所说的多轮支出和利率对理性投资行为的影响那么简单。

有关朴素和共情的叙事自大萧条之后开始消退，这也许有助于解释多种经济趋势。根据托马斯·皮凯蒂（Thomas Piketty，2014）在《21世纪资本论》一书中的记载，朴素风尚的消退可能与不平等程度的加剧有关，与收入前1%人群在国民收入中所占比例的提高有关。[39]它也可能与管理人员对员工的忠诚度长期下降有关，路易斯·乌奇捷利（Louis Uchitelle）在2006年《美国的“一次性”雇工》中记录了这种现象。[40]特朗普在2007年与比尔·赞克（Bill Zanker）合著的《特朗普传：激情创造梦想》一书中对一则贬低朴素和共情的叙事大为赞赏。[41]

1990年以后，节俭叙事在日本广为传播，但它包含的故事和人物与前述叙事有所不同。20世纪80年代蓬勃发展的日本经济已经让位于20世纪90年代及之后“失去的十年”和类似于美国朴素与共情的叙事。《华盛顿邮报》在1993年总结了这些叙事：

> 东京：一度肆意消费的日本消费者现在有了一位新的公民典范：良宽（Ryōkan），18世纪的一位隐居僧人，他放弃了世俗荣华，追求简单纯净的生活。
>
> 黄金时段的电视连续剧和一期杂志封面故事在近来介绍了良宽。自9月以来，一本介绍他和其他修行者的著作《清贫的哲学》（*The Philosophy of Honest Poverty*）已售出35万册。
>
> 这些天来，日本消费者似乎正在竭力效仿德行高洁的良宽。在蓬勃发展的经济和不断飙升的金融市场的刺激下，日本掀起了长达五年之久的消费狂潮，现在，消费者开始清醒过来并收紧自己的钱包。[42]

良宽（1738—1831年）在很多故事中都表现出对不幸之人的善心和大度。他因为同情昆虫而让蚊子和虱子叮咬自己，也曾将衣服送给一位想要偷窃却发现他一贫如洗的窃贼。[43]大多数日本人都没有达到这样的境界，但这种新的美德一直贯穿日本“失去的十年”。

“美国梦”和类似叙事取代了节俭叙事

詹姆斯·特拉斯洛·亚当斯（James Truslow Adams）所著的《美国史诗》（1931）一书登上了《纽约时报》的畅销书排行榜，他在这本书的第一版中创造了“美国梦”一词。ProQuest 的搜索结果表明，除了在 1929 年和 1930 年以“美国梦”之名进入市场并承诺带来良好睡眠的弹簧床垫之外，这个词在 1931 年之前基本没有出现过。如图 11.1 所示，亚当斯的“美国梦”出现了病毒式传播，远远超过了可以追溯到几个世纪以前的类似术语，如“美国品格”、“美国原则”和“美国信条”。“美国梦”是一次漫长而缓慢的流行，直到今天，也就是亚当斯创造这个词将近一个世纪之后，它仍在持续流行。亚当斯于 1949 年去世，他

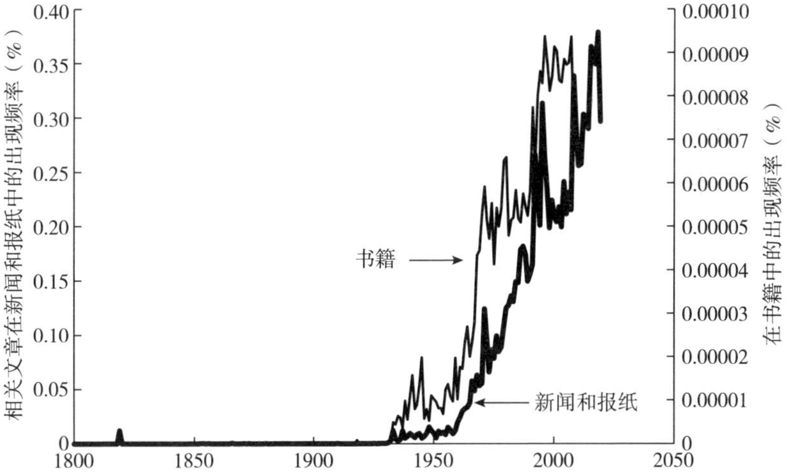

图 11.1　“美国梦”在书籍（1800—2008 年）及新闻和报纸（1800—2016 年）中的出现频率

注：这一叙事流行在作者亚当斯的有生之年进展缓慢。

资料来源：Google Ngrams（没有进行平滑处理）和作者根据 ProQuest 的数据计算得出的结果。

仅仅见证了这一流行的开端。

亚当斯对美国梦的定义如下：

> 美国梦是这片土地的梦想，在这片土地上，每个人都应该过上更美好、更富足、更圆满的生活，能依靠自己的能力挣到自己想要的一切……美国梦不只是汽车，也不只是高工资，而是一种社会秩序，在这种秩序下，所有男人和女人都能凭借自身素质取得最大成就，并得到社会承认，而与他们的出身、社会背景和社会地位无关。[44]

有人可能会说，亚当斯的叙述是一种平淡的描述，随便放到哪个国家的梦想上都行，这不是我们预期中能够出现病毒式传播的热情宣言。的确，这听起来很像中国国家主席习近平提出的“中国梦”，很像法国前总统奥朗德提出的“法国梦”，也很像以亚当斯为蓝本的加拿大“国家梦”。但是，这其中一定有一些富有感染力且令人感到新奇的元素使它能够缓慢而持续地传播。

作为美国价值观的陈述，“美国梦”这个词有一定的道理。美国是一个没有贵族制、没有任何封号或皇权的国家，它在《独立宣言》中宣布“人人生而平等”，并允许自由企业不受政府干预，这一点让美国深感自豪。但是，它也是一个直到1863年才废除奴隶制的国家。早在亚当斯于1931年定义美国梦之前，奴隶制就被视为一个与美国平等承诺背道而驰的可憎且尴尬的事实。美国黑人在奴隶制被废除之后的很长时间内都没有享受到平等待遇。但是，将“美国”与“梦”合在一起组成的这个词可能定义了一种向着更好的社会秩序发展的趋势，“在这种秩序下，所有男人和女人都能凭借自身素质取得最大成就”。这正是美国梦的实质所在：拥有理想的未来和植根于心的热切愿望，这个愿望在当下已经实现了一部分，在将来有可能完全实现。当亚当斯说美国梦

“不只是汽车，也不只是高工资”的时候，他似乎是在宣称美国梦一定程度上是对这些物质的追求。当然，人们想要养家糊口，想要提高生活水平，但他们希望每个人都有机会实现相同的目标。

在这个词出现病毒式传播之前，20 世纪 30 年代关于美国梦的最初探讨主要是学术性的。譬如，乔治·奥尼尔 1933 年的学术性剧作《美国梦》研究了美国社会是否真正体现了这一梦想。后来，在 1960 年，爱德华·阿尔比（Edward Albee）的另一部学术性剧作——也被称为《美国梦》——则对消费主义提出了更多的批评。有关美国的坦诚探讨一再提到“美国梦”这个词。一些对美国大众的经济成就观持批判态度的学者在使用这个词时是一种讽刺态度，而另一些学者则认为它体现了美国特色的真实一面。

例如，民权运动领袖马丁·路德·金在华盛顿特区的民权游行中，向聚集在华盛顿纪念碑和林肯纪念堂前的民众发表了名垂青史的演讲“我有一个梦想”并在演讲中提到了这个词。在 1963 年 8 月 28 日的这场演讲中，他满怀信心地梦想着这样一天：“这个国家会站立起来，真正实现其信条的真谛：我们认为这些真理是不言而喻的，人人生而平等。”

1983 年，美国国会将马丁·路德·金的生日定为国家节日。当里根总统签署这一国会法案使其成为法律时，他提到了“我有一个梦想”的演讲。马丁·路德·金的遗孀科雷塔·斯科特·金（Coretta Scott King）在同年晚些时候呼吁：“帮助我们实现马丁的梦想——美国梦。”[45]由此可见，历史上那些看似毫不起眼且难以预料的时刻，即亚当斯著作的出版和马丁·路德·金的演讲，能够逐渐发展成为一则强劲叙事的支柱，而这则叙事会在随后的几十年里不断蔓延。

前文一再提到叙事的名人因素，这一因素在“美国梦”的叙事中也发挥了作用。马丁·路德·金是一位励志人物，在为美国梦奋斗时遭到暗杀，他的经历构成了更好的叙事，因此他在美国人的脑海里取代了亚当斯，使美国梦的叙事带上了人文气息，而它需要这种人文气息才能广为流传。事实上，亚当斯的名气还不够大，无法让自己的名字附着在这则叙事上。自马丁·路德·金发表“我有一个梦想”的演讲以来，ProQuest 上关于“美国梦”的搜索结果中，只有不到 0.1% 提到了詹姆斯·亚当斯，而提到马丁·路德·金的则达到了 3%。

追根究底，人们普遍接受的“美国梦”叙事包含了一个希望每个人都能取得成功的愿景，并以一种使之看起来既不商业化也不自私自利的方式对其进行了刻画。它推翻了凡勃仑（Thorstein Veblen）的炫耀性消费观念，这种消费的目的仅仅是为了彰显自身的优秀。这样一来，“美国梦”在推销产品时变得非常管用，让潜在消费者对购买行为有更安心的感觉，如购买新房或二手车。事实上，ProQuest 的搜索结果显示，“美国梦”一词有半数以上都出现在广告里，而非文章中。

变异的美国梦：房屋所有权

在 20 世纪 30 年代和 40 年代，大多数使用“美国梦”这个词的广告宣传的都是文化产品：书籍、戏剧、布道。但是，随着时间的流逝以及流行趋势的加强，这个词开始呈现不同的维度。“美国梦”的含义变成了拥有一幢房屋，其内涵是拥有房屋意味着爱国之心和对社区的承诺。虽然最近几十年来的广告很少再使用这个词，但它们还是继续秉承这样的推定：“美国梦”证明了花在房屋所有权上的大笔支出是合理的。自 1931 年以来，ProQuest 对“美国梦”的搜索结果中有三分之二以上还同时包含了“房屋”或“家”等词。

美国梦也被用来为那些支持房地产泡沫的政府行为辩护，而这一泡沫最终在 2007—2009 年的全球金融危机期间破裂。2003 年，在泡沫最严重的时候，受到政府支持的抵押贷款巨头房利美在广告中提出了这样的口号：“美国梦，我们的梦。”同年，对购房首付款进行补贴的《美国梦首付款法案》在美国国会获得通过并由小布什总统签字生效。自 1973 年以来，美国国会总共提出了 265 项包含“美国梦”一词的法案和决议。

小布什总统在 2004 年竞选连任时频频提出“所有权社会”（Ownership Society）这一口号。这个口号是美国梦主题的变体；布什呼吁建设一个尊重所有权的社会：在这个社会里，人们“拥有所有权”，也就是说，自己承担起责任。他在 2002 年说：“在美国，如果你拥有自己的房屋，那么你正在实现美国梦。”他谈到了房屋所有权给人们带来的舒畅心情：“你只需要跟他们握握手，听听他们的故事，感受一下他们向你展示厨房和楼梯时的那种骄傲与自豪。”[46]

对照实验表明，唤起人们的爱国情怀可以推动消费品的营销。[47]这一叙事的流行将“美国梦”一词与品行端正和爱国情怀关联到一起，提高了美国的自有住房率，刺激了整体商业发展。

结果既是正面的，也是负面的。一方面，“美国梦”叙事为人们想要购买豪车、华宅及其他奢侈品和服务的欲望开脱。这一叙事或者直接通过消费者需求，或者间接通过政府支持，抑或人们预期中的政府在市场出现问题时给予的支持，促进了房地产业的发展。另一方面，“美国梦”具化为人们对房屋所有权的渴望，在 2007—2009 年全球金融危机之前的美国房地产繁荣中，这样的美国梦发挥了重要作用，加剧了危机的严重性。

如今，“美国梦”叙事证明了炫耀性消费和豪宅所有权的正当性，与大萧条时期流行的节俭叙事形成了鲜明对比。“美国梦”叙事使人有理由为自己的成就感到自豪，带有道德正直感。下一章讨论的金本位制叙事也有着类似的道德主题。

第 12 章　金本位制与金银复本位制

可以追溯至一个世纪之前的金本位制叙事在长期经济叙事中尤为突出，时至今日仍然颇为活跃。譬如，特朗普总统就曾多次主张在美国恢复金本位制。他在 2017 年的一次采访中表示：

> 我们原本有一个非常坚实的国家，因为它是以金本位制为基础的……想要恢复金本位制不是那么容易，不过，这会是多么美妙的事情。我们的货币将会有赖以立足的本位制度。[1]

简单地说，恢复金本位制意味着以固定不变的黄金数量决定国家货币发行量，也意味着政府承诺按需用黄金兑换货币或用货币兑换黄金，也就是说货币与黄金完全可以互换。全球各国在 1971 年坚定地放弃了金本位制。自那以来，各国一直使用法定货币，即没有任何东西支持的货币。

中央银行（加拿大银行除外）[2]仍然拥有黄金，只是黄金不再支持其货币。根据世界黄金协会（World Gold Council）的数据，世界各地的中央银行和财政部共拥有 33 000 吨黄金，价值约 1.4 万亿美元。[3]但是，既然黄金并不支持货币，中央银行为什么还要持有黄金呢？

美国国会议员罗恩·保罗（Ron Paul）向美联储主席本·伯南克提出过这样的问题：美联储为什么持有黄金而不是钻石？伯南克坦率地回答道："嗯，这是传统，一个多年的传统。"[4]伯南克言下之意显然是指这类叙事和想法：各国央行显然很担心，如果自己放弃持有黄金，就会出现让大众感到不安的传言。有人甚至以为美国仍在采用金本位制，或者至少没有明确表示不再采用金本位制。

我们将在本章看到，有关黄金和货币的叙事有着独特的情感基调，类似于我们如今在加密货币叙事中看到的那些情感。黄金、货币和创新周身迷雾重重，而有关这些主题的浮夸理论也同样迷雾重重，很难解释。

黄金和金本位制的故事并不简单。事实上，金本位制历来与长期通货紧缩和其他经济问题相关联。此外，关于金本位制的叙事一向两极分化、矛盾重重，就像近年来的加密货币叙事一样。我们先来看看这种悠久的传统，看看 19 世纪的黄金热，看看它如何持续至今以及它如何以加密货币的变异形式重新崛起。

1873 年的罪行和情感分歧

在美国总统尤利西斯·格兰特签署 1873 年的《铸币法案》之后，美国相当于采取了金本位制，使美元完全依附于黄金（1900 年的《金本位制法案》进一步阐明了该项制度）。在 1873 年之前，美国（实际上）一直采用金银复本位制（但并没有这么表述），1834 年的《铸币法案》规定，白银与黄金的兑换比率为 16∶1。1873 年的举措是国际社会围绕金本位制进行货币本位制过程的一部分。[5]在 1873 年的法案出台后，通货紧缩（即消费者价格下跌）持续了 20 年之久。一些观察人士将 1873 年的《铸币法案》视为“一次犯罪”，因为通货紧缩降低了债务人（尤其是通过抵押购买农场的农民）出售农产品的价格并提高了债务的实际价值，从而使他们陷入一贫如洗的境地。同样，刚刚有过大宗消费的人也很沮丧，因为他们发现，假使自己多等上一阵子，原本可以用更少的钱购买这些东西。当时的舆论，尤其是农民的舆论，推动了道德义愤和公众对重返金银复本位制的支持。

金银复本位制提议在19世纪后期得到了国际社会的热议并在美国引起了极大关注，这一提议主张重新用两种金属来支持货币，这样的话欠有美元计价债务的人就可以自己选择以哪种金属还债。根据美国的金本位制，如果合同中写明需要交付1美元，就相当于需要交付1/20.67盎司的黄金。在16∶1的复本位制下，这一合同将被解释为一份同意交付这么多黄金或16倍白银的协议。金银复本位制的拥护者被称为“白银党”（Silverites），听上去就好像是一个政治党派，不过在美国他们其实与民主党结成了同盟。“白银党”没能成功地在美国恢复金银复本位制，但到了19世纪90年代，“白银党”的提议突然变得大受欢迎。

但是，到19世纪90年代，这两种金属在全球贸易中的实际市场价格比约为30∶1。因此，在金银复本位制下，债务人可以选择用白银而不是黄金偿还债务，从而将其债务减少将近一半。事实上，最终的结果将是所有美元计价债务都出现近一半价值的违约。因此，金本位制的支持者认为自己是在坚持真理和诚信。

如图12.1所示，“金本位制”一词在英语书籍、报纸或杂志中很少出现，只有两个年代除外：19世纪90年代和20世纪30年代。（在2000年以后，该术语的使用频率也有上升趋势，但通常被用来表示“最佳”之意。）用失业率衡量，19世纪90年代和20世纪30年代恰好是美国经历两次严重萧条的年代。金本位制成为这些萧条时期广为讨论的话题，所以我们应该思考一下金本位制叙事与严重萧条之间是何关系。在19世纪90年代和20世纪30年代，人们谈论的都是放宽金本位制、允许人们用较少的黄金偿还债务、抱怨终止金本位制意味着终止一种传统而诚实的做法。一旦人们认为某些想法来自前人的智慧并反映了真实或重要的价值，他们似乎就会自然而然地推崇这些想法。

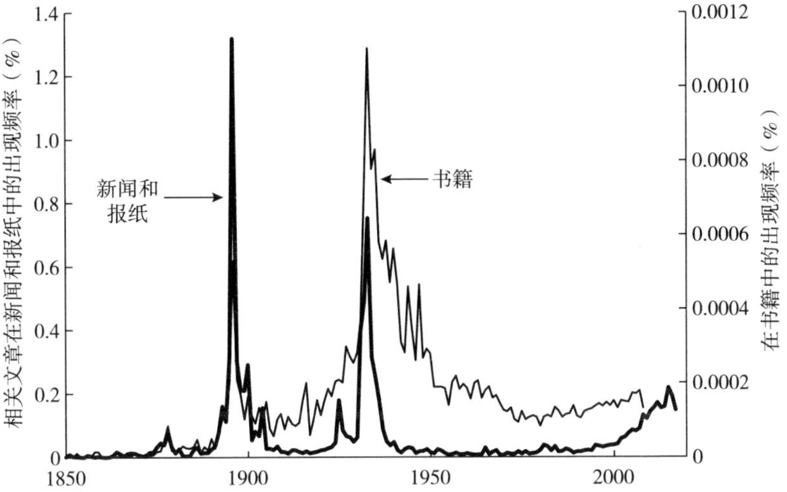

图 12.1 “金本位制”在书籍（1850—2008 年）及新闻和报纸（1850—2019 年）中的出现频率

注：这一术语有过两次相互独立的 10 年流行期，两个时期都出现了严重萧条。

资料来源：Google Ngrams（没有进行平滑处理）和作者根据 ProQuest 的数据计算得出的结果。

“贬值”指的是货币价值的下跌，这个词 1914 年出现在英语中，在 20 世纪 30 年代开始流行。在第一次严重萧条期间，即 19 世纪 90 年代，这个词还没有出现。然而，这 10 年见证了“白银党”叙事的重新流行。当时的反对者认为，金银复本位制是一种企图回避国家违约之耻的不诚实之举。

1895 年 4 月，《亚特兰大宪政报》报道了以 16∶1 的兑换比率重新回归金银复本位制的想法，这个想法在当时已经开始出现病毒式传播：

> 众议员赫本眼下正在城里，自国会休会以来，他已经在艾奥瓦州旅行了一个月左右。他说自己探访了所在选区的每个县以及该州的其他多个地区，发现每个人都在狂热地讨论白银问题。这是人们讨论的唯一话题。只要两个人聚在一起，不管是在邮局还是在街角，是在火车站还是在杂货店，或者开着车，他们全然不

> 会讨论其他任何话题，而且双方的看法基本一致，即不管欧洲国家采取何种政策，美国政府都应立即宣布支持自由无限制地铸造银币。[6]

人们对金银复本位制的支持具有很强的地域性和社会阶层性。东部地区的知识分子青睐金本位制，而西部地区则是农民占多数，他们支持的是金银复本位制。金本位制的支持者往往喜欢交响音乐会，而白银党则喜欢观看拳击比赛。从某些方面看，白银党通常都极度男性化，非常好战。1897 年，《纽约时报》提出了这样一个问题："白银信条是否有某种特质，可以引发信徒身上那种天生的野性，并让他们格外享受原始人的那种野蛮理念和粗暴举止？"[7]

双方的争论开始流露出强烈的情感色彩。一位观察人士恳请东部人不要再嘲弄西部白银党：

> 一些东部人或是误解了西部白银情绪的特点和力量，或是故意自欺欺人。诸如"西部疯子""草原恶棍""懒汉""采矿营地的强盗""老赖""欠债不还""无政府主义者"等称呼除了让人恼火愤怒外，没有其他任何作用。[8]

这位观察人士对东西部地区在观念上的巨大差异感到惊讶，因为大多数西部人都是从东部地区移民到西部的。他接着描述了西部白银党共有的各种带有感情色彩的想法，尤其是他们对货币专家的不满，这些专家认为美国货币本位制的任何变化都需要进行微妙的国际谈判。归根究底，他还是低估了地域性流行观点的力量。

金银复本位制概念的蔓延不仅只限于美国。1894 年在伦敦举行的国际金银复本位制会议指出，金本位制引起的长期而缓慢的通货紧缩已经在世界多地造成了农业萧条。[9]会议报告指出，美国遭受的损失超过了其他国家，也没有其他哪个大国的民众像美国这样热烈地支持金银复本位制。

在金银复本位制争论达到白热化程度的时候，美国东部知识分子那种高高在上的态度叫人明明白白看在眼里，着实令人反感。我们可以看看其他叙事如何表现这种反感。律师威廉·霍普·哈维（William Hope Harvey）的著作《铸币金融学派》（*Coin's Financial School*）出版于 1894 年，此时正值 19 世纪 90 年代萧条的中期。这本书提出了支持金银复本位制的观点。谁也想不通这样一本讲述晦涩难懂的技术性问题的著作怎么会在美国成为畅销书。当时美国人口仅仅略多于现在人口的 20%，可它却一举售出 100 万册，因而名声大噪。不过这本书的写作方式很是引人入胜，采取了虚构的对话形式并配有多张图片。故事的主人公是一个名叫"阿币"（Coin）的年轻人（根据图片来看，他大概十来岁），他是一个"小金融家"，面对一群包括报纸记者在内的喜好争辩的听众发表支持金银复本位制的讲座。各路记者在报纸上报道了阿币的第一堂讲座，他的傲慢无礼激怒了权贵、教授和银行家，这些人纷纷出现在他的第二次讲座上。"芝加哥大学政治经济学院院长劳克林教授"是书中一位说着虚构台词的真实人物，他向阿币提出一些有关金本位制的问题，想借此羞辱年轻的阿币，但阿币用事实证明自己比劳克林教授还要了解情况。[10]在哈维的书中，我们看到了金银复本位制叙事传播中的关键要素之一：用精彩的故事讲述一位聪明的年轻人，而那些目中无人的知识分子和专业人士都不是这位年轻人的对手。

金银复本位制和比特币

19 世纪的金银复本位制狂热似乎与我们近年来看到的比特币狂热颇为相似。我在耶鲁大学的学生中有人对比特币充满热情，另一些人在我提起比特币时听得极为入迷。想要弄懂比特币需要一定的努力和天分，这可能正是比特币的部分魅力所在。就像传统货币一样，比特币周身也笼罩着一股神秘的气息。很少有人能够弄明白纸币是如何获得价值并维持价值的。

正如我们在第 1 章中指出的那样，比特币周身环绕着侦探故事般的迷雾，而比特币叙事又进一步加重了它的神秘色彩，这则叙事称比特币是由中本聪发明的，他持有的比特币可能已经让他成为亿万富翁。但是，没有人见过他或是确认过他真的存在。比特币叙事涉及秘密代码，就像二战叙事中依然提起的那些代码。“只有聪明的年轻人才能玩转比特币，老古板们永远也搞不懂比特币”，这样的想法吸引了很多人。

一个世纪以前，威廉·霍普·哈维将阿币塑造成一个年轻人，这绝非偶然。在 19 世纪 90 年代，货币本位制有点像今天的比特币，让人觉得神秘难解。19 世纪 90 年代的年轻人也在琢磨：我们持有的这笔钱到底是什么？它为什么具有价值？然后他们可能会问：我几乎从没见过金币，只见过纸币、一分铜币和一角银币，那我们是怎么实行金本位制的呢？如果我走进一家银行并宣称要取出我的黄金，又会怎么样呢？19 世纪 90 年代的大多数人从没这样做过，如果他们真的这样做了，十有八九也会被拒绝，因为银行在向储户提供纸币时就已经履行了其义务。因此，即使在 19 世纪 90 年代，金本位制也是一个令人着迷的谜团。

白银党和黄金派

从很多方面看，19 世纪 90 年代的白银党可谓是 2016 年美国总统大选中特朗普支持者的前身，从他们的意气相投和很多知识分子对他们的鄙夷态度中都可以看出这一点。《华盛顿邮报》的一名记者在

1896 年 7 月游历西雅图时写道：

> 热情的美国主义精神传至全国人民。他们认为，如果必要的话，美国强大到足以打败其他各国，也完全可以不经他国政府同意或合作就推行自己想要制定的法律。他们清醒、热情、可敬。在他们之间游历了一段时间之后，“日落”·考克斯贴切地将西部人形容为“东部年轻企业的精英”。
>
> 成千上万的西部人定期阅读来自东部老家的报纸。有生以来第一次，他们在这些报纸上发现自己成了“白痴”和“无政府主义者”。在《纽约太阳报》编辑达纳用各种形容词对全体西部人极尽羞辱的同时，他自己的侄子和养子约翰·达纳一直在奥克斯代尔以西 4 英里处的小麦畜牧场上平静而辛劳地谋生，同时也是自由铸造银币运动的平民主义支持者。[11]

白银党越来越坚定地认为，金银复本位制是通向繁荣的唯一道路，在他们看来，如果继续实行金本位制，19 世纪 90 年代的萧条将永远持续下去。这是一个错误的想法，因为金本位制已经存在了数十年，而萧条并没有变成持久现象。但这个想法关乎白银党的自我定位，他们视之为核心真相，一个受到自命不凡的东部知识分子反对的真相。威廉·麦金莱（William McKinley）在 1896 年的总统竞选活动中指出，稳定的货币才是实现全面繁荣的途径：

> 去读一读 1817 年、1825 年、1837 年、1841 年、1857 年、1873 年、1893 年和 1896 年的金融萧条和恐慌史，看看真相是不是如此。根据我的判断，稳定的货币和贸易保护在 11 月的民意测验中大获全胜，这将恢复人们的信心，从而帮助到各行各业，一旦做到这一点，你们的企业就将加入全面发展的行列并从全面

繁荣中获利。[12]

其言下之意就是以乡下无知农民为主的白银党没有好好阅读历史。但是，经济萧条将永远持续下去的想法仍在他们之间蔓延，而这种想法本身并不利于繁荣，因为它阻碍了支出和投资。

与此同时，那些狂热支持金本位制的人逐渐有了“黄金死忠派”（gold bugs）的名号。这个在1874年尚不多见的术语出现了一条驼峰形的传播曲线并在1896年达到峰值，那一年正是19世纪90年代大萧条最严重的时候。当麦金莱在1896年的总统大选中击败威廉·詹宁斯·布赖恩之后，一则笑话开始流传。一个白银党人会问一个黄金死忠派：“你见过将军吗?”而另外那个人总是会回答说：“哪个将军?”这个问题的答案是“全面繁荣”（general prosperity*），意在取笑麦金莱在竞选期间所说的话。这个笑话在大选后约一年，也就是1897年，逐渐为人淡忘；当经济开始出现改善迹象时，它就失去了影响力。[13]

叙事触发了1893年的银行挤兑

1893—1899年的美国大萧条开始于1893年春天，其开端是一系列的银行挤兑事件。储户纷纷将钱从银行取出，结果火上浇油地促成了他们担心的银行倒闭。但是，是什么触发了银行挤兑呢?

其中一个触发因素是一条始于1893年4月17日的谣言：美国国库分库将不再以黄金兑换国库券，而是改为仅提供约为国库券一半价值的白银。除了有消息称美国财政储备金正在减少之外，这个流言毫无其他依据。报纸大肆报道美国财政储备金已经降至1亿美元以下的新闻，仅仅就因为这是一个整数。但是挤兑发生在商业银行，而不是

---

* “将军”与“全面”的英文均为general。——译者注

财政部。后来出任《纽约时报》财经编辑的亚历山大·诺伊斯在 1898 年评论道：

> 恐慌本质上没有道理可言；因此，虽然 1893 年金融恐慌的起因是人们担心法定货币（联邦政府发行的纸币）贬值，但银行储户在受到惊吓之后的第一反应就是从银行取回这些法定货币。[14]

诺伊斯认为，商业银行无关黄金与法定货币的兑换，储户之所以从商业银行取出存款，既因为纸币是“他们习惯使用的唯一货币”，也因为在讲述过往金融困境的流行叙事中，从当地银行取出存款正是人们的普遍做法。换言之，他们正在按照以前看过或听过很多遍的脚本行事。虽然在国库分库可以要求以黄金兑换纸币，但他们习惯于前往商业银行，而不是国库分库。[15]因此，1893 年春季的第一波恐慌似乎是银行倒闭故事大肆蔓延的结果。但是，这个故事并不足以解释 1893—1899 年的长期萧条。

如果查阅一下 19 世纪 90 年代有关金本位制的记录，我们会发现，大部分美国人——主要是东部地区的人和受过良好教育的人——对金本位制几乎怀有宗教情结。对金本位制的支持基于这样一种理念：合同签署之际是以金本位制为前提的。因此，折腾金本位制就相当于违背合同。

除了商业意义之外，黄金还具有非凡的精神意义，而经济学家通常没有将这一点纳入考量。结婚戒指是用黄金做的。“黄金”一词在英王钦定版《圣经》中出现了 419 次。在圣徒画像中，圣徒头顶都画有金色光环。在基督教传统中，这些圣徒在社会上通常都地位低下、受人轻视，但是光环揭示了他们的真正品质。沃尔特·惠特曼（Walt Whitman）在 1860 年写给读者的诗《给你，不管你是谁》（*To You, Whoever You Are*）中，表明他珍视自己的每一位读者：

可我画了千万个脑袋，为每一个
都画了金色的光环，
从我手里，从每一个男女的头脑中，
金色的光永恒灿烂地迸出。

支持金本位制的叙事采取了基于原则的象征性手法。1874 年，在《铸币法案》——该法案使白银失去货币本位价值，并使美国直接走向了金本位制——引起争议的情况下，来自内华达州的联邦参议员约翰·琼斯（John P. Jones）表示（摘自美国《国会议事录》）：

黄金是将商业铰合在一起的接头。它是文明最有力的推动者。正是黄金使国家摆脱了野蛮行径。与火药、蒸汽或电力相比，它在组织社会、振兴产业发展并确保产业收益、推动进步、促进科学和艺术发展等方面做出了更大的贡献。[16]

在 1874 年的这场辩论中，同样来自黄金和白银开采州内华达州的参议员威廉·莫里斯·斯图尔特（William Morris Stewart）说：

你可以按你的意思修正所有那些主张，但真正重要的是，在你最终做出决定时，我不在乎你讨论了多少内容或通过了多少决议，它们不会带来任何区别；你必须得出和其他人一样的结论，那就是，黄金是通用的价值标准。[17]

这些带有政治目的的陈述过分简化了历史。事实上，美国在历史上有很长一段时期并没有实行金本位制。“本位模型”是一种代表法定货币、贱金属辅币和纸币（纸币价值取决于政府用其兑换法定货币的意愿）的金币，它最初在 18 世纪的英国问世。美国直到 1879 年才完全采用本位模型。[18] 关于金本位制的讨论始于 1874 年，并沿着流行趋势的曲线增长。

黄金十字架

那些反对金本位制的叙事着重强调了不公正的不平等现象。米尔福德·沃里亚森·霍华德（Milford Wriarson Howard）在 1895 年的著作《美国富豪政治》（*The American Plutocracy*）中描写了分裂成富豪和“国家劳动者”两大阶层的美国：“不管处在什么年龄段，最大的斗争就是眼下这两个阶层之间的斗争。”[19] 他认为，与金本位制挂钩的道德价值是一个由既往领导人策划推动的谎言，目的是证明对工人进行劫掠的正当性：“这是发生在现代社会的贿赂，得到了法律的支持，并在全社会和富豪阶层的鼓吹下受到尊崇。”[20]

这个角度的叙事在一些地方流传开来并生成一系列借势而起的故事，这些故事讲述傲慢贪婪的商人欺骗和操纵无辜之人。但故事并不只有这一面。另一面的故事讲述了愚蠢的群众陷入危险的“民粹主义”运动，该运动在当时与民主党有关，但后来逐渐与该党的传统价值观背道而驰。加州眼镜公司的亨利·戴维斯（Henry L. Davis）在 1896 年说过：

> 乌合之众在选民中占了很大比例，而且大有掌控局面之势。我们唯一的希望就是将他们教育成更加睿智的人，从而改变他们的观点。他们要是成功的话，将会摧毁信心，动荡将持续下去，商业也会继续萧条下去。[21]

一个叙事星座由此出现，让人进一步觉得白银党愚蠢无比，经济灾难迫在眉睫。厨房用具和水管工用品零售商查尔斯·梅里尔

（Charles Merrill）在 1896 年表示：

> 我对整件事进行了深入研究，因为这是所有公民——无论是商人还是工人——都大感兴趣的问题。我相信，如果布赖恩当选、民主党党纲得以推行，那将是这个国家遭遇的最大灾难。现在的生意已经很糟糕了，但是如果民主党成功当选的话，那整个商业都将毁于一旦，所有阶层的人都会感受到同样的冲击。如果民主党党纲中的原则被写成法律，那么我们还不如倒闭的好……这将比内战还要糟糕。在上一场战争中，我们设法维持了我们的信誉，但是，如果民主党党纲得到推行落实，那我们将无法做到这一点。[22]

尽管如此，民主党人还是非常清楚黄金的分量之重并在自己的叙事中运用了这一点。威廉·詹宁斯·布赖恩在 1896 年 7 月的民主党全国代表大会上发表的“黄金十字架”演讲被视为有史以来最鼓舞人心的美国政治演讲之一。对金本位制的讨论与对基督教道德的讨论在这篇演讲中交织在了一起。时至今日，这次演讲的结束语仍然留存在数百万人的记忆里：

> 我们的身后是商业利益、劳工利益和所有劳苦大众，所以我们在回应他们的金本位制要求时应该这样回答他们：你们不能给劳工戴上荆棘的王冠，你们不能把人类钉在黄金十字架上。[23]

布赖恩在发表这番讲话时，面朝欢呼的人群伸出双臂，就好像自己被钉在了十字架上一样。这番话不仅在会议厅，而且立刻在全国范围掀起了反响，有的反响甚至达到了近乎歇斯底里的程度，就好像一场革命即将来临，而工人阶级最终将大获全胜。

布赖恩的结束语为什么这么铿锵有力？工人阶级很有可能将自己的经济困境与耶稣被强权罗马人残酷处决的形象联系在一起，后者正是数百年来推动基督教教会发展的叙事之一。虽然布赖恩说了这些话，但这些措辞并非出自他手。多家报纸后来报道称，美国众议员塞缪尔·麦考尔（Samuel W. McCall）在 1896 年 1 月一次记录于《国会议事录》的讲话中使用过几乎一模一样的有关荆棘王冠和黄金十字架的措辞。布赖恩出席了麦考尔的这次讲话，并评估了听众对这番话的反应。他做了擅长蛊惑民心的政客一直在做的事情，那就是观察听众、进行实验并寻找能够取得成功的目标。[24]正如《纽约时报》评论的那样：

> 《国会议事录》那些深不可测的幽幽档案中可能蕴藏了很多纯净明媚的宝石。但是，在宝石被人开采之前，更确切地说，在过往期刊的矿脉被耐心的劳工开发并加盖权威印戳发行之前，它对人们毫无用处。[25]

正是因为布赖恩这位名人给麦考尔的言论加盖了权威印戳，这个故事才广为流传。直到一位总统候选人在公开场合说出麦考尔的这些话，它们才成为故事。

这些对立叙事产生的后果就是让人们对货币和商业活动的近期价值感到极大的不确定性。阿拉斯加商业公司的路易斯·斯洛斯（Louis Sloss）是诸多在 1896 年不愿签署合同或承诺投资的商人中的一员，因为在这个时候他们既担心货币出现大幅贬值，也担心合同被废除：

> 生意萎靡不振，几乎停滞不前。资本犹疑，信心动摇。不管提议有多诱人，也没有人愿意投资于任何企业，这种情形一直持续到人们对不稳定货币的担心烟消云散为止。我可以举个例子来说明这种动荡、焦虑以及财政基础的不确定性给企业造成了多大

> 程度的影响。我的一位亲戚和公司的一名成员打算耗资至少5万美元建造两栋大房子。方案已经定好，标书已经提交，万事俱备，只剩合同没有签订。结果，准建筑商拒绝签字或承建该栋房屋，说要等到选举结束再说，因为到那时美国的财政问题将会尘埃落定。毫无疑问，这样的情况不胜枚举，它们造成了贸易进程的停滞不前。[26]

经济学家和其他学者普遍认为，采取金银复本位制可能导致价格水平上提一倍，因为黄金的市场价格意味着金银兑换比率应达到30:1。根据古典经济学和格雷欣法则（“劣币驱逐良币”），白银将会驱逐黄金，这样的话美国实际上将会走上银本位制之路。[27]我们再回过头来看看斯洛斯所举的盖房一例：金银复本位制实际上意味着每栋5万美元的房屋应以10万美元的价格出售。有了这一预期销售价格，买方将急于以5万美元的价格签约，而建筑商则希望以10万美元的价格签约。但是，由于金银复本位制的政治形势极不确定，而且没有先例可循，所以人们不知道该有什么样的期望。显而易见，买家和建筑商会发现双方很难达成协议。

《芝加哥每日论坛报》在1893年的一篇文章中介绍了金银复本位制有可能会产生多大的影响：

> 如果我们继续以16:1或20:1的比例购买白银或自由铸造银币，那我们实际上将使黄金失去本位价值并将之驱逐出美国，从而降为银本位制。这意味着工薪阶层的工资将损失近一半的购买力——对银行储户来说，这意味他们的存款将损失近一半的价值。如果在美国自由铸造银币，这将是有史以来最严重的欺诈和抢劫民众的行为。[28]

那么，布赖恩又怎么可能在竞选美国总统的时候犯下“欺诈和抢劫”之罪呢？布赖恩之所以受欢迎，是因为一系列有关金银复本位制的流行叙事风靡一时，至少对某些选民来说，这些叙事证明了金银复本位制是合法的，或者更确切地说，金银兑换比例为 16∶1 或 20∶1 的金银复本位制是合法的。

我们不要指望普通美国人对货币体系有多深刻的认识，或者说，有任何认识。在 19 世纪 90 年代，大多数美国人根本分不清金银复本位制和现行单金属（金）本位制的区别。之所以出现这种困惑，是因为虽然金属市场上的金币价值约为银币市值的两倍，但金币和银币都在流通而且在使用时被视为具有同等价值。此外，市面上还有纸质美元，也就是白银券，上面印有“一银元”和“按需支付给持票人”的字样。这不就相当于银本位吗？但是，事实上，如果一个人将 100 银币或价值 100 美元的白银券带到一家美国国库分库，那么国库将给予价值 100 美元的金币进行兑换。他们会这样做是因为不这样做的话就会破坏黄金和白银的自由兑换。很多人不了解的一个关键点是，美国国库不会以黄金兑换金属白银。如果他们这样做了，那么人们将会带着大量白银兑换黄金。那样的话，任何人都可以一再重复下面这种做法：在市场上购买金属白银，在国库将之兑换成黄金，用黄金在金属市场上购买更多白银，然后每天重复这一过程，最终积聚起巨大的财富。不过，美国的白银供应受到了美国政府的限制。

几乎没有人关注自己收到的或花出去的是哪种货币。事实上，大多数人甚至不知道如果想将现金换成黄金的话该怎么做。

那么，为什么有关不稳定货币的叙事如此流行？为什么在 19 世纪最后 10 年，对金银复本位制的呼吁变得如此激烈？一个显而易见的原因是：“如果债务人能够以 16∶1 的价格用白银偿付债务，那他们的负担将会减少一半”的说法被人大肆宣扬。这个说法对他们来说肯定就像是一根救命稻草，任何提到这种可能性的故事必然都充满吸引力。别忘了，金银复本位制叙事常常被设定为对“1873 年的罪行”的报复，这一年，国会的一部法案终止了金银复本位制。

综上所述，金银复本位制是一部旨在对货币背后支持体系做出微妙改变的提议，大多数不明就里的人对此所知甚少，就像如今很少有人了解比特币背后的密码学一样。因此，金银复本位制是一个很酷的主意，或者用 19 世纪 90 年代的话说，是一个“绝妙的主意”。最重要的是，金银复本位制也许能弥补人们构想的不公正现象——这正是引起极大愤慨的原因所在。两相结合，金银复本位制便有了势不可当的传播力。

黄砖之路

当时尚且默默无闻的作家弗兰克·鲍姆（L. Frank Baum）创作的一本儿童读物在社会上掀起了一阵流行风潮，充分说明了金银叙事的奇特感染力。《绿野仙踪》出版于 1900 年 5 月，麦金莱与布赖恩的第二次总统竞选此时刚好拉开帷幕，金银复本位制再次成为争论的焦点。这本书讲述了一位名叫多萝西的小姑娘与小狗托托被大风刮进神秘奥兹国的儿童故事。这个故事带有一点历险元素，因为多萝西穿着神奇的银鞋，在女巫的追赶下沿着一条黄砖路见到了奥兹巫师。陪在她身边的是托托和三个新朋友：稻草人、铁皮人和狮子。最后，他们发现奥兹巫师是一个瘦弱的矮个子男人，一个骗子。

有人把这本书当作寓言来读：黄砖路指的是金本位制，银鞋指的是自由铸造银币运动，奥兹巫师是麦金莱总统，胆小的狮子是布赖恩。奥兹（Oz）正是黄金或白银的常用重量单位盎司（ounce）的缩写。

这本书并没有大获好评，但它成了畅销书并广为传播。到 1902 年，它已经成为舞台上的“音乐盛会”。由朱迪·加兰（Judy Garland）主演并在 1939 年上映的电影《绿野仙踪》更是将它推向了成功的巅峰（电影将银鞋改成了红宝石鞋，以便充分发挥新近问世的彩色胶片的优势）。1972 年，加兰的女儿丽莎·明尼利（Liza Minnelli）参与配音的动画片《回到绿野》（Journey Back to Oz）又重新激起了人们的兴趣。格雷戈里·马奎尔（Gregory Maguire）在 1995 年推出的畅销小说《魔法坏女巫：西方坏女巫的一生》被改编成了百老汇音乐剧《魔法坏女巫》，该剧自 2003 年以来一直在百老汇上演，截至 2018 年已经是上演时长位列第六的百老汇音乐剧。[29] 还有其他一些作品，如 2013 年的电影《魔境仙踪》和传奇影业 2019 年正在制作的《绿野仙踪》电视连续剧。奥兹星座的成功可能只是一个世纪前风靡一时的金银叙事留下的遗迹，几乎无从辨认。

金本位制的终结

布赖恩提出降低美元的贵金属价格，这一提议在 19 世纪 90 年代是一个极为激动人心的议题。这一切都起因于一则叙事——经济史学家巴里·埃肯格林和彼得·特明将这则叙事称为“金本位制的思想性”和金本位制代表的“道德与正直的修辞格”。[30]

20 世纪 30 年代，失业率处于灾难性水平，这则叙事在凯恩斯的推动下出现了变化。马克·沙利文（Mark Sullivan）1933 年 11 月——此时正值美元从 1/20.67 盎司黄金贬至 1/35 盎司黄金、美元与黄金可兑换性处于暂停状态之际——在《哈特福德新闻报》上发表的一篇文章解释了 20 世纪 30 年代新的金本位制叙事与早年的叙事有何不同。词语的改头换面构成了一部分差异。沙利文引用拿破仑首席外交官塔列朗（Talleyrand）的话说：“政治家的行当就是为那些旧名已为公众唾弃的制度发明新的术语。”[31] 支持贬值的人显然深谙此道。到 20 世纪 30 年代，“贬值”这个新的术语已经大面积取代了带有负面意味的“跌值”和

“通货膨胀”。“贬值”指的是开明政府的建设性行动，而“跌值”和“通货膨胀”则意味着道德败坏。

在美国于1933—1934年采取一系列措施之前，其他国家早已暂停了货币与黄金的可兑换。在凯恩斯等著名经济学家的建议下，英国于1931年暂停了金本位制。美国总统尼克松在1971年给金本位制画上了句号，美国就此转向了浮动美元。公众接受了金本位制的终结，经济上基本没有出现混乱。

金本位制叙事在今天显然并没有什么特别之处。特朗普总统试水般地表示支持金本位制，但公众的反应大多是中立的。不过，正如时下的比特币展现的那样，货币叙事的魔力显然并未削减，它们很有可能在未来出现新的变化，而这种变化将引起一部分公众的关注，影响未来的经济发展。

在介绍长期叙事的前面这三个章节中，我们已经看到了叙事如何影响人们对他人信心的信心、进行炫耀性消费的欲望以及人们在货币制度方面的信念。在接下来的两章中，我们将介绍反复出现的有关重大新技术发展的叙事，这些新技术有望淘汰人类技能，迫使人们开始考虑从根本上改变生活和工作标准。

第 13 章　劳动节约型机器取代多种工作岗位

认为水力、风力、马力、蒸汽驱动的新型机器或能够更有效利用人力的新型机器有可能取代工人并导致大规模失业的担忧由来已久。这些反复出现的长期叙事改头换面之后在 20 世纪重新登场，有可能像过去一样成为破坏信心的严重问题。

在本章中，我们将介绍一系列经常提及“劳动节约型机器”或“技术性失业”等术语的技术叙事。这些叙事风行一时，然后又逐渐沉寂（图 13.1），其中包括 1811 年的卢德派事件、1830 年的斯温暴

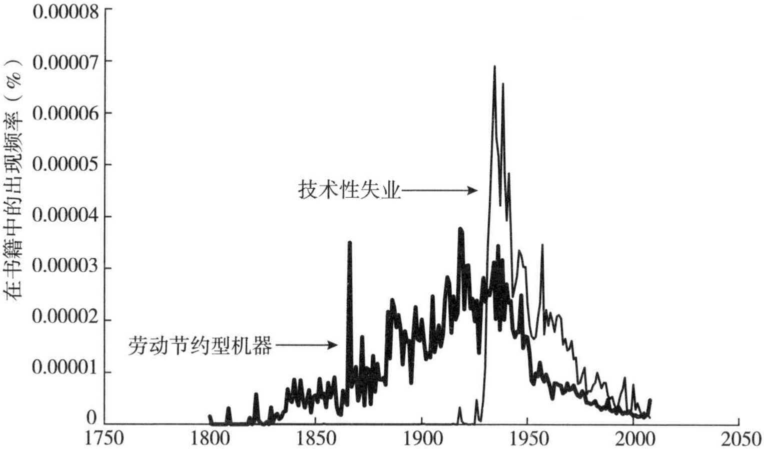

图 13.1　1800—2008 年“劳动节约型机器”和“技术性失业”在书籍中的出现频率

注：机器令人失业的叙事由来已久，它的各种版本出现了不同的流行模式。

资料来源：Google Ngrams，没有进行平滑处理。

动（Swing Riots）、1873—1879 年的萧条恐慌、1893—1897 年的萧条以及 1930—1941 年的大萧条。

从古代到斯温暴动

有关自动化机器取代人力的话题可以追溯到古代。公元前 8 世纪的荷马史诗《伊利亚特》描述了一种无人操作的工具，即赫菲斯托斯（Hephaestus）的三足鼎，这个鼎能够自己导航。荷马称之为“自动”工具。[1]亚里士多德大约在公元前 350 年提出了机器取代人类的可能性：

> 如果每件器具都能完成自己的工作，服从或预测他人的意愿，如代达罗斯的雕像或赫菲斯托斯的鼎——用诗人的话来说，“它们会自动滚入神祇聚会的厅堂”；如果梭子能够以同样的方式纺织，琴拨不用手就能弹动琴弦，那么工头就不再需要仆人，奴隶主也不再需要奴隶。[2]

据说代达罗斯的雕像可以行走或奔跑，就像现代机器人一样。亚历山大港的希罗（Hero of Alexandria）在公元前 1 世纪写了一本书《自动机》（*Automata*），介绍了如何制作可编程的赫菲斯托斯的鼎以及投币式自动售货机和其他各种了不起的设备。公元前 1 世纪的人就已经使用水力磨坊将谷物磨成面粉。因此，机器取代工作岗位的说法以及人们对失业的担心在公元前很久就已经存在。

搜索了 18 世纪的报纸后，我们发现，人们对技术进步如何改变经济怀有浓厚的兴趣，但并没有对技术如何影响工作岗位产生太大的警觉。对 18 世纪报纸的搜索结果中根本没有出现“工业革命”一词，这个术语是历史学家后来引入的。但是，到了 19 世纪，对技术性失业的担忧成了中心话题。在经济萧条时期，很多人都会失业，此时这种叙事尤其具有传播力。

具有决定意义的事件是 1811 年发生在英国的一次抗议活动，发起抗议的团体声称他们的精神领袖是一个神话人物——卢德。促使旧叙事重新焕发活力并在 1811 年风行一时的新变化是一种新型的动力织布机让织布工失去了工作。在接下来几年里，“卢德派”一词持续出现在报纸上，时至今日，它仍然是那些抵制技术进步的人士的代名词。

1830 年，英国发生了“斯温暴动”，其起因是新型机械脱粒机的广泛使用造成了农业工作岗位的流失。暴动者的精神领袖是虚构的“斯温上尉”，暴动者再次摧毁了机器。当然，人们普遍注意到了机械化造成的农业就业率下降。对于正在经历快速机械化的发达国家的人们来说，这是一个令人惊恐的变化。在农田里生活和耕作是古老的传统，而现在工人必须从事一些全新的工作才能赚钱，而新的工作可能会要求他们搬到拥挤的城市地区。在描述自身的恐惧时，他们没有使用技术性失业、计算机或人工智能等字眼，但是他们在描述这种现象时有自己的一套术语，其中包括“劳动节约型”，如劳动节约型器具、劳动节约型设备、劳动节约型发明、劳动节约型机器和劳动节约型工序。

19 世纪 70 年代的萧条叙事

1873—1879 年的萧条是一次在美国和欧洲格外严重的萧条，“高失业率至少要部分归咎于劳动节约型发明”的观点在大众心里占据了主要位置，而这一点有可能加剧了经济萧条。在美国，此次萧条通常被归因于导致 1873 年银行业恐慌的金融投机活动，但有叙事谈及了劳动节约型发明引起的长期失业和工作前景，这一令人生忧的叙事可能有助于解释为什么萧条会蔓延至全球。在 19 世纪 70 年代出现萧条的同时，农场主越来越多地使用劳动节约型机器，与此同时，更多的工人摧毁机器，农场雇工也威胁要动用暴力。[3]暴力活动的深层原因是人们普遍对普通劳工的前景感到担忧。

在此次萧条中，著名的1876年费城百年纪念世界博览会——这是一次庆祝美国独立一百周年的活动——更像是在见证劳动节约型机器，而不是在纪念美国独立战争。这次博览会确实展出了乔治·华盛顿的一些私人物品，但并没有太多反映历史的东西。相反，它展示了来自20个国家的现代工业发明。参观指南介绍了巨大的机械馆中最吸引人的展品之一：

> 大楼的中央坐落着一台1 400马力的Corliss发动机，（如果需要的话）它能够驱动所有机械在展览运行时必需的全部传动轴。该发动机有一个40英寸的气缸，冲程为120英寸，是专为此次特殊服务制造的。它将在需要的时候运行起来，不过，参展引擎预计将完成驱动传动轴的部分工作。传动轴的主轴位于地面上方18英尺的高度，几乎横贯整个建筑物；副轴则在必要之处从过道延伸至街道。[4]

此次博览会也给出了农业工作岗位拉响警钟的原因：

> 积极投入使用的农业机械可谓是种类最丰富、内容最有趣的展品，展品包含了农场或种植园在耕作、收割或售前工作中使用的所有物品；各种加工食品，还有各种鱼类，并且配有改良的鱼类养殖设备。[5]

百年纪念博览会的技术展品虽然令人叹为观止，但也让人开始担心工作前景和失业给人类带来的可怕影响。《费城询问报》在1876年写道：

> 缺少就业机会将导致沮丧、无助和绝望。这种情绪笼罩了济

> 贫院、慈善机构、监狱和感化院。它让人低声下气。它让家庭支离破碎。苦难、罪行和自杀随之而来。它为绞刑架准备好了牺牲品……如今，一个人所做的工作相当于 50 年前 100 个人所做的工作。7 吨煤的蒸汽动力足以在 10 小时内生产出 33 000 英里的棉线，而如果没有机械设备，这相当于 70 000 名女工的手工劳动！消费跟不上机械生产的步伐。市场供过于求。[6]

由于这些担忧，马萨诸塞州参议员乔治·弗里斯比·霍尔（George Frisbie Hoar）在 1879 年成立了一个委员会，“调查并报告劳动节约型工序进入产品生产和销售并取代手工劳动的程度”。[7]

然而，到 1879 年的时候，一种与之对立的叙事开始兴起：劳动节约型工序将增加而不是减少工作岗位。《美国人日报》（*Daily American*）的一篇社论驳斥了人们对机器取代人力的担忧，并指出：

> 劳动节约型工序的总体趋势是朝着提升劳动阶级地位的方向发展的。这种变化也许伴随着一定的困难，但人类的每一步发展都是如此。[8]

这篇社论听起来很像今天安抚工人无须担心失业的说法，但在 19 世纪 70 年代的萧条时期，劳动节约型机器的整体舆论情况表明，这样的论点并不具有说服力。

亨利·乔治 1879 年的畅销书《进步与贫困》直面了这些问题。该书认为，当时的技术飞速发展正在制造不平等并增加贫困人口的数量。该书断言：

> 如果劳动节约型发明继续发展，达到完美的地步，完全消除劳动力在财富生产中的必要性，那么地球上能够生产的一切东西

> 都可以不劳而获，耕作边际将变为零。没有工资，没有利息，租金将成为一切。对于土地所有者而言，如果不经劳动就能获得大自然所能提供的全部财富，那么劳动力或资本都将毫无用处，这两者也没有任何办法可以推动财富的共享。而且，不管人口少到什么程度，只要还存在不是土地所有者的人，那么他们的一切将取决于土地所有者的心血来潮或者受其支配摆布——他们要想生存下来，不是成为土地所有者的取乐工具，就是成为接受他们施舍的乞丐。[9]

这一时期出现了“按下按钮”这个词组，表示一次完成电路循环的机械传动。比如，在1879年，新闻报道称法国有一项发明允许骑马者按下按钮，对马匹施加电击，这一系统可用于训练桀骜不驯的马匹。[10]

劳动节约型发明和19世纪90年代的萧条

这类发明只会加剧人们对失业的恐惧。1894年，《洛杉矶时报》的一篇社论将19世纪90年代的严重经济萧条归咎于劳动节约型发明：

> 毫无疑问，劳动节约型机器的引入以及随之而来的产量增加与目前的商业萧条有着很大关系……确实，在过去几年里，数不胜数的劳动节约型机器发明问世并被投入使用，社会几乎无法跟上它的发展速度。[11]

文章接着又列举了最新的劳动节约型创新发明：

> 在制帽产业，机器将生产率提高了近9倍。很显然，我们需

要的帽子总数不可能达到从前的9倍。

采用改进工序之后，面粉生产占用的劳动力减少了80%，但我们每个人能够吃下的面粉总量并不会增加。[12]

同年，《旧金山纪事报》也随声附和，刊出了一篇有关劳动节约型机器的社论。这篇社论的标题为“大问题”：

富人变得越来越富有，穷人变得越来越贫穷。一边是巨额财富的增长，一边是挣扎求生的劳工所住的棚屋变得更加残破……为了进一步强调这些问题的严肃性，我们可以说，这个问题必须尽快解决，否则将会发生一场摧毁现代文明的灾难。[13]

1895年，美国多层建筑的厨房中安装了新的食品升降系统。食品升降机有一排按钮，每个按钮代表一层楼。按下某个楼层的编号，电梯将自动升至该楼层并停在那里，如果再在该楼层按一下按钮的话，电梯就会返回。

《商店里只有劳动节约型机器》是1897年写给《芝加哥每日论坛报》编辑的一封信，信的作者给越来越长的劳动节约型发明清单做了补充。他提到了百货商店运动，这一运动的宗旨是建立起大型商店并同时出售所有可以想象得到的商品。这一运动1838年始于巴黎的乐蓬马歇（Le BonMarché）百货商店。到19世纪90年代，百货商店已经成为加速发展的国际潮流，它在随后的几十年里继续扩张，大放异彩并开始投放广告。这封信的作者指出，百货商店的进一步扩张有可能“让很多雇员失业，他们中只需要留下三分之一的人就可以胜任”。[14]

成立于1881年的马歇尔菲尔德百货公司（Marshall Field & Co.）于1887年在芝加哥市中心开设了一家七层楼的百货商店。随后，它又在1893年建成了一家更耀眼的九层商店，准备迎接即将出席1893年哥伦比亚国际博览会的庞大人群。1897 年，芝加哥的高架城铁环线得以建成，将更多的人输送到马歇尔菲尔德百货公司，这标志着高效零售业的又一项创新，可能正是这项创新触动了这封信的作者。

在 1893—1899 年的经济萧条时期，有一件事格外引人注目，那就是公众对托拉斯的愤怒之情达到了顶点，这些企业组织将价格定在了高位。1899 年，马萨诸塞州黑弗里尔市市长兼前工会会员约翰·蔡斯（John C. Chase）在纽约发表讲话时指出："在我看来，托拉斯就是一种劳动节约型机器。"他的言下之意显然是指现代托拉斯冷酷无情地使用这类机器来节省劳动力的做法。[15]

机器、机器人和未来的技术性失业

英国小说家福斯特（E. M. Forster）以《看得见风景的房间》《印度之行》《霍华德庄园》等经典作品而闻名于世，他的著作生动地描述了无需人力参与的世界是什么景象。福斯特 1909 年的科幻小说《机器停转》描述了一台机器可以承担一切工作的未来：

> 然后她打开灯，镶满了电子按钮的房间在灯光下映入她的眼帘，让她瞬间恢复了活力。到处都是按钮和开关：用来点餐、听音乐、穿衣服的按钮。有一个热水浴按钮，按下之后，一个（仿制）大理石浴缸就会升出地面，里面的温水满到了浴缸边沿。还有一个冷水浴按钮。有个按钮会生成文学作品，当然，还有一些按钮的功能是保证她与朋友间的交流。房间里虽然没有任何东西，却让她与她在这个世界上所在意的一切保持着联系。[16]

在故事的结尾，机器突然失灵，使这个已经变得过度依赖机器的世界陷入了死亡和毁灭。

十多年后，在 1920—1921 年的萧条时期，劳动节约型机器的叙事再次变化，开始提出机器人的想法。卡雷尔·恰佩克（Karel Čapek）在 1921 年的捷克戏剧《罗素姆的万能机器人》中创造了机器人这个词，它取自捷克语的“工人”一词，用以取代之前的术语“劳动节约型发明和自动机”。该剧被翻译成英文后，于 1922 年 10 月在纽约首次上演并大受好评。这部戏剧并没有马上一炮走红，直到 1948 年才被拍成电影。但是，它启动了一则叙事的流行。

这出戏剧及其构想的病毒式传播程度使“机器人”一词进入了全球大多数语言。该剧讲述了科学家罗素姆和商人多明的故事：罗素姆发明了一个机器人，多明开始制造机器人并在最后遭到了机器人的反叛，因为这些机器人有了自己的意识。会走路、会说话、会打斗的机器人故事看起来应该比按钮设备的故事更具感染力，但是恰佩克的原创故事只传至了一小部分人群，所以，机器人故事是渐渐流行起来的。可能是因为随后数十年里技术不断创新，这个故事的遗忘率也很低。在 20 世纪 20 年代，很少有报纸提到机器人，但这个词的使用率在过去数十年里不断增长。在那个时期，机器人故事如果想变得更有传播力，可能需要创意人士的进一步打磨。

1930 年之前：机器取代人类的叙事越来越逼真

关于全自动化未来的故事变得越来越逼真，但这些故事看起来仍然离我们很遥远。“机器人”这个词直到 20 世纪 30 年代才成为报纸和书籍中的常见词，不过也有一些吸人眼球的例外，比如《洛杉矶时报》在 1929 年 7 月报道了交通信号灯在马萨诸塞州梅德福一个十字路口取代交警一事：

> 这个机器人的样式就是常见的红色、黄色和绿色交通塔。当

汽车驶经设置在道路表面的感光板时，就会自动操控这个机器人。如果没有对向交通的话，汽车就无须等待。当汽车到达交叉路口且道路畅通无阻时，人行道感光板上的控制器就会显示绿灯让它通行。如果一辆汽车正在等待通过路口，而对向交通又很拥堵的话，交通灯会找一个空档将其放行，等这辆车过去之后马上再将绿灯调回拥堵的对向交通。机器人秉持着同一原则处理多台机器，即首先放行或部分放行交通量最大的街道，因此这个复杂广场的各个路段均能实现顺畅的交通。[17]

如今时间已经过去了将近一个世纪，我们在看到这段文字的时候可能不由会生起这样的疑惑：为什么有时候明明没有对向交通，我们却得坐在车里等红灯呢？这个机器人肯定存在某些问题，而且这些问题直到现在也没找到低廉而实用的解决之道。但是，1929 年的这个故事逐渐开始产生影响。

10 年前的时候，英语中出现了一个新的短语来描述劳动节约型发明带来的影响。这个短语就是“技术性失业”。它最早出现于 1917 年，但直到 1928 年才呈现流行上升趋势。根据 Google Ngrams 的统计结果，“技术性失业”一词的使用频率在 20 世纪 30 年代激增，其曲线与图 3. 1 中埃博拉流行曲线极为相似。技术性失业曲线在 1933 年，即大萧条最严重的那一年，达到最高点。“动力时代”一词在同一年代也风行一时，不过这个词如今已基本消失不见。“动力时代”指的是曾经由人力完成的工作现在改由功能强大的机器完成。在 19 世纪 70 年代的萧条时期，约有一半的美国劳动力都在从事农业劳作，那个年代的劳动节约型机器大多都是马拉式农业设备。到 19 世纪 80 年代，美国只剩下 1/5 的劳动力从事农业劳作，而叙事的关注重点也转向了新型的燃料动力和电力机器，它们威胁到的是农村人口逃离农场后从事的工作。（如今，美国只有不到 2% 的劳动力从事农业劳作。）技术性失业成为一个长期存在的新担忧。

令人奇怪的是，技术性失业的叙事流行始于 1928 年，那时正值大萧条之前的繁荣时期。话说回来，1928 年是一个人们极度关注失业的时期，当时这个问题被完全归咎于技术性失业，人们从未在公开讲话中将之与美国经济疲软联系在一起。英国前财政大臣菲利普·斯诺登（Philip Snowden）——他日后还会再次出任该职——1928 年在《纽约时报》上撰文指出，作为当时开发劳动节约型设备的先行者，美国面临着技术性失业这一独特问题：

> 但是，如果其他国家被迫在专业化和人力替代方面效仿美国，那么这些国家的失业问题也将具备美国现有失业问题的特点。
>
> 的确，这是每个工业化国家必须面对的重要问题，即如何避免机械化和科技进步在当下给大多数收入阶层造成的困境。换言之，我们要解决的问题是，如何避免人类沦为钢铁之躯的奴隶。[18]

20 世纪 20 年代，“效率专家”引起了热议。这些专家的“时间和动作研究”将工人当作机器一样看待，他们的目标是消除一切不必要的动作，从而节省时间和人工成本。就像形成于 20 世纪 20 年代末盛行于 20 世纪 30 年代大萧条中的叙事一样，人们将效率与技术性失业关联在一起。

技术性失业恐惧症是如何开始流行的呢？1928 年 3 月，美国参议员罗伯特·瓦格纳（Robert Wagner）声称，他认为失业率要远远高于人们的认知，并要求劳工部调查失业状况。当月晚些时候，劳工部进行了调查并得出了美国政府首次发布的官方失业率。根据这次调查的估算，美国有 1 874 030 名失业人员和 23 348 602 名就业人员，这意味着失业率是 7.4%。[19]这么高的失业率居然出现在经济繁荣时期，不由得让人质疑是什么原因在繁荣时期造成了这么高的失业率。

一个月后，《巴尔的摩太阳报》在1928年4月发表了一篇文章讨论萨姆纳·斯利克特（Sumner H. Slichter）的理论——他后来在20世纪40年代和50年代成为著名的劳动经济学家。这篇文章告诉读者，斯利克特指出了造成失业的几种原因，但“目前最严重的是技术性失业”。尤其需要指出的是，“造成这种失业的原因是，劳动节约型措施使我们消灭工作岗位的速度超过了我们创建工作岗位的速度”。[20]这些文字再加上新的官方失业统计数据，使“技术性失业的新时代已经到来”的言论甚嚣尘上，卢德派的担忧再次抬头。早前的农业萧条以及与之相关的对劳动节约型机器的担忧现在看起来就像是工业萧条的前车之鉴。

斯图尔特·蔡斯（Stuart Chase，他在1932年一本书的书名中首次提出了“新政”一词）1929年5月出版了《人与机器》一书，当时正是股价飞速上涨的时期。在该书出版后至1929年股市大崩盘前的5个月时间内，反映美国股市情况的标准普尔股票价格指数在剔除通胀因素之后上涨了20%。但是，即使在经济繁荣时期，不断攀升的失业率仍然引起了人们的担忧。用蔡斯的话说，我们正在接近“失业率加速增长的关键时刻”[21]：

> 机器节省了给定流程中的劳动力，一个人可以代替10个人。生产和维护新机器需要用上这些人中的一部分，但还有一些人将永久失业……如果机械化的发展进入前所未有的速度，使购买力达到扩张极限的话，那么失业将是必然的结果。换句话说，从现在开始，我们的生产力越强，我们的处境就会越糟。即使加快失业速度的因素尚未出现，正常的失业困境仍然得不到缓解。
>
> 这样的经济是疯人院经济。[22]

这本书给人的感觉是灾难即将降临："加速增长的失业……即使现在还没有开始，也随时有可能开始。"[23]这一点很重要：在 1929 年的股市大崩盘还没有流露出任何迹象的时候，声称失业问题失控的叙事就已经出现了病毒式传播。

在 1929 年 10 月 28 日至 29 日的股市大崩盘前一周，美国股市开始急剧下跌。在此期间，纽约于 10 月 21 日至 26 日在中央车站——很多华尔街人士上下班都会途经此地——附近的一家会议中心（后被拆除）举办了全国商业展览，全国各地都对这次展览进行了报道。展览突显了办公场所机器人技术的巨大进步。展览于 11 月搬去了芝加哥，然后得到了如下报道：

> 昨天的全国商业展览显示，未来的商务办公室将是一个工厂，在这里，机器将取代人类，而机器人将成为主要的上班族……
>
> 展品有发信机、自动记录仪、账单机、计算器、消除器、装订机、自动换币器、表格打印机、复印机、封信机和拆信机、折叠机、标签机、邮件计量器、工薪计算机、制表机、抄录机和其他机械成果……
>
> 一台打字机能用 40 种不同的语言敲出信件。展会上展出了一台便携式计算机，可供旅行推销员随身携带。[24]

20 世纪 30 年代：新的卢德主义开始盛行

在 1929 年的股市崩盘之后不久，即 1930 年，崩盘一般被归因于新技术带来的商品过剩：

> 当经济在 1929 年最后几个月达到顶峰之后，逆势也就不可避免了，因为人们没有足够的钱购买他们生产出来的过剩商品。[25]

如上所述，机器人这个词是在20世纪20年代出现的，但在20年代的大多数时候，人们对机器人的恐惧并不强烈。真正的恐惧浪潮还得等到20世纪30年代。历史学家艾米·苏·比克斯（Amy Sue Bix，2000）提出了一个理论来解释人们在20世纪20年代为什么没有感到恐惧：在20世纪20年代广受赞誉的各种创新并没有明显取代人们的工作。如果让人们介绍新技术，那么在20世纪20年代的大部分时间里，人们首先想到的可能是福特T型汽车，该款汽车的销量在20年代初已经达到了每年150万辆。广播电台最早出现于1920年左右，它们以一种新奇的方式提供信息和娱乐，但显然并没有大量取代当时的工作。越来越多的家庭开始布设电路，因为有很多新设备可能需要用电。工会在20世纪20年代就曾试图拉响机器取代人类工作的警报，而且随着时间的推移，它们的警告也越来越强烈，但公众对此反应不大。工会提出的警告之所以不具有传播力，是因为人们没有听到太多新发明取代人类工作的故事。

比克斯指出，到20世纪30年代，新闻上已经不再是令人兴奋的新型消费品的报道，取而代之的是创新型发明取代人类工作的报道。拨号电话取代了总机接线员。大型连续带钢轧机取代了钢铁工人。新的装料设备取代了煤炭工人。早餐谷物生产商购买了自动装盒的机器。电报变成了自动化设施。在很多城市，大量的莱诺铸排机使得一名中央操作员就可以遥控设置报纸的印刷排版。新机器可以挖掘壕沟。飞机上设有机器人副驾驶员。混凝土搅拌机铺设新路。拖拉机和收割脱粒联合机掀起了一场新的农业革命。有声电影开始取代影院里的演奏乐团。当然，在20世纪30年代这10年间，美国出现了大规模的失业，失业率在1933年估计达到了25%。

我们很难知道是先有鸡还是先有蛋。是因为这些威胁到工作岗位的创新发明步伐过快，所以刺激了相关的报道？还是这些报道反映了，由于公众对技术性失业的关注，新闻媒体对此类创新的关注点发生了变化？答案可能是“两者兼而有之”。

消费不足、生产过剩和工资购买力理论

与技术性失业叙事不同，劳动节约型机器叙事与消费不足或生产过剩理论密切相关：这一理论认为，人们不可能消费得了机器生产出来的所有产品，长期失业将是必然结果。这一理论的源头可以追溯至17世纪的重商学派，不过ProQuest和Google Ngrams显示，“消费不足”和“生产过剩”这两个术语最初广为使用是在19世纪70年代的萧条时期。在这一萧条时期，亨利·乔治在1879年出版的《进步与贫困》一书中介绍了生产过剩理论，并得出结论认为这是一种“谬论”。[26]

生产过剩或消费不足的理论重新兴起于20世纪20年代。在1929年10月28日至29日股市崩盘之后几天，人们在解读崩盘时提到了这一理论。[27]

这些叙事的真正高峰出现在20世纪30年代。ProQuest上关于消费不足的叙事在20世纪30年代的出现频率是其他年代的5倍。这一叙事已经淡出了公众的讨论，现在这个话题主要出现在讨论经济思想史的文章中。但值得深思的是：为什么它在大萧条时期对公众心理具有如此强大的影响力？为什么叙事会再度流行？什么样的变异或环境变化能够加强传播力？“消费不足”如今听起来不过是一个平淡乏味的技术用语，但在大萧条时期却引起了强烈的情感冲击，因为它象征着严重不公和集体愚行。在那个时候，它主要是一种流行说法，而不是学术理论。

在通货紧缩的情况下需要削减工资，这是一个明显的事实，但一种立场与之相反的“工资购买力理论”却在20世纪30年代流行起来。这种理论认为，“过度竞争”将工资压低到了极不公平的水平，使工人入不敷出。因此，只要强制要求所有雇主提高工资，就可以应

对大萧条。经济学家古斯塔夫·卡塞尔（Gustav Cassel）在1935年将这些“近来在大众对社会经济的讨论中和政治鼓动中占据显耀位置”的观点称为“江湖骗子的教义”。[28]

但是，公众并不摒弃这种江湖骗子的教义。在1932年的总统大选中，富兰克林·罗斯福与没能通过赤字开支恢复经济的现任总统赫伯特·胡佛是竞选对手。罗斯福在一次演讲中阐述了已经流行起来的消费不足理论。他的绝妙之处在于他将这个理论以故事的形式表述出来，而故事的灵感则来自刘易斯·卡罗尔（Lewis Carroll）笔下的著名儿童读物《爱丽丝梦游仙境》。在这本书中，一个名叫爱丽丝的聪明而充满好奇心的小女孩遇到了很多胡言乱语、自相矛盾的奇怪生物。罗斯福在他的故事中将对手胡佛换成了满嘴胡言乱语的炸脖龙（Jabberwock）：

> 困惑不解又心怀疑虑的爱丽丝向共和党领导层提出了几个简单的问题。
>
> 印刷和出售更多的股票和债券、建造新的工厂、提高效率等做法难道不会生产出更多超出我们购买能力的商品吗？炸脖龙大喊道：不会，我们生产得越多，能够购买得就越多。
>
> 如果我们产生过剩怎么办？哦，我们可以卖给外国消费者。
>
> 外国人怎么买呢？我们可以借钱给他们。
>
> 那这些外国人肯定会把他们的商品送过来还债是不是？矮胖墩儿（Humpty Dumpty）说：哦，完全不会。我们正坐在《霍利–斯穆特关税法案》的高墙之上呢。
>
> 那外国人怎么偿还贷款呢？简单。你有没有听说过延期偿付？[29]

罗斯福用这个故事刻画共和党试图刺激经济的政策之愚蠢，但他在竞选活动中并没有提出任何解决问题的办法。相反，他在这次“爱丽丝”演讲中建议设置投资者保护措施。他还承诺不会发表胡佛总统那种过分乐观的声明，同时他也指出自己并不鼓励更多的股市投机活动。罗斯福于 1932 年当选，他在 1933 年签署《国家工业复兴法案》并创建了国家复兴管理局，试图推行公平工资。我们将在第 17 章中讨论这次尝试取得的结果。

从表面上看，消费不足似乎可以解释大萧条时期的高失业率，但是学院派经济学家从未真正接受过这一理论，而且这一理论也从未得到过充分的阐释。很多时候，人们在提出该理论时都将之视为技术性失业的附属产物：消费不足突然在 20 世纪 30 年代成为一个问题，是因为美国新近迸发的生产能力超出了该国的需求。不过，另外一些提到消费不足的说法并没有提到技术。例如，农业调整局局长切斯特·戴维斯（Chester C. Davis）在 1934 年介绍了该局如何“向大众重新分配购买力”，帮助他们增加支出，从而应对消费不足问题。他解释了自己为什么认为技术性失业突然变得如此重要：

> 为什么我们的国家在 158 年后需要对市场机制做出这种补充？如果你追溯历史，看一看商业逐步集中到大公司、农民逐步集中到供销合作社、劳动力逐步集中到集体谈判协会的现状，就会找到答案。这些现象减少了自由市场的空间，加强了个体把控这些集中化机构的力量。[30]

换言之，戴维斯认为商业集中加剧了技术性失业问题。

大规模失业引发了严重的社会问题。譬如，在美国，这个问题导致 100 万名墨西哥裔劳工被强制驱逐出境（当时被称为遣返）。此举的目的是为“真正的”美国人腾出工作岗位。[31]流行叙事支持这种驱逐出境的举动，基本没有出现公众抗议。报纸上刊出的是面带喜悦之情的墨西哥裔美国人在火车站挥手告别、踏上归途前往故里帮助墨西哥发展的照片。

拨号电话在失业叙事和相关的消费不足叙事中也起着重要的作用。较早的电话无法拨号，需要呼叫者拿起话筒并接通电话接线员，接线员会说："请问号码是多少?"呼叫者必须告诉接线员号码才能接通电话。无需接线员的拨号电话并不是在大萧条时期问世的；实际上，拨号电话的第一项专利可追溯到1892年。从非拨号电话到拨号电话的转变花费了数十年的时间。但是，大萧条时期兴起了关注电话接线员工作岗位流失的叙事，拨号电话的投入使用过程受到了道德顾虑的阻碍，这种顾虑认为，人们使用拨号电话就是在合谋毁掉一个工作岗位。譬如，1930年，即大萧条的第一年，位于华盛顿特区的美国参议院用拨号电话取代了非拨号电话。电话安装好三周后，参议员卡特·格拉斯（Carter Glass）提出了一项议案，要求拆除这些电话并换回旧电话。他注意到接线员将会失去工作，对新电话表达了发自内心的道德愤慨：

> 我恳请诸位一致同意，根据参议院第74号决议，指示警卫官拆除参议院这些令人憎恶的拨号电话……我反对被迫变成电话公司的一名雇员而没有任何补偿。[32]

他的提案得到通过，拨号电话被拆除了。如果不是美国正在经历高失业率，很难想象这样的议案能够通过。这个故事为一则富有感染力的经济叙事添砖加瓦，而后者又火上浇油般地加剧了大萧条期间总需求萎缩带来的恐惧氛围。

机器人（即自动化）夺走工作岗位成了大萧条的主要解释，因此也被视为造成大萧条的主要原因。《洛杉矶时报》1931年的一篇文章是众多对这一观点做出解释的文章之一：

> 每有一个人被机器取代，就有一名消费者流失；因为这个人

被剥夺了购买消费品的能力。我们使用的机器人越多，对产品的需求量就越低，因为人类无法消费超出自身支付能力的东西。

这种情况是不可避免的。没有任何政治上的灵丹妙药可以减轻这种纯粹人为的苦难。[33]

即使一个人尚未失业，但是考虑到自己有可能会失去工作，他也会降低消费。1928 年输给赫伯特·胡佛的美国总统候选人艾尔·史密斯（Al Smith）1931 年在《波士顿环球报》撰文：

现在，我们知道，很多失业可以直接归因于我们越来越多地使用那些旨在取代人力的机器……这其中的人类心理过程很简单，人人都能理解。如果一个人无法确定自己会不会失业，那他肯定不会花钱。他会把钱攒起来，我们很难责怪他这种以备不时之需的做法。[34]

在 1933 年大萧条最严重的时候，世界著名物理学家爱因斯坦也相信了这一叙事，他表示大萧条是技术进步的结果：

在我看来，毫无疑问，严重的经济萧条很大程度上要归因于内部经济原因；生产设备通过技术发明和系统化得到改进，结果减少了对人工的需求，将一部分劳动力排除在经济回路之外，并导致消费者购买力的逐步下降。[35]

那时，人们已经开始给劳动节约型发明贴上“机器人”的标签，即使并没有看到什么机器人。1931 年初，即大萧条开始后约一年的时候，《洛杉矶时报》的一篇文章说，当时机器人“仅在美国就已经相当于 8 000 万人工”，而美国男性劳动力只有 4 000 万。[36]

一个新词的诞生：技术专家治国

到 1932 年，在股市跌至谷底的时候，与 1929 年的市值相比，美国股市市值在不到三年的时间内蒸发了 80% 以上。我们不禁要问：为什么人们对市场的评价如此之低？一大部分答案在于一则病毒般传播的叙事：现代工业目前生产的商品有可能多于人们想要购买的商品，因此将导致不可避免的长期过剩。

这则新叙事与两个将普通百姓排除在经济领域之外的新词产生了关联：技术专家治国（technocracy），即由技术人员治理的社会；技术官僚（technocrat）就是大权在握的技术人员。20 世纪 30 年代这两个词并不令人陌生。在 20 世纪 20 年代，它们偶尔被用来指代一种理论，这种理论认为应该由那些能够确保世界和平的科学家管理政府。在上一轮萧条时期（1920—1921 年），凡勃仑写了一本著作《工程师和价格体系》，该书设想了一个由“技术人员代表大会”治理的世界。但是，在 20 世纪 30 年代初失业率居高不下的时候，这两个词有了新的含义。哥伦比亚大学一个带有革命色彩的团体将自己称为“技术专家”。这个由工程师霍华德·斯科特（Howard Scott）领头的团体包含了来自美国各地的科学家。在 1933 年的时候，斯科特就和当时的电影明星一样有名。

技术专家运动创造了自己的术语并提出了一种新的货币，即电子美元（electric dollar）。1933 年在霍华德·斯科特的指导下写就并以化名弗兰克·阿克莱特（Frank Arkright）出版的《技术专家治国入门》（*The A B C of Technocracy*）一书指出，电子美元代表着能量单位。阿克莱特这个名字似乎受到了纺纱机发明者理查德·阿克莱特（Richard Arkwright）的启发——这种水力纺纱机使工人失去工作并在 1779 年引发了反机器暴动。这本署名阿克莱特的书及书中的观点风靡一时，尤其是下面这个观点：现代科学很快就会改变经济，甚至消除我们熟知的货币。这个故事与比特币的故事有很多相似之处，包括弗兰克·阿克莱特这个化名，就像中本聪一样。

根据《技术专家治国入门》，美国经济的装机容量为 10 亿马力。书中还说，一马力相当于 10 个人类劳动力，而运行这个相当于 10 个劳动力的机器仅需要每周工作两个八小时。因此，这本书使人们相信，大萧条时期的失业率上升是一种令人担忧的全新永久局面的开端。一份报告得出的结论确实令人不安：

> 我们现在面临着人类历史上前所未有的局面，因为在不到 100 年前，人类的身体还是地球上最高效的能量转换机器。技术的出现使所有基于人力的发现都不再重要，因为现代机器的能量转换速度是人类的数千倍。在 1890 年之前，社会机体在能源生产方面的变化尚可以与牛车的速度相提并论。与之形成对比的是，在 1890 年之后，它就像乘坐飞机一样快速前进，而且速度还在不断加快。[37]

“世界将属于设计和运行机器的技术人员”的想法无疑让那些自认为没有能力成为科学家的人（即大多数人）感到恐惧，而且这一想法必然导致人们不愿花钱、投资或雇人，结果加剧并延长了大萧条。

《纽约时报》在 1933 年对技术专家治国论风潮表示出了一些惊奇：

> 技术专家治国论那耸人听闻的性质引发了一场近乎歇斯底里的群众运动。斯科特预言，除非按照他设定的路线行事（这些路线相当含糊），不然两年之内将有 2 000 万人失业，很多看了这一预言的人都觉得我们的工业和经济体系即将崩溃。由于技术专家治国论引发的恐惧，商业合同都被搁置。[38]

技术性失业叙事在20世纪30年代的某个时候似乎已经渗透到了所有人。自那以后，提到它的时候不必再使用技术性失业一词，因为每个人都明白这一概念。譬如，《纽约时报》在1936年刊发一篇长文哀叹长期失业对人类精神和家庭关系的悲剧性影响，但文中并未提及任何失业理论，只说失业者称“与其说被年龄淘汰，倒不如说被新近发明的机器淘汰”。[39]

叙事转向二战

据Google Ngrams显示，技术性失业叙事在1935年以后逐渐沉寂，但它并没有销声匿迹。相反，它在二战前夕继续发挥着一定的影响力，直到新的二战叙事星座开始流行。

很多历史学家认为，德国的大规模失业是纳粹党和希特勒在1933年，即大萧条最严重的一年，登上权力舞台的原因所在。但有一个事实如今鲜少被人提及，那就是一名纳粹官员曾在那一年承诺，在德国，以机器取代人的做法将被定性为非法行为。[40]

查理·卓别林1936年的电影《摩登时代》标志着一则极有影响力的叙事，时至今日这则叙事仍留在人们的记忆之中。电影中有一个令人捧腹的场面，[41]即一家公司引进了一种新技术，用机械手给员工喂食午餐，以缩短员工的午餐时间。在查理·卓别林被喂食午餐时，机器出现故障并加快速度，造成了一团混乱。这个故事在人们高度关注劳动节约型机器的时候风靡一时，这绝非巧合。

我们在搜索二战期间机器人被新闻提及的频率时，找到了一些实例。战争初期，耶鲁大学科学家克拉克·赫尔（Clark Hull）正在朝着建立机器人大军的方向努力。[42]但是，他的努力听上去既遥不可及又牵强附会。据报道，纳粹在战争后期使用的“机器人炸弹”和“机器人飞机”毫无效果。[43]相反，新闻中充斥着讲述人类士兵英勇行为的叙事。

要想再次流行起来，劳动节约型机器的叙事需要在二战后改头换面，而这一次转变似乎又重视起人类智慧及人类大脑。叙事转向了新的“电子大脑”，即计算机。“电子大脑”这个短语呈现出一条漂亮的流行曲线，并在 1960 年左右达到最高点，我们将在下一章探讨它代表的机器叙事星座。

第 14 章 自动化和人工智能取代几乎所有工作

声称技术性失业对未来构成问题的叙事并没有随着二战销声匿迹。如图 14.1 所示，事实上，它反复变异并呈现出不同的传播力，而且经常与“自动化”或“人工智能”这两个术语关联在一起。二战后至少有四则关于人工智能的叙事，它们分别在 20 世纪 60 年代、80 年代、90 年代和 21 世纪 10 年代达到流行巅峰。截至本书撰写之

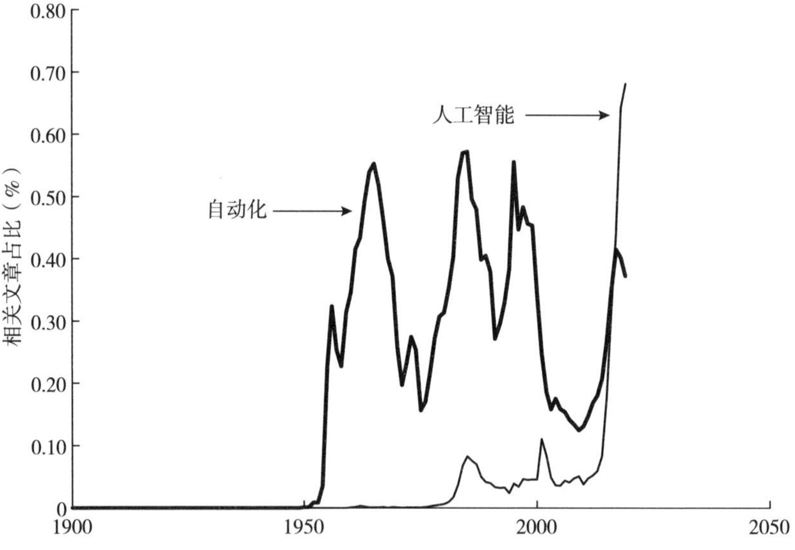

图 14.1 1900—2019 年新闻和报纸中包含“自动化”和“人工智能”的文章占比

注：自动化和人工智能的叙事反复出现了数次，每一次的故事都有变化。

资料来源：作者根据 ProQuest 的数据计算得出的结果。

际，21 世纪 10 年代人工智能叙事的流行程度似乎还在继续攀升。

每一阶段的叙事都暗示，“机器接管一切”的重大转折点即将来临。（上一章介绍的）罗素姆的万能机器人可以说话，因此它们代表了人工智能的一种形式，但是并没有故事讲述如何实现这类智能。机器人就像儿童故事中会说话的动物。但是，自动化和人工智能的想法在具象化之后，就呈现出新的流行趋势。

对自动化的恐惧可能与人们担忧即将来临的萧条有关。埃尔莫·罗珀（Elmo Roper）在 1945 年底进行的《财富》民意调查向美国公众提出了这样的问题：

> 你认为战争结束后约 10 年内我们会陷入大范围萧条吗？你认为我们有可能避免这种情况？
>
> 统计结果：

将会出现萧条	48.9%
也许能够避免萧条	40.9%
不知道	10.2%[1]

也就是说，约有一半的美国人“预计”二战后将会出现经济萧条。他们这么回答很有可能是因为他们对我们上文讨论过的大萧条和一战之后的叙事记忆犹新，而不是因为他们有什么明确的预测。

幸运的是，这样的预期是错误的；大萧条没有再次发生。是的，人们对萧条的重现怀有宿命般的恐惧，但是近期萧条中的愤怒叙事，包括奸商牟取暴利的愤怒叙事，已经沉寂。这则加剧了一战后萧条的叙事没有重新流行起来。此外，价格应降至 1913 年水平的想法也显得不切实际。二战的结束也分散了人们的注意力，暂时减少了人们对技术性失业的关注。相反，二战之后的一个经济叙事星座开始告诉人们，战争结束了，现在可以花钱了。（我们将在第 17 章中更详细地讨论牟取暴利和降价预期。)

在这些叙事中，有一个故事讲的是很多美国人在战后立即踏上昂贵的度假之旅，这个故事抵消了大萧条时期节俭叙事的影响。“旅游业出现了美国历史上最大规模的增长”，1946 年，即战争结束后的第二年，被称为“胜利度假年”。[2]甚至在战争结束之前的那几年里，西半球的旅行社和度假胜地就已经开始推销奢华的旅行假期，让消费者以这种方式消费掉他们存储在政府战时债券中的部分财富。

人们在 1946 年出去度假时，将他们的假期记录在了新的 Ready-Mount（35 毫米彩色幻灯片）上，并将这些幻灯片存储在新的幻灯片盒里，这刚好跟上一年的圣诞节礼物——幻灯片放映机——相得益彰。[3]此外，消费者还用家用摄像机（直到一战后才广为使用）记录了大量的出游见闻。人们会在家中向亲朋好友展示这些记录假期和新生婴儿（笔者就出生于 1946 年）的幻灯片和电影，传递着共同经历奢华支出带来的幸福感和爱国情。

人们对他人乐观精神的感知也开始激发自己身上的乐观精神。始于 1946 年的婴儿潮标志着二战后时期与一战后时期的巨大差别：一战结束后出现的不是婴儿潮，而是致命的流感蔓延。1948 年以后的乐观故事成为一个自我实现的预言，这个术语是由罗伯特·默顿在 1948 年创造的。1950 年的一篇报纸文章断言：

> 有了今年年底形成的乐观共识，预测本身就可以起到促进高消费活动的作用。[4]

但我们必须要问的问题是：为什么在 1945 年二战接近尾声的时候，会有这么多人认为战后将出现萧条？为什么 20 世纪 50 年代和 60 年代间歇性的经济衰退打断了整体的乐观情绪？很大一部分原因在于一则在战后仍断断续续发挥影响的大萧条叙事，即变异之后的技术性失业叙事。

自动化衰退叙事

1929 年出现在劳动节约型机器经济叙事中的“关键时刻”在 20 世纪下半叶再次出现，不过形式有所变化。

在爱因斯坦于 1915 年发表广义相对论之后，“奇点”这个词开始被人使用。这个词表示的是方程中某些项变为无穷大的情况，它描述的天文现象后来被我们称为黑洞，即“时空中的一个奇点”。后来，“奇点”这个词被定义为机器智能在各个维度上都赶超人类智能的时刻。

经济叙事的这种变化使人们不再关注电力机器取代人力的可能性，而是转为关注人工智能取代大脑的可能性。技术性失业叙事的基本框架还和从前一样，但有了更多的实例可以援引。首先，大型机车和电力设备节省了人力资源。变异之后的叙事关注的重点是计算机取代人类思维。这种变化让叙事重新恢复了活力。

“自动化”这个术语与“劳动节约”的不同之处在于，自动化表示生产流程中没有人的参与，最多只有一名技术人员在远程控制室里按下按钮以启动整个流程。从 20 世纪 50 年代开始，人们将自动化称为“运行机器的机器”，而不仅仅是机器。[5]它代表了一个无人照看、自动运行的流程。

大约在 1955 年，“自动化”一词突然流行开来。人类工作被其取而代之的可能性令公众大为忧惧。值得注意的是，电子化数据处理开始接管整个企业运营。与 20 世纪 20 年代和 30 年代的技术性失业叙事相比，新的叙事更关注人类在生产过程中被完全取代的可能性。1956 年，“人们对按钮时代的恐惧激起了”第一次“自动化罢工”。[6]人们讲述着自动化领域出现飞跃式发展的故事。以下文字摘自 1956 年：

> 最近，东部一家制造厂的参观者目瞪口呆地注视着一家正在运行的新型工厂。在他们的眼前，巨大的钢板被放进传送系统。

> 然后，钢板随着27英里长的传送系统向前移动，经过了2 613台机器和工具的处理，成为全新的冰箱，这些冰箱已经打包装箱、备妥待运。
>
> 令参观者惊叹不已的是，在每分钟生产两台洁白冰箱的过程中，没有任何人工触碰过机器或钢板。
>
> 他们目睹的是正在运行的自动化。[7]

在人们眼里，自动化也预示着曾在过去捍卫工人权益的工会即将终结。人工不可能将机器组织起来。[8]

对工人所做的调查显示，大概在1957—1958年和1960—1961年两次衰退期出现了突然转向。民意分析师塞缪尔·卢贝尔（Samuel Lubell）以准确预测选举结果闻名，他在1959年两次经济衰退之间的经济低迷时期写道：

> 1958年春天，我调查了一下公众对衰退的看法，很少有人谈到自动化，甚至很少将之列为失业的原因。
>
> 而现在，每采访三四名工人，就可能会有一名受访者从个人经历出发，谈到人工被机器取代的个案史。
>
> 这些故事常常被贴上令人沮丧的标签："有些人永远都回不到工作岗位上了。"有人说："一切才刚刚开始。"
>
> 斯塔滕岛的一名电梯操作员、克利夫兰的一名会计、扬斯敦的一名接线员和底特律的一名铁路职员做出了同样的悲观预测："两年内就会有机器取代我的工作。"[9]

这两次衰退是大萧条以来最严重的衰退，其起因可能是公众在自动化恐慌中因担忧未来而减少了支出。1957—1958年的衰退被称为"自动化衰退"。[10]

1957 年的电影《电脑风云》[11]由知名演员凯瑟琳·赫本（Katharine Hepburn）和斯宾塞·屈塞（Spencer Tracy）主演，在影片中，一家公司打算购置一台名为埃米亚克（Emerac）的 IBM 大型计算机。赫本扮演的班妮·沃特森（Bunny Watson）是这家公司参考图书馆的资深馆员。屈塞扮演的计算机工程师理查德·萨姆纳（Richard Sumner）负责设定新计算机程序。随着影片的进展，理查德爱上了班妮并向她求婚，与此同时，他所做的工作正在摧毁她的谋生手段。电影中提到，一台较早的计算机已经实现了工资核算自动化，取代了工资核算部门的多个工作岗位。影片张力的最高点是埃米亚克出现故障并发出解雇通知单，不但解雇了班妮，还解雇了整个公司的所有人。这个错误随后得到了纠正。

在影片中，计算机通过回答人们在控制台上键入的问题，接手了公司参考图书馆的某些职能。譬如，有人问埃米亚克："地球的总重量是多少?"埃米亚克回答："算不算上人类?"（我最近问了 Google 语音助手"OK Google"同样的问题，而它就事论事地回答了这个问题：5.972×10^{24} 千克。）然后，班妮问埃米亚克："班妮·沃特森是否应该嫁给理查德·萨姆纳?"埃米亚克回答："不应该。"这也许是在暗示这台计算机与她的创造者有了浪漫的关联。（我问过 Ok Google 同样的问题，它把我导向了 2011 年《纽约客》的一篇文章："iPad 是新的埃米亚克吗?"）

人们对自动化的普遍担忧一直延续至 20 世纪 60 年代。1962 年，民主制度研究中心（Center for the Study of Democratic Institutions）发布了一份有关自动控制（cybernation，作为自动化的同义词，这个术语也流行了起来，但在 20 世纪 60 年代之后逐渐销声匿迹）的报告。该报告的结论是：

> 自动控制预示着社会体系将发生极大的变化，这种变化与我

> 们历来应对的变化截然不同，它将从根本上挑战我们目前对生活方式可行性的看法。如果我们的民主体制能有机会继续存在下去，我们就需要更深入地了解自动控制的后果。[12]

1963 年，劳工领袖乔治·米尼（George Meany）将每周工作 35 小时的要求与人们对自动化的担忧联系在了一起。1964 年，美国总统林登·约翰逊在总统竞选期间签署法案，成立了国家技术、自动化和经济发展委员会。委员会直到 1966 年才出台报告，[13]那时恐慌情绪基本已经结束了。

1957—1966 年的自动化恐慌似乎很快就烟消云散并沉寂了很多年。1965 年，《华尔街日报》刊登了小阿尔弗雷德·马拉伯（Alfred L. Malabre，Jr.）的一篇报道，题为“自动化警报原来是错误的”。这篇文章指出，人们在 1965 年的时候似乎已经把自动化抛在脑后。美国汽车工人联合会在 1965 年举行的一次重要劳工大会上甚至都没有提到自动化，马拉伯认为这一事实很是耐人寻味。文章的结论是：“至少可以说，这种悲观情绪在一些重要劳工委员会、校园、政府乃至管理层广为蔓延。”[14]

《星球大战》的故事

自动化恐慌在 20 世纪 80 年代再度喧嚣于世。我们已经看到，叙事经常以变异的形式死灰复燃。有些时候，新的叙事使用新的词语，但有些时候，某个旧词又会卷土重来。从图 14. 1 可以看出，“自动化”一词的使用频率在 20 世纪 80 年代初期达到了一个可观的峰值。“机器人”这个词出现于 20 世纪 20 年代，它的使用频率在 20 世纪 80 年代初期也出现了一个高点。一个可能的解释是：家用计算机制造商雅达利（Atari）和苹果公司大获成功，增强了机器人叙事的传播力，使人们相信技术正在加速发展。一家名为“机器人商店”的公司于 1983 年开始制造和销售类人机器人。这些机器人看起来很像人类；该公司总裁预测，两年之内，美国将有 10%～20% 的家庭拥有机器人。[15] 事实上，这些设备基本毫无用处，产品线最终也惨淡收场。

我们观察到，机器人一词的使用频率在 1980 年左右达到高点，与此相一致的是，同一时期也出现了一系列大受欢迎的机器人电影，这向我们展示了传播力如何随时间变化并产生风靡一时的新故事。乔治·卢卡斯（George Lucas）的《星球大战》三部曲在 1977 年至 1983 年之间上映，片中出现了（迄今为止）全球最著名的机器人：R2－D2 和 C－3PO。美国电视动画片《变形金刚》于 1984 年至 1987 年播出，该片讲述的是巨型机器人的冒险故事，这些机器人可以变形为车辆和武器。这两个系列片都促成了儿童玩具的大卖。同一时期大获成功的机器人电影还有《银翼杀手》（1982 年）和《终结者》（1984 年）。

当然，机器人早在 20 世纪 70 年代之前就已经出现在电影中了，到现在还继续出现在电影之中。事实上，机器人出现在电影中的时间甚至要早于“机器人”这个词被捷克剧作家恰佩克创造出来的时间——这个词在 1922 年才开始流行。值得注意的是，电影中的机器人（或自动机）在此之前被称为傀儡（如 1917 年的《傀儡》）或机械人（如 1921 年的《机器人》）。1922 年之后，电影中出现了更多的机器人，尤其是 1927 年弗里茨·朗（Fritz Lang）执导的影片《大都会》中的富图拉（Futura），该片将机器人称为 Machinen-Mensch，即 Machine-Man。不过，大多数机器人电影都是 B 级恐怖电影，有着不合情理的青少年主题，类似于那些“外星来客摧毁地球”之类的电影，对公众的想法有着相对较小的影响。[16]这些电影大多荒唐无聊，除了有可能给人们对自动化未来的恐惧增添情感色彩之外，可能并没有对经济活动产生太大的影响。

在 1957—1964 年的自动化恐慌之前，又有一大波机器人电影大获成功。那个时代的荧幕机器人有《机械怪兽》（1953 年）中的罗曼

(Roman)、《了不起的拓博尔》(1954 年)中的拓博尔(Tobor,机器人 robot 一词反过来拼写)、《火星女魔》(1954 年)中的钱尼(Chani)、《地球危机》(1954 年)中的金星机器人、《禁忌星球》(1956 年)中的机器人罗比(Robby)、《宇宙毁灭记》(1957 年)中的克罗诺斯(Kronos)、《纽约巨人》(1957 年)中的巨人和《地球防卫军》(1957 年)中的魔杰拉。

伴随着 1980 年和 1981—1982 年的两次经济衰退(当时的失业率达到了两位数),自动化叙事改头换面、卷土重来。失业率的攀升让人觉得,自动化可能又是造成失业的罪魁祸首。这一想法导致了总需求的减少,然后导致了更高的失业率。1982 年,《纽约时报》的安德鲁·波拉克(Andrew Pollack)察觉出了一种"新的自动化",办公室自动化就是其中一例:

> 到目前为止,受办公室自动化影响的人主要是秘书(现在仍然供不应求)和其他文职人员。只要用电子文字处理器取代打字机、用计算机存储系统取代文件柜,就可以加快他们的工作速度。但是,新的办公室自动化系统也在影响管理层,因为有了它们之后,高层管理人员就可以从公司计算机中调出信息并自己进行分析,而这个过程原本需要一名中层管理人员处理。[17]

声称我们已经抵达"奇点"的叙事再一次出现了病毒式传播,"奇点"让我们在劳动节约型机器方面积累起来的全部经验都变得无关紧要,同时,"奇点"可能正在催生一支失业大军。波拉克说:"我不知道这一次我们能逃向何方。"[18]这一病毒般传播的叙事很可能是 20 世纪 80 年代两次经济衰退造成严重破坏的真正原因。

如图 14.1 所示,自动化一词的使用频率在 1995 年左右出现了第三次高峰。大波叙事再一次声称"奇点"即将到来,我们在劳动节约型设备方面积累起来的所有经验都将变得陈旧过时。1995 年，在互联网热潮刚刚开始的时候，出现了一则有关计算机网络的叙事：

> 大多数经济学家认为自动化的弊端是暂时的，但一小部分经济学家（人数正在增多）和很多技术专家都认为，当前技术变革的迅猛发展有别于以往的所有情况，原因有二。
>
> 首先，拖拉机只让农民失业，机器自动化只让工厂工人失业，但是智能设备和计算机网络几乎可以入侵所有涉及计算、通信或简单推论的工种。它们可以填写并检查抵押贷款表格、转接电话，甚至可以通过微控制挤奶器让奶牛自己挤奶而无需人工协助。从来没有哪种技术如此灵活多变，如此不受物理限制的束缚，能够在不相关的行业，如银行、电力、保险、电信等，一路高歌猛进。
>
> 其次，由微处理器和软件运行的设备和网络正在以前所未有的速度提升功率，每 18 个月左右其处理能力就可以翻一番。这一趋势和其他因素一起，导致芯片技术的成本大幅下降，从而使其可以更广泛、更迅速地投入使用。[19]

自动化恐惧叙事在 1995 年左右出现的这种新变化并没有立即促成经济衰退。大多数人并没有因此减少开支，全球经济还在蓬勃发展。20 世纪 90 年代的主流叙事关注的是即将到来的新千年呈现的美好商机。在 21 世纪，互联网繁荣、房地产繁荣和 2007—2009 年全球金融危机分散了人们的注意力，自动化叙事又一次偃旗息鼓。但是，这类叙事仍在我们身边传播，只不过包装在了新的流行用语之下。

股票市场中的互联网或千禧年热潮

互联网在 1994 年左右第一次面向公众，它生成了一则讲述计算机惊人功能的叙事。这时正值世纪之交，互联网时代恰好赶上了新千年的到来，引起了热议。在2000年之前的那几年里，互联网股票是主要受益者。在1974—2000年的市场扩张期，互联网股票价格上涨了20倍以上。[20]这一时期标志着美国历史上最大规模的股市扩张，对这次扩张的相关描述也恰恰表明了这一点。（这个故事现在开始被人们遗忘，因为讲述2007—2009年全球金融危机之后3倍扩张的叙事取代了这个故事，在本书撰写之际，后者有着更强的传播力。）

人们在谈论20世纪最后25年里股市扩张的时候，并没有强调害怕被机器取代的恐惧是人们购买互联网股票的动机所在。为什么？人们更倾向于谈论投资于信息时代的新发明带来的机会，而不是谈论个人在面对技术进步时的力不从心。但是，这种力不从心可能推动了人们投身互联网并购买科技公司的股票。

对奇点的恐惧在2007—2009年全球金融危机之后势头渐起

根据谷歌趋势的统计，对自动化/技术的最新一波恐惧开始于2016年左右，直至本书撰写之际仍未减弱。

我们如何解释自动化恐惧情绪在近来的高涨？要回答这个问题，我们就得研究一下苹果Siri程序的问世：Siri是iPhone在2011年推出的应用程序，它使用自动语音识别（ASR）和自然语言理解（NLU）来（尝试）回答你提出的问题。[21]对很多人来说，Siri交谈、理解并提供信息的能力就像是预期已久的“奇点”终于到来：机器变得像人类一样聪明，或者比人类更聪明。同年，IBM推出了会说话的计算机沃森（Watson）并让它参加电视问答节目《危险边缘》，沃森击败了与之对战的人类冠军。现在，各家产品紧随其后，如亚马逊Echo的Alexa、谷歌的“OK Google”以及其他版本和改进产品，如阿里巴巴的天猫精灵、玲珑公司的叮咚和Yandex的爱丽丝（Alice）。这些发明简直不可思议；《星球大战》、《变形金刚》和《摩登家族》预言的时代似乎终于来临。

苹果公司从 Siri 的研发者斯坦福国际研究院手中购买了 Siri，而斯坦福国际研究院 2003—2008 年在美国国防部高等研究计划局（DARPA）的政府资助下开发了这款程序。早期项目并没有风行一时；到了 2011 年，突然之间，人们的口袋里多了这样一个设备：既可以与之交谈，也可以拿出来跟那些不敢置信的羡慕者显摆一下。Siri 和紧随其后的竞争对手似乎启动了一个消除人际对话必要性的过程。我们可以设想一下这样的情景：跟人比起来，我们更愿意与 Siri 交谈，因为 Siri 的信息更全面、更可靠。人类终究是可以被取代的，这样的想法令人不寒而栗，而且不难想象，人类的集体自尊将因此丧失殆尽。

大约在同一时期，其他发明也引起了公众的极大关注，尤其是无人驾驶汽车——尽管人们对其安全性怀有一些疑虑，但无人驾驶汽车预计将取代多个工作岗位。虽然我们当中很少有人真正看到过无人驾驶汽车，但我们都知道，它们的原型车已经行驶在高速公路上。这些自动驾驶汽车已经可以实现我们原本以为无法编程的功能，比如，当汽车感觉到有儿童在街旁奔跑时，就会放慢速度。人类常识可被简化成一系列信号发给无人驾驶汽车，这意味着人类常识可以被取而代之。

近来的热门话题是机器学习，即计算机自己进行学习，而不是用人类智能对之编程。谷歌趋势的搜索结果显示，自 2012 年以来，对“机器学习”的网络搜索呈现强劲的上升趋势，其中谷歌引擎的搜索量在 2004—2019 年之间增长了 3 倍多。近来的一些故事推动了叙事的传播。据说，极为强大的国际象棋计算机程序 AlphaZero 完全是通过机器学习运行的，也就是说，没有使用任何人类的象棋技法。这则叙事介绍了一个名叫 tabula rasa 的程序，这个程序已知的信息仅限于游戏规则，它与自己进行了无数局对弈，从自身的错误中总结经验。[22] 从某些方面来说，机器学习叙事比那些运行人设程序的计算机更令人不安。历史学家尤瓦尔·赫拉利（Yuval Noah Harari）认为这一叙事导致我们“越来越害怕”自己“变得无关紧要”，并担心自己沦为“新的无用阶层”。[23]如果大规模流行起来，这种涉及人类生死存亡的恐惧无疑会影响经济信心，进而影响经济。

工作岗位和史蒂夫·乔布斯

史蒂夫·乔布斯的故事是一则非同凡响的叙事，它将失业恐惧与机械化联系在一起。2007—2009 年全球金融危机期间出版的诸多书籍都讲述了他的故事，其中尤为出名的是沃尔特·艾萨克森（Walter Isaacson）2011 年的著作《史蒂夫·乔布斯传》，这本书在发售第一周就售出了 37.9 万册，[24]登上《纽约时报》畅销书排行榜的榜首，在亚马逊上收到了 6 500 多条评论，平均打分为 4.5 星（最高为 5 星）。艾萨克森擅长写作天才人物的传记（包括阿尔伯特·爱因斯坦、本杰明·富兰克林和埃隆·马斯克），但迄今为止他最成功的著作还是《史蒂夫·乔布斯传》。为什么这本有关乔布斯的书会出现病毒式传播？部分原因在于它的出版时机：出版商明智地选择在乔布斯去世数周后将这本书投放市场，这样报道他去世消息的媒体叙事就与这本书引发的话题交织在了一起。

有趣的是，有关史蒂夫·乔布斯的叙事似乎表明，乔布斯——一个真正的人，他有好多怪癖，没有人会将这些怪癖编程到机器人身上——对苹果电脑来说完全不可或缺。因此，乔布斯的故事吸引了那些担心自己被时代淘汰的人。在故事中，他创立了苹果公司，但又被迫离开，因为那些单调乏味的管理层无法容忍他的古怪。当苹果公司陷入困局的时候，他被请回来并为公司注入了新的活力，如今苹果公司已经成为全球最成功的公司之一。史蒂夫·乔布斯的故事对于那些不太融入传统社会的人来说简直就是他们的梦想，因为很多自命不凡却又成就平平的人也许能在他身上看到自己。

劳动节约型和智能型机器叙事带来的经济后果

我们已经追溯了过去两个多世纪以来大众对机器将取代人类工作的叙事投注的极大关切。这些叙事无疑影响了（并且还在继续影响）人们的消费和投资意愿，也影响了他们参与创业和投机活动的热切程度。暂时的衰退或萧条造成的经济困局被误认为是机器剥夺人类工作岗位的结果，从而像自我实现的预言一样，产生了悲观的经济反应。

亨利·乔治对劳动节约型机器问题的解决之道就是对土地征收单一税，通过税收减少劳动节约型发明给土地所有者带来的收益。这也是他在 19 世纪 70 年代大萧条时期出版的《进步与贫困》一书中给出的明确建议。这一提议的假设前提是新型机器只被用于耕种土地，而只有在纯农业经济的环境下才有可能如此。这一提议类似于在大萧条期间引起公众热议并在最近几年又重新浮出水面的“机器人税”。这一观点认为，如果对使用机器人的公司征税，就能带来相应收入，从而帮助政府应对机器人技术造成的失业后果。[25]

乔治提议将部分税收收入作为“公共福利”。[26]他的提议基本上等同于今天人们经常谈到的全民基本收入提议：

> 所有人都将平等地分享一切——不管是弱者还是强者，不管是黄髫稚子还是垂暮老人，不管是残疾者还是跛行者，不管是失明者还是健壮者。[27]

朱丽叶·里斯·威廉姆斯夫人（Lady Juliet Rhys-Williams）1943年的《有所期盼：对新型社会契约的一项提议》和罗伯特·西奥博尔德（Robert Theobald）1963 年的《自由人与自由市场》以不同的形式提出了全民基本收入建议。“基本收入欧洲网络”（BIEN）是一个倡导组织，成立于 1986 年，后来更名为“基本收入地球网络”。有一则叙事声称很多人或大多数人在未来都会失业，这则叙事使累进所得税和所得税抵免制度得到了民众的持续支持，但是，即便在现代，这种做法也没有成功地在任何国家产生全民基本收入。

如果有新的故事让人觉得技术性失业带来的问题已经到了危急关头，那变异后的技术/失业叙事往往就能引起公众的注意。查尔斯·怀廷·贝克尔（Charles Whiting Baker）在1932年的名著《重返繁荣之路》一书中试图解释为什么到目前为止（即20世纪30年代初期）公众对劳动节约型机器取代人类工作的担忧都是没有道理的。贝克尔重点强调了“新颖性”：“自动化机械和经济运输（economic transportation）的广泛使用只是昨天的事。”他强调，失业是一个新的长期问题，永远不会消失。因此，贝克尔提出了一个类似于为所有人提供全民基本收入的想法：

> 我们必须面对这样一个事实：有一种方法，而且只有一种方法，可以让我们为极度过剩的商品创造市场……提高美国95%收入微薄的家庭的购买力，他们立刻就会购买更多的食物。[28]

这样的关切在近年又卷土重来，因为又有人提出新的再分配提议并引起讨论。值得注意的是，从2012年开始，“全民基本收入”一词的搜索量在谷歌趋势中呈显著上升趋势，在ProQuest中也显示出基本一样的上升趋势。公众越来越关注不平等现象，其中前1%人群或前0.1%人群的收入占比增长引起了极大的关注。托马斯·皮凯蒂在《21世纪资本论》中描述了这一趋势，这本畅销书引发了热议。“数字鸿沟”（digital divide）一词出现了病毒式传播，它指的是一种与能否使用数字计算机相关的不平等。

没有人能够预测劳动节约型和智能型机器在未来对谋生手段和工作会产生什么影响，但这些叙事本身就有可能对经济繁荣和衰退以及公共政策起到放大作用。在本书撰写之际，有关人工智能和机器学习取代人类智慧并弃用熟练工人的叙事造成了支出和创业模式的不稳定。这样的经济叙事也有可能出现在投机性市场，尤其是房地产市场和股票市场。接下来两章我们就来讨论这两个市场。

第 15 章　房地产繁荣与萧条

房地产叙事，即讲述土地、住房、地段和房屋价值时常大幅增长的故事，是最著名的经济叙事之一。2007—2009 年扰乱了全球经济的大衰退就是其影响力的一个明证。宣扬住房价值的夸张言论起到了给大衰退火上浇油的作用。

房地产叙事有着悠久的历史。从古时候到工业革命，房地产话题讨论的一直是农场价格。到了现代，人们的注意力先是转向那些讲述适合建造房屋的城市空置地段的故事，然后又转向都市地区的真实房屋。这些变化只是土地稀缺及土地价值长期叙事的变体而已。

我们可能会觉得，房地产繁荣与萧条叙事同属于我们在第 10 章中讨论过的恐慌或信心叙事星座。但是，房地产信心完全不同于经济信心，因为人们往往将这两者视为不同的东西。[1]房地产被视为一种个人资产，个人观点也许能对之产生影响，而经济则被视为无数作用力下的产物。然而，我们在本章将会看到，房地产也是一种社会知情资产（socially informed asset），其价值取决于人们如何与邻居及其他人暗做比较。

投机和土地泡沫

在 20 世纪之前的大部分时期，流行叙事宣扬的都是土地投机（农田或新兴城市和纸上城市的空置地段），而不是房屋投机或股票投机。美国土地泡沫从 1837 年开始破裂，下面这则充满人文气息的土地投机者叙事写于 1840 年：

> D 的父亲给他留下了一个没有任何产权纠纷的农场，但投机变得盛行起来，一夜就可暴富，他幻想着“可做的事一件接一件”。于是，他卖掉了自己的农场，在草原上买了荒地，在图纸上的城市里买了很多街角地段，开始梦想着拥有“黄金产业”般的财富。他没法再工作：突然之间，工作变得有失体面。在那辽阔的西部，数千英亩土地正在等待着开发者或居住者的到来，这时谁还会想着耕地或是满足于 100 亩的土地呢？D 反正不是这样的人，他用尽了能用的手段。最后，土地泡沫破裂了；人们发现，印在图纸上的城市只不过是一些泥塘；而所谓能带来无尽财富的草原农场，除非劳作生产，否则也毫无价值。[2]

这是一个愚蠢的投机者在没有见到实物的情况下把泥塘当作土地买来的长期叙事，这则叙事在 20 世纪 20 年代的佛罗里达州土地泡沫中卷土重来，只不过这一次，泥塘变成了沼泽。

20 世纪 20 年代的佛罗里达州土地繁荣

在 20 世纪下半叶之前，基本没人谈到对独栋住宅进行投机性投资的话题。ProQuest 对“住房价格”（home price）的搜索结果显示，在那之前，这个词从来没有在投机语境下被提及。事实上，“home price”一词在过去几个世纪里有着别的含义，比如小麦的“home price”指的是与国际市场价格相对的国内市场价格。具有现代含义的“home price”一词通常出现在这样的故事里：一个富人在房子上花了一大笔钱，将之视为财富的象征，但丝毫没有意识到房屋的价值正在升值。譬如，《圣路易斯邮报》1889 年的一篇文章写道：

> 参议员索耶过去多年所住的房子是杰斐逊·戴维斯在华盛顿期间住过的房子，现在他已经不再租房，而是在距离杜邦环岛一箭之遥的地方建造了一座豪宅。这栋房子至少价值8万美元，索耶的百万家产将会让其呈现出精美的风格。房子周围全是豪宅。[3]

文章在提到价值时似乎认为它是不变的，却没有意识到这位参议员可能正在进行投机性投资。

ProQuest对“每英亩价格”的搜索结果显示出了截然不同的模式。这个词的使用频率在20世纪初达到顶峰，当时它指的是对农田的投机性投资。20世纪20年代中期的“佛罗里达州土地繁荣”有着很高的点击率，但是这些文章中几乎没有出现“住房价格”这个词。这次繁荣为大众津津乐道，一则与之相关的叙事强调，由于汽车数量的激增，佛罗里达州的土地对寻找避寒住宅的北方人来说更方便、更有吸引力。那些转眼就一售而空的所谓好地段其实只不过是一些可以建造新房屋的不毛之地，但由于汽车的普及，这一点显得理所当然。然而，到1926年，佛罗里达州的土地繁荣已经成为全美大肆报道的丑闻。报纸刊出报道称，销售人员将没有开发的土地划分成家庭住宅大小的小片土地，卖给没有见到实物的北方人，这些北方人终其一生都不会在自己那孤零零的住宅周围看到真正的城镇。这些报道使得这种销售未开发土地的做法变得声名狼藉。

土地一直都只是房屋价值的一小部分。莫里斯·戴维斯（Morris A. Davis）和乔纳森·希斯科特（Jonathan Heathcote）估算过，从1976年到2006年，土地价值平均仅占房屋总价值的36%。[4]除了财产税评估外，我们并不掌握早些年里土地价值在房屋价值中的占比数据，但是，在更多美国人口属于农村人口的时候，这一比例应该更低。[5]

佛罗里达叙事以土地为重点，与之形成对比的是，人们一直认为房屋投资的投资对象会因天气和使用而贬值——需要不断维护，会过时老旧并最终被拆除。这样我们也就明白了，为什么没有建筑物的土地本身似乎是一项更令人感兴趣的投资，至少在佛罗里达州的土地繁荣时期是这样的。

传统上，人们普遍认为主导新建房屋价格的是建筑成本。[6]实际上，房价紧跟建筑成本的做法是一种传统智慧。国民经济研究局 1956 年的一项研究指出，美国房屋价格在 1890—1934 年间出现了一些不能用建筑成本解释的短期波动，但该项研究得出的结论是：

> 从长期波动来看，建筑成本指数与经过贬值修正后的价格指数密切相关……就长期分析而言，将成本指数视为价格指数近似值的方法产生的误差幅度不会很大。[7]

国民经济研究局的建筑成本指数仅包括工资和材料价格，而不包括土地价格，所以在国民经济研究局分析师的眼里，房屋投资所持有的只是不断贬值的建筑物，这些建筑物会随着时间的流逝而老旧、过时。有了这样的叙事，房地产泡沫几乎没有机会登上舞台。

新闻、数据和叙事粉墨登场

报纸最后发现，读者感兴趣的是那些涉及拥挤的内城区房屋价格的报道，内城的土地价格与房屋价格有更大的关联，因为那里的土地价格要昂贵得多。这些故事已经广为流传，导致人们认为远离市中心的房产也会按照同样的投机趋势，涨到更高的价格。

现房价格指数是加强其传播力的另一个因素。ProQuest 显示，美联社 1957 年的一篇报道第一次提及现房中位价格，这篇报道提到美国参议院住房小组委员会的一份报告，该报告得出结论认为，低收入家庭正被排挤在房地产市场之外，这其中有部分原因是土地价格的上涨。[8]报纸于 1974 年开始发布全美地产经纪商协会的现房中位价格。凯斯—希勒房价指数（现为 S&P/CoreLogic/Case-Shiller 房价指数）出现于 1991 年，这个指数最初是由我和卡尔·凯斯（Karl Case）设立的。有了这些指数，新闻媒体就能够定期发布大幅波动的消息，从而让房价变动的报道更加具体翔实。

在房价统计法出现之前，新闻媒体很难定期报道房地产市场的投机活动。在股票价格指数于 20 世纪 30 年代流行起来之前，媒体撰稿人可以引用一些数据说明股市的大幅波动，通常引用一些主要股票的单日价格变动，这些股票在大幅波动日的走向往往都是一样的。他们不会错失任何撰写这类报道的机会。但是，想要撰写房价定期报道并非易事。房子基本不可能在一天之内就转售。相反，大多数房屋的销售周期都会长达数年乃至数十年。每个月的房价中位数变化也不是什么新闻，因为如果某个月出售的房屋类型不同于下一个月的话，月度波动就有可能变化不定。我和凯斯于 1991 年开始发布重复交易价格，这标志着一个新时代的开始，从此，我们可以根据类型迥异、鲜少出售的房屋推断出总体房屋的月度变化。这些指数促成了芝加哥商品交易所的独栋住宅期货市场，它能够揭示房价的日常变化，不过在 2007—2009 年全球金融危机之后，该市场的活动大多终止了。

一个与股票和住房市场投机泡沫相关的常见假设是，投资者正在推测近来比较成功的投资，期望价格持续上涨，从而将价格推到更高的水平。这个过程循环往复，可以被称为恶性循环或反馈循环。但是，叙事也很重要。如果我们听听这些时候的叙事，就会发现投资者似乎远远不如他们有些时候表现出来的那样精明。相反，价格上涨似乎并不是由未来预期驱动的，而是由故事和话题的传播引起的，这些故事和话题引得大众开始关注正在蓬勃发展的资产投资，从而加剧了泡沫。

购房欲望和社会比较

要想弄清楚是什么因素导致了价格上涨，我们就一定要听听人们在价格快速上涨时期的言论。丹尼尔·麦克金（Daniel McGinn）在 2007 年的《购房欲望：美国对房屋的迷恋》一书中指出了心理因素的作用。该书是在 2007—2009 年全球金融危机爆发之初出版的，当时 1997—2006 年的全美房价飙升期刚刚过去。

麦克金之所以将书名定为《购房欲望》，是因为他认为在 2007—2009 年全球金融危机和经济衰退之前，市场繁荣时期的对话中蕴含的情绪反映出了一种真正的欲望：一种对地位乃至权力的欲望，这种欲望有时会让人走向毁灭。在这个充满欲望的历史时期，人们沉迷在房价不断上涨以及一夜暴富的故事中，无法自拔，理智全无。

麦克金定义并解释了一些冲动和动机，大多数经济学家的词典里都没有这些词汇。他介绍了“击掌效应”（high-five effect），即“为胜利者欢呼雀跃的兴奋感”。大多数人都喜欢看到自己近来在房地产投资方面取得的成功，而且，只要他们自己进行投资，而且没有嫉妒之心，那他们也会为朋友和邻居的成功感到高兴。他们很乐于分享邻居的成功，在看似喜悦的时刻互相“击掌”，这是运动员在赢得重大胜利后与队员的庆祝手势。

麦克金还介绍了“房子即退休计划”效应：这个故事宣称，要想拥有成功的人生，房屋是必不可少的，因为它是公认的价值存储手段。在近来的繁荣时期中出现的叙事暗示了人们应该“倾尽全力”买房的说法，从而助长了房价上涨。你要购买能够负担得起的最大面积的房屋，因为等到房价进一步上涨时，你就会为自己先前的明智之举感到高兴。麦克金还介绍了互联网和社交媒体促成的“窥进窗内如此简单”效应，即房屋窥视者能够以前所未有的方式获取邻居和名人房屋的规格和价格信息。麦克金注意到：

在很多小区，如果你通过后院的烧烤谈话——战争、死亡和政治等话题在这种场合下都属于充满风险的开场白——来判断国民的关注重点，那么你会发现，很多人认为房屋话题比所有地缘政治斗争都要引人入胜。[9]

互联网让当今的楼市叙事如虎添翼。人们生来就对他人的工作收入感到好奇，但他们无法在互联网上找到此类信息（政府部门除外），直接去问的话又显得很唐突。不过，麦克金指出，有了2006年出现的Zillow和Trulia等网站，你马上就可以（免费）知道所有人的房产价值。

社会心理学家利昂·费斯廷格（Leon Festinger）将“社会比较过程”[10]称为人类的普遍现象。所有人都会在心里与其他具有相似社会地位的人进行比较，对那些社会阶层远远高于或低于自己的人则远没有那么关注。他们之所以想要一间大房子，是因为这样的话，他们看上去就会像他们经常看到的那些成功人士中的一员。他们在挑选房屋时倾尽全力，因为他们听说过其他人正在倾尽全力的叙事。从麦克金的“你住的地方决定了你的阶层”效应中可以看出房地产比较叙事的影响力之大。截至21世纪初，在房屋市场繁荣达到顶峰的时候，人们还无法在网上查询到其他具有可比较的衡量成功的尺度。

房屋所有权的推广史

房地产叙事的另一要素是历史上出现的一连串广告推广，这些推广针对的是房屋所有权本身，而不仅仅是个人财产销售。1914年，房地产经纪人希尔·弗格森（Hill Ferguson）在国家房地产协会（现在的美国房地产经纪人协会的前身）的赞助下发起了“拥有自己的房屋”运动，从而在美国拉开了这些推广活动的帷幕。就像之前美国的储贷协会运动以及更早之前美国和欧盟的建筑协会运动一样，“拥有自己的房屋”运动是一项旨在帮助人们积累一些储蓄的举措。

“拥有自己的房屋”运动决意要改变一些普遍认知，即借贷是不光彩的或有风险的，人们永远不应欠债，他们应该积攒储蓄，全款购买房屋。这项运动在 1919 年刊登于多家报纸的一则展示广告中指出：

> 不要让抵押贷款的想法吓到你。有人认为贷款是一种耻辱。但是，如果大企业和美国政府觉得贷款很好，那么你就不必害怕贷款。[11]

请注意，购买房屋在当时并没有被打造成更现代的“为退休而储蓄”理念的一部分。ProQuest 的搜索结果显示，在 20 世纪 20 年代之前，房屋广告中几乎从未提及退休问题，直到 20 世纪 40 年代，这一观点才开始兴起。在 20 世纪初期，人们没有想过为退休储蓄，因为很多人都不觉得自己会在退休之后活上很久。相反，储蓄被视为一种应对疾病或其他不幸的保障措施。

储蓄银行运动和“拥有自己的房屋”运动取得了一定的成功。房屋拥有率有所上升，即使到了现在，美国和其他发达国家的低收入人群也往往拥有一些储蓄，其中大部分都是房屋净值。

接下来登场的是女性杂志《Delineator》的编辑玛丽·梅洛尼（Marie Meloney）在 1922 年发起的“美国美好家园”运动。在整个 20 世纪余下的时间里，房地产集团继续掏腰包投放广告，宣传自有住房。在 2007—2009 年全球金融危机之前的那几年里，美国房地产经纪人协会刊登了多则包含“现在是买卖房屋的大好时机”等字样的广告。在金融危机之后，该协会发起了一场名为“房屋所有权至关重要”的新运动。这些活动强调，房屋所有者往往是成功的爱国人士。这些运动不仅推动了爱国情怀，还为购房提供了更明确的理由，从而增强了叙事的影响力。

想让邻居对自己心生赞叹的欲望是社会结构的一部分，但这种欲望是有精神成本的。营销人员发现，很多时候他们需要帮助人们摆脱炫富的罪恶感，这种时候可能涉及购买土地或豪宅。大萧条之前的很多广告对购买未开发土地的投资形式大加吹捧。例如，1900 年一则以“橘子树林，王家风范”为题的大幅报纸展示广告推销的是亚利桑那州凤凰城附近的 5 英亩土地，这片土地既可用于建造房屋，也可用于种植橘子。这则广告描述了该地区近来的橘子拍卖价格，并用文字描述了这一带的走俏程度。[12]为了回应此类营销引起的投诉，美国各州于 1911—1933 年间实施了一系列“蓝天法”，禁止兜售“投机性方案，这些方案除了多少多少英尺的‘蓝天’之外，别无其他依据”。[13]

庞氏骗局和其他骗局

据称在 1920 年发明了庞氏骗局的查尔斯·庞兹（Charles Ponzi）在 1926 年被释放出狱。（庞氏骗局也被称为“空手套白狼”，是一种欺诈性投资基金，利用从后期投资者那里筹集的资金偿还早期投资者，制造赚钱的假象，从而吸引更多的受害者。）此后不久，庞兹因违反佛罗里达州的蓝天法而再次入狱。在佛罗里达州土地热中，他向投资者出售佛罗里达州的小片土地，却没有透露这片土地被淹没在沼泽之中。[14]庞兹的名字以及不知情投资者购买沼泽地的故事随着他的“空手套白狼”骗局传播开来，直到如今仍家喻户晓，不过他的名字在沼泽叙事中并没有怎么出现。

为了应对这种欺诈，美国政府实施了更严格的法律管理出售给小投资者的建房土地。州法律将土地销售定义为证券销售，就连简单的财产转让也是如此，因此，土地销售受到了证券监管。此外，为了防止此类欺诈，土地出让监管也得到了加强。[15]种种丑闻和相应立法让人们开始觉得，仅凭预期用途就对未开发土地进行投资的做法是不负责任的，也是不光彩的；土地需要产生真正的收入，才能经由有信誉的经纪人出售。因此，广告转为推销运营企业和自有住房投资，房地产叙事的影响因此继续加强。

人们仍将购房视为土地投资，而不是可以再生产和贬值的建筑，因此房屋价格出现泡沫的可能性持续存在。同时，房地产投资仍然是最简单的投机性投资。大多数人都没有时间参与高风险的专业性投资，但很多人都会在人生的某个阶段拥有房屋，因此，他们往往不怎么费力就可以学会如何对房地产进行投机性投资。

城市土地和叙事

不断变化的叙事并不能解释房价的一些重大波动，这些波动困扰着某些城市，却放过了另一些城市。有证据表明，供应短缺可以解释某些城市的市场繁荣，但解释不了另一些城市的市场繁荣。譬如，一些城市可供建房的未开发土地比其他城市的要多，另外，有的城市曾经有大量土地可用于建房，但它可能会在某个时候发现自己的土地已经用尽。

当一个城市的人口在增长时，即使这个城市没有特别吸引人的地方，也没有对其特别有利的叙事，仍然会有一些人想要搬到那里。譬如，总是会有一些潜在的移民，他们通常来自贫穷或动荡的国家，希望在发达国家找到立足之地，这些人可能会根据一些随机因素选择城市，如目标城市距离母国较近，或目标城市有人群说他们的语言等。如果城市里仍有土地可以出售，就会有新的房屋被建造出来，那么移民的住房需求可能不会对价格产生太大的影响。但是，如果这类土地已经用完，那移民就得出高价购买现房，这样的话房屋价格就会上涨。在这种情况下，只有比较富有的买家才能居住在这个城市。已经居住在这个城市但对它并没有特别兴趣的人则有动力出售自己的房屋，并带着收益去另一个城市购买比较实惠的房屋。因此，供给短缺会造成该市房价上涨，也会提高整体人口的富有程度。[16]

供给短缺还有助于解释不同城市以及不同时期的房价差异。经济学家阿尔伯特·塞兹（Albert Saiz）使用卫星数据估算了美国主要城市周边的可用土地数量。他发现，被水域或陡坡地形包围的城市（不太适合建筑房屋）往往房价较高。[17]已经在某个城市里拥有住房的人往往想阻止这个城市建造更多的房屋，尤其是建造经济实惠的房屋。他们这样做是有经济动机的，因为限制住房供给会推高房价。这一动机在不同的城市可能会产生不同的影响。但是，除了这些传统经济解释之外，还有证据表明，不断变化的叙事也在楼市繁荣中发挥了作用。

在2007—2009年全球金融危机爆发之前的那几年里，一些国家的房价涨幅创下了新纪录，尤其是美国。根据标普/凯斯—希勒（S&P/CoreLogic/Case—Shiller）房价指数，在1997年至2005年间，全美房屋实际价格（经过CPI通胀调整）增长了75%，而主要住房租金经CPI通胀调整后仅上涨了8%。房价的飞涨远远无法用任何导致住房需求未得到满足的原因解释。美国和其他国家的楼市繁荣是2007—2009年全球金融危机的主要起因。房价急剧下跌，抵押贷款违约激增，抵押贷款人陷入严重的财务危机，这场危机随后蔓延到金融行业的其他领域和全球其他地区。2012年，在危机过去之后，美国实际住房价格下降到了仅比1997年高出12%的水平，然后又在新的楼市繁荣中再次上涨。截至2019年，这次繁荣还在继续，不过已经显现出一些减弱迹象，而且美国某些城市的实际住房价格已经下降。从2012年到2018年，美国实际住房价格又上涨了35%，而实际租金仅上涨了13%。

房屋倒卖的兴起

要想深入解析导致2007—2009年大衰退的楼市繁荣，只研究利率、税率或个人收入等常见可疑对象，恐怕不会有什么成效。相反，我们应该关注的是，叙事转变成更具投机色彩的叙事，在这则叙事中，人们更多地将他们的房屋视为对土地的投机性投资，这是一则深受贷方欢迎的叙事。

全球金融危机的种子在几十年前就已经播下。20 世纪 70 年代和 80 年代的时候，“倒爷”（flipper）一词的一种新含义在美国流行起来。在那个时候，“倒爷”指的是一种精明的经营者，他们先是购买投机性投资，然后将其“倒手”，在不到一年的时间内就将之卖出，从而迅速获利。这个词后来又流行于共管公寓改造时期——这是另一个类型的楼市繁荣期。当时的通胀率居高不下，房屋所有权相对于租金的税收优势显著扩大，因为人们可以从总收入中扣除抵押贷款利息（由于通胀，利息很高），但不能扣除支付出去的租金。虽然较高的抵押贷款名义利率导致一些人没有出手购买房屋，但对于其他很多人来说，通胀导致的房屋价值预期上涨抵消了高利率。[18]

为了满足需求，开发商开始购买公寓大楼，清空单间公寓的租户，并以共管公寓的形式出售公寓单元。租户（有些人已经在公寓里居住了多年）叫苦连天。为了安抚他们，运营商提供给租户一份合同，允许他们在公寓改建时以折扣价购买自己所住的公寓。合同允许他们将合同转售给其他有意买房的买家。很多租户选择将合同“倒手”给投机商，而投机商再将合同倒手给他人。这些“倒爷”引起了极大的关注，很多人将他们视为企业家，因为他们能够一眼看到商机并从中获利。

到了 20 世纪 90 年代，“倒爷”一词常被用来指代那些在 IPO（首次公开发行）中购买股票并迅速转售的人。人们常常用佩服的语气来描述“倒爷”，因为人们知道 IPO 在发行日通常都会抑价。等到股价在首次公开募股之后暴涨的时候，“倒爷”就会迅速获利。1991 年，杰伊·里特（Jay Ritter）在一篇文章中指出，IPO 股价一般先是暴涨，然后在接下来几年里都会表现疲软，因此最佳策略似乎是在发行时购买 IPO，然后尽快倒手。

然后，在 21 世纪初的房价飞涨期，“倒爷”一词又被用来形容那些购买房屋，对房屋稍做修葺或大肆改造，然后迅速出手的人。人们再次以钦佩的口气讲述他们的成功故事。虽然大多数人都没有足够的激情真的倒卖房屋，但他们可能想过，只要购买了一套主要住所作为长期投资，就相当于参与了“长期倒卖”。于是，他们也都参与到投机叙事之中。

豪宅和朴素

生机勃勃的房地产叙事并没有因 2007—2009 年全球金融危机而沉寂。2012 年 10 月，《华尔街日报》开设了一个新栏目。这个名为“奢华地产”的专刊[19]是为了应对《金融时报》的副刊《如何消费》，不过《奢华地产》的侧重点是住房。值得注意的是，2012 年正是美国房价在 2007—2009 年全球金融危机之后再次急剧上涨的那一年。也是在这一年，警察终于将开始于一年之前的“占领华尔街”运动清出了纽约市祖科蒂公园。这项运动引起了人们对“我们是那 99%”（指大多数无法过上奢华生活的人）这一口号的极大关注并公开宣称这些人非常重要。

《奢华地产》专刊似乎在大声疾呼：最富裕的 1% 人群更为重要。它专门以一种赞叹不已的口吻刊出豪华住宅及屋主的华丽照片。不过该专刊也报道了人们对炫富的焦虑以及对此类奢侈行为有可能引起公众厌恶感的焦虑。譬如，《奢华地产》2017 年刊出的文章《科技界的首席执行官：是低调含蓄还是畅享生活?》就详细讨论了技术公司的高管在决定购买多大面积的房屋时面临的左右为难。该文明确指出，从职业最优化策略看，房屋选择是力量微妙平衡的一部分。因此，

“湾区的房地产经纪人说，他们的客户变得不愿购买高档住宅，因为有些投资者会对高调奢华的创业者心怀提防，他们担心会吓跑这些投资者。”[20]

特朗普的叙事和城市投资者

特朗普的叙事抵消了朴素叙事的影响，使他赢得了 2016 年的美国总统大选。特朗普叙事证明，很多人根本没有被那些“畅享生活”的人吓倒。相反，正如特朗普在多本与他人合著的书中公开指出的那样，炫富是能带来回报的。这里所说的房地产繁荣叙事与第 11 章讨论的炫耀性消费叙事是同步流行的。很多人对特朗普叙事产生了兴趣，这则叙事助长了一种观点，即彰显财富是一种出色的、积极的职业策略，这与“占领华尔街”运动的理念完全对立。特朗普叙事的流行推动了 2012 年之后美国房价的上涨。

在 2005 年，即 2007—2009 年金融危机前的房地产繁荣时期，有关“房地产泡沫”的网络搜索急剧增加。图 15.1 所示曲线类似于埃博拉疫情曲线（见图 3.1）。很显然，当时出现了某种流行趋势。有些

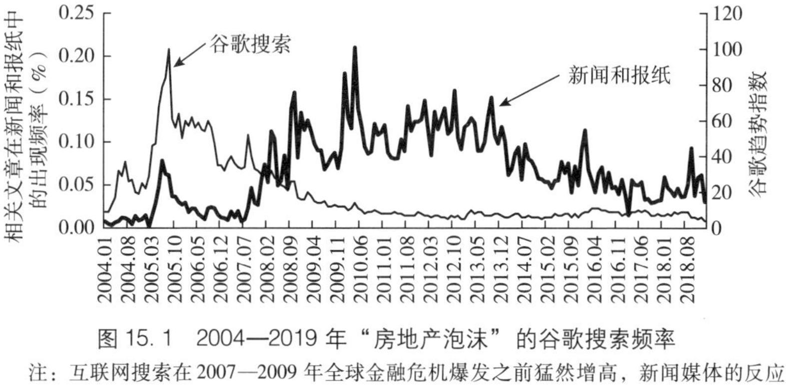

图 15.1 2004—2019 年“房地产泡沫”的谷歌搜索频率

注：互联网搜索在 2007—2009 年全球金融危机爆发之前猛然增高，新闻媒体的反应有一定滞后。

资料来源：Google Trends。

人不但倒卖房屋，还给这次繁荣推波助澜，以图从中获利。房地产投资热情感染了很大一部分人群。2005 年，特朗普成立了一所商学院，即特朗普大学，他表示：“我可以把任何一个人变成成功的房地产投资者，包括你在内。”特朗普选择了一个糟糕的时机——《经济学人》于 2005 年 6 月 18 日刊发了一篇有关房地产泡沫破裂前景的封面报道。[21]2010 年，在全球金融危机刚刚过去之后，特朗普大学在指责其欺诈的声音中倒闭。

现今的住房市场

自 2003 年以来，我先是与已故同事卡尔·凯斯合作，现在又与安妮·金塞拉·汤普森（Anne Kinsella Thompson）合作，对美国四个城市的近期购房者进行年度调查。这项调查得到了耶鲁大学管理学院的资助。其中一个问题是：“在决定购买房产时，你是否将之视为一项投资？1. 完全没有；2. 这是部分原因；3. 这是一个主要考虑因素。”回答“这是一个主要考虑因素”的百分比在 2004 年达到 49% 的峰值。全球金融危机之后，选择该答案的百分比在 2010 年降至 32%，到 2016 年又升至 42%。

这项调查还询问了人们在谈话中聊及房地产市场的总体情况。具体来说，我们的问题是：“在过去几个月里与朋友和同事的对话中，讨论房地产市场状况的频次（圈出最合适的选项）：1. 经常；2. 有时；3. 很少；4. 从来没有。”回答“经常”的百分比在 2005 年，即 1997—2005 年市场繁荣走向尾声的时候达到了 43% 的高位。到 2012 年，选择“经常”的百分比降到了 28% 的谷底，显著低于繁荣时期的数据。原因可能在于，房地产市场叙事的传播率降低了，房价的下降可以被看作一场流行的终结。

2005 年春季的叙事又是些什么叙事呢？ProQuest 的搜索结果表

明，2005 年 3 月至 5 月之间，在《经济学人》和其他封面报道之前，共有 246 篇带有“房地产泡沫”一词的文章。其中一篇文章里有一份艾伦·格林斯潘的声明，他说自己在房地产市场看到了“一点点泡沫”和“一种不具可持续性的基本模式”。这份声明旋即被拿来与他在 1996 年 12 月有关股市“非理性繁荣”的讲话相提并论。2005—2007 年间，共有 169 条新闻中同时出现了格林斯潘和泡沫的字样。这是一个涉及经济界名人的故事，一个绘声绘色、适合引用的故事。它促成了一个绘声绘色、适合引用的叙事星座，这个星座中的某些叙事具有改变经济行为、引发金融危机的能力。

下一章，我们将从房地产市场转向股票市场，介绍另一种极具影响力的叙事——将股市置于经济中心的叙事。我们将会看到这两种叙事之间的某些相似之处：两者都因为有望给投资者带来巨大商机而具有传播力，两者都与投资者的贪婪和愚蠢交织在一起。

第 16 章　股市泡沫

股市泡沫叙事讲述的是刺激和冒险故事，以及比较富有的人买卖证券的故事。就像第 15 章讨论的房地产叙事一样，股市泡沫叙事的驱动因素也是社会比较。由于这些叙事受到心理因素的推动，而且股价与大众信心有关，因此它们也与第 10 章讨论的信心和恐慌叙事有关。[1]但是，股票市场又不同于整体经济。因此，造成并维持股市泡沫的叙事构成了一个独立的叙事星座，具有不同的传播路径和传播源。

一则叙事的诞生

在 1929 年 10 月 28 日和 29 日的股市狂跌之后（29 日的跌幅要略小于前一天），人们马上用“崩盘”（crash）一词来形容此次狂跌，这个词也与随后的大萧条紧密联系在一起。“崩盘”一词的原意为撞击、碰撞，容易让人想起莽撞或醉酒的驾驶员或是冲破极限的赛车，而崩盘叙事通常意指崩盘之前那一段异常繁荣、盲目乐观乃至无所顾忌、道德败坏的时期。时至今日，这种通过股市繁荣之后的股市大崩盘讲述人类愚蠢的叙事仍在我们周边传播。

显而易见，20 世纪 20 年代的投机氛围与当时的一项技术进步息息相关：Trans-Lux 股票行情自动收录器（又称股票行情投影仪）的问世。这种行情收录器在 1925 年第一次出现在新闻报道中，它的发明问世正值公众对股票市场狂热之际，经纪公司、俱乐部和酒吧纷纷用上这种设备。这种行情收录器有一个可供很多人围观的大屏幕，它会在屏幕上显示股市的最新交易情况。观看屏幕上显示的信息就像看电影一样，或者用今天的话说，就像看大型平板电视一样。一台行情收录器前可以聚集一群人，从而推动股市故事的传播。根据美联社在 1928 年的一篇报道，这种股票行情自动收录器促成了“疯狂的交易”：

> 它刺激了数千人的投机欲望，并让更多人生出这种欲望。看着自己持有的股票成交量惊人、报价一路上涨时的那种激动之情不亚于一位赛马爱好者看着自己下注的那匹马在赛场上一马当先地冲向终点。[2]

这类叙事的经久不衰有助于解释公众在随后几十年乃至今天对国内股票价格指数的着迷，新闻媒体也会不断公布这些指数。人们普遍认为，股市是经济活力的基础指标。

在 1929 年之前，“崩溃”一词与股市并没有太大关联，因此，该词的这个新用法代表了一种不同的经济观点，即经济增长在很大程度上取决于整个股市的表现，因此，股票价格指数被人们视为风向标。“大起大落”（boom and crash）一词在 19 世纪很流行，但主要用来形容炮火纷飞、惊涛骇浪乃至理查德·瓦格纳（Richard Wagner）的音乐。1929 年后，“大起大落”一词像病毒般蔓延开来，这个时候它通常被用来形容股市表现。

崩盘：过度投机与绝望无助之间的临界点

时至今日，经济学家仍对 1929 年 10 月 28 日的股市崩盘感到困惑不解，那一天，除了崩盘本身之外，并没有发生任何重大突发事件。同样令人困惑的是，在大萧条之前的 20 世纪 20 年代，虽然人们很少讨论股市，但股价在那10年里出现了指数式增长。市值在1920年12月至1929年9月之间增长了5倍多，1929年更是见证了有史以来最惊人的涨幅。到1932年6月，市值已回落至1920年12月的水平以下。

每股收益在20世纪20年代也大幅上涨，但令人困惑的是股市为什么会对收益增长产生这么强烈的反应。股市对这样的收益增长表现得犹豫不决才是更为正常的现象，因为收益表现在每年都有极大波动，某些年份甚至有可能降到零。但可以肯定的是，股市绝不会因为某个表现糟糕的年份跌至零。正常情况下，它也不会因为某个收益突出的年份涨至与之匹配的水平。

虽然相关叙事一般都这么说，但我们最好不要将1929年的崩盘看成一个单日或两日事件。1929年10月28日至29日的崩盘使标准普尔股票价格指数下跌了21%，这只是接下来数年的跌幅的一小部分，而且在第二天，即1929年10月30日，这一跌幅就被逆转了一半。整体来看，在不到三年的时间内，标准普尔股票价格指数从1929年9月7日的最高点跌至1932年6月1日的最低点，下跌了86%。人们讨论最多的是1929年10月的单日跌幅，但其实更值得注意的是，虽然商人和政客坚称经济状况良好，但股市却日复一日、月复一月、虽不规律却持续不停地下跌。

这一叙事格外有力地强调这次崩盘的突发性和严重性，将公众的注意力集中在一次美国历史上前所未见的崩盘事件上。确实，1929年10月的单日跌幅创下了纪录，而纪录总是好的新闻素材。此外，这则新闻的时间节点有一些特别之处，引起了公众即时而持久的反应。默里·开普顿（Murray Kempton）1955年的著作《时代一览：30年代的一些废墟和古迹》讲述了20世纪30年代的历史，他在书中写道：

> 再也难以重现1929年席卷美国的那场风暴，这场风暴深深影响了20世纪30年代的真实历史……美国梦是有瑕疵的、有裂

痕的；美国梦的批评者具有了前所未有的说服力。[3]

这场风暴并非全然出人意料。在 1928 年 10 月总统大选期间，也就是 1929 年大崩盘的前一年，《纽约时报》财经编辑亚历山大·诺伊斯就曾写道：

> 一位最近刚从美国归来的善于观察的旅行人士指出，人们在火车和酒店休息室里敷衍了事地提一下政治竞选活动之后，就兴致勃勃地转为谈论股市。另一位人士表明，即使他偶然听到的女性之间的谈话，也迟早会转为讨论她们最喜欢的股票。人们在 1925 年，1920 年，尤其是 1901 年也观察到了类似的情况……但是，当下的情况与其他所有时候都有截然不同之处。在之前所有的时候，清醒的金融家都保持着沉默，不愿预测投机活动的失败，他们也许认为某种全新的经济力量已经动摇了公认惯例。相反，在当下这个时候，保守观点坦率而强烈地表达了不看好的态度。在金融家和银行家会议上的一连串讲话中，人们公开预测，投机热潮的终结不会遥遥无期，膨胀的市场即将下滑。[4]

很显然，公众完全可以看到投机的证据，他们在新闻上看到消息，在火车上谈论消息。譬如，在美国股市于 1929 年见顶之前的那一年里，股市的实际波动率相对较低。但是隐含的波动率，即经纪人对股票保证金贷款的利率和初始保证金要求，却高到异常，由此可以看出，提供保证金贷款的经纪人非常担心股市出现大幅下跌。[5]

因此，风险证据在市场于 1929 年见顶之前就已经出现，只不过充满争议、没有定论。较高的股市市盈率预示着较高的股市下跌风险，但它并不是告诉人们狂风暴雨将在几小时内来袭的专业天气预报。大多数人会留意这种风暴预警，但是，在 1929 年，很多人没有留意到高市盈率暗含的预警之意。股市崩盘之后，他们中的很多人肯定都想起来了这些预警，并懊恼自己为什么没有听从这些警告。

如图 16.1 所示，股市崩盘叙事在 1929 年以强劲的势头迅速飙升并一直持续至今，只不过更多的是出现在书籍里，而不是新闻报道里。“股市崩盘”一词——即使在现在，一般也是指 1929 年的崩盘——似乎在 1926 年就已经流露出些微的流行趋势，比 1929 年的实际崩盘要早上几年，但并没有引起人们的重视。报纸上出现过两次快速流行期，每次都在一年之内达到顶点，这表明它的短期传播力很强。第一次流行在 1929 年呈现出强劲势头，因为道琼斯工业平均指数在那一年的 10 月 28 日创下了 12.8% 的单日跌幅纪录，并在第二天进一步下跌。第二次流行始于 1987 年 10 月 19 日，那一天道琼斯工业平均指数下跌了 22.6%

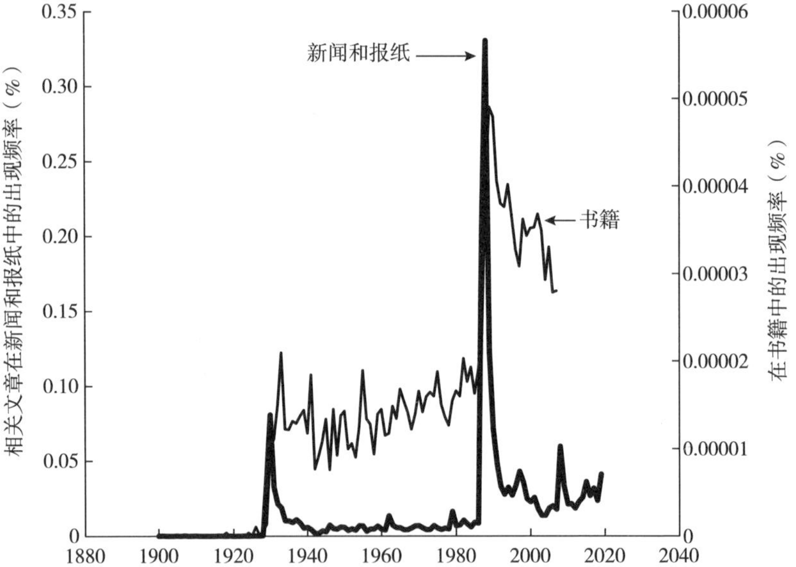

图 16.1 “股市崩盘”在书籍（1900—2008 年）及新闻和报纸（1900—2019 年）中的出现频率

注：本图显示，这个词在 1929 年和 1987 年的新闻报道中出现了极为短暂的流行，而书籍则滞后很长时间才做出反应。

资料来源：Google Ngrams（没有进行平滑处理）和作者根据 ProQuest 的数据计算得出的结果。

（几乎是 1929 年 10 月 28 日单日跌幅的两倍，但还是略低于 1929 年的两日跌幅）。除了 1987 年的下跌外，1929 年以来的其他股价波动都没有被大多数人称为崩盘。为什么？我们也看到了，报纸非常关注纪录，这可能是因为它们的读者很关注纪录，而在 1929 年以后，只有 1987 年创下了单日跌幅纪录。民俗学认为，股市叙事在 1929 年出现了极强的传播力。我们知道，在 1987 年 10 月 19 日之前的日子里，它的传播力也很强。涉及新闻媒体和投资者的故事令人回想起 1929 年的崩盘并起到了放大作用。[6]

1987 年的股市崩盘似乎是一起闪光灯记忆事件（见第 7 章），类似于一次突然的炸弹袭击、一场汽车事故或一份宣战声明，因此不容易被人遗忘。但是，数十年之后，它的故事似乎无法再融入哪个活跃的叙事星座，因此也就不再具备病毒般的传播力。

1929 年的自杀叙事

1929 年 10 月 28 日至 29 日的股市大崩盘是另一起闪光灯记忆事件，它给人们留下的印象可能比 1987 年还要强烈。与崩盘相关的死亡故事进一步强化了 1929 年的闪光灯记忆。也就是说，那个时候涌现了很多商人自杀身亡的故事。

究竟是股市崩盘真的导致了这些自杀事件，还是撰稿人深知把自杀归咎于商业状况就能收获读者更强烈的反馈？这是一个问题。约翰·肯尼思·加尔布雷思（John Kenneth Galbraith）在 1955 年的畅销书《1929 年大崩盘》中指出，大崩盘之后其实并没有这么多的自杀事件。[7]但是，讲述此类自杀事件的叙事又确实很多，仅 1929 年 11 月一个月在 ProQuest 就有 28 条这样的报道。我们在第 6 章讨论过情感启发，这种心理学原理认为，这类叙事会让人们在短时期内对所有的一切都更感担忧。[8]

1929 年股市崩盘时的死亡叙事得到了很多故事的佐证，这些故事讲述了那些在经济上被崩盘“摧毁”，因而没有理由继续活下去的人。崩盘两个月后，《路易斯维尔信使报》的一篇文章发出了这样的恳求：

> 别对自己开枪！
>
> 每每看到有人在 50 岁的年纪自杀身亡的消息，我都倍感震惊。股市崩盘毁掉了他们，但也只是在经济上毁掉他们而已。
>
> 他们不是曾经靠自己的头脑赚过钱吗？[9]

1970 年，斯特兹·特克尔（Studs Terkel）出版了《艰难时代：亲历美国大萧条》，该书是根据特克尔对他人的采访写就的，这些受访人士在特克尔着手准备这本书时正值退休年龄。这些采访揭示了 1929 年的叙事经过 40 年后在受访者的记忆里出现了什么样的变化。自杀和 1929 年等字眼经常出现，伴随着修饰润色和明显的夸张。其中一位受访者名叫亚瑟·罗伯逊（Arthur Robertson），他在接受特克尔采访时是一家大公司的董事长，而在 1929 年的时候他才 31 岁。罗伯逊说：

> 是的，1929 年 10 月 29 日。一片狂乱。当时肯定有十多个陷入绝境的朋友给我打了电话。不管是谁，都没有必要借钱给他们，好让他们有钱交给经纪人。明天他们的情况会比昨天更糟。当然，周围的自杀事件给我留下了深刻的印象。有我认识的人。真是叫人心碎。头一天你看到的价格还是 100 美元，第二天就变成了 20 美元、15 美元。在华尔街，人人都像行尸走肉一样。[10]

画家兼雕塑家克努德·安德森（Knud Andersen）回忆说：

> 当辛苦工作得来的一切令人震惊地化为泡影时，我在艺术创作

> 中找到了慰藉。在糟糕的处境中倍受煎熬……人们受到了冲击……有人自杀……我让自己沉浸在艺术创作中。我感觉经济损失带来的痛苦终会过去。这些事情，就像日食一样……有些人在看到日食之后自杀了……他们没有意识到，这一切终会过去。[11]

朱莉娅·沃尔瑟（Julia Walther）在 1929 年是一位商人的妻子，她说：

> 崩盘发生后，银行撤回了资金，用保证金购买的股票被收回。市场不断下跌，弗雷德根本无力偿还，他失去了一切。他被彻底打垮了。弗雷德总是笑着说："我这辈子唯一见过的 100 万美元就是我损失的那些钱。"
>
> 我觉得这阵狂热就好像不是真实的。大萧条是如此真实，以至于显得不真实了。它令人恐惧，有人为之跳窗自杀。[12]

在图 16.1 中，1987 年的流行看上去比 1929 年的流行还要强烈。1987 年的这次流行从人们对 1929 年的记忆里汲取了很多力量。人们也说 1987 年的崩盘引起了自杀，但这些故事似乎没有形成长期的记忆，因为 1987 年之后的萧条没有形成强有力的叙事，也没有故事对之进行添油加醋的描述。50% 的保证金要求出现在 1987 年，而没有出现在 1929 年，这意味着在美国，1987 年的崩盘"击垮"或"毁掉"的人数要远远少于 1929 年的崩盘。

与 1929 年相关的道德叙事

1929 年崩盘叙事是如何取得这种影响力的？道德观念可能起到了一定作用。20 世纪 20 年代不仅是经济过剩的时代，也是欺诈、自私和性解放的时代。一些批评家对这些方面持消极看法，但是在股市崩盘之前，他们都无法提出充分的理由反对这种推定的道德败坏。

1929 年的崩盘发生之后，11 月 3 日那个周日的布道中谈到了这次崩盘并将之归因于道德和精神方面的过错。这些布道帮助形成了有关“喧嚣的 20 年代”的审判日叙事。Google Ngrams 显示，“喧嚣的 20 年代”这个词在 20 世纪 20 年代很少被人使用。这个听起来带点审判味道的说法直到 20 世纪 30 年代才开始广为使用，那个时候，大萧条中的道德故事情节逐渐演变成对 20 年代奢侈无度和病态信心的全国性摒弃。道德卫士将 1929 年 10 月 28 日的单日暴跌比喻成从天而降的闪电。

默里·开普顿讲述了一则始于 1929 年崩盘之日的叙事，里面提到了 20 世纪 20 年代的“神话”和 30 年代的“神话”：

> 20 年代的神话是对个体表达的追求，无论是美，还是欢笑，还是对陈规的蔑视；所有这一切都被 30 年代的神话定性为自私、无聊、以自我为中心。在当时，如果谁要说 20 年代并不那么简单，其价值观有好有坏、良莠混杂的话，似乎不合时宜。[13]

因此，股市崩盘被看作一道分界线，划分了以自我为中心、自欺欺人的 20 年代和虽然经济萧条但思想与道德更胜一筹的 30 年代。时至今日，认为股市崩盘是天降惩戒的叙事观点仍然存在。

名人与鞋童的叙事

20 世纪 20 年代后期有一则鞋童叙事，可以说是将名人与 1929 年崩盘叙事挂钩的典型例子。这则叙事称，一个鞋童给一位伟人——或是约翰·洛克菲勒，或是伯纳德·巴鲁克（Bernard Baruch），或是约瑟夫·肯尼迪（这些人至今仍是名人，肯尼迪之所以出名是因为他是日后成为美国总统的约翰·肯尼迪的父亲）——提出了股市投资建议，之后这位伟人在 1929 年股市见顶之前就决定卖出股票。乔迪·查德利（Jody Chudley）2017 年在《商业内幕》中讲述了这个故事的某一个版本：

> 约翰·肯尼迪的父亲约瑟夫·肯尼迪在 1929 年察觉到了蛛丝马迹，不仅在市场高位时抽身而出，还在市场下跌的过程中收获了巨大的意外之财。
>
> 20 世纪 20 年代对约瑟夫·肯尼迪来说是一个极好的年代，几乎对所有投资股票市场的人来说都是如此。怎么可能不好呢？你只需要购买所有能买的股票，然后看着它上涨就行了。
>
> 约瑟夫·肯尼迪在 20 世纪 20 年代一飞冲天的牛市里大赚了一笔之后，发现自己的鞋子需要擦一擦了。
>
> 当肯尼迪坐在擦鞋椅上时，鞋童给他提了一些建议，告诉他应该持有哪些股票——是的，鞋童都在玩股票。这件事让他悚然一惊。
>
> 鞋童主动提出建议这件事改变了肯尼迪的人生，他马上回到办公室，开始抛售股票。
>
> 实际上，他不但退出了市场，还积极做空了股票，并在随后而来的世纪崩盘中大发了一笔不义之财。
>
> 顶层并没有敲响警钟，但是，很显然，当鞋童都开始提供股票资讯时，就该是退出市场的时候了。[14]

但是，我无法在 ProQuest 关于 20 世纪 20 年代和 30 年代的数据库中找到这个故事的佐证。我能找到的最早提到鞋童向一位富有的大人物提供股票线索的记录是在伯纳德·巴鲁克 1957 年的回忆录中，[15] 但是，即使在回忆录里，这个故事讲述的也不完全是鞋童的话带来的顿悟。

鞋童的故事也有其他一些版本，在这些版本里，谈论股票的人是擦鞋匠、理发师或警察。譬如，《明尼阿波利斯晨报》1915 年的一篇文章认为，一路上涨的市场并不会急转直下，原因如下：

> 我们并没有听说客房女服务员和擦鞋匠幸运地大赚一笔的故事。这样的传奇故事往往标志着市场已经上升到了顶点。[16]

1915 年的这则叙事似乎不具备鞋童叙事的那种道德力量，因为它没有与任何灾难性的末日审判扯上关系，没有进行有效的道德说教，也没有成功地将故事与某位名人关联起来。

股市崩盘叙事与当下的相关性

虽然 1929 年的崩盘已经过去了很久，20 世纪 30 年代的大部分时代思潮也已成昨日云烟，但是美国再次遭遇股市崩盘的可能性仍挥之不去，叫人心悸犹存。这一持续性经济叙事是 1929 年的持久遗产，它有可能会加剧股市下跌和信心下降造成的影响。而且，只要意识到有些人会根据这样的叙事思考行事，人们就有可能预期他人也会表现出这种让形势进一步恶化的反应。截至本书撰写之际，也就是 2019 年，股市崩盘的故事已经没有了传播力，但它仍然留在公众的脑海之中，并有可能随着经济环境的变化卷土重来。

政策制定者也许可以从房地产泡沫和股市崩盘叙事中吸取一些教训：在经济动荡期间，透过头条新闻和统计数据，可以看到具有真正分析价值的东西。我们也应当考虑到，某些改头换面之后重新登场的故事在我们的生活中起着重要作用。过往的故事和传说正是下一轮大起大落的脚本。

接下来两章介绍的经济叙事与前述经济叙事有所不同，因为它们引起了道德义愤和反击冲动。在这两章里，我们会研究一种显著的愤怒情绪：第 17 章是针对企业的愤怒，第 18 章是针对劳工的愤怒。这种愤怒的呈现形式有可能导致经济行为发生重大变化。

第 17 章　杯葛、奸商和邪恶企业

对企业的愤怒会随着时间变化。当消费品价格大幅上涨时，人们可能就会开始觉得企业是邪恶的。叙事将价格上涨归咎于企业的盛气凌人；在通胀结束之后，如果公众认为价格仍然过高的话，那公众的愤怒就有可能会持续下去。愤怒也有可能在企业削减工资的时候被激化。这种愤怒既有可能导致有组织的杯葛（即抵制）活动，也有可能导致民众自发地将消费推迟至价格降低之后。在这种情况下，人们会从道德层面审视自己的支出决定，而不仅仅只是为了满足自身需求。愤怒叙事也可能会与一些自私自利的想法——比如将消费推迟至价格下降之后——交织在一起。我们可以清楚地看到这类愤怒叙事在重大经济事件中的影响，如 19 世纪 90 年代的萧条、1920—1921 年的萧条、大萧条和 1974—1975 年的衰退。现如今我们偶尔会瞥见这样的愤怒，在将来也许会看到它再次崛起。

杯葛叙事

“杯葛”这个词从 1880 年起开始进入全球大多数主要语言的词典（不同语言会稍做变动）。查尔斯·杯葛（Charles C. Boycott）之所以声名远播，并不是因为他发明了杯葛，而是因为他是最著名的杯葛受害人。杯葛是爱尔兰一个外居地主的土地管理人。由于 1880 年的农作物歉收，他提出将承租农民的租金削减 10%，但租户要求削减

25%。他拒绝了这一要求。爱尔兰一个土地承租人组织随后呼吁更多的人团结起来反对杯葛。1880 年 10 月，杯葛致信《伦敦时报》的编辑，描述了自己的悲惨处境：

> 9 月 22 日，一名传票员在 17 名警察的护送下，退回到我家中寻求保护，叫嚣的人群跟在后面，冲着我的家人大喊大叫。第二天，即 9 月 23 日，人们成群结队地聚集在我的农场上，大概有近百人来到我家，要求农场上所有的工人、劳力和马夫都离开这里，永远别再为我工作，不然后果自负……他们警告商店老板不得再向我家供应任何物品……我找不到工人做任何工作，而且“土地联盟”已经公开宣称将我的这片废墟列为他们的目标，除非我放弃一切，离开这个国家。[1]

这是一个生动的故事，但它为什么会像病毒般传遍全世界呢？首先，它带有争议性。一方面，针对杯葛本人的行动似乎冒犯了人类的情感，但另一方面，它触及了不平等加剧以及财富和权力集中的显著问题。这并不是人们第一次采取这样的行动。但是，这一次人们开始觉得，以整个社群发动杯葛的形式寻求道德支持可能会是一种有力的工具。的确，杯葛对劳工来说似乎是一种更胜一筹的新策略，因为它涉及整个社群，而社群本身并没有直接从中受益。这似乎可以证明这样的行为是出于道义，而不是自私自利。这一想法极具传播力，并广为传播。

“杯葛”最终将成为它构成的经济叙事的核心。像其他一些叙事一样，它以情感反应为中心，此处指的是对商人的愤怒。杯葛叙事会让人产生阴谋无处不在的感觉，这种感觉也是由愤怒生成的。我们将在本章看到，杯葛叙事和该叙事星座中的其他叙事往往会在社会上出现大规模责难暗流的情况下重新现身，而且它们具有重要的经济意义，因为它们能够影响人们的消费意愿和妥协意愿。

杯葛叙事的病毒式传播

劳工历史学家利奥·沃尔曼（Leo Wolman）在《美国工会的杯葛行动》（1916 年）中写道：

> 几乎没有任何警示，杯葛行动就在 1880 年突然出现，并成为接下来 10～15 年里最有效的武器。没有哪件事物鄙俗到能够逃脱它的影响，也没有哪个人高贵到能够逃脱它的影响。[2]

杯葛叙事在 19 世纪 90 年代萧条的中期开始发生变化，公众开始对连续不断的杯葛感到厌倦。当大多数人开始对杯葛感到怀疑和厌烦时，杯葛的道德力量就消失了。正如沃尔曼所说的那样：

> 美国劳工联合会发挥影响力，促使其会员在行使杯葛手段时更加克制。事实上，从 1893 年到 1908 年，它的绝大部分立法行动都旨在控制对杯葛手段的频繁使用。在 1894 年的大会上，执行理事会坦言“过多批准此类申请是不切实际的。精力会过于分散，无法达到最佳效果”。此后，每隔几年就会有新规出台，以限制杯葛行动的批准门槛。[3]

但是杯葛行动并没有就此销声匿迹，而是在整个现代经济史中周期性地反复出现。每一次，只有在其背后的叙事强劲有力的情况下，杯葛行动才能持续。一旦背后的叙事减弱，杯葛行动最终也就土崩瓦解。

奸商故事通过一战使杯葛叙事重获生机

新兴的奸商叙事与杯葛有所关联。图 17. 1 显示了“奸商”一词的传播力，这个新词反映了人们对商人的愤怒。根据牛津英语词典，这个词第一次出现在 1912 年。它在一战期间及战后那段时间被频繁提及，其使用频率在 1920—1921 年的萧条期间达到高峰。“奸商”模仿了较早的“私掠船”（privateer）一词，后者是指在政府的支持下劫掠外国敌方船只的海盗船。这种生动的意识图像增强了奸商一词的传播力。当时与之相关的表述有“超额利润”，还有我们前文所说的“杯葛”。

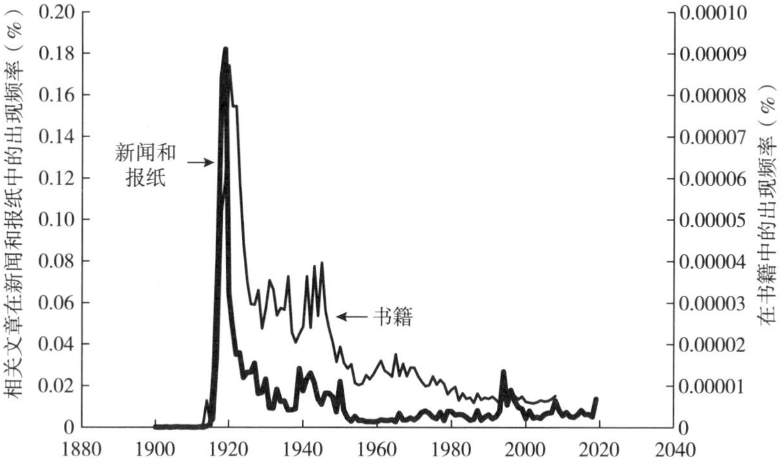

图 17. 1　“奸商”一词在书籍（1900—2008 年）及新闻和报纸（1900—2019 年）中的出现频率

注：“奸商”一词经历了一次短暂但强劲的流行，这次流行始于一战，但是直到 1920—1921 年的萧条期才达到最高峰。

资料来源：Google Ngrams（没有进行平滑处理）和作者根据 ProQuest 的数据计算得出的结果。

1918 年，即一战的最后一年，《纽约论坛报》刊出了一则这样的叙事：

> 据《克利夫兰老实人报》报道，当地有一个故事，大意是说两个男人在有轨电车上谈论这场大战，其中一个人说：“对我的工厂来说，战争简直是天赐之福。”另一个人笑着回答说：“如果再打上两年仗，我就能过上逍遥快活的日子啦。”故事接着说道，一个女人在这个时候站起来，用雨伞狠狠地抽打那两个男人，一边打一边说：“如果战争对你们来说意味着那些，那么你们说的话对我来说就意味着这个！”[4]

这则叙事给人留下愤怒女子把雨伞当作武器的强烈视觉影像，极具感染力。这则叙事和类似的叙事在战后经久不衰，在之后的数年里极大地影响了人们对企业的态度。

1920—1921 年的萧条是自现代统计学问世以来美国历史上最急剧的萧条（意指最快的衰落和复苏）。当时，人们将这次萧条称为“战后萧条”，此外也出现了不带连字符、明确指代一战的战后（postwar）一词，因为一战被视为历史上一个特殊的转折点。将一战称为“结束所有战争的战争”的说法在一战期间和战后风靡一时。数十年后的二战使一战黯然失色，战后一词的含义也改为指称二战之后的时期。其结果就是，1920—1921 年的萧条失去了一个独有的名字。詹姆斯·格兰特（James Grant）在 2014 年的一本著作中建议称之为“被遗忘的经济衰退”，这也正是他这本著作的名称。

话虽如此，1920—1921 年的萧条在 20 世纪 30 年代的大萧条时期仍是一则很有影响力的叙事。前一次萧条为后一次萧条提供了部分脚本。从 20 世纪 20 年代初期的萧条到 20 世纪 30 年代大萧条时期的每一起重要事件都被放置在了“战前”或“战后”的情境之下。譬如，从一战中幸存下来的 20 来岁的士兵到了 1933 年的时候已经年过 30，他们仍然维持着战友之间的情谊，很多人也还在默默舔舐战争留下的创伤。两次萧条也都引起了公众对企业的愤怒之情，那个愤怒的女子用雨伞抽打两个商人的故事就反映了这一点。

恢复“常态”

一战结束之后，在战后通胀率总计达到 100% 的情况下，通货紧缩叙事在 1920 年开始传播。声称消费者价格将大幅下跌的报道极具传播力，因为它是与奸商叙事相关的。在 1920—1921 年的萧条时期，有上千条新闻报道指称某些价格已经降至战前 1913 年或 1914 年的水平。报纸撰稿人和编辑知道，这样的报道能够吸引读者的注意，因为对大多数人来说，一旦战争结束，价格自然而然就会回归到原来的水平：这是一种非常重要的能够感知的“回归常态”，它最终有可能会鼓励消费者购买新房或新车，但前提是价格完全降下来。

1920 年总统大选期间的种种言论进一步让人觉得价格将会跌至战前水平。总统候选人沃伦·哈定（Warren Harding）频频使用“常态”一词描述一战之前的全球局势，并承诺将会让一切恢复如初。“常态”一词在 1920 年之前的使用情况也有据可查，这个词并不是哈定发明的，但它在 1920 年之前很少出现，所以很多人都认为是哈定创造了这个词。特朗普在 2016 年的竞选活动中承诺要让美国再次伟大并频繁使用“大大地”（bigly）和“巨大的”（huge）等词，而哈定使用“常态”一词的频繁程度与之不相上下。无论是在哈定还是在特朗普的竞选活动中，都有一些词句为叙事提供了具体含义，这些经常被人拿来谈笑的词句基本都成了相关叙事的名称。对哈定来说，“常态”一词反映出一种将 1920 年的萧条与战争留下的未愈创伤混为一谈的倾向，从而形成了一则感情强烈的时代叙事。

哈定在 1921 年 3 月的总统就职演说中总结了他在 1920 年竞选过程中强调的观点：

战争引起的动荡也在企业界得到了反映，而企业界则流动着我们物质生存的血脉。经济机制不仅错综复杂，而且其各个组成部分之间是相互依存的。不正常的需求、信贷膨胀和价格飞涨，不免会导致冲击和震荡，使经济机制深受困扰。正常的平衡受到损害，分配的渠道遭到堵塞，劳资关系也变得十分紧张。对此我们必须细心而又大胆地设法加以调整。我们的人民应当既有付出又有所收获。战时活动的热潮正在消退，物价也应当随之趋于平稳正常。过去的工资水平也许已经一去不复返了，因为战争照例要引起薪酬的调整，而且人们的生活所需也会不可避免地随之发生变化，但我们必须争取恢复常态，以期实现稳定。[5]

买还是不买

在20世纪20年代伤痕累累的情感氛围中，对于大多数消费者而言，无论是从道德层面还是从实际操作，等待价格下跌以后再购买非必需品都是一种显而易见的策略。但是，推迟购买的做法促成了萧条。一位观察人士在1920年写道：

公众知道战争已经结束，所以拒绝用战时价格购买商品。东西摆在货架上动也不动，因为人们根本不去购物。[6]

民众的怒火不断上涨，并对牟取暴利的制造商和零售商发起了抗议。这些抗议活动旨在让一条基本经济原理发挥作用：

如果人们决定只购买必需的食品或其他东西，那么无情的供需法则就会自动运转起来，让一切回到更加正常的状态。[7]

因此，在人们等待价格回归到 1913 年“正常”水平的时候，节俭成为一种新的美德。

为什么是 1913 年呢？在 1920—1921 年的萧条之前，美国劳工统计局于 1919 年发布了权威的零售价格指数，这也是现代消费者价格指数的前身。该指数使用的历史数据始于 1913 年，即一战爆发之前一切都还安宁祥和的那一年。[8]从这一指数可以看出，价格在 1913 年之后出现了大幅上涨。因此，1913 年成了价格比较的基准，消费者打算等价格降回到 1913 年的水平后再去购物。劳工统计专员罗伊尔·米克尔（Royal Meeker）在 1920 年 1 月表示：“我们在 1913 年嫌弃过的价格现在成了理想价格。”[9]他指出，所谓的理想价格是错误的。消费者价格指数在 1913 年的基点为 9.8。到 1920 年时，它已经翻了一番以上，变成 20.9，到 1921 年中它又跌到了 17.3。要想重新回到 9.8，还有很长的一段路。

在通货紧缩的极端情况下，添油加醋的通货紧缩叙事攒起了足够的情感传播力并像病毒般传播开来，在这种情况下，购买量就会锐减；消费者会报复性地推迟购物，直至价格再次回到合理水平。愤怒取决于叙事；因此，各个国家以及各个时期的通货紧缩和衰退萧条之间并没有持续的强相关性。[10]20 世纪 20 年代的经济叙事营造了一种浓厚的等待价格下跌的氛围。叙事声称，推迟购物不但是明智的决策，也是合乎道德的、负责任的做法。

牟取暴利和公平工资叙事

战争结束至 1920 年的价格上涨被普遍视为商人的过错，他们的身上被贴上了当时流行起来的“奸商”标签。之前的战争中也有过一些词被用来批评那些从战争中获利的人（鹰身女妖、敲诈犯、剥削者、黑市贩子、吸血虫、吸血鬼、窃贼），但似乎没有哪个词像“奸商”这样具有传播力，这个词让人想到在战时英雄的白骨上累积起来的战争财富。奸商让人想到一家与政府有关联的大公司，而不是小规模的个体投机者，因此让人觉得有必要采取强力杯葛之类的集体行动。从当时的美国来看，杯葛还有一个附加好处，那就是它们与共产主义没有任何关联。

在一战期间及战后，“奸商”一词出现在很多叙事中，并不仅限于商业专栏的报道。战争期间的教堂布道开始抨击走高的食品价格，批评商人的自私自利——对于人类的苦难，这些商人没有表现出什么悲悯或敬畏之心。[11]还有一些叙事声称有律师收集了在战争中失去家庭成员的美国家庭的名称和地址。这些律师撒谎说，阵亡士兵的家人需要律师出面才能申请政府福利，他们让这些家庭签署一份合同，承诺把20%的政府福利金付给这些律师，然后才肯带领他们走完申领政府福利的各种手续。[12]看了这样的叙事，就很容易理解这种牟取暴利的行为为什么会引发极端强烈的反应。

战争在1918年结束，但奸商叙事并没有随之停止。在战后通胀时期，即1920年和1921年，下面这样的叙事传播开来：过高的价格让消费者怒火高涨，他们痛斥奶店，并告诉肉店他们要集体罢购，以求泄愤。经济学家知道战争时期的通胀为什么会一直持续至1920年（负债累累的政府既要面对饱受战争破坏的经济烂摊子，又不想提高税收或提高利率，这导致赤字进一步扩大），但是广大民众不知道。公众开始将战时经历和战后经历视为善与恶之间的战斗。知名作家亨利·黑兹利特（Henry Hazlitt）在1920年写道：

> 因此，每个角落都有以正人君子自居的人在谴责这个肮脏世界的暴行和劫掠。屠夫对鞋商的牟取暴利感到震惊；鞋商对戏票倒卖商的厚颜无耻感到震惊；戏票倒卖商又对房东的霸道专横感到震惊；煤炭工人提出的要求让房东无语问天；而屠夫索要的价

格又让煤炭工人崩溃。[13]

我们可能会问：这些人应当被称为奸商吗？他们唯一的罪行似乎就是在通胀时期以更高的价格出售商品。欧文·费雪在 1922 年访问了德国，在那里，战后的通胀持续了更长时间并最终发展成恶性通胀。他回想起自己与一位“非常睿智”的女士的对话，这位女士经营着一家服装店，她卖给费雪一件衬衫。在通胀率不断攀升的形势下，这件衬衫的价格显得异常低廉。

> 她害怕被人视为奸商，她说：“我卖给你的那件衬衫，我要是想再进货就得花掉我找你要的那么多钱。”我还没来得及问她为什么以这么低的价格卖掉它，她就继续说道：“但我已经赚到了，因为我当时的进价更低。”[14]

随后，费雪极力指出，战前的价格或“1913 年的美元”并没有任何道德含义或特别之处。德国人对暴利的不满和抱怨与美国民众在 1920 年的不满和抱怨很相似：从一战停战到 1920 年 6 月的那 19 个月里，消费者价格上涨了 28%：

> 锡拉丘兹（纽约州），6 月 2 日：尤蒂卡市服装经销商约翰·罗伯茨公司被判在 11 项商品上存在牟取暴利行为，联邦法官哈兰德·霍伊（Harland B. Howe）今日对其下发了 55 000 美元的罚单……政府表示，公司存在以下销售行为：进价 16.75 美元的连衣裙，售价是 35 美元……进价 6.50 美元的围巾，售价是 25 美元。[15]

由于高通胀率，这家服装经销商使人产生了高额利润的错觉。经济学家试着对其中一些运行机制做出解释：

> 但是，高昂的价格会导致另一种不公正现象，那就是各种各样的商人——制造商、承销商、批发商和零售商——能够从中获得丰厚的利润，在价格飞速上涨的时期，他们几乎可以说是不得不接受这种利润。在过去这五年里，商人们只要在市场价格持续上涨的时候把商品摆在货架上存放起来，就可以发家致富。这才是“暴利”的真实原因。这并不是一个突然出现在商业领域的恶习，也不会因为将人关进监狱就能被制止。这是疾病的症状，而不是疾病本身。[16]

这种说法可能只说服了少数一些完全不懂通胀对公司利润真正影响的人。相反，大多数人都有可能被奸商叙事的流行裹挟，认为商业领域已经养成了价格欺诈的“恶习”。直到消费者价格开始下跌之后，民众对暴利的关注才开始减退，但关注的减退并没有与价格的下跌完全重合，因为愤怒叙事的流行有其自身的内在动力。

美国的通胀在 1920 年 6 月结束，尽管消费者价格再也没有回到 1913 年的水平，但价格还是迅速回落。在那之前，人们在这个问题上的情绪一直都很高涨。有人在 1920 年一封给报纸编辑的信中写道：

> 超额利润恰如其名，它是暴利的果实，是高利盘剥；要说这世上有什么东西应当被征税，那无疑非它莫属。事实上，应该对之处以监禁乃至更严厉的惩罚。[17]

政府非常重视这样的情绪。1917 年，在一战期间，美国对超过 1911—1913 年水平的利润征收了 60% 的超额利润税。超额利润税直到 1921 年 10 月才被取消，因为民众对企业的愤怒情绪在战争结束后持续了很长一段时间才消退。超额利润税加剧了 1920—1921 年的萧条，因为公司纷纷等到这个税目被取消之后才开始盈利。同时，人们之所以推迟购买，并不仅仅是因为他们对自私自利的奸商感到愤怒，还因为人们认为在价格下跌的时候有机会从推迟购买中获益。

也许我们应该将 1920—1921 年的萧条视为一次由于消费者杯葛导致的萧条。1920 年 1 月，美国参议员亚瑟·卡珀（Arthur Capper）称“奸商比极端分子还要危险”，并敦促消费者“拒绝购买高价商品，抵制那些牟利的猪”。[18]如果用当时的另一种说法来表述，也许这次萧条其实是“1920—1921 年的买家罢工”，这也正是“杯葛”这个词的核心要义。

在 1920—1921 年的萧条时期，人们也非常关注自己是否拿到了“公平工资”。某些公司削减员工工资的做法有时会火上浇油，进一步加剧人们对所谓奸商的愤怒。这些公司在为自己的行为辩护时指出，在最终产品的市场价格下跌的时候，他们无力继续支付高工资。任何一个理智的人都应该看出，减薪在有些时候是必要的，但是有关减薪必要性的解释并没有形成具有传播力的叙事。工会代表往往没有意愿向成员解释雇主的困境。相反，他们发现，让那些宣扬邪恶管理层的故事保持活力，更有利于他们自己。

“公平工资”一词的出现频率走势图遵循的模式与“奸商”一词的模式极为相似。不过，从 19 世纪末开始蔓延的“公平工资”一词在涨势上更为迅猛。在书籍中，“公平工资”一词的出现频率大约在 1920—1921 年的萧条时期达到最高点。在 ProQuest 上，这个词被提及的频率在 20 世纪 30 年代的大萧条时期达到最高点。

乔治·阿克洛夫和珍妮特·耶伦（Janet L. Yellen，1990）提出的“公平工资—努力程度”假说认为，如果员工认为自己没有拿到公平的工资，他们往往就会报复性地放慢工作速度。阿克洛夫和耶伦在提出这一理论时，似乎认为它在任何时候都一样适用，但现在看来，不断变化的叙事可以提高人们对公平工资的关注程度。

结束 1920—1921 年急剧衰退的叙事

似乎并没有什么一目了然的理由可以解释 1920—1921 年的萧条为何戛然而止以及公众对暴利的关注为何会减退。推测起来，想必是当时出现了一些现今已经难觅踪迹的流行叙事，使人们不再那么期待价格的下跌，对高昂的价格也不再那么愤怒。

1920 年的夏秋两季有很好的收成，虽然这可能算不上一个可靠的先行指标，但在很多人的眼里：

> 我们今年种了很多庄稼，而大丰收必然意味着好光景。战争并没有破坏自然法则。[19]

1920 年末，加拿大著名银行家埃德蒙·沃克爵士（Sir Edmond Walker）提出了一个理论来解释价格为什么不会跌回到 1913 年的水平：

> （消费者价格远高于战前水平的）这种情况可能还会再持续一代人的时间，而且，只要战争债务的沉重负担带来异常沉重的税收和高昂的租金，这种情况就必然会持续下去。[20]

到 1921 年 4 月，开始有说法称“价格慢慢稳定在了和平时期的水平，暴利活动减少了”。[21]据称，很多农民在 1921 年时已经将大部分农产品恢复到 1913 年的价格水平。[22]

因此，到了那个时候，人们似乎没有那么多的理由再把购买推迟到价格下降之后。而且，企业——以及财富——已经不再那么邪恶，人们也就不再有更多的抵制冲动。民众越来越愿意支出。据称，到

1921 年的时候，女性开始佩戴更为显眼的珠宝首饰。[23]孩子们带着钱而不是午餐袋去上学，他们会为自己购买昂贵的午餐。一种“顺势前行的精神”在 1921 年下半年显现：

> 每个人都比以往更为悠然自在，他们在生活中找到更多的乐趣。街道上的车来车往就是明证。所有这一切都意味着货币支出。[24]

1921 年的快速复苏可能要归因于这些新的叙事，而不是政府为重振经济采取的刺激措施。

1920—1921 年萧条与 20 世纪 30 年代大萧条的比较

劳工历史学家发现，与 20 世纪 30 年代大萧条相比，在 1920—1921 年萧条时期，劳工更能够接受因价格下跌而减薪的理由。[25]在前一个时期，工会数量较少，力量偏弱，因此工会宣传也就没有那么强大的传播力。因此，雇主在 1920—1921 年就能够更有效地证明，由于通货紧缩，他们必须削减工资；他们指出，由于产品定价下降，他们拿来支付工资的收入减少了。詹姆斯·格兰特在《被遗忘的经济衰退》（2014）一书中指出，这种工资灵活性是 1920—1921 年萧条相对较快结束的原因所在。

相反，20 世纪 30 年代的叙事将雇主削减工资的理由描述成纯粹的贪婪和谎言。一些神职人员采取了与商人对立的政治立场，因而受到了批评：

> 一些神职人员以为自己被赋予了宣讲经济学而不是宗教教义的特殊权力，于是投身于工资问题，全凭意气用事。他们满怀激

> 情地敦促实行最低工资和最短工时，而且有理有据地站在人道主义的制高点上，使得那些同样有理有据地站在人道主义制高点上反对监管的人发现，自己跟血汗工厂老板一起，被列为人类进步的敌人。[26]

在这样的言论下，雇主很难通过削减工资来避免裁员，也很难在公众眼里保留好印象。此外，正如第 13 章所述，1933 年 6 月的《国家工业复兴法案》规定企业不得减薪，罗斯福总统推行的政策也加大了企业减薪的难度，即使在最高法院于 1935 年 5 月裁定该法案违宪之后也还是如此。[27]这些法规折射出了大萧条时期的叙事，即削减工资是邪恶的做法。即使没有这些法规，企业也很难通过削减工资来应对价格下降。

在 20 世纪 30 年代的大萧条中，"回归常态"的叙事并不那么突出，但也不会轻易地随着时间的流逝而沉寂。人们对 1920—1921 年萧条的认知与对大萧条的认知有着本质上的差异，在他们眼里，前一次萧条只是战后回归常态的一个过渡阶段，只是一次流感般的流行。但是，人们在解读大萧条时期的失业和价格下跌时则是通过另外一些叙事的透镜，这些叙事在 20 世纪 30 年代颇为流行，如信心叙事（第 10 章）、节俭叙事（第 11 章）、技术性失业叙事（第 13 章）和 1929 年的股市崩盘叙事（第 16 章）。

20 世纪 30 年代大萧条期间的杯葛和奸商

在 1929 年 10 月 28—29 日的股市崩盘中，人们开始提到 1920—1921 年的萧条。[28]在人们的心目中，上一次重大危机总会占有特殊的位置，如果那是有史以来最大的危机，就更是如此了，因为这类故事依靠人们的记忆增强传播力。尽管在大萧条刚刚开始的时候，有一种叙事认为当前的情况基本上可以说是1920—1921年事件的重演，但更大范围的大萧条叙事必然会有某些基本的不同之处。20世纪20年代的叙事强调了一战造成的苦难，但在10年后的30年代，这种叙事不再那么盛行。但是，通货紧缩的情况却基本一样。1920—1921年的消费者价格下跌似乎是最大幅度的下跌。在1929年之后，很多人都预计价格会像1920—1921年那样大幅下跌，因此他们选择推迟购买，等价格下跌到底再说。

1929年10月28日至29日的股市崩盘过了大约一个月之后，新闻媒体大肆报道称，在一年一度的圣诞节购物季期间，美国零售销售出现了疲软迹象。新闻报道称圣诞节购物情况一如往常，但奢侈品购买出现疲软。购物情况之所以一如往常，完全是因为降价销售的缘故。这种变化要归因于“股市崩盘带来的心理影响”。[29]

经济学家预计这次收缩会像1920—1921年那次一样短暂，这也解释了为什么胡佛总统等人会在1930年自信地表示，始于1929年的这次萧条很快就会结束。但是公众并不大相信胡佛总统。当大萧条在1932年接近谷底时，有一种叙事坚持认为，消费者价格最终将在1933年跌至1913年或1914年的水平，这意味着价格还要再降20%，超出当时所知的消费者价格的最低水平。[30]这则叙事为人们推迟购买消费品提供了理由。凯瑟琳·哈克特在1932年写道：

> 我看了经济学家的很多预测，这些预测足以说服我相信，我对未来价格趋势的看法和大家的看法一样，很有道理。家庭主妇在商品市场价格下跌时的操作就和投资者在股市下跌时的操作一样；她会坐等价格稳定下来，在那之前，除了必需品之外，她不会购买任何其他商品。虽然我不是经济学家，我也知道，如果2 000万家庭主妇都这样做，那么商业复苏将会被无限期推迟。[31]

这段话揭示了消费者行为的一些重要之处。哈克特将消费者行为比作股市投机者的行为，后者不相信专家的意见，在预测个股价格时感情用事、自以为是。她也提到，这类猜测叙事广为流传。主妇在言谈之间肯定就像投机者一样，相互交流她们在变化莫测的消费者价格变动中所做的明智决策和失误操作，并交流成功和失败的购物经验。即使普通购物者预期会出现（非负数）通胀，但是，如果声称价格有望下跌的情绪高涨的叙事有着更高的传播力，那最后的结果将是消费者支出大幅净减。

奇怪的是，经济学家没有更多地通过女性的言谈来了解20世纪20年代和30年代萧条时期的购物模式。根据那个时代的性别分工，男人可能负责股票操作，女人则负责购物，有鉴于此，女人肯定一直在滔滔不绝地讨论自己根据直觉制定的购物策略。书写历史的男性将所有的一切都归因于男性总统、银行家和商业领袖的重要决策，但造成萧条的关键决策（即推迟购买的决策）可能更多来自女性。事实上，在1932年大萧条跌入谷底的时候，据说有一位查尔斯·福斯特夫人这样告诉一个女性团体：

> 当今美国女性手中最有效的武器之一就是其巨大的购买力。我们得知，美国收入的85%是从她们手上花出去的。如果想更好地推动舆论，推动人们像往常一样支出，有什么比她们亲身示范来得更有效呢？[32]

同时，就像1920—1921年的萧条一样，20世纪30年代的大萧条也出现了很多杯葛行动：杯葛德国和日本商品，杯葛与犹太人有关的商品。德国人开始杯葛西方商品。所有这些杯葛行动都必然产生经济影响。

"现在就买"运动

在大萧条初期，美国曾经尝试过建立起一种道德责任感，以此来应对议价热潮，这种热潮导致了消费者的推迟购买决策。[33]华盛顿特区商会在 1930 年发起了一场运动，口号是"现在就买，共创繁荣"。一个"繁荣委员会"要求所有教派的牧师参与进来，"通过布道宣讲繁荣"，从而"刺激生产，缓解失业状况"。[34]富兰克林·罗斯福在 1933 年就任总统后，发起了自己的"现在就买"运动，要求爱国公民克服等待更低价格的念头，尽一份力推动经济发展。[35]1933 年 8 月，一场名为"8 月购买季"的运动请求爱国人士专门在 8 月份购买零售产品，这是一年中零售业销量最低的月份。消费者被告知，8 月是很多水果和蔬菜的"装罐季"，因此正是购买它们的大好时机。这场运动大力宣传消费者价格的季节性，暗示价格日后将会上涨，明智的消费者这时就应当出手购买。[36]很显然，"现在就买"运动的开展是为了应对已经流行起来的"价格即将下跌"叙事。

后来的杯葛叙事

二战结束之后，美国经历了 1920—1921 年萧条及杯葛行动的再次上演。但是，政府当局这一次回想起了 1920—1921 年的叙事并以此指导他们的回应措施。在战争于 1945 年结束之后，美国当局继续实施了一段时间的战时价格管制，以防止一战后的通胀再次重演。1945 年 4 月至 10 月之间出现了一次与军人复员相关的非常短暂但相当急剧的衰退，根据评估，在这次衰退中，价格处于稳定状态。但是，在美国政府解除管制之后，价格开始迅速上涨，到 1949 年，价格已经比 1945 年高出约 30%。有关消费者杯葛和消费者罢工的言论再次甚嚣尘上，1949 年出现了一次与 1920 年那次相似的萧条。报纸再次报道说，消费者在等价格下跌以后再购买可推迟购买的商品。

1973—1975 年的严重衰退很大程度上要归因于一次贸易禁运，这是一次卖方杯葛行动。阿拉伯石油禁运始于 1973 年 10 月的阿拉伯—以色列（赎罪日）战争期间。在这次禁运中，石油输出国组织（OPEC）限制了石油供应，该组织同情袭击以色列并即将战败的阿拉伯国家，而美国则站在以色列一边。这次禁运是一次由原则或情感推动的事件，虽然战争在它开始的当月就宣告结束，但禁运却持续了很久。这是对阿拉伯国家的道义支持宣言——虽然在参战的五个阿拉伯国家中，只有一个国家（伊拉克）来自由 11 个成员国组成的石油输出国组织。

围绕 1973—1975 年经济衰退的很多叙事都源于民众的愤怒。关于这场衰退，最常被人提及的原因，即石油输出国组织抗议美国在 1973 年的赎罪日战争中支持以色列，只是故事的一部分而已。石油价格突然涨到原来的 4 倍，达到前所未有的水平，这引起了消费者的愤怒，同时也出现了美国在处理石油配给问题上遇到困难的报道，如汽油的单双号配给。（如果车牌号末位是奇数，车主就只能在奇数日加油；如果车牌号末位是偶数，车主就只能在偶数日加油。）较高的油价导致了较高的电费，很多人开始关掉大部分灯，让屋子陷入一片黑暗，以此表示抗议，他们这么做的原因之一就是他们对自己眼中的不公正现象感到愤怒。[37] 在 20 世纪 70 年代美国通胀失去控制的时期，很多人将通胀视为美国最严重的问题。一位观察人士在 1974 年 7 月写道："对抗通胀就像扑灭森林大火，需要勇气、团队合作和协同牺牲。"[38] 当时，美国的年通胀率达到了 12%，如果不算上两次世界大战前后那段时期，这个数字创下了新高。

扑火比喻带有道德暗示，这种暗示可能导致了人们减少支出。1973 年 4 月，也就是 1973—1975 年的严重衰退刚刚开始之际，曾经有过一次"杯葛肉类行动"，消费者以此抗议肉类价格过高。据报道，这次杯葛行动造成美国肉类行业 2 万名工人失业。[39]同年 8 月还出现过一次为期一天的杯葛行动，即“什么都不买日”。[40]第二年的 1974 年 1 月，在经济严重衰退的时候，愤怒的消费者再次发起了杯葛肉类的行动，并扩大了杯葛范围，将谷物也涵盖在内。[41]杯葛情绪在消费者脑海中持续了一段时间，造成一系列商品和服务的销售量下降，引发了或者至少可以说加剧了这次经济衰退。

在 2007—2009 年的全球金融危机期间，见诸报端的有数千起杯葛行动，包括对抵押贷款机构和汽油的杯葛，但是这些杯葛和暴利似乎没有显示出早期同类事件具有的重大经济影响力。话虽如此，引发愤怒杯葛行动的叙事以后仍有可能出现，就像以前一样。新兴企业和工会给人留下的观感是好是坏，这对未来的经济状况至关重要，我们将在下一章中探讨这个话题。

第 18 章 工资—物价螺旋式上升和邪恶工会

工资—物价螺旋式上升叙事在 20 世纪中叶盛行于美国和其他很多国家。它描述了一场由强大工会领导的工人运动，这场运动要求提高工资，管理层的应对之道是推高出售给消费者的最终商品的价格，这样他们的利润就不会受损。然后，劳工以物价上涨为由，要求进一步提高工资。这一过程循环反复，导致通胀失去控制。因此，人们将通胀同时归咎于劳方和资方，有些人可能还会将之归咎于任由通胀加剧的货币政策部门。这则叙事与“成本推动型通胀”一词相关，在这个术语里，成本是指劳动力成本和生产投入。它与另一则流行叙事，即“需求拉动型通胀”形成了对比，后者认为通胀的原因是消费者的需求量大于生产能力。

如图 18.1 所示，“工资—物价螺旋式上升”和“成本推动型通胀”的流行大致处于同一时期。两者的流行趋势在 1950—1990 年间的某个时候尤为强劲。这些流行趋势反映了道德价值观的变化，表明人们对上当受骗和社会深层腐败深感关切。根据这些叙事，工会欺骗性地声称自己代表全部劳工，而实际上它们仅代表了某些内部人员。[1] 与此同时，政客和中央银行自私地纵容通胀率不断上升，没有强大工会做后盾的真正的劳动人民因此陷入贫困。盖洛普民意调查显示，美国公众对工会的支持一直呈下降趋势，从 1936 年的 72% 下降到了 2009 年的 48%。[2]

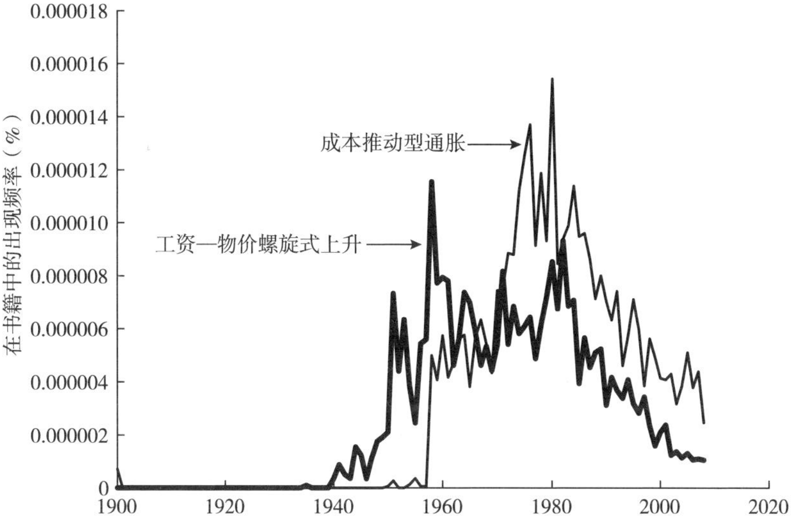

图 18.1　1900—2008 年“工资—物价螺旋式上升”和“成本推动型通胀”在书籍中的出现频率

注：这两次相互关联的流行推动了劳资关系和政府商业监管的重大变化。

资料来源：Google Ngrams，没有进行平滑处理。

一些细节翔实的故事激起了人们的愤慨，加强了叙事的影响力。例如，1950 年左右，一个让人觉得无比愤慨的故事出现了病毒式传播，这个故事声称工会将根据行驶的英里数而不是工作时间重新制定工资。《纽约时报》在 1950 年这样介绍此事：

> 这两个工会要求修改规定，其中一项变更是将客运列车上列车员和售票员的工资基数从 150 英里或 7.5 小时降至 100 英里或 5 小时。铁路公司的回应是要求将单日基本工作量增加到 200 英里……由于近来的技术进步，如更多内燃机车被投入使用，客运列车的速度大大提高，很多客运列车服务人员每天只工作 2.5～3 小时就能拿到一天的工资。将基本日行里程数减少到 100 英里之后，客运列车员工的里程工资率将提高 50%。[3]

报道接着说，售票员只需工作 2.5 小时就有机会像乘客一样坐下来休息，而这时旅程还远远没有结束。如此令人愤慨的要求让这则叙事极具感染力并令人久久难忘，时至今日仍留在人们的脑海里。

公众开始将工会与集团犯罪联系在一起。譬如，虽然吉米·霍法（Jimmy Hoffa）在当时遭到了腐败指控，但他还是在 1957 年接管了国际卡车司机协会，并以绝对独裁的手腕管理着这个工会。有一个流传多年的故事说，罗伯特·肯尼迪（Robert F. Kennedy）牵头调查他是否从事涉黑帮类活动。霍法后来被判犯有贿赂和欺诈罪，并于 1967—1971 年入狱。1975 年，他在布卢姆菲尔德镇红狐餐厅的停车场神秘失踪。有传言称他被敌对帮派杀害。还有传言称他的尸体“被埋在新泽西州巨人体育场的混凝土中，被碎尸并被扔进佛罗里达州的一片沼泽，或是消失在帮派名下的炼脂厂里”。[4]这些绘声绘色的推测让人对霍法的可耻下场形成了生动的视觉化意识图像，从而导致霍法叙事广为传播并进一步削弱了工会的可信度。直到 2013 年，还有媒体报道在垃圾场、空旷场地和其他场所搜寻其尸体的新闻。这是一个像病毒般传播的故事，它隶属于一个对工会进行负面描述的叙事星座，这个叙事星座让很多人看到了工会的邪恶之处。

工资—物价螺旋式上升叙事折射出了世界各地的实际通胀率，当这种叙事强劲有力时，通胀率往往就会高得异乎寻常。世界银行统计的全球通胀率在 1980 年达到最高点，这差不多就是图 18.1 中“成本推动型通胀”达到高点的时候，在那之后它就基本处于下降趋势。与这些流行同时出现的还有较高的长期利率，这反映了这种叙事引发的通胀预期。如今，全球大部分地区的通胀率都比较低，长期利率在这次工资—物价螺旋式上升叙事流行达到顶点之后也出现了下降。这种全球性叙事流行的动态可以为通胀和利率这两个主要经济变量代表的时代性变化提供最好的解释。

工资—物价螺旋式上升叙事的终结以货币政策变化和新近出现的流

行观点为标志，即独立的中央银行[5]和中央银行的通胀目标制。[6]成立独立中央银行的目的意在摆脱政治压力，不被劳工团体绑架。通胀目标制旨在将通胀控制置在道德制高点上，而不仅仅是安抚各派政治势力。

这种做法带有很强的道德强制性。从表面上看，工资—物价螺旋式上升纯粹是机械性的。但是，很多人认为，它的起因是劳资双方的贪婪（不道德）行为。艾森豪威尔总统在 1957 年的国情咨文中提到了工资—物价的螺旋式上升：

> 国家利益必须优先于短期利益，特定的集团可能会牺牲全体人民的利益来保全这些短期利益……企业在其定价政策中应当避免不必要的价格上涨，尤其是在当下这个诸多地区由于需求旺盛出现供给短缺的时候。新的投资在不断扩张的经济中带来了更多的工作岗位，而合理的利润对这些投资来说至关重要。但是，为了国家利益，企业负责人必须明智地避免提高那些仅在整个国家有紧急或非常规需求时才可以提高的价格……工资谈判还应认识到，全体民众都有权利分享技术进步带来的好处。[7]

虽然 1957 年只稍微冒了一点通胀的苗头，从 1956 年零以下的水平涨到了 1957 年的峰值 3.7%，这要远远低于 1920 年的 23.6%，但还是激起了人们的情绪反应，因为与之同时出现的还有道德说教叙事。《洛杉矶时报》1957 年的一篇社论就是这种反应的一个例子：

> 我们的国家出了什么问题？悄然而至的通胀就像大坝或堤坝中的小裂缝，在渗水的作用下它会令人不安地越变越大。贪婪使国民经济的裂缝不断扩大——这种贪婪来自一些大型企业和劳工领袖，他们不断地推高物价和工资并相互指责，双方都没有意识到我国经济已经处于崩溃边缘。如果我们现在不设法稳定物价和

工资，经济崩溃将不可避免。现在可能为时已晚。[8]

这些叙事中的道德说教出自各国的总统或首相之口，记者对之进行报道并做出点评。这样的道德说教赋予美联储和其他中央银行以道德权力，使它们敢于冒着衰退风险猛踩经济刹车。于是它们就这样做了，逐渐收紧货币政策，直至贴现率在 1957 年 10 月达到峰值。1957 年，刚刚退休的纽约联邦储备银行行长艾伦·斯普鲁尔（Allan Sproul）哀叹，作为“整个社会的经济警察”，美联储处境艰难。他提到了美联储在政策收紧之前因通胀受到的责难：

实际上，有些时候，联邦储备系统会发现自己处于这样的处境：不管有多不情愿，还是不得不支持上涨的成本和价格，从而给公众的愚蠢和个人的贪婪放行。[9]

不公正和不道德叙事星座中的通胀

在通胀率走高的时候，很多评论人士都将它视为美国面临的最重要的问题。从 1935 年开始，盖洛普民意调查一再向美国受访者询问下面这个问题：“你认为本国（或本地区）如今面临的最重要的问题是什么?”在美国通胀率达到最高点的时期，即 1973—1981 年，通常有 50% 以上的受访者回答说“通胀”或“高昂的生活成本”。全世界大多数地方的人们好像都有过这样的感觉。经济学家欧文·弗里德曼（Irving Friedman）在 1973 年的《通货膨胀：世界性灾难》一书中就提出了这种观点，他在书中指出，通胀率上升正在“向全世界”发出“恐慌信号”。他认为，通胀危机是一个和 20 世纪 30 年代大萧条一样严重的问题。[10]通胀正在“侵蚀现代社会的结构”，并“威胁所有为防止国际货币体系分裂做出的努力。”[11]

这番话似乎想将通胀的责任归咎于某些社会阶层，要么是劳工，要么是企业。知名专栏作家西德尼·哈里斯（Sydney J. Harris）在1975年写道：

> 这类事情最令人沮丧的是，我们很难判定罪魁祸首——如果真有罪魁祸首的话……
>
> 要么是有人在撒谎，要么就是整个经济过程都不合情理。
>
> 如果劳动力变得“过剩”，那为什么大多数工薪家庭都在努力维持生计？
>
> 如果杂货商在“牟取暴利”，那为什么在价格上涨的时候他们会变得愁容满面？
>
> 价格会停在哪里？没人知道。每个阶层都将恶性螺旋式上升归咎于其他阶层，每个阶层都在解释说自己的商业成本在不断增长，因此自己的提价是合理的。
>
> 虽然消费减少了，但价格还在继续走高，在这种时候，市场似乎已经无法再控制价格。
>
> 某种奇怪的、扭曲的规则似乎取代了“自由市场”这一经典定律，并开始发挥作用。
>
> 我对经济学的了解程度不足以使我看明白当前正在发生的这一切，大多数民众也是如此。[12]

与20世纪20年代和上一章形成对比的是，现在引发通胀的可能有很多种邪恶的根源，不仅涉及各种邪恶的企业，还涉及邪恶的劳工。

1997年我对美国、德国和巴西的通胀危机做过一次民意调查，当时最严重的通胀已经消退，但人们仍对通胀心有余悸。我对普通民众和大学里的经济学家进行了对比调查。这次调查揭示了不同国家、不同年龄段，尤其是经济学家和普通民众之间的叙事差异。

在大多数情况下，经济学家都不认为通胀是什么大问题，这一立场与欧文·弗里德曼不同，欧文的文章是站在普通民众的立场上写的。与此同时，虽然美国消费者在通胀的起因上各执己见，但他们无一例外都对通胀感到愤怒。当被问及通胀的原因时，他们最常见的回答是“贪婪”，其次是“人们借贷过多”。在列明让他们感到愤怒的目标时，美国受访者依次列出了“政府”、“制造商”、“商店老板”、“全体企业”、“批发商”、“高管”、“美国国会”、“贪婪的人”、“机构”、“经济学家”、“零售商”、“分销商”、“中间商”、“联合企业”、“美国总统”、“民主党”、“有钱人”、“商店雇员”（因为提出工资要求，结果导致价格上涨）、他们的“雇主”（因为不肯提高他们的工资）和“自己”（因为在很多事情上都很无知）。[13]

此外，与经济学家不同，普通民众相信“工资滞后假说”，即工资增长永远滞后于物价上涨，因此通胀对生活水平产生了直接而长久的负面影响。简言之，只要劳工的强烈需求持续推动工资—物价螺旋式上升，这种上升就会给人带来经济状况螺旋式下降的几何心理意象。

从某些方面来说，1957—1958 年的衰退与早期的衰退有很大不同。它并不像大萧条那样具有买方罢工这个特点。实际上，奢侈品的销量依然一路走高。人们的愤怒并不怎么针对“奸商”，一掷千金也不会让人觉得羞愧。关于工资—物价螺旋式上升的危言耸听并没有将怒火集中在富人身上。相反，非急需式日常购买遭受了更大的损失。[14]

与此同时，民众感到没有可行的政府政策可以阻止工资—物价的螺旋式上升。1949 年、1953 年和 1957 年的衰退使通胀率略有下降，但也只是暂时现象。余波犹存的大萧条叙事让民众明白，如果想以更严重的衰退控制通胀，可能会有太大的风险。在普通民众对工资—物价螺旋模式的认知中，国家应该将所有经济决策都建立在通胀会越来越严重的假设之上。

对通胀的愤怒

纵观历史，失去控制的消费者价格上涨已经发生过很多次，而且总会引发民众的愤怒。丧失购买力是一件令人深恶痛绝的事情。但问题是：公众应该对谁发泄怒火？关于通胀的愤怒叙事反映了每次通胀时期的不同情况。通过研究这些叙事，我们可以看到通胀的影响以及它们如何随时间变化。

最极端的通胀往往发生在战争期间。政府陷入困境时，可能无法以足够快的速度收取税款以支付战争费用，无奈之下，他们只能采取让印钞厂发行更多钞票的手段。但是这些故事可能不会引起人们的共鸣，民众可能不知道或不清楚是怎么回事。也就是说，在战争期间，将通胀归咎于政府的说法可能不具有传播力。相反，人们更有可能将责任归咎于其他人。那些在其他人浴血奋战的时候安然躲在后方的商人自然而然地成为叙事针对的目标。

在第 17 章，我们看到了“奸商”一词在一战期间及战后时期的风行一时。人们对部分商人大发战争财感到异常愤怒，这种愤怒促成了超额利润税的实施（不只是一战期间，二战期间也是如此）。这种愤怒是一种长期叙事，并不限于 20 世纪。例如，在美国内战（1861—1865 年）期间，人们对那些从战争中获利的人感到愤怒，但这种愤怒针对的并不是制造通胀以牟取暴利的商业大亨。那是一种不同的叙事。譬如，康涅狄格州利奇菲尔德第一公理会教堂的乔治·理查兹（George Richards）牧师在 1863 年 2 月 22 日的布道：

> 办公室内外那些贪婪的投机者，他们像饿狼一样，潜行在我们的屠宰场周围，偷走他们能够拿到的一切，劫掠国库、盗窃营地补给箱、从医院的伤员那里顺手牵羊、霸占为临终者准备的些微慰藉，就差去剥削死人了。[15]

在 1917—1923 年的德国恶性通胀期间，通胀率达到了天文数字，而且没有任何战争可以怪罪。以马克标记的价格上涨了近万亿倍。但是，很多人都无法确定造成通胀的始作俑者。当时正在德国访问的美国经济学家欧文·费雪发现，德国人并没有责怪过度印钞的德国政府。费雪写道：

> 德国人认为大宗商品在涨价，美国金元在涨价。他们认为我们（美国）以某种方式垄断了全球黄金，然后漫天要价。[16]

在本书撰写之际，有一些迹象表明，美国工会的力量正在复苏，公众的支持度也在回升。工资—物价螺旋式上升的叙事似乎没有重新出现的迹象。美国和其他国家的通胀显得异常温和。但是，如果通胀率再度上升的话，叙事就有可能改头换面重新登场。公众在不断地购买商品，因此他们都会密切关注消费者价格。工资—物价螺旋式上升叙事，或者这一主题的某种变体，可能会再次使经济主体产生强烈的想要跑赢通胀的冲动。它会引入道德维度，指出通胀的罪魁祸首并代入某些名人或某些阶层，从而赋予人们新的热情。

长期叙事：总结

本书第三篇的九个叙事星座让我们得以一窥那些推动经济繁荣与萧条的叙事力量。我们可以从中学到一条宝贵的经验，那就是叙事图景的极端复杂性。没有哪一个单项民意指数，如消费者信心指数，可以概括经济的“力量”。用生物学做一个类比的话，在各种时期登上舞台的各种叙事都有很多细胞受体和信号分子。现代通信手段意味着新的不同种类的流行成为可能，经济预测需要密切关注多种不同的叙事。我们在第四篇将会说到，未来的经济预测需要对可用数据投以新的关注。

第四篇

发展中的叙事经济学

第 19 章　未来的叙事，未来的研究

流行病学告诉我们，旧的流行病可能会在变异之后反复出现，因为旧流行病的残余力量会发生变异或对变化的环境做出反应，引发新的传染病。以后我们将会见到新型流感和新的流感流行。因此，本书介绍的很多叙事也会再度流行，在几年后归于沉寂，然后再度盛行一时。具体的时间节点是无法预测的；与设想中的商业“周期”不同，叙事并不是定期重现的。

本书所做的研究介绍了一些在过去有过极大影响力的经济叙事，这些叙事现在大多归于沉寂，有些已经被人抛诸脑后。但是，它们并没有完全被人遗忘，有心追求重大新闻的人也许会再度发现它们。叙事星座有可能发生变化，为旧的叙事提供新的背景，从而提高其传播力，让其风行一时，有时在间隔了很长一段时间之后。

在本书中，我异乎寻常地引用了大量的成段文字。这样做是为了让读者对过去的叙事产生一种历史感，这些叙事产生过极大的影响，如果以同样的语言再度出现，可能会再次产生影响。与笑话或歌曲一样，要使叙事有效，措辞和表述都得恰到好处。

在预测经济事件时，我们会痛苦地意识到，没有哪门学科研究的是如何解析叙事对经济的影响。但是，可以有具体的研究方法帮助我们理解。没有确切的学科研究如何评价小说或交响曲，但是有具体的方法可以提供信息，为那些涉足此类领域的人提供灵感。我们必须避开下面这种“无敌的诱惑”：使用科学类比夸夸其谈地讨论经济，让

没有什么实质内容的理论给人以精确的错觉。[1]即使在尝试使用人文方法的时候，我们也必须牢记真正的科学方法。

本书就未来的经济叙事以及我们在日后的研究中如何定位研究方向提出了一些建议。虽然不完美是必然的，但这些建议可以帮助我们更好地理解这些叙事。我们在前行时，可以借鉴这些建议。

变化的形式和环境

人们对“经济力量”的看法是由叙事驱动的，尤其是关于他人信心的叙事（第10章对此做了介绍），它的影响力胜过了其他不那么乐观的叙事。所有的叙事都有自己的内在动力，而这种“力量”很可能是短暂的。由于2007—2009年的大衰退，我们既看到了信心的迅速下降，也看到了1929年股市崩盘叙事的回归（第16章）。同样的情况可能会因为叙事的微调或环境的变化迅速再现。

在本书撰写之际，（第11章介绍的）“赶上琼斯家”的叙事在美国似乎格外有影响力。特朗普总统以身示范，过着奢华的生活。此外，民众对贫寒家庭似乎也不再那么慷慨大方。在特朗普当选总统之前，美国的基本必需品慈善捐助就已经呈现明显的下降趋势。印第安纳大学礼来家族慈善学院所做的调查表明，在2001—2014年间，经通胀调整的基本必需品慈善捐助减少了29%。[2]由于朴素风尚和共情叙事的衰落，帮助世界新兴国家的意愿也在下降。

智能机器叙事（第13章和第14章）眼下似乎并没有产生太大的经济影响，但这些叙事现在仍为人们热议。在本书撰写之际，机器似乎并不那么令人恐惧，但是，如果出现收入不平等或失业等负面消息，令人惶然的叙事版本就有可能再次传播开来。以前就曾出现过人们对机器人的担忧突然加剧的情况。ProQuest对同时包含“机器人”和“就业岗位”这两个词的文章所做的搜索表明，在2007年下半年至2009 年上半年之间，这类文章的数量几乎涨到了原先的3 倍。根据国民经济研究局的数据，2007 年 12 月是大衰退之前的经济高点，而这次衰退是在2009 年6 月结束的。

新技术将改变传播率和康复率

随着历史的推进，信息技术发生了显著变化，传播率和康复率也发生了变化。中国古代发明的早期印刷术、15 世纪的古登堡印刷术、17 世纪在欧洲发明的报纸、19 世纪发明的电报和电话、20 世纪发明的收音机和电视机以及互联网和社交媒体的兴起从根本上改变了传播的性质，但是，到目前为止，人们还没有系统、定量地研究过这些发明对信息传播的影响。

社交媒体和搜索引擎有望改变传播的基本性质。过去，人们的想法是以非系统化的随机方式传播的。有了社交媒体平台之后，持有极端观点的人可以找到与自己志趣相投的同伴，进一步强化他们与众不同的观点。事实核查员并不能减慢传播的速度；但是，互联网和社交媒体在任由观点传播的时候会对其进行集中控制，只不过这种控制很少浮出水面。社交媒体和搜索引擎的设计人员具有改变传播性质的能力，而且我们的社会也越来越要求他们这样做，以便防止互联网欺诈和假新闻的传播。

但是，不断改进的通信技术并不是影响传播率的唯一因素，也不一定总是最重要的因素。

文化因素也在发挥作用。从过往历史看，人们面对面交流时所用词汇的变化有可能会影响传播率。比如，19 世纪的时候，人们会在沙龙和家庭聚会中大声朗读文学作品，这种时尚在 19 世纪中叶尤为盛行。《华盛顿邮报》在 1899 年指出，沙龙和家庭聚会的阅读风尚在世纪之交时开始逐渐消退：

> 在家庭聚会上向孩子们大声朗读文学作品，它正在以飞快的速度变成一门消亡的艺术。这种做法娱乐和教导过的孩子曾经是何其之多，而如今接受这种娱乐和教导的人又是何其之少。现在的孩子们在学会阅读之后，就加入了快速默读印刷文字的大军。毫无疑问，大多数父母都忙到抽不出时间教育子女、给他们读书，而孩子们在成长的过程中也发现自己忙到根本没有任何时间去倾听。如果问他们的话，他们会说："这么做又有什么用？每个人的口味都不一样，如果让我们坐下来听别人读的话，就得花上一大段时间，而我们只要花一小点时间就能读完我们想看的东西。"[3]

不过，在沙龙和家庭聚会逐渐消失的同时，杂志会和书友会在20世纪迅速发展起来。

改变叙事传播方式的另一个文化因素是一场旨在为年轻人提供指导的国际运动，其起源可以回溯至"大哥哥"运动（现为"大哥哥大姐姐"组织），这场运动始于1904年，在1980年左右开始多元化发展并成为一种潮流。与成功人士或有社会责任感的人定期交流的做法有助于年轻人在故事中产生身份认同感——这些故事或是导师的人生故事，或是导师讲述的同一圈子中其他人的故事。[4]指导团队对女性和少数群体来说尤为有效，他们之前对这些故事可能知之甚少。[5]

"影响力营销"（自2015年起）和"社交媒体营销"（自2009年起）这两个新词越来越流行。以shareablee. com和hawkemedia. com为代表的营销公司能够提供影响力营销，系统化地寻找那些允许通过社交媒体对他们营销或者与他们一起营销的有影响力的人物。这些网站应当能够提高它们宣传的故事和观点的传播率。

信息技术正在改变那些影响人心的经济叙事的传播，可以想见，它有可能会更进一步，取代个人的某些最终决策过程。比如，我们已经有了可在以下方面提供建议的机器人顾问：开支多少、储蓄多少以及股市投资与其他投资的比例。1996 年，威廉·夏普（William Sharpe）的金融引擎公司（Financial Engines）推出了第一位机器人顾问。从那时起，“嘉信智能组合”（Schwab Intelligent Portfolios）、Betterment 和 Wealthfront 等智能投资顾问平台纷纷涌现。此外还出现了其他一些旨在实现经济决策自动化的手段，例如从 2007 年左右开始引起人们关注的目标日期基金，这类基金会根据目标退休日期对长期投资者的投资组合自动重新平衡。算法交易还被应用于其他很多地方。话虽如此，现在还是人类在编写程序并做出最终的基本决策。也许有一天，人们会大量使用机器来负责生活中的各种决策，在这种情况下，经济过程可能会发生根本性的改变。但是，这一天似乎还遥不可及。

如果经济叙事的传播有更好的科学规律可循，那么技术对通信的影响将更容易建模追踪。我们的模型已经表明，要想预测这些叙事及其影响并非易事。比如，如果在调高传播率参数的同时也相应修改康复率参数，那流行的最终规模有可能并不会改变，只是呈现更快的速度。我们必须将传播的正式模型整合到经济模型之中，才能着手了解这类技术的影响。

叙事经济学的未来研究之路

如果我们想对过去时不时令我们倍感意外的重大经济事件进行实质性解析，就得有一些科学的方法来研究这些事件中的叙事元素，哪怕这门学科尚不完备，仍然涉及一些人为判断。否则，这个领域将被那些破坏整个行业名声的预言家或先知占领。

经济研究一直没有重视人们相互传播的有关自身经济生活的故事，因而错过了以叙事形式传递出来的明显含义。对流行叙事的不重视导致经济研究没能看到那些也许能对重大经济变化做出合理解释的原因。

如果人们在20世纪的报纸上搜索有关衰退的当代解释，就会发现大多数讨论涉及的都是先行指标，而不是最终原因。例如，经济学家倾向于提到中央银行政策、信心指数或未售出库存水平。但是，如果被问及这些先行指标发生变化的原因是什么，他们通常都沉默以对。引起这些变化的通常是那些不断变化的叙事，但是对于哪些叙事是历来最具影响力的叙事，人们尚未达成专业上的共识。有一些流行叙事对预测来说具有重要意义，但经济学家不愿提及他们听到的这些叙事，因为他们唯一的叙事来源是传闻、朋友或邻居的谈话。他们通常无从得知在过去的经济事件中是否有过类似的叙事。因此，他们在分析中完全没有提及不断变化的叙事，就好像它们不存在一样。

今天，我们已经可以通过统计数字化文档中的单词和短语来了解流行经济叙事的一些情况，但是目前还没有足够的系统研究来衡量相互矛盾的叙事的影响力，这些叙事会随着时间的流逝结合和重组，引发重大经济事件。在这方面，人工智能可施以援手，尤其是对非结构化数据的分析。本书第三篇介绍的长期叙事是正在开展的研究工作，而不是对所有重要叙事所做的详尽的最终量化。

关于叙事经济学的研究已经展开，也必然会继续下去，但是，这一研究在未来是否能够达到足够的规模？有关叙事经济学的实质性研究将如何有效地利用不断增多的大量数字化数据？叙事经济学会帮助我们建立更好、更准确的经济模型，从而在经济危机开始或失控之前就做出预测吗？要想取得进展，我们需要认识到，收集更好的数据并将我们从数据中得出的认识整合到现有经济模型中是非常重要的。我们需要研究那些当下被认为与经济学无关的问题，也需要与具有不同视角的非经济学家开展合作。比如，我们可以结合数理流行病学等其他领域的数理见解，在数理经济学和人文科学之间建立联系。我们必须扩大可用数据的规模，将诸多经济叙事放在一起进行分析研究。我们必须将不断变化的叙事流行纳入预测模型。

叙事经济学在经济学理论中的一席之地

正如我们在第 3 章中看到的那样，叙事经济学一直没有受到重视。部分原因可能在于叙事与经济结果之间的关系相当复杂，而且会随时间变化。此外，新闻界经常会提到叙事对经济的影响，但往往不具备学术严谨性。事实证明有些激进的经济预测是错误的，这可能削弱了公众对媒体叙事报道的重视。

此外，经济学家长期以来一直认为，人类总是会利用所有可用信息和理性预期来最优化效用函数。正如我们指出的那样，该理论忽略了一些明显重要的现象。幸运的是，最近几十年的行为经济学革命已经让经济研究更紧密地联系其他社会科学的研究。经济学家不再想当然地认为人们总是理性行事。

一项普遍且重要的创新举措是人们成立了根据行为经济学的见解制定政策的经济智囊团。英国政府在 2010 年成立了行为洞察小组，在那之后，这些智囊团被称为“助推小组”。这些助推小组借鉴理查德·塞勒和卡斯·桑斯坦《助推》（2008）一书中倡导的观点，尝试着重新设计政府制度，在不强迫人们的情况下“助推”他们远离非理性行为。根据经合组织的数据，目前全世界共有近 200 个这样的小组。[6]

一些国家领导人已经通过某些直觉判断承认并利用不断变化的经济叙事，我建议将这样的直觉判断形成正式体系。领导人必须摒弃虚假或误导性的叙事，并树立道德权威来打击这样的叙事。他们要做的第一步是了解叙事的动态变化，第二步是在制定政策行动时考虑叙事的流行。政策制定者应尝试创建和传播反向叙事，推动更加理性、更有公益精神的经济行为。即使反向叙事起效的速度要慢于一则传播力更强的破坏性叙事，它们最终还是可以起到纠正作用。

例如，本书第 10 章提到，美国总统富兰克林·罗斯福 1933 年 3

月4日在大萧条跌至谷底时发表的就职演说[7]呼吁人们放下恐惧、敢于消费。在1933年3月12日的第一次炉边谈话中，[8]他诉诸道德，请求人们不要在银行重新开业时提取超出需求的现金。他其实是在带有倾向性地讲述一则叙事，告诉人们如果那些缺乏社会意识、没有理性的人破坏经济将会出现什么局面。我们可以推测，罗斯福总统的请求之所以奏效，是因为它基于道德标准；他的炉边谈话在时间上基本与美国经济的好转吻合。但是，我们没有办法准确量化当时叙事的重要程度。如果经济学家之前收集了更完整的数据并对人们在1933年的谈话内容进行过更多分析，我们也许就能了解更多。如果他们之前这样做了，我们现在就有可能更清楚如何在将来构建这种基于道德诉求的叙事。

使用叙事预测经济变量的一个问题是，人们对叙事的判断和论述容易政治化，也容易受感情左右。对学者来说，他们很难在研究流行叙事的时候既专注于使它们具备传播力的核心要素，又避免被人指控在政治乃至宗教争议问题上选边站。很多专业经济学家都尽量保持无党派立场，因此他们倾向于选择定量观察而非定性观察。不过，借助现代信息技术，经济学家现在可以收集有关经济叙事及其基本意义方面的数据，而不只是过度专注具体的用词，同时他们也可以对叙事的传播建模。只要我们保证定量研究的严谨性，就可以让叙事流行成为经济学科的一部分。

有些人可能会质疑对经济叙事进行超党派讨论的可能性。但是，只要我们做到慎重谦让，就应该能够以超党派的方式探讨经济叙事的流行。大多数人都有一定的直觉，知道怎样以超党派的方式表达自己，而且会在情况需要时这样做。我们不必为了采取超党派立场而做得太过，乃至放弃对一些推动经济变化的观点和情感进行研究。

经济研究已经在寻找更好的定量法来解析叙事对经济的影响。文本搜索虽然应用不广，但正在扩展。对美国国民经济研究局工作论文数据库的搜索结果表明，只有不到 100 篇论文包含“文本分析”这一短语。经济学家曾使用文本分析来记录党派的变化（Kuziemko and Washington，2015）、政治极化（Gentzkow et al.，2016）以及新闻和投机价格走势（Roll，1988；Boudoukh et al.，2013）。我们能做的还有很多。譬如，经济学家可以进一步对私人日记、布道、私人信件、精神科医生病历和社交媒体的数据库展开历史分析。

现在就应当开始收集更多有关叙事的信息

经济学家应当采取更切实的措施来收集叙事的时间序列数据，不再只是被动地收集他人的言语，而是通过实验来揭晓个中的含义和目的。现如今，摆在我们面前的数字化数据多到令人难以置信。即便如此，与人类每天不断进行的交流相比，这个庞大的数据集可以说微不足道。这些交流中的大多数都没有得到充分的采样、描述或解析。

重要的是，此类数据收集工作应当持续数十年不中断，这样的话，我们在将来就可以对具有影响力的主要流行叙事进行跨期比较。人们开展这类项目的意愿相对较低，因为这样做并不能带来即时的回报。相反，大多数叙事数据收集工作都看重眼前利益，例如营销特定产品或预测即将举行的选举。

同样重要的是，在从事这种连续不断的长期数据收集工作时要有创造性精神。要想弄懂人们的行为和想法，我们甚至可能需要心理分析师和哲学家的帮助。

既要持续不断又要发挥创造力，同时满足这两点要求并非易事。但是，要想在叙事经济学领域取得真正的进展，我们就必须这样做。

第一步，我们需要改进现有的搜索引擎，让它们可以更好地测量叙事的时变发生率。搜索引擎并不会明确告诉我们它们是如何判定条目总数的。相反，它们的主要目的是帮助用户查找所需的文章或信息。因此，当研究人员尝试统计参考条目的数量时，会弹出一些异常现象。例如，谷歌搜索引擎的使用说明指出，在搜索词组时需要用引号将这个词组引起来，这样搜索出来的就是严格按照给定顺序排列的词语。但是，有时候，包含引号的词组的条目会多于没有引号的词组。谷歌公司的一名发言人说，加上引号后的词组之所以条目更多，可能是因为引号使谷歌“更深入地挖掘了”数据库。[9]我们需要看到证据表明这种更深入的挖掘不会有损计数的准确性。Google Ngrams 的目的是对短语进行计数并进行跨期计数比较，不过 Google Ngrams 和其他搜索引擎可以采取更多措施，确保用户能够准确地进行跨期计数比较。

此外，我们至少应该每年收集一次有关经济叙事的时间序列数据（最好是多于这个频次），而且要持续数十年不间断并涵盖多个国家和多种语言。这种数据收集工作可以包括以下内容：

1. **定期对受访者进行焦点访谈，在问及哪些刺激性因素与其经济决策有关的问题时，请他们泛泛而谈并讲述故事。**访谈指令会请受访者讲一个故事，这个故事要么很有意思，要么能够说明当前环境的成因。这是夏琳·卡拉汉（Charlene Callahan）和凯瑟琳·埃利奥特（Catherine S. Elliott）[10]提倡的一种倾听研究法，也是迈克尔·皮奥雷（Michael Piore）提倡的定性研究法。[11]一些研究人员从事过这样的研究，尤其是艾伦·布林德（Alan Blinder）及其合著者，[12]他们采访了一些高管并询问他们如何在价格设定问题上形成决策；此外还有杜鲁门·彪利，[13]他所做的调查是询问经理如何设定工资。还有更多的研究人员对叙事展开了研究，想要推断出财政和货币政策制定者的动机。[14]

这类焦点访谈是面向个人的，访谈会请他们重点谈一谈自己的认识以及与当前行为相关的故事。焦点访谈从 20 世纪 20 年代开始被用作一种研究手段，罗伯特·默顿和帕特里夏·肯德尔在

1946 年为其夯实了基础。[15]

不幸的是，这些研究人员所做的这类访谈通常都是一次性的，他们并没有尝试收集长时间序列信息——这样的信息能够揭示人们的回答和故事如何随着历史的推进演变。如果之前曾经收集过此类数据，那么这些完整的故事就可以被视为长时间序列数据的一部分，经过数字化处理并被保存下来以备将来的文本分析之用。这样的数据随之就会被添加到重要的经济数据库中，如密歇根大学社会研究所的收入动态小组研究、美联储的消费者支出调查以及哥德堡大学的瑞典家庭市场和非市场行为数据库（HUS）等。虽然随着时间的推移以及相关新词和概念的出现，刺激因素的清单必须加长，但只要维持长期不间断的研究环境，我们就可以进行跨期比较。这与其他调查可能会有一些重合之处，如国际社会调查项目在国际上展开的那些调查。[16]新的工作可能会远远超出芝加哥大学一般社会调查[17]或密歇根大学社会研究所[18]迄今为止所做的工作，这些工作过去已经在多个方面发挥了作用。

2. **定期与不同社会经济团体的成员举行焦点小组讨论，从而促成真正的有关经济叙事的对话。**焦点小组讨论是针对一群人的焦点访谈。小组访谈对叙事经济学尤为重要，因为它创建了一个情境来模拟构成叙事流行基础的人际交往。焦点小组讨论是一种重要且常见的研究方法，营销人员经常用它来了解不同群体的成员在内部如何谈论产品或政治候选人。

在一个焦点小组中，研究人员会让那些基本代表了人类社会实际群体的人们聚集在一起；参与者通常年龄相近，生活在同一地理区域，并共同拥有其他一些影响社会群体凝聚力的要素。研究人员将相似的人聚集在一起，以期消除“政治正确”的障碍，因为这些障碍可能会阻止非天然群体的正常对话。焦点小组负责人随后会推动参与人员讨论与研究主题相关的刺激词，并将对话记录下来。焦点小组访谈需要采访人的人为判断力。这是一门学科，也是一门艺术，一门让人们思考并谈论他们为什么做某些事情或持有某种信念的艺术。

因此，焦点小组可以说是一种真实情境，有可能成为观点传播的真实写照。虽然这种做法很常见，但焦点小组研究人员通常不会寻求提供数十年的庞大数据，以期了解经济变化的原因。就经济叙事而言，焦点小组的参与者可能需要对“股市”“银行”“失业”“存钱的真正原因”“可能影响你未来经济福利或子女福利的政府行为”等词或短语做出回应。焦点小组的录制视频可能会经过数字化处理，等到将来，甚至有可能通过面部识别和情感分类算法等进行扫描和分析。

现在，人们已经认识到焦点小组讨论是研究大众认知和动机的有效工具。焦点小组也会遭人诟病，[19]因为它们经常存在组织不当的问题，不过，如果安排得当，则会非常有效。然而，经济学家一直非常讨厌使用这种办法。在焦点小组的应用方面，经济学和金融学是表现最糟糕的领域。在2010—2019年期间，主要由营销人员开发的焦点小组法在取样、指导和实验方面有了很大的改进，但只有0.04%的经济学学术论文和0.02%的金融学学术论文提到了焦点小组一词。[20]

本书第8章提出的构想之一是，叙事对经济的影响可能会随叙事和时代思潮的具体情况而变化。我们也看到了明显相互矛盾的实例：一战的爆发导致美国股市一路狂跌，而二战的爆发却导致股市一路飙升。1920年，与美国“红色大恐慌”相关的炸弹袭击导致了经济活动的减少，而在2001年的“9·11”袭击之后，却出现了充足的支出和经济衰退的结束。如果及时举行一系列指导得当的焦点小组活动来讨论臆测、情绪和忠诚度等问题，我们也许本可以更好地理解人们为何如此行事。

3. **对过去几年为其他研究项目开展的焦点小组建立历史数据库。**由罗珀公共政策研究中心（Roper Center for Public Policy Research）[21]提供的民意调查档案库自1947年以来日积月累，已经形成了一个包含盖洛普数据集在内的民意调查反馈数据库，现存于康奈尔大学。不过，这个档案库将单条民意调查问题的答案制成了表格，这些问题的措辞会随时间和问卷调查表而变化；它的情境可能会随着同一次调查中的其他问题而变化。它并没有直接倾听受访者自己的语言表述和想法。这个档案很有用，但是我们很难从中判断哪些元素具有传播力，也很难从中判断想法上的变化。我们应该建立一个庞大的数据库，请世界各地举行焦点小组讨论的人分享过往的讨论结果，这些结果可能有助于我们理解不断变化的叙事。这个数据库将要求他们分享过去的焦点小组讨论结果，这些讨论可能与经济叙事有关。数据库管理员会申请发布原始数据的权限，同时也要尊重之前对参与者许下的隐私承诺。然后，管理员会想出某种办法（这是一个挑战！），将过去的这些焦点小组讨论归类到最接近的计算机可搜索时间序列中，这样一来研究人员就能够使用这些数据绘制特定叙事的流行曲线，比如我在本书中为报纸和书籍绘制的那类曲线。

4. **布道数据库。**成千上万的宗教组织、教堂、犹太教堂、清真寺等肯定都留有旧的布道记录（derashas，khutbahs等），但这些数据库的本意是为了帮助人们为布道做准备，而不是为了开展历史研究。布道很重要，因为它们在探究人生深层意义时触及了道德价值观。这些道德价值观和是非价值判断的变化无疑与不断变化的经济决策有关。

5. **个人信件和日记的数字化可搜索历史数据库。**这类数据库已经起步，但是我们可以进一步鼓励家庭将已故家庭成员的日记捐赠给这样的数据库。现有数据库似乎并不是基于对全球人口和相关个人信息进行随机抽样调查。它们往往是为特定研究选择的人群，例如针对某一场战争或某一个国家的社会问题而做的研究。这些数据也能发挥作用，但是更好的取样能让人们更好地了解如何将研究结果类推至更广泛的人群。

上面列出的所有数据库都不可能很快就达到学术研究机构的预期规模。这类研究的回报遥遥无期，而且对这类资源的判断也很难形成固定体系。数据收集工作有助于我们理解相对罕见但极为严重的萧条和金融危机，这样的危机数十年发生一次，每个人一生中经历这类危机的次数可能不会超过两次，而处在“不出版就出局”压力下的个人所做的学术研究不太可能会从事这样的数据收集工作。

很多研究机构已经着手收集上列愿望清单中的一些数据。我们应该为这些机构提供资金，使它们可以系统性地、长时间不间断地开展这项工作。自 1989 年以来，我一直在小规模收集此类数据，面向个人和机构投资者进行股市问卷调查。日本和中国也有类似的调查。另外，自 1993 年以来，我先是和卡尔·凯斯合作，现在又与安妮·金塞拉·汤普森合作对美国购房者及其对独栋住宅市场的看法展开调查。早期的调查得到了美国国家科学基金会的支持，后期的调查得到了白盒基金会（Whitebox Foundation）和耶鲁大学管理学院的支持。这些调查问卷包含了开放式问题，受访者可以在留出的空白处写上一两句话。这些问题旨在激发受访者思索是什么因素在推动他们，这样一来他们的回答就具有了永久的分析价值。自从我启动这些调查项目以来，我看到其他研究机构有时也在追求同样的目标，但又半途而废。新式调查工具（SurveyMonkey 和 Qualtrics 等）促成了问卷调查的激增，但并没有形成长期不懈的策略。

截至本书撰写之际，似乎还没有太多的举措支持我们对历史数据的日常收集，以便在此后数十年里我们能够对经济叙事动态展开真正的全面研究。

对叙事进行追踪和量化处理

现如今的研究需要在叙事追踪和量化方面做出改进。一组有分层、有重叠又经常相互冲突的叙事会让研究人员无从下手。即使从最简单的流行病模型也可以看出，没有哪个故事能家喻户晓。此外，某则叙事的传播很大程度上是相当随机的。词汇的含义取决于当时的情境，而且会随时间变化。决定了传播力的故事的真正内涵也可能会随时间变化，而且从长远看很难追踪。

区分因果关系和相关关系也是一个永恒的挑战。我们如何区分下面这两种叙事呢：一则叙事只是因为提及经济行为而与经济行为产生了关联，另一则叙事则造成了经济行为的变化？[22]

经济学研究人员还需要解决那些让文学理论家倍感困扰的问题，这些理论家试图列出所有文学的基本故事结构，提炼出是什么构成了这些故事的核心并使之具有传播力（请参阅第 2 章）。历史每时每刻都充斥着诸多具有传播力的故事，很难对其进行梳理。文学家容易过度关注故事的细节，这些故事很常见，因为它们在日常生活中为人熟知。他们还面临着一个难题，那就是如何解释故事随时间变化。

幸运的是，语义信息和符号学研究正在不断发展。比如，在机器翻译的过程中，计算机可以通过查看上下文相邻的单词来选择某个单词的含义。如果用户问"南非最长的河流是什么"，Siri 会直接给出语音回答（"南非最长的河流是奥兰治河"）。现在这类搜索在全球范围日渐完善。

但是，语义搜索可能还需要很长时间才能达到人脑对叙事的理解水平。与此同时，研究人员仍然可以通过使用多个研究助手量化叙事研究，这些助手会根据明确的指示阅读叙事并根据它们的基本情感驱动力对其进行分类和量化。心理学、神经科学和人工智能的进步也将改善我们在叙事经济学中的结构感知。一些公司［Alexability. com（Alexandria）、alpha-sense. com、prattle. co 和 quid. com 等］开始提供对公共文档和媒体内容的智能搜索，这可以帮助我们整理共享叙事（shared narratives）方面的信息。

随着研究方法的进步、更多社交媒体数据的积累，文本分析将在经济学中发挥更大的作用。我们也许可以凭借文本分析，超越 20 世纪 30 年代的收入—消费反馈模型和凯恩斯乘数模型（这些模型至今仍然具有影响力），进一步探究推动经济事件的各种反馈机制。文本分析还会帮助我们更好地理解我们经历过的故意操纵和欺骗，并帮助我们制定将叙事纳入考量的经济政策。

是什么力量导致经济时而繁荣时而停滞，既有创新时期也有落后时期，既有共情时代也有炫耀性消费及自我吹嘘时代，既有快速发展期也有衰退期？我们应当设法更好地理解人类在这个问题上的思考模式。希望读者能从本书得出这样的结论：我们有可能做到既不牺牲学术笃实和系统分析，又能更近距离地一窥重大经济事件背后的人文因素。

附录　将流行病学模型应用于经济叙事

流行病学是医学的一个子领域，它在20世纪取得了最有成效的发展。流行病数学理论是流行病学的最大贡献，它能够有力地揭示观点的流行对经济事件的影响。我们可以用这一理论模拟经济叙事的传播。

疾病传播理论

流行病数学理论最初由苏格兰生物化学家威廉·奥格尔维·克马克（William Ogilvy Kermack）和苏格兰医师安德森·格雷·麦肯德里克（Anderson Gray McKendrick）在1927年提出。该理论建立了一个现实的框架来研究传染病动态，可谓是医学思维领域的一场革命。

他们提出的最简易模型将人群分为三个类别：易感者、感染者和康复者。因此，它被称为SIR模型或分区模型。S是易感人群，即并未感染疾病但易受感染人群所占的比例。I是感染这种疾病并具有传染性的人群，即正在传播这种疾病的人群所占的比例。R是已经康复的人群，即已经感染并康复、获得免疫力并且无法再次感染或传播该疾病的人群所占的比例。这个原始模型没有设定有人死亡的情况。百分比之和为100%，$100\% = S + I + R$，人口总数被设定为一个不变的常数。

根据克马克—麦肯德里克的流行病数学理论，在总数恒定的混杂人口中，流行病感染者的增长率等于恒定传染参数 c 乘以易感人群在总人口中所占比例 S 和感染人群所占比例 I 的乘积，再减去恒定康复率 r 和感染人群所占比例 I 的乘积。每次有易感者遇到感染者的时候，都有可能被传染。如果人口庞大，传染率最终会达到一个确定的平均值。单位时间内此类碰面的次数取决于易感—感染对的数量，也就是 SI 的乘积。[1]克马克—麦肯德里克 SIR 模型的三个方程式是：

$$\frac{dS}{dt} = -cSI$$

$$\frac{dI}{dt} = cSI - rI$$

$$\frac{dR}{dt} = rI$$

该模型没有代数解，只有近似值。[2]化学中也有类似的方程式，它们被称为速率方程或连续化学反应。[3]

在本书使用的模型中，传染率是 cS，即恒定传染参数 c 和随时间变化的易感人群比例 S 的乘积。康复率是常数 r。如果我们将第二个方程式的两边都除以感染人群所占比例 I，就会看到第二个方程式其实就是在说，感染人群的增长率等于传染率 cS 减去康复（或遗忘）率 r。这样的结论是说得通的：要想继续扩散，流行病的传播速度必须快于人们的康复速度，而且从常识来看，传染率理应取决于易感人群所占的比例。

第一个和第三个方程很简单。第一个方程式表明，每有一起新的感染病例，易感者的数量就会减少一人，因为有一名易感者变成了感染者。第三个方程式表明，每有一起新的康复，康复者的数量就会增加一人，因为每有一个人从疾病中康复（在我们的研究中即遗忘一则叙事），就有一名感染者变成了康复者。我们将在下文看到，这个基本模型对流行病传播途径有着深刻的洞见，我们可以对其进行修改，将人口增长和其他很多仅限于某一特定流行病的因素涵盖进来。

图 A. 1 是根据上述三个方程式绘制的一个示例：最初的时候，每 100 万人口中有一人暴露，即 $I_0 = 0.0001\%$，参数 $c = 0.5$，$r = 0.05$。在这种情况下，几乎 100% 的人口最终都会被感染。在疾病流行时，公众往往把注意力放在感染者身上，即图中的钟形曲线。人们关注的还有新增病例数，即从易感人群转为感染人群的速度，如果 r 不是远远低于 c 的话，它也会遵循类似的钟形曲线。在叙事研究中，我们将把单词和出版物的计数图与图中的感染曲线进行比较。

SIR 模型表明，从少量初始感染者开始，感染者的数目基本遵循同样的流行病驼峰模式，先是上升，然后下降。之前某种已经大幅好转的疾病如果发生变异，有可能会产生一个感染新菌株的个体。这种新疾病会滞后一段时间，然后才感染足够多的人并引起公众的关注，

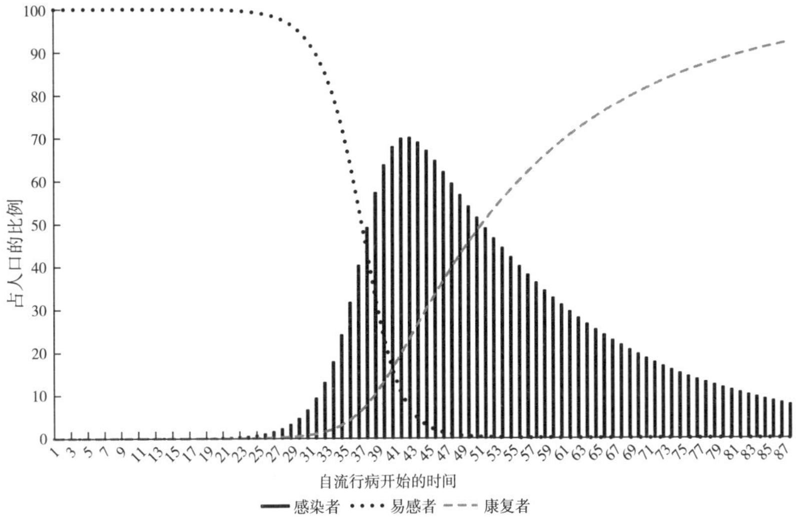

图 A. 1 理论上的流行路线图

注：当 $I_0 = 0.0001\%$、$c = 0.5$，$r = 0.05$ 时，克马克—麦肯德里克 SIR 模型的数值解。粗线表示感染了疾病并且正在传播疾病的人群占比。该模型假设的是没有医疗干预的情况；即使人口中还有易感人群，流行病也会自行结束，而且并不是每个人都会被感染。

资料来源：作者的计算结果。

如果 c 值很小，可能会是长时间的滞后。然后该流行病将达到传染高峰。在所有人都被感染之前，该流行病将在感染或康复参数 c 和 r 没有出现任何变化的情况下自行回落并结束。

并不是所有人都会感染上这种疾病。有些人因为没有与感染者有效接触而逃过一劫。环境慢慢变得越来越安全，因为在感染者康复并产生免疫力的时候，感染者数量就会减少，这样就没有足够的新接触来产生足够的新感染者以保持疾病的蔓延趋势。最终，感染者基本都消失了，整个人口几乎都由易感人群和康复人群组成。将这种模型应用于叙事：并非所有人都会被感染，有些人在经济叙事流行之后会说他们根本没有听说过这则叙事，即使该叙事对经济活动具有重要意义，他们还是会怀疑它对经济的影响力。

是哪些因素共同导致一种重大疾病最终传播至很多人（人口中感染和康复的总比例）呢？疾病的覆盖范围是由 c/r 的比率决定的。在时间区间无限拉长的时候，曾经患病的人群所占的比例达到了绝对小于 1 的极限值 R_∞（即流行病的规模）。根据第一个和第三个方程式，我们可以得出 $\frac{dS}{dR}=-\frac{c}{r}S$。根据初始感染人群所占比例 I_0 的初始条件，即 $S=(1-I_0)e^{-(\frac{c}{r})R}$，而且由于 $I_\infty=0$，$1=S_\infty+R_\infty$，我们就得出了

$$\frac{c}{r}=R_\infty^{-1}log\frac{1-I_0}{1-R_\infty}$$

这个等式给出了疾病最终感染人数与 c/r 之间的关系。如果我们可以选择 c 和 r，就可将流行病规模 R_∞ 确定在 I_0 和 100% 之间的任何位置。如果我们将“病毒式传播”定义为 $R_\infty>1/2$，那么当 $\frac{c}{r}>1.386$ 时，我们会看到从 I_0 接近零开始出现病毒式传播。如果我们将 c 和 r 两个参数乘以任意正常数 a，那么 $S(at)$、$I(at)$、$R(at)$ 也可以满足上述三个方程式。

无论 c 或 r 处于什么水平，c/r 越高，流行病规模 R_{∞} 就会越大，如果保持 c/r 恒定不变，那么 c 越高，流行病传播的速度就越快。对于起始规模极小的流行病来说，当 S 接近 1 时，c/r 必须大于 1。流行病的发展速度可快可慢，具体取决于 c 和 r 这两个参数。如果缩放图片比例尺的话，这两者的曲线图看上去基本一样。如果我们改变 c/r，那就既有可能会得出流行几天并传播至 95% 人口的流行病，也有可能得出流行数十年并传播至 95% 人口的流行病，还有流行几天并仅传播至 5% 人口的流行病，或者持续数十年并仅传播至 5% 人口的流行病。但不管是哪种情况，我们都会得出驼峰形感染模式，缩放后的图形都与图 A. 1 中的黑粗线类似。

SIR 模型的变化

克马克—麦肯德里克 SIR 模型是流行病数学模型的起点，大半个世纪以来它已经生成了大量的文献。基本分区模型出现了不同的版本，其中有一个版本设定了免疫力的逐渐丧失，这样的话康复者又会逐渐转变为易感人群（SIRS 模型）。[4]还可以对 SIR 模型做出调整，设定易感者和感染者之间的接触会导致暴露者 E 的增加，暴露者属于第四个类别，他们日后会变成感染者（SEIR 模型）。人们还对 SIR 模型添加了愈后产生的部分免疫力、新易感者的出生、具有极高传染性的超级传播者以及传播的地理模式等。

这些针对相应疾病的修改模型在预测流行病进程方面发挥了作用。比如，SEIR 模型经过修改之后，假定暴露但并无症状的人能够长途旅行，从而解释了流感的地理蔓延。格莱斯（R. F. Grais）及合著者将该模型应用于流感数据和城际航空运输量数据之后发现，他们的模型有助于解释流感暴发的城际模式和城际时间模式。[5]

分区模型的另一个例子是 SEIHFR 的随机扩展模型，其中 S 为易感者，E 为暴露者，I 为感染者，H 为住院者，F 为死亡但未掩埋者，R 为康复者或已被掩埋者。该模型与非洲埃博拉疫情的数据相匹配，[6] 并且考虑了住院治疗和合理处置尸体等阻止疾病传染的公共举措。

SEIHFR 分区模型有六个分区，不过，以后的经济叙事模型可以设置更多的分区并从中受益。比如，技术性失业叙事（请参阅第 13 章）的传播模型可以设置失业且受感染、失业未受感染、受雇且受感染、受雇未受感染的分区以及传统经济模型中的附加方程式。

经济模型也可以从并发流行病的医学文献中获得启发，将传染性经济叙事纳入经济模型。在医学上，当一种疾病的发展与另一种疾病的发展相互作用时，就会出现并发流行病。例如，艾滋病和结核病已被确定为具有双重传染性：同时感染这两种流行病的人数要远远多于这两者的独立模型分别预测的人数。伊丽莎·隆等人（Elisa F. Long et al，2008）根据克马克—麦肯德里克的思路提出了基本分区模型的一个变体，在这个模型中，感染了其中一种疾病的人更容易感染和传播另一种疾病。[7] 这样的模型可以代表一个叙事星座，星座中的多个叙事通过传播相互加强。此类模型也可以代表经济叙事（如技术性失业叙事）与经济状况（如失业）的相互作用。

结构式宏观经济模型通常包含简单的单变量整合移动平均自回归模型（ARIMA），以此表示那些没有经济学理论对之予以表述的误差项或驱动变量。乔治·博克斯（George E. P. Box）和格威利姆·詹金斯（Gwilym Jenkins）在他们 1970 年的书中首次普及介绍了 ARIMA 模型。虽然博克斯和詹金斯声称这类模型在哪个科学领域都有用武之地，不过最积极的使用者还要属经济学家。[8] 由于可以用 ARIMA 术语描述的时间序列预测理论非常成熟，ARIMA 模型在经济学家中的流行导致理性预期模型的流行略有延迟，（根据 Google Ngrams 统计）后者在 1990 年左右达到最高点，不过至今仍在流行。ARIMA 模型是本附录中所述分区模型的替代方案。但是，ARIMA 模型本质上具有一定的武断性，与分区流行病模型不同，它缺乏理论基础。[9]

我们可以通过流行病理论模型对 ARIMA 方法加以改进，将模拟、分类、统计和最优化方法结合起来，在传染率和康复率随时间变化的时候对流行病发展曲线进行预测。[10]我们可以根据对流行病结构的了解，有选择地引入流行病本身数据之外的数据，这远远胜过茫无目的地寻求“先行指标”的做法。

并不是所有的流行病数据都与分区模型框架完全匹配。我们可以看一下在美国长期而缓慢地流行的脊髓灰质炎肠道病毒案例，它从 19 世纪后期开始传播，在 1952 年达到高峰，中间还叠加了看似随机的夏季流行。清洁和卫生条件的改善本应减少而不是增加该病的发生率。矛盾的是，较低的发病率——这在很多时候本应是好事——带来的结果是涉及瘫痪或其他后果的上报病例更为普遍，因为哺乳期婴儿不太可能从母亲那里获得抗体，而抗体原本可以帮助他们获得免疫力，以抵抗这种疾病在以后的再感染中造成的严重后果。[11]

当我们将分区模型应用于社会流行风潮和观点流行风潮时，自然需要做一些调整。一种思路是，随着某个观点逐渐变得不再那么吸人眼球，传播率应该会逐渐下降。达里尔·戴利和戴维·肯德尔（Daryl J. Daley and David G. Kendall，1964，1965）提出了一种对该想法建模的方法，他们表示可以对克马克—麦肯德里克模型进行调整，使其反映如下模式：当感染者遇到另一名感染者或康复者之后，往往会变得失去传播力，因为他们会以为很多人现在都已经知道这个故事。由于故事不再新颖有趣，新感染者选择不再进一步传播。

巴塞洛缪（D. J. Bartholomew，1982）认为，当我们将克马克—麦肯德里克模型的修改版本应用于观点传播时，不应该把停止感染他人和遗忘观点当作一回事。人类的行为可能会受到一个虽然不怎么被提起但仍被人记在心里的旧观点的影响，也可称之为“行为痕迹”（Berger，2013）。

现在，网络模型方面的经济学文献数目可观，如最近的《牛津网络经济学手册》（Bramoullé et al，2016）。但行为流行模型却为数不多。“叙事”一词在上述手册中一次都没有出现。一些修改后的SIR模型涉及了复杂的结果模式，有时还涉及周期。传播的地理模型因全球社交媒体链接而变得越来越复杂。[12]

一些SIR模型放弃了随机混合的想法，选择了网络结构。[13]个体在是否允许自己被感染方面可能会做出策略性决策，而感染人群所占比例会影响这个决策（Jackson and Yariv，2005）。另外一些模型设定，个体采取某些做法并不仅仅是因为随机感染，还因为他们理性地计算过自己与他人碰面时传递的信息。[14]

虽然人们担心现代媒体（尤其是互联网）会导致原始SIR模型在描述社会流行时不再那么准确，但不管人们之间采取何种联系方式，克马克—麦肯德里克核心模型都能够适用。出于这个原因，我们在使用SIR模型解释观点或叙事的传播时，可能需要对其做出改动，将广电传播以及人际接触传播纳入考量。[15]不论人们处在什么地理位置，社交媒体都会自动将叙事推送给可能对其感兴趣的人，因此叙事有着更高的传播率，而现有模型可以适应这样的变化。

社会学家伊莱休·卡茨和保罗·拉扎斯菲尔德（Elihu Katz and Paul F. Lazarsfeld，1955）以充足的证据证明了“两步传播假设”，即文化变革虽然始于新闻媒体，但需要通过主要群体的口口相传这一“中继功能”才能实现，领导这些群体的是关注新闻且数量相对较少的群体成员。[16]营销行业立即采取应对措施，推广了口碑传播策略和电视广告，让演员将自己演绎成能够让普通人产生认同的人物并模拟直接的人际对话。此外，营销文献发现，直接的口碑传播在说服力方面仍胜过其他形式的交流。[17]在研究互联网和社交媒体是否会影响SIR模型时，赵来军及其合著作（2013）提出了一种改进的SIR模型，在这个模型中，新闻媒体数量的增多类似于参数 c 和 r 的变动。

克里斯汀·鲍克哈格（Christian Bauckhage）给出的证据表明，克马克—麦肯德里克分区模型的 SIRS 变体在 Google Insights（现在的谷歌趋势）的互联网模因上与时间序列数据相当匹配。[18]他研究了近来那些愚蠢的互联网病毒，如“O RLY?”模因，这个模因其实就是一张照片，上面是一只貌似一脸惊讶的可爱猫头鹰。模因大多荒谬而没有意义，因此我们可以预想它们会遵循一个独立于其他观点的发展过程，从而与 SIRS 模型完美匹配，这也正是鲍克哈格发现的结果。他一次又一次地在互联网模因中发现了大致相同的驼峰形感染模式。

认为经济叙事的传播模式类似于疾病流行的更多理由

即使现代传播媒体已经使面对面的直接交流变得不再那么重要，但由三个方程式构成的克马克—麦肯德里克模型仍可用来研究观点传播。无论人们如何联系彼此，核心模型都能够适用。

我和同事约翰·庞德（John Pound）在 1985 年对机构投资者和个人投资者进行过一次调查，以期了解他们在做出投资决策时带有多大的系统性。我们请所有受访者回想一下他们最近所做的一笔股市投资，并询问他们是否同意以下有关此笔投资的说法：

> 我或其他人（使用计算机或其他类似搜索程序）在大量股票中系统性地寻找一只具有某些特征的股票，然后对它产生了初步的兴趣。[19]

机构投资者中有 67% 的人同意这一说法，但只有 23% 的个人投资者同意这一说法。另一项调查的对象是那些投资于高市盈率并且股价飞涨的股票的投资者，我们在调查中提出了同样的问题。在这项调查中，只有 25% 的机构投资者同意这一说法，而个人投资者中仅有 16%

同意。

那么，人们是如何开始关注某只个股的呢？答案是口口相传。我们在第一项调查中询问受访者与多少人谈到过该只股票。对于随机样本中的机构投资者，平均答案为7。对于活跃的个人投资者，平均答案还要更高，为20。由此得出的结论是，人们的选择并不都是系统性的：他们会因为小道消息产生非系统性的反应，从而造成关注点的摇摆不定。从投资领域得出的这一认识可以延伸至投资之外的其他经济决策，因为它反映了人类决策的基本模式。有人建议用SIR模型的修改版本来理解人们对单一资产的投资，他们提出证据证明，人们往往投资于地理位置较近的公司，对单只股票的兴趣有时会非常迅速地风行一时，但并不会感染大部分人口（如果c和r都很高，或是限定于较小的地理区域，SIR模型就可以套用）。

这类模型可以帮助解释经济叙事传播的地理模式，比如比特币叙事，虽然它在很多国家都具有传播力，但也确实带有地域性。宾夕法尼亚大学沃顿商学院院长杰弗里·加勒特（Geoffrey Garrett）访问硅谷后，在返回的时候谈及了人们对比特币的看法：

> 虽然华尔街的大多数人都在怀疑和观望，硅谷却全情投入。从最大的科技公司到最小的初创公司，基本上我参加的每场会议都充满了热情而富有创意的有关加密货币的对话。[20]

观点传播和信息瀑布

SIR模型的变体可能会产生混沌。数学中的混沌理论表明，很多非线性微分方程模型从精确的数学意义上说有可能是混沌的。也就是说，系统可以生成看似随机的变量，这些变量永远不会重复出现；即使系统是确定的，这些变量好像也在生成随机数。事实上，计算机上的随机数生成器并不是真正的碰运气，而是这类混沌的确定性模型的产物。根据数学方法的论证和研究以及实际的疾病数据，SEIR 流行病模型的变体有可能是混沌的。[21]

混沌理论与蝴蝶效应有关，后者指的是一场似乎不可预测的巨大风暴有可能是一件看起来遥不可及、无关紧要的事情引发的，比如很久以前一只蝴蝶在地球的另一侧扇动了翅膀。SIR 模型的另一个变体可以通过在基本模型中添加“信息瀑布”帮助解释这种蝴蝶效应。[22]如果人们觉得，通过观察有多少人做出某些选择，就可以收集到可靠的信息，那么均衡就会向着随机的方向移动，就像萨尔加尼克及其同事在第 4 章中所做的虚拟音乐市场实验一样。加州大学洛杉矶分校伊沃・韦尔奇（Ivo Welch）教授是信息瀑布理论的作者之一，我还记得我和他的一次经历。当时，他开车送我回酒店，告诉我他觉得我们就在酒店附近，但他不知道酒店到底在哪个位置。然后他发现了一辆没有乘客的出租车，于是他决定跟着那辆出租车，因为这辆出租车很有可能正在驶向那家酒店。他认为出租车司机掌握着我们所需的信息，这个猜测这一次完全奏效了，但它原本也有可能把我们带到另一家酒店或数不胜数的随机地点。如果很多人都像伊沃那样，那么理论上说，初始的一辆出租车就有可能引发一场流行并导致大量出租车涌向一个随机地点。

信息瀑布可以解释投机泡沫为什么有可能是完全理性的并且符合经济学原理。在我看来，它们很有意思，因为它们描述了在人们相当理性的情况下，泡沫或萧条是怎样从完全随机的原因开始起步的。乔治・阿克洛夫和珍妮特・耶伦在 1985 年创造了“近似理性”这个词，我真希望这个词在当时更加流行并像病毒般传播开来。[23]不过，信息瀑布可能并不是一个特别重要的问题。在现实生活中，出租车司机似乎从不会跟着某辆领头车，至少当他们在本市开车前往目的地的时候不会这样做。但是，就像其他人一样，出租车司机在一些比较模糊的

“事实”方面——比如本市的最佳餐厅——可能会效仿其他人。[24]你可以试试让出租车司机带你去最好的餐厅：你得到的回应很有可能是一阵笑声，而且你们前往的目的地也不太可能真的是当之无愧的最佳餐厅。[25]

如果不借鉴叙事经济学，我们很有可能永远都无法真正理解出租车司机的举动，也无法理解消费者、投资者和企业家的行为变化以及其他经济现象。我们需要在叙事经济学领域取得真正的进展，这对未来的研究至关重要。

致谢

我于2017年在美国经济学会（AEA）所做的主席演讲“叙事经济学”发表在2017年4月的学会期刊《美国经济评论》上。这篇演讲中的多个段落都出现在了本书中，不过很多都有所改动。

本书深受我和乔治·阿克洛夫合著的两本书的影响，这两本书分别是《动物精神》（2009）和《钓愚》（2015）。乔治·阿克洛夫与瑞秋·克兰顿（Rachel Kranton）合著的《身份经济学》（2011）也对本书影响深远。叙事在所有这些书中都占有一席之地。和乔治共事的经历对我的想法成形起到了无法估量的帮助。

奠定本书创作基础的研究工作已经持续了数十年之久。在此我要感谢美国国家科学基金会、耶鲁大学考尔斯经济学研究基金会（Cowles Foundation for Research in Economics）、史密斯·理查森基金会（Smith Richardson Foundation）、耶鲁大学管理学院和白盒基金会（Whitebox Foundation）以及耶鲁大学詹姆斯·托宾研究奖学金项目（James Tobin research fellowships）多年来的支持。

我在一些研讨会上提交过美国经济学会主席演讲的初稿，在此我要感谢这些研讨会的参与者，尤其是剑桥大学的马歇尔讲座以及英格兰银行、图卢兹经济学院（Toulouse School of Economics）/图卢兹高等研究所（Toulouse Institute for Advanced Study）和耶鲁大学经济学系的系列研讨会。特别感谢 Bruce Ackerman、Santosh Anagol、Bob Bettendorf、Bruno Biais、Laurence Black、Jean-François Bonnefon、Michael Bordo、

Stanley Cohen、Donald Cox、Robert Dimand、William Goetzmann、Emily Gordon、David Hirshleifer、Farouk Jivraj、Dasol Kim、Rachel Kranton、Arunas Krotkus、Naomi Lamoreaux、Terry Loebs、Ramsay MacMullen、Peter Rousseau、Paul Seabright、John Shiller、Thomas Siefert 和 Sheridan Titman。

彼得·多尔蒂（Peter Dougherty）于 2017 年卸去普林斯顿大学出版社社长一职，现在是一位自由编辑。20 年来他对我一直有着莫大的影响。他一直鼓励我在写作过程中坚持走一条正确的道路，这样的建议对我来说非常宝贵。虽然不再执掌出版社，但他仍在编辑方面给予我很多帮助。

Logan Bender、Andrew Brod、Laurie Cameron Craighead、Jaeden Graham、Jinshan Han、Lewis Ho、Jakub Madej、Amelie Rueppel、Nicholas Werle、Lihua Xiao 和 Michael Zanger-Tishler 担任了我的研究助理。在此我也要感谢其他提出意见或建议的耶鲁学生：Brendan Costello、Francesco Filippucci、Kelly Goodman、Patrick Greenfield、Krishna Ramesh、Preeti Srinivasan 和 Garence Staraci。

我在耶鲁的行政助理 Bonnie Blake 任劳任怨地阅读并编辑了本书手稿。同时我也要感谢细致缜密、注重细节的排印编辑 Steven Rigolosi。

书中的一些想法来自我为 200 多个报纸专栏撰稿的经历，这些稿件的总字数相当于两本书。自 2003 年以来，我一直定期为“报业辛迪加”（*Project Syndicate*）撰写专栏文章；这些专栏文章发表在世界各地的报纸上，其中大部分都是美国之外的报纸。为“报业辛迪加”撰稿的经历帮助我建立起了一个面向世界的视角，而不是过度以美国为中心。自 2007 年以来，我也一直是《纽约时报》周日商业专栏的撰稿人。在此我要感谢这些专栏的编辑 Andrzej Rapaczynski（报业辛迪加）和 Jeff Sommer（《纽约时报》），他们在我身上倾注了很多精力。

最后，我要感谢与我相伴 43 年的妻子 Virginia Shiller，感谢她对我所做工作的持续支持和鼓励。

注释

序言　何为叙事经济学

1. Allen（1964［1931］），第 261 页。

2. Allen（1964［1931］），第 viii 页。

3. “描述经济学（descriptive economics）还要分为形式和叙事分支；前者对人们解析这门学科广泛应用时所需的概念进行分析和分类，后者从历史上对比调查了不同社区和不同时期表现出的各种经济生活形式”（位于“经济学方法”条目下），Palgrave（1894），第 741 页。

4. 在新社会运动文献中，社会学家已经对叙事在推动社会运动方面的作用表现出兴趣，参见 Davis（2002）。

5. Fair and Shiller（1989）给出证据表明，预测模型在短期内具有一定的预测能力，但 Lahiri and Wang（2013）根据费城联邦储备银行的专业预测人员调查，指出在预测美国季度 GDP 未来一年下降四分之一的可能性时不需要“较高技能”。专业群体在这一预测范围内给出的 GDP 下降的可能性是毫无价值的。

6. Andrew Brigden，“The Economist Who Cried Wolf.” Fathom Consulting，February 1，2019，https://www.fathom-consulting.com/the-economist-who-cried-wolf/#_ftn2. 发现在长时期内对衰退预测鲜少成功的其他文献有 Zarnowitz and Braun（1992），Abreu（2011），An et al.（2018）。

7. Koopmans（1947），第 166 页。

8. Boulding（1969），第 2 页。2018 年 1 月，在费城举行的美国经济学会年会以博尔丁的名义举行了一次特别的纪念会议，名为“肯尼思·博尔丁与社会科学的未来方向”。

9. Boulding（1969），第 3 页。

10. Irving Kristol，“The Myth of Business Confidence，” *Wall Street Journal*，1977 年 11 月 14 日，第 22 版。

11. 亚当斯于 1919 年在苏黎世牵头举行了一次国际妇女会议，此次会议发表了一份声明，预言《凡尔赛和约》将制造敌意，从而引发未来战争。她在 1931 年获得诺贝尔和平奖。

12. Keynes（1920［1919］），第 268 页。

13. 我的系列出版物源于 1972 年我在麻省理工学院提交的博士学位论文，题为“Rational Expectations and the Structure of Interest Rates”。这篇论文是在弗朗科·莫迪格利亚尼（Franco Modigliani）的指导下撰写的，他对我的影响使我开始尝试为经济学理论寻找现实基础。这篇论文并不完全认同经济学家最喜欢的观点：所有人都会理性并持之以恒地追求利益最大化。此后不久，我创作了“Rational Expectations and the Dynamic Structure of Macroeconomic Models：A Critical Review”（1978）。接下来我又创作了“Stock Prices and Social Dynamics”（1984）、《非理性繁荣》（第一版，2000）；还与乔治·阿克洛夫合著了两本书：《动物精神：人类心理活动如何驱动经济、影响全球资本市场》（2009）和《钓愚：操纵与欺骗的经济学》（2015）。

第 1 章　比特币叙事

1. Quoted by Yun Li，“Warren Buffett says bitcoin is a ‘gambling device’ with ‘a lot of frauds connected with it,’” CNBC May 4，2019，https：//www. nbc. com/2019/05/04/warren-buffett-says-bitcoin-is-a-gambling-device-with-a-lot-of-frauds-connected-with-it. html.

2. Paul Vigna and Steven Russolillo，“Bitcoin's Wildest Rise Yet：40% in 40 Hours，” *Wall Street Journal*，2017 年 11 月 7 日，第 1 版。

3. 默克尔树和数字签名算法是中本聪在 2008 年署名的比特币原始文章中描述的比特币协议的基本要素。Huberman et al.（2017）介绍了堵车排队游戏的均衡状态。

4. Proudhon（1923［1840］），第 293 页。

5. Sterlin Lujan，“Bitcoin Was Built to Incite Peaceful Anarchy，” https：//news. bitcoin. com/bitcoin-built-incite-peaceful-anarchy/. 文章日期为 2016 年 1 月 9 日。

6. Ross（1991），第 116 页。

7. Himanen（2001）.

8. Zoë Bernard，“Satoshi Nakamoto was weird，paranoid，and bossy，says early Bitcoin developer who exchanged hundreds of emails with the mysterious crypto creator，” *Business Insider*，May 30，2018，http：//www. businessinsider. com/satoshi-nakamoto-was-weird-and-bossy-says-bitcoin-developer-2018-5.

第 2 章　知识融通之旅

1. 例如，人们在呼吁采取更全面的经济研究方法时，要求研究“社会动态”和“大众模型”（Shiller，1984），“文化学”（Michel et al.，2011）或“文化组学”（McCloskey，2016）；或更多的“叙述性”（Morson and Schapiro，2017）或“虚构的期望”（Beckert and Bronk，2018）或“诊断性期望”（Gennaioli and Shleifer，2018）、“政策传奇和民俗主义者”（Fine and O'Neill，2010）或者将“预期变化”转变为“经济波动直接驱动因素”的新闻时面临的“信息处理困难”（Beaudry and Portier，2014）。

2. Sarbin（1986）.

3. Berger and Quinney（2004）.

4. Rashkin（1997）.

5. Ganzevoort et al.（2013）.
6. Presser and Sandberg（2015）.
7. Bettelheim（1975）.
8. Kozinets et al.（2010）.
9. O'Connor（2000）.
10. O'Barr and Conley（1992）.
11. Jung（1919）.
12. Klein（1921）.
13. Klages（2006），第 33 页。
14. Klages（2006），第 33 页。
15. Brooks（1992），location 74.
16. Brooks（1992），location 749.
17. 有关神经语言学，请参见 Kemmerer（2014）。

第 3 章　传播、星座和交汇

1. World Health Organization（2015）.
2. Wheelis（2002）.
3. Marineli et al.（2013）.
4. 也可参见 Nagel and Xu（2018）.
5. Vinck et al.（2019），尤其是表 3。
6. Gerbert et al.（1988）.

7. 经济思想史学家（包括 Dimand，1988）指出，乘数 - 加速数模型的起步要早于凯恩斯（1936）；在此之前，凯恩斯的学生卡恩（Kahn，1931）提到了乘数；在卡恩之前，还有其他六个人阐述了乘数；甚至早在 1929 年股市崩盘之前，凯恩斯本人在为演讲准备的手写笔记中也曾提到（Kent，2007）。不那么附庸风雅但更具隐喻意味和视觉效果的指代乘数的术语"涟漪效应"（不是原先所指的衣服褶皱的样式或顺序）在 1970 年左右开始风行一时，到 2000 年已经超过了"乘数效应"。

8. 萨缪尔森叠代模型是 Allais（1947）先提出来的，但 Allais 的版本几乎没有引起人们的注意。萨缪尔森没有参考这个版本。

9. 这些都是 Michael Suk-Young Chwe（2001）定义的"理性仪式"的示例，通过这种仪式人们知道其他人听说了叙事，从而使之有可能成为公认的"共同知识"。

10. Young（1987）.

11. 作家有时会将自己的构思过程或某些有用的片段称为带领他们寻找重要思路的"驴子"。See Lawrence Wright，https：//www.cjr.org/first_person/longform_podcast_lessons_on_journalism.php.

第 4 章　为何有些叙事会出现病毒式传播?

1. Sartre（1938），location 952.
2. Pace-Schott（2013）.

3. Polletta（2002），第 31 页。

4. Brown（1991），location 2852 of 2017 Kindle Edition.

5. Plato，*The Republic*，bk. 3，trans. Benjamin Jowett，https：//www. gutenberg. org/files/1497/1497-h/1497-h. htm.

6. Cicero（1860［55 BCE］），第 145 页。

7. Mineka and Cook（1988），Curio（1988）.

8. Reeves and Nass（2003）.

9. Brown（1991），Kirnarskaya（2009）.

10. Jackendoff（2009）.

11. Patel（2007），第 324 页。

12. Newcomb（1984），第 234 页。

13. Hofstadter（1964）.

14. 参见 Fehr and Gächter（2000）。

15. https：//www. merriam-webster. com/dictionary/narrative.

16. Kasparov（2017），第 138 页。

17. White（1981），第 20 页。

18. Schank and Abelson（1977）.

19. Shiller（2002）.

20. 感谢 Ryan Larson. It is patent#362，868，1887，G. I. AP Roberts，https：//patents. google. Com/patent/US362868A/en.

21. "Come What May：A Wheel of an Idea，" *Christian Science Monitor*，1951 年 10 月 24 日，第 13 版。

22. Display ad，*Los Angeles Times*，1991 年 7 月 29 日，第 A4 版。

23. Salganik et al.（2016）.

第 5 章　拉弗曲线和鲁比克魔方的病毒式传播

1. Shiller（1995）.

2. Litman（1983）.

3. Jack Valenti 的演讲 "Motion Pictures and Their Impact on Society in the Year 2001"（1978 年 4 月 25 日），转引自 Litman（1983），第 159 页。

4. Goldman（2012），location 695.

5. 关于昙花一现式走红的众多例子，参见 Wikipedia，https：//en. wikipedia. org/wiki/One-hit_wonder.

6. "［税收］可能会阻碍人民的生产制造，阻止他们从事某些商业领域，而这些领域有可能会促成大量就业。" Smith（1869），第 416 页。

7. 切尼在 1978 年之后不久就会出任白宫办公厅主任，后来他又担任了国防部长和美国副总统。

8. 拉姆斯菲尔德在 1978 年时刚刚卸任国防部长。

9. http：//americanhistory. si. edu/blog/great-napkins-laffer.

10. Peter Liebhold,“O Say Can You See,” http://americanhistory. si. edu/blog/great-napkins-laffer.

11. Arthur B. Laffer, “The Laffer Curve: Past, Present and Future,” January 6, 2004, https://www. wiwi. uni-wuerzburg. de/fileadmin/12010500/user_upload/skripte/ss09/FiwiI/Laffer-Curve. pdf.

12. Paul Blustein, “New Economics: Supply-Side Theories Became Federal Policy with Unusual Speed,” *Wall Street Journal*, 1981 年 10 月 8 日，第 1 版。

13. See Mirowski（1982）.

14. Brill and Hassett（2007）.

15. Cicero（1860 [55 BCE]），第 187—188 页。

16. McDaniel and Einstein（1986）.

17. Lorayne（2007），第 18 页。

18. 参见 Paller and Wagner（2002）。

19. “Second Look in Sweden,” *Boston Globe*, 1976 年 9 月 21 日，第 26 版。

20. 1989 年，有人指出，由于税收对社会保障福利和医疗附加税的综合影响，美国老年人的税款增额有可能会超出收入增额的 100%。James Kilpatrick, “El derly Run Faster, Fall Further Behind,” *St. Louis Post Dispatch*, 1989 年 3 月 19 日，第 B3 版。

21. US Tax Policy Center, https://www. taxpolicycenter. org/statistics/historical-individual-income-tax-parameters.

22. Patrick Owens,“What's behind the Tax Revolt?” *Newsday*, 1978 年 6 月 2 日，第 75 版。

23. https://www. gop. gov/9-ronald-reagan-quotes-about-taxes/.

24. Walter Trohan, “Report from Washington,” *Chicago Tribune*, 1967 年 2 月 20 日，第 4 版。

25. Steven V. Roberts, “Washington Talk; Reagan and the Russians: The Joke's on Them,” *New York Times*, 1987 年 8 月 21 日，第 A1 版。

第 6 章　关于经济叙事传播性的多元证据

1. Penfield（1958），第 57 页。

2. Penfield（1958），第 57 页。

3. Scholz et al.（2017），第 2882 页。

4. Zak（2015）.

5. Maren and Quirk（2004）.

6. Milad et al.（2005）.

7. Milad et al.（2014）.

8. Miłosz（1990 [1951]），第 239 页。

9. Hume（1788 [1742]），第 103 页。

10. Berg（1946）从英属宾夕法尼亚省的角度分析了此次萧条的原因。

11. Alexander Windmill, Letter to the Printer, *New-London Gazette*, 再版于 *Connecticut Courant*, 1765 年 5 月 20 日，第 1 版。也可能见 Colin McEnroe, “A Page from History: We Were There,” *Hartford Courant*, 1997 年 10 月 29 日，第 F8 版。

12. Le Bon（1895）.

13. 转引自 *Boston Transcript* in "Art and Business in Book-Jackets," *Literary Digest* 70（1921 年 9 月 10 日）：第 26—27 页。

14. Akerlof and Shiller（2015）.

15. Holt（2002），Klein（2009）.

16. Keynes（1936）.

17. 报纸以前举办过很多选美比赛。1920 年，《世界晚报》在纽约刊登了一系列美女的照片，其中一些相当有名。报纸并不是一次性刊出所有照片，而是分几周陆续刊出，并邀请读者剪下一张提名券，填上他们最喜欢的五个人并邮寄回去。读者也可以提名一个新人，并附上一张照片，照片有可能被加入日后发布的参选者行列。读者的最爱名单会被发布并不断更新。但是，读者不会得到任何奖品，只有可能因为选对了获胜者而感到高兴。此外，该报要求读者选出最喜欢的五个人，而不是六个人。我找不到与凯恩斯所说的选美比赛完全吻合的比赛。https：//www. newspapers. com/image/78732551/? terms = Evening%2BWorld's%2BBeauty%2BContest.

18. Allen et al.（2006）.

19. R. A. Fisher（1930）.

20. 参见 Leonard（2006）。

21. Bruner（1998），第 18 页。

22. Gaser et al.（2004）.

23. Saavedra et al.（2009）.

24. Losh and Gordon（2014），Pierce et al.（2001）.

25. Kahneman and Tversky（2000），Thaler（2015，2016）.

26. Johnson and Tversky（1983），Slovic et al.（2007）.

27. Loewenstein et al.（2001）.

28. Dohmen et al.（2006）.

29. Achen and Bartels（2017）.

30. Boltz et al.（1991）.

31. Areni and Kim（1993）.

32. Cheng et al.（2017）.

第 7 章　因果关系和叙事星座

1. Hume（1788 [1742]），论文 XIV，第 101 页。

2. Farnam（1912），第 5 页。

3. Jevons（1878），第 36 页。

4. Merton（1948），Azariadis（1981），Cass and Shell（1983），Farmer（1999）.

5. Jerry Muller（2018）在《指标暴政》一书中详细描述了对定量结果测量的过度依赖如何导致学院、大学、学校、医学、警务、军事、商业、金融、慈善事业和对外援助无法做出明智的决策。

6. "Stock Prices Move Up to Permanently High Plateau," *Toronto Star*，1929 年 10 月 16

日，第 14 版。

7. Kai Sedgwick，“46% of Last Year's ICOs Have Failed Already,” 2018 年 2 月 23 日，Bitcoin. com，https：//news. bitcoin. com/46-last-years-icos-failed-already/.

8. Escalas（2007）.

9. Machill et al. （2007）.

10. McQuiggan et al. （2008），第 538 页。

11. Slater et al. （2003）.

12. Cronon（2013），第 12 页。

13. 心理学家 Roger Brown and James Kulik（1977）创造了“闪光灯记忆”一词，并列举了 1963 年美国总统约翰·肯尼迪遇刺身亡的例子。他们猜测，当人们同时经历极端震惊和情感唤醒时，就会生成闪光灯记忆。

14. Luminet and Curci（2009）.

15. “The First Gun：Its Ominous Report Was Heard Around the World,” *Los Angeles Times*，1896 年 2 月 1 日，第 11 版。

16. “University High's Class of'42 Still Remembers Pearl Harbor,” *Los Angeles Times*，1981 年 12 月 7 日，第 F1 版。

17. 美国国民经济研究局一般会在数月之后才宣布美国进入衰退的日期。这一次，它直到 2001 年 11 月才宣布美国在 2001 年 3 月开始进入衰退。但经济学家普遍认为经济在 2001 年 9 月已进入衰退状态。

18. “The Perfect Storm Tears Heart Out of the US Economy,” *Guardian*，2001 年 11 月 14 日，第 26 版。

19. “At O'Hare，President Says ‘Get on board!’” 2001 年 9 月 27 日，https：//georgewbush-whitehouse. archives. gov/news/releases/2001/09/20010927-1. html.

20. Greg Ip 提到，“爱国之情的爆发”可能是当时信心增强的原因之一。“After Sept. 11 Attacks，a Rebound，of Sorts,” *Wall Street Journal*，2001 年 10 月 15 日，第 A1 版。

21. “来源监测法的核心主张是，人们通常不会直接检索那些指向回忆源的抽象标签；相反，被激活的记忆是通过回想时执行的决策过程得到评估并被归向特定来源的”（Johnson et al.，1993）。

22. Johnson et al. （1993）.

23. Barthes（2013［1984］），http：//xroads. virginia. edu/ ~drbr/wrestlin. html.

24. “Kilrain's Rheumatism,” *Cincinnati Inquirer*，1890 年 2 月 22 日，第 2 版。

25. “但是这种［修辞］的序言不应该像角斗士的预演那样，后者在战斗前挥舞着长矛，但在战斗中根本用不上这些长矛。” Cicero（1860［55 BCE］），第 178—179 页。

第 8 章　叙事经济学的 7 个构想

1. Shiller（1989）.

2. Arthur Krock，“What America Is Talking About,” *New York Times*，1932 年 10 月 30 日，第 SMI 版。

3. 显然，正如米尔顿·弗里德曼指出的那样，凯恩斯主义最初的思想认为决定当前消费的仅有现期收入这个因素，这是不准确的。他指出，对于那些根据现期收入就能够比较明确地知道未来收入的职业（即收入每年波动不大的职业）而言，消费支出紧跟现期收入的程度要高得多。他提出一种假设，认为支出不是由个人的现期收入决定的，而是由永久收入（即预期的未来长期平均收入）决定的。但同样，在大萧条时期，弗里德曼的永久收入假说也不完全正确。在这个模型中，人们只对根据其统计属性进行调整的收入做出反应。Christina Romer（1990）指出，1929 年股市崩盘后，在人们的收入还没有出现任何下降迹象的时候，消费需求就已经骤然下降。她认为，需求下降肯定是因为人们对崩盘带来的新的不确定性做出了某种反应。需求不仅取决于预期和不确定性，在这样的时期还取决于一系列叙事，而一旦专家名誉扫地，人们就只能靠这些叙事判断未来。Tobin and Swan（1969）进一步阐述了永久收入假说存在的问题。

4. https：//www. thesun. co. uk/tech/5067093/lily-allen-bitcoin-billionaire-richer-than-madonna/.

5. 参见 Shiller（1989）。

6. Siegel（2014［1994］），第 250—253 页。《纽约先驱论坛报》先是对美国股市在 1939 年 9 月 3 日之后为何没有下跌表示疑惑，然后又提出一种可能的解释，“显然，很多持有或购买证券的人都受到了下面这种信念或希望的激励：股市将会遵循上一次世界大战的模式，当时先是出现了 8 个月的低迷，其间有一段时间甚至都没有正式交易，然后，受欧洲战争订单的刺激，股市在 1915 年骤然上涨。”“War and the Markets,” *New York Herald Tribune*, 1939 年 9 月 4 日，第 18 版。

7. World Health Organization（2003），第XIII页。

8. Vosoughi et al.（2018）.

9. 这首歌的最初版本于 1893 年发表在 Patty and Mildred J. Hill 出版的 *Song Stories for the Kindergarten* 中。https：//commons. wikimedia. org/wiki/File：GoodMorningToAll_1893_song. jpg.

10. Weems（1837），第 11 页。

11. Weems（1837），第 13—14 页。

12. Wang et al.（2012）.

13. Blanc（1851），第 91 页：“De chacun selon ses facultés，à chacun selon ses besoins.” Matthew 25:15 quotes Jesus：“to each according to his ability.”

第 9 章　复发与变异

1. 参见 Kuran and Sunstein（1999）。

2. 但是，内战期间的大多数死亡是由疾病而不是由战争引起的。如果将之视为一种流行病，那么内战并不能算是美国历史上规模最大的一场流行病，甚至可以说相距甚远。参见 Nicholas Marshall，“The Civil War Death Toll，Reconsidered，” *New York Times Opinionator*，2014 年 3 月，https：//opinionator. blogs. nytimes. com/2014/04/15/the-civil-war-death-toll-reconsidered/.

3. “大萧条”一词也与 1990—1991 年的轻微衰退关联在一起，这次衰退与中东的另一场战争有关。美国总统候选人罗斯·佩罗（H. Ross Perot）在 1992 年的总统大选期间将之与大萧条进行了对比。参见 James Flanagan，“What an Economy in Low Gear Means,” *Los Angeles Times*，1992 年 7 月 26 日。

第 10 章　恐慌与信心

1. Raymond Moley，转引自 Terkel（1970），location 5151.

2. “The Financial Crisis,” *New York Herald Tribune*，1857 年 9 月 26 日，第 1 版。

3. Hannah（1986）.

4. “How the New Banking System Is Expected to Operate as a Cure for Business Panics,” *Washington Post*，1913 年 12 月 29 日，第 5 版。

5. George Gallup，“The Gallup Poll：An Increasing Number of Voters Believe Business Will Improve within Six Months,” *Washington Post*，1938 年 2 月 4 日，第 X2 版。

6. Sidis（1898），第 6 页。

7. Marden（1920），第 175 页。

8. “First Scientific Weather Forecasting,” *Chicago Daily Tribune*，1898 年 12 月 18 日，第 29 版。

9. Diogenes，“Correspondence of the Mercury,” *Charleston Mercury*，1858 年 2 月 15 日，第 1 版。

10. 在 ProQuest 中，“先行指标”一词在 1880 年出现过一次，在 20 世纪 20 年代出现过两次，但是直到 20 世纪 30 年代的大萧条之前，它才成为一个根深蒂固的公众概念。Moore（1983）指出了 1938 年的米切尔和伯恩斯先行指标在经济思想史上的重要意义。另外，伯恩斯和米切尔还在 1946 年出版了一本很有影响力的书，对先行指标进行了扩展。伯恩斯后来在 1970—1978 年间担任美联储主席，当时正值严重通胀时期，人们将通胀归咎于他，这使他的预测模型受到了进一步的热议。

11. “Lays Bull Market to Coolidge ‘Tips,’” *New York Times*，1928 年 8 月 24 日，参考了当月一篇 *Atlantic* 的文章。

12. “The Wall Street Journal Straws：Difficult to Take Profits,” *Wall Street Journal*，1928 年 11 月 5 日，第 2 版。

13. “‘Why Does U. S. Fuss at Us’ Traders Ask：Public Eye Battle of Wall Street,” *Chicago Daily Tribune*，1929 年 2 月 18 日，第 25 版。

14. “New Threats Made to Cut Speculation,” *Washington Post*，1929 年 4 月 5 日，第 1 版。

15. Lewis H. Haney，“Looking 1930 in the Face,” *North American Review* 229（3）（March 1930）：第 365 页。

16. *New York Times*，1931 年 1 月 5 日。

17. *New York Times*，1884 年 9 月 25 日，第 4 版。

18. “Reckless Talk in Congress,” *New York Times*，1932 年 3 月 18 日，第 20 版。

19. Irving Fisher（1930），第 63 页。

20. Thomas Mullen，quoted in “Money to Move as Fear Leaves，‘Ad’ Men Told,” *Christian Science Monitor*，1931 年 6 月 15 日。

21. Franklin Delano Roosevelt, First Inaugural Address, 1933 年 3 月 4 日, http://www.gutenberg.org/files/104/104-h/104-h.htm.

22. Goodreads.com 将“我们唯一需要恐惧的就是恐惧本身”这句话列为罗斯福 139 句名言中最受喜爱的一句名言。https://www.goodreads.com/author/quotes/219075.Franklin_D_Roosevelt.

23. Langlois and Durocher (2011).

24. “In the Wake of Unemployment,” *Hartford Courant*, 1931 年 11 月 8 日, 第 E5 版。

25. Roosevelt, first fireside chat, March 12, 1933, https://www.youtube.com/watch?v=r6nYKRLOFWg.

26. W. M. Kiplinger, “Causes of Our Unemployment: An Economic Puzzle,” *New York Times*, 1930 年 8 月 17 日, 第 11 版。

27. Lindbeck and Snower (2001).

28. Eichengreen (1996), Eichengreen and Temin (2000).

29. Marx (2017 [1959]), 第 15 章开头。

第 11 章 节俭与炫耀性消费

1. 人们可能以为会在亨利·乔治 19 世纪 70 年代萧条结束时出版的《进步与贫困》一书中看到对适度节制消费以示尊重失业者的预期，但书中并没有这种预期。他的看法似乎恰恰相反，因为他说，如果有一天不平等减少了：“在消除了匮乏和对匮乏的恐惧之后，对财富的钦佩将会消退，人们将寻求以其他方式获得同伴的尊重和认可，而不是通过获取和展示财富”（George, 1886 [1879]，第 4 章）。在 19 世纪 90 年代的长期萧条中，人们可能也以为会在凡勃仑于 1899 年发表的颇具影响力的著作《有闲阶级论》中看到对节制的认可，正是这本书创造了“炫耀性消费”一词。但是书中并没有提到这次萧条中的新朴素风尚，甚至都没有提到 1893 年的恐慌和随之而来的萧条。凡勃仑的看法似乎也恰恰与之相反，他在书中写道：“可以说，在严格的范围内，摆脱顾虑、同情、诚实和关怀的自由能够在金钱文化中进一步推动个人的成功”（Veblen, 1899 年，第 9 章）。

2. “Financial Crash Left Them Deeply in Debt,” *Daily Boston Globe*, 1930 年 3 月 10 日，第 21 版。

3. “Family Breakdowns Reported Increasing,” *New York Times*, 1932 年 3 月 21 日，第 2 版。

4. “Women Make Plea for Family Relief,” *New York Times*, 1936 年 5 月 17 日，第 N2 版。

5. Ruth Ellicott, “Household—Season for Home Refurbishing Arrives: Coziness Is Requisite for Winter, Entire Family Morale May Be Boosted by a Changed House hold Environment,” *Baltimore Sun*, 1933 年 10 月 1 日，第 TM8 版。

6. Allen (1964 [1931])，第 289 页。

7. Carol Bird, “We're getting ‘ANCHORED’ Again Says Rita Weiman,” *Washington Post*, 1932 年 7 月 10 日，第 SM3 版。

8. “Keeping Up Appearances: dare to be poor!” *Manchester Guardian*, 1931 年 10 月 9 日，第 6 版。

9. Catherine Hackett, "Why We Women Won't Buy," *Forum and Century*, 1932 年 12 月, 第 343 页。

10. Anne O'Hare McCormick, "The Average American Emerges," *New York Times*, 1932 年 1 月 3 日, 第 SM1 版。

11. "Crime Decrease Noted in Depression Years," *New York Herald Tribune*, 1934 年 2 月 23 日, 第 32 版, "Crime among Young Shows No Increase," *Globe and Mail*, 1937 年 11 月 22 日, 第 3 版。

12. "Citizens Advised Not to Give Money to Street Beggars," *Globe* (Toronto), 1931 年 1 月 14 日, 第 14 版。"Begging in City Increases Daily, Survey Reveals," *New York Tribune*, 1930 年 7 月 30 日, 第 4 版。

13. "Panhandling," *Washington Post*, 1932 年 11 月 3 日, 第 6 版。

14. "Bars Apple Sellers from Busy Streets," *New York Times*, 1931 年 4 月 16 日, 第 25 版。

15. "Apple Sale by Jobless Starts Friday: Unemployed Will Vend Fruit on Hartford Streets as a Way of Providing for Their Families," *Hartford Courant*, 1930 年 11 月 27 日, 第 1 版。ProQuest Historical Newspapers: *Hartford Courant.*

16. "Holdup in Car Panhandler's Thanksgiving," *Washington Post*, 1932 年 4 月 28 日, 第 18 版。"Drive Begun on Peddlers," *Los Angeles Times*, 1932 年 11 月 17 日, 第 A10 版。

17. Roth (2009), 第 12 页。

18. Stachura (1986).

19. http://www.pbs.org/auschwitz/40-45/background/auschwitz.html.

20. Grace Kingsley, "Display of Luxury Is Out," *Los Angeles Times*, 1932 年 3 月 31 日, 第 A9 版。

21. "Display of Wealth Viewed as Offense," *New York Times*, 1932 年 12 月 26 日, 第 21 版。

22. "1932's Bargains Different from Those of 1931: To Claim Poverty No Longer Chic—Furs and Shoes Are Discussed," *Washington Post*, 1932 年 4 月 7 日, 第 S6 版。但是，并非每个人都热情地把贫困当成典范："贫困变得时髦起来，而这只是一个普遍的消极借口，纵情享乐的人发现很难抗拒享乐。" "Baltimoreans Find Europe Alluring," *Baltimore Sun*, 1931 年 6 月 14 日, 第 SA13 版。

23. "Bicycle Riding Fad Strikes Washington," *New York Times*, 1933 年 7 月 31 日, 第 15 版。

24. "Is a New Car a Sin?" *Wall Street Journal*, 1932 年 2 月 18 日, 第 8 版。

25. Heffetz (2011), 第 1106 页。

26. "Confidential Chat: Husband Lacks All Sense of Responsibility," *Boston Daily Globe*, 1932 年 5 月 12 日, 第 18 版。

27. "Confidential Chat: Don't Blame the Men; They Can't Help It," *Boston Daily Globe*, 1932 年 5 月 28 日, 第 18 版。

28. "Relief to Stay, Says State Director," *Pittsburgh Post-Gazette*, 1936 年 1 月 30 日, 第 26 版。

29. Bewley (1999), 第 49—50 页。

30. Fang and Moscarini（2005）.

31. “Blue Jeans and Calico,” *New York Tribune*，1920 年 4 月 13 日，第 14 版。

32. Nerissa PacioItchon，“S. F. 's First Fashion Icon：Levi's 501s,” *San Francisco Chronicle*，May 19，2017，https：//www. sfchronicle. com/ style/ article/SF-s-first-fashion-icon-Levi-s-501s-11153403. php. Lady Levi's 刚开始的市场定位是女牛仔服或骑马服，就像其广告显示的那样（“An Old Timer Advises the Dude Ranch Guest,” *New York Herald Tribune*，1935 年 4 月 28 日，第 I13 版）。

33. Judy Horton，“Dude Dressing,” *Vogue*，1935 年 6 月 1 日，第 121 页。

34. Sullivan（2006）.

35. https：//www. liveabout. com/the-history-of-jeans-2040397.

36. “Briton Changes Name；‘Becomes James Dean,’” *Minneapolis Sunday Tribune Picture Magazine*，1958 年 1 月 5 日。

37. “The Country Is Off on a Jig-Saw Jag,” *New York Times*，1933 年 2 月 12 日，第 100 版。

38. “1932's Bargains Different from Those of 1931：To Claim Poverty No Longer Chic—Furs and Shoes Are Discussed,” *Washington Post*，1932 年 4 月 7 日，第 6 版。

39. Piketty（2014）. 也可参见 http：//piketty. pse. ens. fr/files/capital21c/en/Piketty2014Figures TablesLinks. pdf。该网站的表 I. 1 列出了 1910—2010 年美国收入前 10% 人群的收入占比，从中可以看出 1970 年不平等现象的急剧恶化。

40. Uchitelle（2006）.

41. Trump and Zanker（2007）. 本书的书名后来改为“Think Big：Make It Happen in Business and Life”。

42. Paul Blustein，“In Japan，Consumption's No Longer Conspicuous；Consumers' Newly Frugal Mood May Prolong Nation's Recession,” *Washington Post*，1993 年 2 月 28 日，第 H01 版。

43. Charles Fisher，*Meditation in the Wild：Buddhism's Origin in the Heart of Nature*（Alresford，UK：John Hunt Publishing，2013）.

44. Adams（1931），第 404 页。

45. “A Martin Luther King Center to Open in Phila.,” *Philadelphia Inquirer*，1983 年 11 月 23 日，第 4-B 版。

46. “President Calls for Expanding Opportunities to Home Owner ship，Remarks by the President on Homeownership,” St. Paul AME Church，Atlanta，Georgia，2002 年 6 月 11 日，https：//georgewbush-whitehouse. archives. gov/news/releases/2002/06/20020617-2. html.

47. Pecotich and Ward（2007）.

第 12 章　金本位制与金银复本位制

1. Quoted by Ralph Benko，“President Trump：Replace the Dollar with Gold as the Global Currency to Make America Great Again,” *Forbes*，2017 年 2 月 25 日。

2. https://www. bankofcanada. ca/rates/ related/ international-reserves/.

3. World Gold Council，https：//www. gold. org/what-we-do/official-institutions/accounting-

Monetary-gold. 一公吨合32 150 金衡盎司。在本书撰写之际，一金衡盎司的黄金价格为1 294美元。

4. Daniel Indiviglio, “Bernanke to Ron Paul: Gold Isn’t Money,” *Atlantic*, 2011 年 7 月 13 日。

5. 参见 Flandreau（1996）。

6. *Atlanta Constitution*, 1895 年 4 月 19 日，第 4 页。

7. “The Treaty,” *New York Times*, 1897 年 2 月 10 日，第 6 版。

8. “Silver in the West: Some Easterners Misjudge the Sentiment for It,” *Washington Post*, 1896 年 7 月 28 日，第 4 版。

9. International Bimetallic Conference, Report of Proceedings（London, 1894）.

10. 现今的芝加哥大学于 1890 年建校。该校最早一批教授中有一位 J. Laurence Laughlin，他在任教芝加哥大学之前写过一本 *The History of Bimetallism*（1886），该书强烈反对金银复本位制。真正的 Laughlin 教授随后与 Harvey 举行了一场真正的辩论，在辩论中 Laughlin 的表现要远远好于 Harvey 书中虚构人物的表现，因此成为影响 1900 年《金本位制法案》和美联储创立的公共知识分子的领军人物。参见 André-Aigret and Dimand（2018）。

11. “Silver in the West: Some Easterners Misjudge the Sentiment for It,” *Washington Post*, 1896 年 7 月 28 日，第 4 版。

12. “M’Kinley on Hard Times,” *New York Times*, 1896 年 10 月 7 日，第 3 版。

13. “NO MORE: Do Silverites Ask about General Prosperity,” *Courier-Journal*, 1897 年 9 月 11 日，第 6 版。

14. Noyes（1898），第 190 页。

15. 华尔街纽约证券交易所附近有一间国库分库办公室。如今仍然可以看到开放的金库，上面带有标牌，但这间办公室已经不再兑换黄金。该建筑现在是一家博物馆。

16. “The Pedigree of the Gold-Bug: The First Pair Imported from Nevada,” *Louisville Courier-Journal*, 1896 年 7 月 28 日，第 2 版。

17. “The Pedigree of the Gold-Bug,” 第 2 版。

18. 参见 Sargent and Velde（2002）。

19. Howard（1895），第 7 页。

20. Howard（1895），第 76 页。

21. Henry L. Davis, of the California Optical Company, 引自 “San Francisco Business Men Tell Why Times Are Hard and Name the Remedy,” *San Francisco Chronicle*, 1896 年 8 月 21 日，第 8 版。

22. Charles Merrill, 引自 “San Francisco Business Men,” *San Francisco Chronicle*。

23. *Official Proceedings of the Democratic National Convention Held in Chicago, Ill., July 7th, 8th 9th, 10th and 11th, 1896*（Logansport, IN: Wilson, Humphries & Co., 1896）.

24. “Where Bryan Got Them,” *Louisville Courier Journal*, 1896 年 7 月 29 日，第 4 版。

25. “Fiat Oratory,” *New York Times*, 1896 年 7 月 24 日，第 4 版。

26. Louis Sloss, 引自 “San Francisco Business Men Tell Why Times Are Hard and Name the Remedy,” *San Francisco Chronicle*, 1896 年 8 月 21 日，第 8 版。

27. 这一法则是由苏格兰经济学家 Henry Dunning Macleod 于 1857 年在金银复本位制论辩之初提出的，他慷慨地将这一法则归功于英国金融家格雷欣（Thomas Gresham，1519—1579 年）。这一法则非常简单：如果金银复本位制的比价与全球市场上的比价不一致，人们通常会选择以价值较低的货币支付，这将驱使其他金属货币退出流通。

28. “Voice of the People：A Correspondent's Sensible Letter on the Money Question，” *Chicago Daily Tribune*，1893 年 8 月 26 日，第 14 版。

29. 除了这个故事的惊人成功之谜外，还有另一个谜题。Baum 的书看上去似乎是金本位制和“自由铸造银币”运动的寓言，但是直到 1964 年，在 Henry M. Littlefield 的一篇文章指出这一寓言后，人们才普遍意识到这一点。这样一个寓言在出版大半个世纪之后都没有被人发现，真是奇怪之极。不过，Littlefield 很有信服力地指出，Baum 本意所指的确实就是金本位制和“自由铸造银币”运动。正如 Littlefield 指出的那样，Baum 本人积极参与了“自由铸造银币”运动，参加了一些游行，并居住在一个支持自由铸造银币运动的农村地区。虽然布赖恩在 1896 年的总统大选中落败，但他还是全力以赴准备在 1900 年再次参选，这一次他还是提倡自由铸造银币，他的对手也还是麦金莱，也就是说，在那本书付梓之年，这个问题仍在接受公众的评判。

30. Eichengreen and Temin（2000），第 206—207 页。

31. Mark Sullivan，“Inflation's Danger Begins When People Scramble to Get Rid of Their Dollars，” *Hartford Courant*，1933 年 11 月 26 日，第 D5 版。

第 13 章　劳动节约型机器取代多种工作岗位

1. 我们所说的“自动”一词可以追溯至荷马史诗《伊利亚特》第 18 卷第 376 行：“她找见神匠（即赫菲斯托斯），他正风风火火地穿梭在风箱边，忙于制作 20 个三足鼎，这些鼎在他那精心建造的大厅里倚墙而立。[375] 他在每个鼎下安装了黄金滑轮（*αὐτόματοι*），它们会自动滚入神祇聚会的厅堂，然后再滚回他的府居：一批让人看了赞叹不已的精品。” http：//www. perseus. tufts. edu/hopper/text？doc = Perseus%3Atext%3A1999. 01. 0133%3Abook%3D18%3Acard%3D360.

2. Aristotle，*Politics*，trans. Benjamin Jowett，bk. 1，pt. 4.

3. Argersinger and Argersinger（1984）. 不过，Walter Smith（1879）陈述 19 世纪 70 年代经济萧条起因的书中并没有提到劳动节约型机器。这一叙事并没有传至每一个人。

4. *Visitors' Guide to the Centennial Exhibition and Philadelphia*（Philadelphia：Lippincott，1876），https：//archive. org/details/visitorsguidetocoophil.

5. *Visitors' Guide to the Centennial Exhibition and Philadelphia.*

6. Charles M. Depuy，“The Question of the Hour，” *Philadelphia Inquirer*，1876 年 2 月 3 日，第 1 版。

7. “Labor-Saving Machinery，” *Daily American*，1879 年 12 月 11 日，第 2 版。

8. “Labor-Saving Machinery.”

9. George（1886 [1879]），第 227—228 页。

10. “The General Omnibus Com pany of Paris，” *Times of India*，1879 年 6 月 4 日，第 3 版。

11. “Labor-Saving Machinery and Overproduction，” *Los Angeles Times*，1894 年 6 月 28

日，第4版。

12. “Labor-Saving Machinery and Overproduction.”

13. “The Great Problem,” *San Francisco Chronicle*, 1894年4月22日，第6版。

14. “Stores Are Merely Labor-Saving Machines,” *Chicago Daily Tribune*, 1897年4月22日，第6版。

15. “Trade Unionists'Remedy,” *Boston Daily Globe*, 1899年4月24日，第5版。

16. https：//www. ele. uri. edu/faculty/vetter/Other-stuff/The-Machine-Stops. pdf.

17. “Robot Cop Dictator：Rules Five-Way Intersection,” *Los Angeles Times*, 1929年7月29日，第11版。

18. Phillip Snowden，M. P.，“Snowden Fears Trade War,” *New York Times*, 1928年6月10日，第133版。

19. “Unemployment Called Serious,” *Atlanta Constitution*, 1928年3月2日，第4版。

20. “Mayor Scored for Failure to Help Jobless,” *Baltimore Sun*, 1928年4月16日，第22版。

21. Chase（1929），第209页。

22. Chase（1929），第215—216页。

23. Chase（1929），第323页。他使用了“技术性失业”一词（第212页），但次数很少。

24. “Steno in the Future May Be a Robot，Show Indicates,” *Chicago Daily Tribune*, 1929年11月12日，第45版。

25. “Cause of the Crash,” *Washington Post*, 1930年11月9日，第S1版。

26. George（1886［1879］），第259页。

27. “Topics of the Markets：Another Gloomy Day on the Stock Market,” *Globe and Mail*, 1929年10月29日，第8版。“Ford Would Raise Wages，Cut Prices Down to Actual Values,” *St. Louis Post-Dispatch*, 1929年11月21日，第2a版。

28. Cassel（1935），第66页。

29. “Text of Governor Roosevelt's Address Opening His Campaign,” *New York Herald Tribune*, 1932年8月21日，第17版。

30. Chester C. Davis，“Underconsumption of Goods：A Challenge to the Nation,” *New York Times*, 1934年12月9日，第XX5版。

31. 参见Balderrama and Rodríguez（2006）。

32. “Senators Invoke Ancient Rights Declare War on Dial Phone,” *Baltimore Sun*, 1930年5月23日，第2版。

33. Fred Hogue，“Robots Menace World's Wage-Earners,” *Los Angeles Times*, 1931年2月1日，第23版。

34. “Fear of Losing Job Makes Worker Curtail Spending,” *Boston Globe*, 1931年11月1日，第A60版。

35. “Einstein Sees U. S. Troubles Internal,” *Boston Globe*, 1933年1月24日，第17版。

36. Fred Hogue，“Robots Menace World's Wage-Earners,” *Los Angeles Times*, 1931年2

月 1 日，第 23 版。

37. Wayne Parrish, “Ten-Year Survey Points to End of Price System,” *New York Herald Tribune*, 1932 年 8 月 21 日，第 1 版。“技术专家”组织在 1933 年 1 月因内部不和瓦解。

38. “Technology Cult Is Now on the Wane,” *New York Times*, 1933 年 1 月 29 日，第 N1 版。

39. Aubrey Williams, “A Crisis for Our Youth,” *New York Times*, 1936 年 1 月 19 日，第 SM4 版。

40. “Nazis to Bar Replacing of Men with Machines,” *Hartford Courant*, 1933 年 8 月 6 日，第 B5 版。

41. https://www.youtube.com/watch?v=n_1apYo6-Ow.

42. “Yale Scientist Proposes Building Robot Army,” *Nashville Tennessean*, 1941 年 1 月 25 日，第 1 版。

43. “Robots Not War-Winners,” *Globe and Mail*, 1944 年 7 月 7 日，第 6 版。

第 14 章 自动化和人工智能取代几乎所有工作

1. Elmo Roper, “What People Are Thinking,” *New York Herald Tribune*, 1945 年 12 月 28 日，第 15A 版。

2. Ralph Reed, “1946 Sees First Traveling Vacations since the War,” *Daily Boston Globe*, 1946 年 4 月 14 日，第 B9 版。1942 年以后，“胜利度假”一词在之前也曾被人使用过，当时指的是一种经济实惠的在家度假方式，其目的是为战争节省金钱和资源。

3. 幻灯机有着悠久的历史（https://www.ithaca.edu/hs/vrc/historyofprojectors/），但 Ready-Mount 是由照片冲印室安装在纸板上的便捷幻灯片，于 1946 年首次投放广告。

4. Harry T. Montgomery, “Confidence Marks Business Outlook,” *Los Angeles Times*, 1950 年 1 月 3 日，第 35 版。

5. Alfred L Malabre, Jr., “Automation Alarm Is Proving False,” *Wall Street Journal*, 1965 年 10 月 23 日，第 6 版。

6. “Automation Strike Deadlock in U.K.,” *South China Morning Post*, 1956 年 5 月 3 日，第 17 版。

7. John Hoggatt, “What Automation Means to You,” *Austin American*, 1956 年 12 月 16 日，第 SM1 版。

8. Roscoe Born, “Men & Machines: Industrial Unions Fear Automation Will Cut Membership and Power,” *Wall Street Journal*, 1959 年 4 月 7 日，第 1 版。

9. Samuel Lubell, “Disturbing Paradox: Insecurity Blot on Recovery,” *Boston Globe*, 1959 年 5 月 5 日，第 19 版。

10. “Automation Blamed for Recession,” *Washington Post*, 1958 年 4 月 23 日，第 A2 版。

11. https://www.youtube.com/watch?v=244SeRiP_M.

12. Michaels（1962），第 13—14 页。

13. US Department of Health, Education and Welfare, National Commission on Technology, Automation, and Economic Progress, Technology and the American Economy (Washington,

DC：US Government Printing Office，1966）.

14. Alfred L. Malabre，Jr.，“Automation Alarm Is Proving False，” *Wall Street Journal*，1965 年 12 月 23 日，第 6 版。

15. Mark Potts，“Personal Robots：The Future Is Now，” *Washington Post*，1983 年 12 月 12 日，第 WB33 版。

16. https：//www.pastemagazine.com/articles/2015/11/the-100-greatest-movie-robots-of-all-time.html？p=5.

17. Andrew Pollack，“A New Automation to Bring Vast Changes，” *New York Times*，1982 年 3 月 28 日，第 HT1 版。

18. Pollack，“A New Automation.”

19. G. Pascal Zachary，“Worried Workers，” *Wall Street Journal*，1995 年 6 月 8 日，第 A1 版。

20. 股票价格是根据标准普尔 500 指数的每股名义价格确定的，未经通胀或股份回购调整。

21. 此前一年，即 2010 年，Google Voice Action 使口头命令的执行成为现实。

22. Silver et al.（2017）. 也有一些人对 AlphaZero 持怀疑态度，他们怀疑该程序是否真如声称的那样神奇，https：//medium.com/@josecamachocollados/is-alphazero-really-a-scientific-breakthrough-in-ai-bf66ae1c84f2.

23. Harari（2018）.

24. http：//www.cnn.com/2011/11/03/tech/innovation/steve-jobs-book-sales/.

25. “Proposing to Tax Labor-Saving Machines，” *Sun*，1933 年 1 月 18 日，第 8 版。以及 Mady Delvaux，*Draft Report*，European Parliament，2016 年 3 月，http：//www.europarl.europa.eu/sides/getDoc.do？pubRef=-//EP//NONSGML%2BCOMPARL%2BPE-582.443%2B01%2BDOC%2BPDF%2BV0//EN.

26. George（1886［1879］），第 395 页。

27. George（1886［1879］），第 395—396 页。

28. 引自“An Engineer Turns Diagnostician，” *St Louis Post-Dispatch*，1932 年 6 月 5 日，第 1 版。

第 15 章　房地产繁荣与萧条

1. 譬如，从 1978 年 1 月至 2018 年 9 月，密歇根州月度消费者信心指数与经通胀调整的 S&P/CoreLogic/Case-Shiller 房价指数之间的相关性仅为 0.035。

2. Observer，“Making Auger Holes with a Gimlet，” *Cultivator*，1840 年 9 月，第 146 页。

3. “Where They Live，” *St. Louis Post-Dispatch*，1889 年 12 月 29 日，第 18 版。

4. Davis and Heathcote（2007）.

5. 土地价值与房屋价值的“传统”比值为 10%。Paul F. Kneeland，“This Land Boom Is a Land Boom with a Difference，” *Boston Globe*，1958 年 6 月 15 日，第 A31 版。

6. 譬如，在二战后的婴儿潮时期，一篇文章认为建筑成本的上涨是原因所在：“美国建筑成本呈上升趋势：新房价格也随之上涨：专家在价格为何上涨问题上各执己见，”

Christian Science Monitor，1950 年 8 月 18 日，第 13 版。

7. Grebler et al. （1956），第 358 页。

8. “Housing Prices Nip Low Income Groups,” *Arizona Republic*，1957 年 1 月 25 日，第 43 版。

9. McGinn（2007），第 6 页。

10. Festinger（1954）.

11. “Own Your Own Home,” *Washington Post*，1919 年 5 月 19 日，第 9 版。

12. *Arizona Republican*，1900 年 1 月 1 日，第 3 版。

13. US Supreme Court Justice Joseph McKenna in *Hall v. Geiger-Jones Co.*, 242 U. S. 539

14. “Ponzi's Florida Wizarding Pays Big—for Ponzi,” *Chicago Daily Tribune*，1926 年 1 月 16 日，第 9 版。

15. 值得注意的是，美国联邦政府现在通过 1968 年的《跨州土地销售充分披露法案》（ILSFDA）来规范跨州土地销售，这部法案显然并不鼓励过去那种引起土地繁荣的广告和销售策略。参见 Loyd（1975）和 Pursley（2017）。ILSFDA 现在归消费者金融保护局（Consumer Financial Protection Bureau）管辖，该机构因 2010 年的《多德 - 弗兰克法案》（Dodd-Frank Act）而创立，并且一直在积极起诉未能遵守该法案的土地开发商。

16. 此类模型请参见 Gyourko et al. （2013）。

17. Saiz（2010）.

18. “实际上，考虑到住房的边际单位消费，从中位夫妻家庭来看，税后成本从 1970 年到 1979 年间预计下降了 30%。这主要是因为税前实际资本成本下降了，同时通胀也导致自有住房的税收补贴大幅增加。”参见 Diamond（1980），第 295 页。

19. “WSJ ‘Mansion’ Section Makes Its Debut,” *Wall Street Journal*，2012 年 10 月 4 日，http://www.wsj.com/video/wsj-mansion-section-makes-its-debut/5BAD7D1C-77FA-4057-9E3A-19446C5F2F52.html.

20. Katherine Clarke, “Tech CEOs: Lie Low or Live Large?” *Wall Street Journal*，2017 年 11 月 17 日，第 M1 版。

21. “House Prices: After the Fall”封面故事，*Economist*，2005 年 6 月 18—24 日。

第 16 章　股市泡沫

1. 例如，从 1978 年 1 月到 2018 年 11 月，密歇根州消费者信心指数与标准普尔 500 股价指数周期调整市盈率（CAPE）之间的相关性为 0.57。在同一时期，CAPE 与实际房屋价格之间的相关性为 0.42。

2. “Movie Ticker Blamed for Wild Trading in Stocks,” *Austin Statesman*，1928 年 5 月 24 日，第 3 版。

3. Kempton（1998 [1955]），“序言”，location 153.

4. Alexander Dana Noyes, *Globe*（Toronto），1928 年 10 月 22 日，第 8 版，引自“Financial Markets,” *New York Times*，1928 年 10 月 22 日，第 36 版。

5. Rappoport and White（1994）.

6. Robert Shiller, “Lessons from the October 1987 Market Plunge,” *New York Times*，2017

年10月22日，第BU3版。https：//www.nytimes.com/2017/10/19/business/stock-market-crash-1987.html.

7. Galbraith（1955）. 他并不认同其他人的说法：“自杀率上升被归因于大萧条：全国调查显示，在1931年，每100 000人中就有20.5人自杀身亡，这是1915年以来的最高纪录。” *New York Times*，1939年6月23日，第24版。Webb et al.（2002）指出，过去一年的失业与自杀率之间有些许正相关性，尤其是白人自杀率。

8. Johnson and Tversky（1983）.

9. “When Youth and Beauty Go—What Then?” *Louisville Courier-Journal*，1930年1月19日，第87页。

10. Terkel（1970），第67页。

11. Terkel（1970），第376页。

12. Terkel（1970），第164页。

13. Kempton（1998［1955］），“序言”，location 118.

14. Jody Chudley，“JFK's Father Used a Simple Trick to Spot Market Bubbles—and You Can Too，” *Business Insider*，2017年10月12日，http：//www.businessinsider.com/how-to-spot-stock-market-bubbles-2017-10.

15. Baruch（1957）.

16. “Conservatives Begin to Realize Value of War Specialty Stocks，” *Minneapolis Morning Tribune*，1915年7月26日，第15版。

第17章　杯葛、奸商和邪恶企业

1. Charles C. Boycott，“The State of Ireland，” *Times*（London），1880年10月18日，第6版。

2. Wolman（1916），第24页。

3. Wolman（1916），第34页。

4. “Who Is a Profiteer，and What Shall Be Done with Him?” *New York Tribune*，1918年6月16日，第D3版。

5. http：//avalon.law.yale.edu/20th_century/harding.asp.

6. “General Drop in Prices Forecast：Bankers and Traders Expect a Material Reduction in Practically All Lines—Say Era of Extravagance Has Passed，” *Christian Science Monitor*，1920年9月25日，第4版。

7. “Women Fight High Prices，” *Globe*，1920年9月4日，第6版。

8. US Bureau of Labor Statistics，*Monthly Labor Review*，September 2014，https：//www.bls.gov/opub/mlr/2014/article/the-first-hundred-years-of-the-consumer-price-index.htm.

9. “Sees High Prices for Several Years，” *Boston Daily Globe*，1920年1月5日，第13版。

10. Atkeson and Kehoe（2004）提出了100年来17个国家的五年通胀率和五年经济增长率数据。他们认为，除1929—1934年的大萧条之外，两者之间没有显著的相关性。

11. “Attacks Profiteers in Immorality，” *Boston Daily Globe*，1919年5月5日，第2版。

12. Mortimer Fishel, “Lawyers Who Feed on Soldiers' Kin,” *New York Times*, 1918 年 8 月 11 日，第 41 版。

13. Henry Hazlitt, “Profiteers as Public Benefactors,” *New York Times*, 1920 年 3 月 21 日，第 XXX10 版。

14. Fisher（1928），第 7 页。

15. “Federal Judge Whacks Profiteers Hard Blow,” *Los Angeles Times*, 1920 年 6 月 3 日，第 11 版。

16. Jacob H. Hollander, Ph. D. , “How Inflation Touches Every Man's Pocket book,” 1920 年 5 月 2 日，第 XX1 版。

17. “Letters from the People：Excess Profits Tax, M. Hartley a Veteran of the Uncivil War,” *St. Louis Post-Dispatch*, 1920 年 12 月 29 日，第 28 版。

18. “Profiteers Are Incubators for ‘Reds'—Capper,” *Chicago Daily Tribune*, 1920 年 1 月 25 日，第 A9 版。

19. “No Time for Pessimism,” *Baltimore Sun*, 1920 年 12 月 27 日，第 8 版。

20. “Prices Will Never Reach 1914 Level,” *Globe and Mail*, 1920 年 8 月 27 日，第 7 版。

21. “Trade Revival Coming, Hoover Tells Business,” *New York Tribune*, 1921 年 4 月 29 日，第 9 版。

22. “Disjointed Prices,” *Nashville Tennessean*, 1921 年 9 月 26 日，第 4 版。

23. “Summer Jewelry Is Conspicuous,” *St. Louis Post-Dispatch*, 1921 年 7 月 23 日，第 13 版。

24. “Children Nowadays Are Spending Money as If It Grew on Bushes,” *Boston Daily Globe*, 1921 年 10 月 23 日，第 E6 版。

25. Mitchell（1985）.

26. Samuel Crowther, “Fixing Wages,” *Philadelphia Inquirer*, 1936 年 6 月 8 日，第 7 版。

27. Cole and Ohanian（2004）.

28. “Favorable Conditions in Industry Cited,” *Detroit Free Press*, 1929 年 10 月 29 日，第 25 版。

29. Claude A. Jagger, “Large Holiday Retail Sales Add Impetus to Business,” *Atlanta Constitution*, 1929 年 12 月 23 日，第 15 版。

30. “If Deflation ‘Runs Its Course,'” *Christian Science Monitor*, 1932 年 4 月 22 日，第 16 版。

31. Catherine Hackett, “Why We Women Won't Buy,” *Forum and Century*, 1932 年 12 月。

32. “Jersey Clubwomen Urged to Arouse Public Opinion in Favor of Spending,” *New York Herald Tribune*, 1932 年 2 月 7 日，第 E11 版。

33. “What Is a Bargain?” *Jewish Advocate*, 1932 年 10 月 4 日，第 3 版。

34. “Buy-Now Campaign Started in Capital,” *Washington Post*, 1930 年 10 月 25 日，第 7 版。

35. “The Buy Now Campaign,” *Hartford Courant*, 1933年10月16日，第8版。

36. Arthur Brisbane, “Buy in August Campaign Will Help City Merchants,” *Austin Statesman*, 1933年8月2日，第4版。

37. “Angry Americans Lead Charge on Big Energy Bills,” *Boston Globe*, 1975年3月9日，第2版

38. Richard L. Strout, “Fighting Back at Inflation: Will Nixon Be Able to Put Out Flames?” *Christian Science Monitor*, 1974年7月11日，第1版。

39. Lawrence Van Gelder, “Some Prices Cut by Meat Boycott,” *New York Times*, 1973年4月5日，第1版。

40. “A Boycott Fizzle—Little There to Boycott,” *Atlanta Constitution*, 1973年8月8日，第26E版。

41. “High Meat Prices: House wives to Mobilize Again,” *Los Angeles Times*, 1974年2月20日；“Nationwide Meat, Grain Boycott Launched by Consumer Group,” *Los Angeles Times*, 1974年1月24日，第A1版。

第18章　工资—物价螺旋式上升和邪恶工会

1. Lindbeck and Snower（2001）.

2. https://news.gallup.com/poll/12751/labor-unions.aspx. 盖洛普记录的美国公众对工会的支持率自2009年以来一直在上涨并在2018年达到了62%。

3. J. H. Carmical, “Railroads Facing New Labor Crisis,” *New York Times*, 1950年3月12日，第F1版。

4. Joe Edwards, “Transcripts Cite Hoffa Allies' Plot against FBI,” *Boston Globe*, 2009年7月25日，第A10版。

5. Blinder（2004）.

6. Bernanke et al.（1998）.

7. Eisenhower, State of the Union Address, 1957年1月10日，https://www.eisenhower.archives.gov/all_about_ike/speeches/1957_state_of_the_union.pdf.

8. Virgil P. Pownall, “Greed Blamed for Inflation,” *Los Angeles Times*, 1957年8月26日，第B4版。

9. “Our Price Policeman,” *New York Times*, 1957年6月18日，第32版。

10. Friedman（1973），第ix页。

11. Friedman（1973），第xi页。

12. Sydney J. Harris, “Nothing about our Current Wage-Price Spiral Makes Sense,” *Arizona Republic*, 1975年10月8日，第7版。

13. Shiller（1997），第16页。

14. Donald I. Rogers, “Cause of Recession? No One Really Knows: It Came Like a Sudden Shower and Is the Oddest in History,” *New York Herald Tribune*, 1958年3月31日，第1版。

15. Richards（1863），第12页。

16. Fisher（1928），第7页。

第 19 章　未来的叙事，未来的研究

1. Hopkins et al. （2016） .

2. Indiana University Lilly Family School of Philanthropy，GenerosityForLife. org，Charitable Profile，http：//generosityforlife. org/generosity-data/data-tools/generosity-reports/.

3. “Reading Aloud，” *Washington Post*，1899 年 10 月 25 日，第 6 版。

4. 参见 Colley（2003）。

5. 关于女性，参见 Driscoll et al. （2009）。

6. OECD，“Behavioral Insights，” 2017，http：//www. oecd. org/gov/regulatory-policy/behavioural-insights. htm. 也可参见 Zeina Afif，“‘Nudge Units’—Where They Came From and What They Can Do，” World Bank “Let's Talk Development” blog，October 25，2017，http：//blogs. worldbank. org/developmenttalk/nudge-units-where-they-came-and-what-they-can-do.

7. https：//millercenter. org/the-presidency/presidential-speeches/march-4-1933-first-inaugural-address.

8. https：//millercenter. org/the-presidency/presidential-speeches/march-12-1933-fireside-chat-1-banking-crisis.

9. 参见 https：//www. sistrix. com/ask-sistrix/google-index-google-bot-crawler/why-does-a-google-search-with-the-parenthesis-operator-sometimes-deliver-more-results-than-the- same- search-without-it/.

10. Callahan and Elliott（1996） .

11. Piore（2010） .

12. Blinder（1990）；Blinder et al. （1998） .

13. Bewley（1999） .

14. David Romer and Christina Romer（1989）使用他们所说的“叙事方法”研究了美联储联邦公开市场委员会的政策行动和会议记录，以了解货币政策的真正影响。Valerie Ramey（2011）和 Alberto Alesina、Carlo Favero and Francesco Giavazzi（2019）使用叙事方法研究了财政政策的影响。所有这些研究都把重点放在了寻找政府政策的外生因素上，而不是像本书中那样，把重点放在弄懂大众的想法上。

15. Merton and Kendall（1946） .

16. http：//www. issp. org/menu-top/home/.

17. http：//gss. norc. org/.

18. https：//isr. umich. edu/. 也可参见 ISR 消费者调查主任 Richard Thomas Curtin（2019）的书。

19. https：//medium. com/ideo-stories/the-focus-group-is-dead-24e 1ec2dda82.

20. 例如可参见 Edmunds（2000）。

21. https：//ropercenter. cornell. edu/.

22. 例如，Chen et al. （2016）根据引文和引文内的引文计算了叙事传播的“传播分数”。这类测算不仅涉及叙事被提及的次数，还涉及叙事在传播方面的重要性。

附录 将流行病学模型应用于经济叙事

1. Miller（2012）根据一个随机模型推导出了该方程，这个模型基于泊松过程并适用于克马克—麦肯德里克模型的各种变体。

2. 参见 Carvalho and Gonçalves（2016），https：//arxiv. org/pdf/1609. 09313. pdf.

3. 化学中常用的速率方程与此处所示的三个方程非常相似，不过前两个方程中的 *SI* 在化学方程中仅为一个 *S*。https：//bio. libretexts. org/TextMaps/Map% 3A_ Biochemistry_ Online_ (Jakubowski) /06% 3A_TRANSPORT_AND_KINETICS/B. _Kinetics_ of_ Simple_ and_ Enzyme-Catalyzed_ Reactions/B2. _Multi-Step_ Reactions.

这里的 *S*、*I* 和 *R* 是放在一起的三种化学物质。举例来说，这个模型可被应用于三个元素放在一起的放射性衰变研究，其中 *S*、*I* 和 *R* 是元素的数量，*I* 指中等重量元素，*R* 是最后一个元素，是稳定的元素。这里也有两个相同的参数 *c* 和 *r*，*S*、*I* 和 *R* 的图形看起来与此处相似，其中 *I* 呈驼峰状，而且会根据 *c* 和 *r* 的变化表现出快速反应和缓慢反应。但在这个连续化学反应模型中，流行规模始终是 100%。化学中还有更多类似的模型，它们涉及化学物质在溶液中配对后的反应。https：//www. chemguide. co. uk/hysical/basicrates/arrhenius. html.

4. SIRS 模型与上面的 SIR 模型相同，只不过要在第一个方程的右侧添加 $+sR$ 项，在第三个方程的右侧添加 $-sR$ 项，其中 s（>0）为再次感染率。在此模型中，根据参数的不同，感染者走势图可能类似于图 A. 1，但会随着时间的流逝趋向于一条非零水平的渐近线：感染者永远不会全部消失，这种疾病将会成为一种地方性疾病。参见 Breda et al.（2012）。

5. Grais et al.（2004）.

6. Legrand et al.（2007）.

7. Long et al.（2008）.

8. JSTOR 对各个领域 900 多万篇学术论文和书籍进行了编目，其中只有 7% 属于商业或经济学领域，但是，带有“ARIMA”、“ARMA”或“自回归”字样的文章却有 25% 属于商业或经济学领域。

9. 有时候，人们会用 Wold 分解定理（1954）证明移动平均模型的合理性。这个定理指出，任何协方差平稳随机过程都可以分解成噪声项移动平均和确定性部分的过程之和。但是没有理由假定 ARIMA 模型的简单变体会如此普遍。在某些情况下，如果我们将这些误差项或驱动变量表示为已知叙事同步流行的结果，也许能够更好地进行经济预测。

10. 参见 Nsoesie et al.（2013）。

11. Nathanson and Martin（1979）.

12. Bailey et al.（2016）.

13. Surveyed in Lamberson（2016）.

14. 参见 Banerjee（1992），Bikhchandani et al.（1992）。

15. Goel et al.（2016）.

16. Katz and Lazarsfeld（1955），第 44—45 页。

17. Herr et al.（1991）.

18. Bauckhage（2011）.

19. Shiller and Pound（1989），第 54 页。发给个人投资者的版本中删掉了括号里的内容。

20. http：//knowledge. wharton. upenn. edu/article/is-this-the-end-of-money/.

21. Rand and Wilson（1991）、Zeng et al. （2005）、Zheng et al. （2015）和 Olsen et al.（1988）声称 SEIR 模型的一个混沌模式与麻疹、腮腺炎和风疹的数据相匹配。

22. 信息瀑布的基本理念由 Banerjee（1992）和 Bikhchandani et al. （1992）提出，Vives（1996）以及 Banerjee and Fudenberg（2004）对之做出了进一步阐述。

23. Akerlof and Yellen（1985）.

24. 餐馆选择是 Banerjee（1992）提出的典型例子。

25. Banerjee and Fudenberg（2004）从博弈论的角度研究了完全理性的行为人什么时候有可能会对虚假信息达成共识。

参考文献

Abreu, Ildeberta. 2011. "International Organizations' vs. Private Analysts' Forecasts: An Evaluation." Bank of Portugal, https://www.bportugal.pt/sites/default/files/anexos/papers/ab201105_e.pdf.

Achen, Christopher H., and Larry M. Bartels. 2017. *Democracy for Realists: Why Elections Do Not Produce Responsive Government*. Princeton, NJ: Princeton University Press.

Adams, James Truslow. 1931. *The Epic of America*. Boston: Little Brown & Co.

Aiden, Erez, and Jean-Baptiste Michel. 2013. *Uncharted: Big Data as a Lens on Human Culture*. New York: Riverhead Books, Penguin Group.

Akerlof, George A. 2007. "The Missing Motivation in Macroeconomics" (AEA Presidential Address). *American Economic Review* 97(1):3–36.

Akerlof, George A., and Rachel Kranton. 2011. *Identity Economics: How Our Identities Shape Our Work, Wages, and Well-Being*. Princeton, NJ: Princeton University Press.

Akerlof, George A., and Robert J. Shiller. 2009. *Animal Spirits: How Human Psychology Drives the Economy and Why It Matters for Global Capitalism*. Princeton, NJ: Princeton University Press.

———. 2015. *Phishing for Phools: The Economics of Manipulation and Deception*. Princeton, NJ: Princeton University Press.

Akerlof, George A., and Janet L. Yellen. 1985. "A Near-Rational Model of the Business Cycle, with Wage and Price Inertia." *Quarterly Journal of Economics* 100(1):823–88.

———. 1990. "The Fair Wage-Effort Hypothesis and Unemployment." *Quarterly Journal of Economics* 105(2):255–83.

Alexander, Kristin J., Peggy J. Miller, and Julie A. Hengst. 2001. "Young Children's Emotional Attachments to Stories." *Social Development* 10(3):374–98.

Allais, Maurice. 1947. *Économie et intérêt*. Paris: Librairie des publications officielles.

Allen, Franklin, Stephen Morris, and Hyung-Song Shin. 2006. "Beauty Contests and Iterated Expectations in Asset Markets." *Review of Financial Studies* 19(3):719–52.

Allen, Frederick Lewis. 1964 [1931]. *Only Yesterday: An Informal History of the Nineteen-Twenties*. New York: Harper & Brothers.

Alesina, Alberto, Carlo Favero, and Francesco Giavazzi. 2019. *Austerity: When It Works and When It Doesn't*. Princeton, NJ: Princeton University Press.

Aly, Samuel. 2017. "The Gracchi and the Era of Grain Reform in Ancient Rome." *Tenor of Our Times* 6(6):10–21, https://scholarworks.harding.edu/tenor/vol6/iss1/6.

American Psychiatric Association. 2013. *Diagnostic and Statistical Manual of Mental Disorders*. 5th ed. Arlington, VA: American Psychiatric Association.

An, Zidong, João Tovar Jalles, and Prakash Loungani. 2018."How Well Do Economists Forecast Recessions?" Washington, DC: International Monetary Fund, March 5.

Anderson, Benedict. 1991. *Imagined Communities: Reflections on the Origin and Spread of Nationalism*. London: Verso.

André-Aigret, Constance, and Robert Dimand. 2018. "Populism versus Economic Expertise: J. Laurence Laughlin Debates William (Coin) Harvey." *Forum for Social Economics* 47(2):164–72.

Angell, Norman. 1911. *The Great Illusion: A Study of the Relation of Military Power in Nations to Their Economic and Social Advantage*. New York: G. P. Putnam's Sons.

Areni, C. S., and D. Kim. 1993. "The Influence of Background Music on Shopping Behavior: Classical versus Top-Forty Music in a Wine Store." *Advances in Consumer Research* 20:336–40.

Argersinger, Peter H., and Jo Ann E. Argersinger. 1984. "The Machine Breakers: Farmworkers and Social Change in the Rural Midwest of the 1870s." *Agricultural History* 58(3):393–410.

Arkright, Frank. 1933. *The A B C of Technocracy: Based on Authorized Material*. New York: Harper & Brothers.

Ashenfelter, Orley. 2012. "Comparing Real Wage Rates: Presidential Address." *American Economic Review* 102(2):617–42.

Atkeson, Andrew, and Patrick J. Kehoe. 2004. "Deflation and Depression: Is There an Empirical Link?" National Bureau of Economic Research Working Paper 10268.

Azariadis, Costas. 1981. "Self-Fulfilling Prophecies." *Journal of Economic Theory* 25:380–96.

Bailey, Michael, Ruiqing Cao, Theresa Kuchler, and Johannes Stroebel. 2016. "Social Networks and Housing Markets." Presented at NBER behavioral finance workshop.

Baker, Charles Whiting. 1932. *Pathways Back to Prosperity: A Study of Defects in Our Social Machine and How to Mend Them*. New York: Funk & Wagnalls Company.

Balderrama, Francisco E., and Raymond Rodríguez. 2006. *Decade of Betrayal: Mexican Repatriation in the 1930s*. Albuquerque: University of New Mexico Press.

Banerjee, Abhijit. 1992. "A Simple Model of Herd Behavior." *Quarterly Journal of Economics* 107(3):797–817.

Banerjee, Abhijit, and Drew Fudenberg. 2004. "Word-of-Mouth Learning." *Games and Economic Behavior* 46(1):1–22.

Banks, Elizabeth L. 1898. "American Yellow Journalism." *Nineteenth Century*, August, 328–40.

Bardhan, Nilanjana. 2001. "Transnational AIDS-HIV News Narratives: A Critical Exploration of Overarching Frames." *Mass Communication and Society* 4(3):283–309.

Barthes, Roland. 2013 [1984]. *Mythologies*. New York: Hill and Wang.

Bartholomew, D. J. 1982. *Stochastic Models for Social Processes*. Chichester, UK: Wiley.

Baruch, Bernard. 1957. *Baruch: My Own Story*. New York: Henry Holt.

Bauckhage, Christian. 2011. "Insights into Internet Memes." Proceedings of the Fifth AAAI Conference on Weblogs and Social Media, http://www.aaai.org/ocs/index.php/%20ICWSM/ICWSM11/paper/viewFile/2757/3304.

Beaudry, Paul, and Franck Portier. 2014. "News-Driven Business Cycles: Insights and Challenges." *Journal of Economic Literature* 52(4):993–1074.

Beck, Andrew T., Andrew C. Butler, Gregory K. Brown, Katherine K. Dahlsgaard, Cory F. Newman, and Judith S. Beck. 2001. "Dysfunctional Beliefs Discriminate Personality Disorders." *Behavioral Research and Therapy* 39(10):1213–25.

Beckert, Jens, and Richard Bronk. 2018. *Uncertain Futures: Imaginaries, Narratives and Calculation in the Economy*. Oxford: Oxford University Press.

Bell, Brad E., and Elizabeth F. Loftus. 1985. "Vivid Persuasion in the Courtroom." *Journal of Personality Assessment* 49(6):659–64.

Bell, Brian, Anna Bindler, and Stephen Machin. 2017. "Crime Scars: Recessions and the Making of Career Criminals." *Review of Economics and Statistics* 100(3):392–404.

Benabou, Roland. 2013. "Groupthink: Collective Delusions in Organizations and Markets." *Review of Economic Studies* 80:429–62.

Bennett, W. Lance, and Amoshuan Toft. 2009. "Identity, Technology and Narratives: Transnational Activism and Social Networks." In Andrew Chadwick, ed., *Routledge Handbook of Internet Politics*, 246–60. London: Routledge.

Berg, Harry D. 1946. "The Economic Consequences of the French and Indian War for the Philadelphia Merchants." *Pennsylvania History* 13:185–92.

Berger, Jonah. 2013. *Contagious: Why Things Catch On*. New York: Simon and Schuster.

Berger, Ronald J., and Richard Quinney. 2004. *Storytelling Sociology: Narrative as Social Inquiry*. Boulder, CO: Lynne Rienner Publishers.

Bernanke, Ben S. 1983. "Non-Monetary Effects of the Financial Crisis in the Propagation of the Great Depression." *American Economic Review* 73(3):257–76.

———. 2015. *The Courage to Act: A Memoir of a Crisis and Its Aftermath*. New York: W. W. Norton.

Bernanke, Ben, Thomas Laubach, Frederic Mishkin, and Adam Posen. 1998. *Inflation Targeting: Lessons from the International Experience*. Princeton, NJ: Princeton University Press.

Bernstein, Michael J., Steven G. Young, Christina M. Brown, Donald M. Sacco, and Heather M. Claypool. 2008. "Adaptive Responses to Social Exclusion: Social Rejection Improves Detection of Real and Fake Smiles." *Psychological Science* 19(10):981–83.

Bettelheim, Bruno. 1975. *The Uses of Enchantment: The Meaning and Importance of Fairy Tales*. New York: Doubleday.

Bewley, Truman. 1999. *Why Wages Don't Fall in a Recession*. Cambridge, MA: Harvard University Press.

Bikhchandani, Sushil, David Hirshleifer, and Ivo Welch. 1992. "A Theory of Fads, Fashion, Custom, and Cultural Change as Informational Cascades." *Journal of Political Economy* 100(5):992–1026.

Bix, Amy Sue. 2000. *Inventing Ourselves Out of Jobs? America's Debate over Technological Unemployment*. Baltimore: Johns Hopkins University Press.

Blanc, Louis. 1851. *Plus de Girondins*. Paris: Charles Joubert.

Blei, David M., Andrew Y. Ng, and Michael I. Jordan. 2003. "Latent Dirichlet Allocation." *Journal of Machine Learning Research* 3:993–1022.

Blinder, Alan. 1990. "Learning by Asking Those Who Are Doing." *Eastern Economic Journal* 16:297–306.

———. 2004. *The Quiet Revolution: Central Banking Goes Modern*. New Haven, CT: Yale University Press.

Blinder, Alan, Elie R. D. Canetti, David E. Lebow, and Jeremy B. Rudd. 1998. *Asking About Prices: A New Approach to Understanding Price Stickiness*. New York: Russell Sage Foundation.

Blyth, Mark. 2013. *Austerity: The History of a Dangerous Idea.* New York: Oxford University Press.

Bodkin, Maud. 1934. *Archetypal Patterns of Poetry: Psychological Studies of Imagination.* London: Oxford University Press.

Boltz, Marilyn, Matthew Schulkind, and Suzanne Kantra. 1991. "Effects of Background Music on the Remembering of Filmed Events." *Memory & Cognition* 19(6):593–606.

Booker, Christopher. 2004. *The Seven Basic Plots: Why We Tell Stories.* New York: Bloomsbury.

Boudoukh, Jacob, Ronen Feldman, Shimon Kogan, and Matthew Richardson. 2013. "Which News Moves Stock Prices? A Textual Analysis." National Bureau of Economic Research Working Paper 18725.

Boulding, Kenneth E. 1969. "Economics as a Moral Science." *American Economic Review* 59(1):1–12.

Box, George E. P., and Gwilym Jenkins. 1970. *Time Series Analysis: Forecasting and Control.* San Francisco: Holden-Day.

Bramoullé, Yann, Andrea Galeotti, and Brian Rogers, eds. 2016. *The Oxford Handbook of the Economics of Networks.* Oxford: Oxford University Press.

Breda, D., O. Dieckmann, W. F. de Graaf, A. Pugliese, and R. Vermiglio. 2012. "On the Formulation of Epidemic Models (an Appraisal of Kermack and McKendrick)." *Journal of Biological Dynamics* 6(2):103–17.

Briggs, Robin. 1998. *Witches and Neighbors: The Social and Cultural Context of European Witchcraft.* New York: Penguin.

Brill, Alex, and Kevin A. Hassett. 2007. "Revenue-Maximizing Corporate Income Taxes: The Laffer Curve in OECD Countries." Washington, DC: American Enterprise Institute.

Brooks, Peter. 1992. *Reading for the Plot: Design and Intention in Narrative.* Cambridge, MA: Harvard University Press.

Brown, Donald E. 1991. *Human Universals.* Boston: McGraw-Hill.

Brown, Roger, and James Kulik. 1977. "Flashbulb Memories." *Cognition* 5(1):73–99.

Bruner, Jerome. 1991. "The Narrative Construction of Reality." *Critical Inquiry* 18(1):1–21.

———. 1998. "What Is a Narrative Fact?" *Annals of the American Academy of Political and Social Science* 560:17–27.

Burns, Arthur, and Wesley C. Mitchell. 1946. *Measuring Business Cycles.* New York: National Bureau of Economic Research, https://www.nber.org/books/burn46-1.

Callahan, Charlene, and Catherine S. Elliott. 1996. "Listening: A Narrative Approach to Everyday Understandings and Behavior." *Journal of Economic Psychology* 17:79–114.

Calomiris, Charles W., and Larry Schweikart. 1991. "The Panic of 1857: Origins, Transmission, and Containment." *Journal of Economic History* 51(4):807–34.

Campbell, Joseph. 1949. *The Hero with a Thousand Faces.* New York: Pantheon Books.

Carey, Henry Charles. 1861. *The French and American Tariffs Compared.* Detroit, MI: J. Wareen.

Carvalho, Alexsandro M., and Sebastián Gonçalves. 2016. "An Algebraic Solution for the Kermack-McKendrick Model," https://arxiv.org/pdf/1609.09313.pdf.

Cass, David, and Karl Shell. 1983. "Do Sunspots Matter?" *Journal of Political Economy* 91:193–227.

Cassel, Gustav. 1935. *On Quantitative Thinking in Economics.* Oxford: Clarendon Press.

Cawelti, John G. 1976. *Adventure, Mystery, Romance: Formula Stories as Art and Popular Culture.* Chicago: University of Chicago Press.

Chandani, Sushil, David Hirshleifer, and Ivo Welch. 1992. "A Theory of Fashions, Fads, Customs and Cultural Change as Informational Cascades." *Journal of Political Economy* 100(5):992–1026.

Chase, Stuart. 1929. *Men and Machines.* New York: Macmillan.

Chen, Daniel Li, Adithya Parthasarathy, and Shivam Verma. 2016. "The Genealogy of Ideology: Predicting Agreement and Persuasive Memes in the U.S. Courts of Appeals." Unpublished paper, Toulouse School of Economics.

Cheng, Justin, Michael Bernstein, Cristian Danescu-Niculescu-Mizil, and Jure Leskovec. 2017. "Anyone Can Become a Troll: Causes of Trolling Behavior in Online Discussions." Unpublished paper, Stanford University, https://arxiv.org/abs/1702.01119.

Chetty, Raj. 2015. "Behavioral Economics and Public Policy: A Pragmatic Perspective." *American Economic Review* 105(5):1–33.

Chwe, Michael Suk-Young. 2001. *Rational Ritual: Culture, Coordination and Common Knowledge.* Princeton, NJ: Princeton University Press.

Cicero, Marcus Tullius. 1860 [55 BCE]. *On Oratory and Orators.* New York: Harper and Brothers.

Clark, John Bates. 1895. "The Gold Standard of Currency in the Light of Recent Theory." *Political Science Quarterly* 10(3):383–97.

Clayton, Blake C. 2015. *Market Madness: A Century of Oil Panics, Crises, and Crashes.* New York: Oxford University Press.

Clayton, N. S., D. P. Griffiths, N. J. Emery, and A. Dickinson. 2001. "Elements of Episodic-Like Memory in Animals." *Philosophical Transactions of the Royal Society B* 356(1413): 1483–91.

Cochrane, John. 1994. "Shocks." *Carnegie-Rochester Conference Series on Public Policy* 41:295–364.

Cohen, Gillian, and Dorothy Faulkner. 1989. "Age Differences in Source Forgetting: Effects on Reality Monitoring and on Eyewitness Testimony." *Psychology and Aging* 4(1):10–17, http://dx.doi.org/10.1037/0882-7974.4.1.10.

Cole, Harold L., and Lee E. Ohanian. 2004. "New Deal Policies and the Persistence of the Great Depression: A General Equilibrium Analysis." *Journal of Political Economy* 112(4):779–816.

Colley, Helen. 2003. *Mentoring for Social Inclusion: A Critical Approach to Nurturing Mentor Relationships.* London: Routledge Falmer.

Collier, Paul, and Anke Hoeffler. 1998. "On Economic Causes of Civil War." *Oxford Economic Papers* 50(4):563–73.

———. 2002. "On the Incidence of Civil War in Africa." *Journal of Conflict Resolution* 46(1):13–28.

Crane, Stephen. 1895. *The Red Badge of Courage.* New York: D. Appleton & Co.

Cronon, William. 2013. "Storytelling." *American Historical Review* 118(1):1–19.

Curio, E. 1988. "Cultural Transmission of Enemy Recognition in Birds." In Thomas R. Zentall and Bennett G. Galef Jr., eds., *Social Learning: Psychological and Biological Perspectives,* 75. Mahwah, NJ: Lawrence Erlbaum Associates.

Curtin, Richard Thomas. 2019. *Consumer Expectations: Micro Foundations and Macro Impact.* Cambridge: Cambridge University Press.

Cutler, David, James M. Poterba, and Lawrence H. Summers. 1989. "What Moves Stock Prices?" *Journal of Portfolio Management* 15(3):4–12.

Daley, Daryl J., and David. G. Kendall. 1964. "Epidemics and Rumors." *Nature* 204:1118.

———. 1965. "Stochastic Rumors." *IMA Journal of Applied Mathematics* 1(1):42–55.

Davis, Forrest. 1932. *What Price Wall Street?* New York: William Godwin.

Davis, Joseph E. 2002. *Stories of Change: Narratives and Social Movements.* Albany: State University of New York Press.

Davis, Morris A., and Jonathan Heathcote. 2007. "The Price and Quantity of Residential Land in the United States." *Journal of Monetary Economics* 54(8):2595–620.

Davis, Shelby Cullom. 1940. *America Faces the Forties.* Philadelphia: Dorrance and Company.

Dawkins, Richard. 1976. *The Selfish Gene.* Oxford: Oxford University Press.

De Long, J. Bradford, Andrei Shleifer, Lawrence H. Summers, and Robert J. Waldmann. 1990. "Noise Trader Risk in Financial Markets." *Journal of Political Economy* 98(4):703–38.

Desmond, Matthew. 2017. *Evicted: Poverty and Profit in the American City.* New York: Broadway Books.

Diamond, Douglas B., Jr. 1980. "Taxes, Inflation, Speculation and the Cost of Homeownership." *Real Estate Economics* 8:281–97, https://doi.org/10.1111/1540-6229.00218.

Dickstein, Morris. 2009. *Dancing in the Dark: A Cultural History of the Great Depression.* New York: W. W. Norton.

Dimand, Robert W. 1988. *The Origins of the Keynesian Revolution: The Development of Keynes's Theory of Employment and Output.* Stanford, CA: Stanford University Press.

Dohmen, Thomas J., Armin Falk, David Huffman, and Uwe Sunde. 2006. "Seemingly Irrelevant Events Affect Perceptions and Expectations—The FIFA World Cup 2006 as a Natural Experiment." CEPR Discussion Paper No. 5851, https://ssrn.com/abstract=951789.

Driscoll, Lisa G., Kelly A. Parkes, Gresilda A. Tilley-Lubbs, Jennifer M. Brill, and Vanessa R. Pitts. 2009. "Navigating the Lonely Sea: Peer Mentoring and Collaboration among Aspiring Women Scholars." *Mentoring and Tutoring: Partnership in Learning* 17(1):5–25.

Duesenberry, James S. 1949. *Income, Saving, and the Theory of Consumer Behavior.* Cambridge, MA: Harvard University Press.

Durkheim, Emile. 1897. *Le Suicide.* Saint-Germain: Ancienne Librairie Germer Baillière et Cie.

Dynan, Karen E., Jonathan Skinner, and Stephen P. Zeldes. 2004. "Do the Rich Save More?" *Journal of Political Economy* 112(2):397–444.

Eckstein, Otto. 1978. *The Great Recession with a Postscript on Stagflation.* New York: Elsevier Scientific.

Edmunds, Holly. 2000. *The Focus Group Handbook.* New York: McGraw-Hill.

Ehrlich, Paul. 1968. *The Population Bomb.* New York: Ballantine Books.

Eichengreen, Barry. 1996. *Golden Fetters, The Gold Standard and the Great Depression, 1919–1939.* New York: Oxford University Press.

Eichengreen, Barry, and Peter Temin. 2000. "The Gold Standard and the Great Depression." *Contemporary European History* 9(2):183–207.

Eichholtz, Piet M. A. 1997. "A Long Run House Price Index: The Herengracht Index, 1628–1973." *Real Estate Economics* 25(2):175–92.

Escalas, Jennifer Edson. 2007. "Self-Referencing and Persuasion: Narrative Transportation versus Analytical Elaboration." *Journal of Consumer Research* 16:421–29.

Fair, Ray C. 1987. "Sources of Output and Price Variability in a Macroeconomic Model." Yale University: Cowles Foundation Discussion Paper 815.

Fair, Ray C., and Robert J. Shiller. 1989. "The Informational Content of Ex Ante Forecasts." *Review of Economics and Statistics* 71(2):325–31.

Falk, Armin, and Jean Tirole. 2016. "Narratives, Imperatives, and Moral Reasoning." Unpublished paper, University of Bonn.

Falter, Jürgen W. 1986. "Unemployment and the Radicalisation of the German Electorate 1928–1933: An Aggregate Data Analysis with Special Emphasis on the Rise of National Socialism." In Peter Stachura, ed., *Unemployment and the Great Depression in Weimar Germany*, 187–208. London: Palgrave Macmillan.

Fama, Eugene F., and Kenneth R. French. 1993. "Common Risk Factors in the Returns on Stocks and Bonds." *Journal of Financial Economics* 33(1):3–56.

Fang, Hanming, and Giuseppe Moscarini. 2005. "Morale Hazard." *Journal of Monetary Economics* 52(4):749–77.

Farmer, Roger E. A. 1999. *Macroeconomics of Self-Fulfilling Prophecies*. Cambridge, MA: MIT Press.

Farnam, Henry W. 1912. "The Economic Utilization of History: Annual Address of the President." *American Economic Review* 2(1):5–16.

Fearon, James, and David Laitin. 2003. "Ethnicity, Insurgency and Civil War." *American Political Science Review* 97(1):75–90.

Fehr, Ernst, and Simon Gächter. 2000. "Fairness and Retaliation: The Economics of Reciprocity." *Journal of Economic Perspectives* 14(3):159–81.

Ferrand, Nathalie, and Michèle Weil, eds. 2001. *Homo narrativus: dix ans de recherche sur la topique romanesque*. Montpellier: Université Paul-Valéry de Montpellier.

Festinger, Leon. 1954. "A Theory of Social Comparison Processes." *Human Relations* 7:117–40.

Field, Alexander J. 2011. *A Great Leap Forward: 1930s Depression and U.S. Economic Growth*. New Haven, CT: Yale University Press.

Fine, Gary Alan, and Barry O'Neill. 2010. "Policy Legends and Folklists: Traditional Beliefs in the Public Sphere." *Journal of American Folklore* 123(488):150–78.

Fischer, Conan J. 1986. "Unemployment and Left-Wing Radicalism in Weimar Germany." In Peter Stachura, ed., *Unemployment and the Great Depression in Weimar Germany*, 209–25. London: Palgrave Macmillan.

Fisher, Irving. 1928. *The Money Illusion*. New York: Adelphi.

———. 1930. *The Stock Market Crash—and After*. New York: Macmillan.

———. 1933. "The Debt-Deflation Theory of Great Depressions." *Econometrica* 1(4):337–57.

Fisher, R. A. 1930. *The Genetical Theory of Natural Selection*. Oxford: The Clarendon Press.

Fisher, Walter R. 1984. "Narration as a Human Communication Paradigm: The Case of Public Moral Argument." *Communication Monographs* 51(1):1–22.

Flandreau, Marc. 1996. "The French Crime of 1873: An Essay on the Emergence of the International Gold Standard 1870–1880." *Journal of Economic History* 56(4):862–97.

Fogel, Robert W. 2000. *The Fourth Great Awakening and the Future of Egalitarianism.* Chicago: University of Chicago Press.

Foner, Eric. 1974. "The Causes of the American Civil War: Recent Interpretations and New Directions." *Civil War History* 20(3):197–214.

Fougère, Denis, Francis Kramarz, and Julien Pouget. 2009. "Youth Unemployment and Crime in France." *Journal of the European Economic Association* 7(5):909–38.

Francis, Peter. 1997. "The Beads That Did 'Not' Buy Manhattan Island." *New York History* 78(4):411–28.

Freeman, Richard B. 1976. "A Cobweb Model of the Supply and Starting Salary of New Engineers." *Industrial and Labor Relations Review* 29(2):236–48.

———. 1999. "The Economics of Crime." In Orley Ashenfelter and David Card, eds., *Handbook of Labor Economics,* chap. 52. New York: Elsevier Science.

Frey, Bruno, and Hannelore Weck. 1981. "Hat Arbeitlosigkeit den Aufstieg des Nationalsozialismus Bewirkt? / Did Unemployment Lead to the Rise of National Socialism?" *Jahrbücher für Nationalökonomie und Statistik* 196(1):1–31.

Friedman, Benjamin M. 2005. *The Moral Consequences of Economic Growth.* New York: Knopf.

Friedman, Irving S. 1973. *Inflation: A World-Wide Disaster.* Boston: Houghton Mifflin.

Friedman, Milton. 1957. *A Theory of the Consumption Function.* A study by the National Bureau of Economic Research, New York. Princeton, NJ: Princeton University Press, http://www.nber.org/books/frie57-1.

Friedman, Milton, and Anna J. Schwartz. 1963. *A Monetary History of the United States 1867–1960.* Princeton, NJ: Princeton University Press.

———. 1982. *Monetary Trends in the United States and the United Kingdom: Their Relation to Income, Prices, and Interest Rates, 1867–1975.* Chicago: University of Chicago Press.

Friedman, Monroe. 1996. "A Positive Approach to Organized Consumer Action: The 'Buycott' as an Alternative to the Boycott." *Journal of Consumer Policy* 19(4):439–51.

Gabaix, Xavier. 2016. "A Behavioral New-Keynesian Model." National Bureau of Economic Research Working Paper 22954.

Galbraith, John Kenneth. 1955. *The Great Crash, 1929.* Boston: Houghton-Mifflin.

Ganzevoort, R. Ruard, Maaike Hardt, and Michael Scherer-Rath. 2013. *Religious Stories We Live By: Narrative Approaches in Theology and Religious Studies.* Leiden: Brill Academic Publishers.

Garber, Peter. 2000. *Famous First Bubbles.* Cambridge, MA: MIT Press.

Garon, Sheldon. 2012. *Beyond Our Means: Why America Spends While the World Saves.* Princeton, NJ: Princeton University Press.

Gaser, Christian, Igor Nenadic, Hans-Peter Volz, Christian Büchel, and Heinrich Sauer. 2004. "Neuroanatomy of 'Hearing Voices': A Frontotemporal Brain Structural Abnormality Associated with Auditory Hallucinations in Schizophrenia." *Cerebral Cortex* 14(1):91–96.

Geanakoplos, John. 2010. "The Leverage Cycle." In Daron Acemoglu et al., eds., *NBER Macroeconomics Annual 2009,* vol. 24. Chicago: University of Chicago Press.

Gennaioli, Nicola, and Andrei Shleifer. 2018. *A Crisis of Beliefs: Investor Psychology and Financial Fragility.* Princeton, NJ: Princeton University Press.

Gentzkow, Matthew, Jesse M. Shapiro, and Matt Taddy. 2016. "Measuring Polarization in High-Dimensional Data: Method and Application to Congressional Speech." Unpublished paper, Stanford University.

George, Henry. 1886 [1879]. *Progress and Poverty: An Inquiry into the Causes of Industrial Depressions and of Increase of Want with Increase of Wealth. The Remedy*. New York: D. Appleton and Company.

Gerbert, Barbara, Bryan Maguire, Victor Badner, David Altman, and George Stone. 1988. "Why Fear Persists: Health Care Professionals and AIDS." *Journal of the American Medical Association* 260(23):3481–83, doi: 10.1001/jama.1988.03410230099037.

Gervais, Matthew, and David Sloan Wilson. 2005. "The Evolution and Functions of Laughter and Humor: A Synthetic Approach." *Quarterly Review of Biology* 80(4):395–430.

Gillers, Stephen. 1989. "Taking L.A. Law More Seriously." *Yale Law Journal* 98(8): 1607–23.

Gino, Francesca, Michael I. Norton, and Roberto A. Weber. 2016. "Motivated Bayesians: Feeling Moral While Acting Egoistically." *Journal of Economic Perspectives* 30(3):189–212.

Glaeser, Edward L. 2005. "The Political Economy of Hatred." *Quarterly Journal of Economics* 120(1):45–86.

Goel, Sharad, Ashton Anderson, Jake Hofman, and Duncan J. Watts. 2016. "The Structural Virality of Online Diffusion." *Management Science* 62(1):1–17.

Goetzmann, William N., Dasol Kim, and Robert J. Shiller. 2016. "Crash Beliefs from Investor Surveys." National Bureau of Economic Research Working Paper 22143.

Goldberg, Stanley. 1970. "In Defense of Ether: The British Response to Einstein's Special Theory of Relativity, 1905–1911." *Historical Studies in the Physical Sciences* 2:89–125.

Goldin, Claudia. 2014. "A Pollution Theory of Discrimination: Male and Female Differences in Occupations and Earnings." In Leah Platt Boustan, Carola Frydman, and Robert A. Margo, eds., *Human Capital in History: The American Record*, 313–48. Chicago: University of Chicago Press.

Goldman, William. 2012. *Adventures in the Screen Trade*. New York: Grand Central Publishing.

Gordon, Robert J. 1983. "A Century of Evidence on Wage and Price Stickiness in the United States, the United Kingdom, and Japan." In James Tobin, ed., *Macroeconomics, Prices and Quantities*, 85–121. Washington, DC: Brookings.

———. 2016. *The Rise and Fall of American Growth*. Princeton, NJ: Princeton University Press.

Gould, Eric D., Bruce A. Weinberg, and David B. Mustard. 2002. "Crime Rates and Local Labor Market Opportunities in the United States 1979–1997." *Review of Economics and Statistics* 84(1):45–61.

Gould, Stephen Jay. 1994. "So Near and Yet So Far." *New York Review of Books*, October 20.

Grais, R. F., J. H. Ellis, A. Kress, and G. E. Glass. 2004. "Modeling the Spread of Annual Influenza Epidemics in the U.S.: The Potential Role of Air Travel." *Health Care Management Science* 7(2):137–34.

Grant, James. 2014. *The Forgotten Depression: 1921; The Crash That Cured Itself*. New York: Simon & Schuster.

Graves, Lloyd Milner. 1932. *The Great Depression and Beyond*. New York: Press of J. D McGuire.

Grebler, Leo, David M. Blank, and Louis Winnick. 1956. *Capital Formation in Residential Real Estate: Trends and Prospects*. A study by the National Bureau of Economic Research, New York. Princeton, NJ: Princeton University Press.

Grönqvist, Hans. 2011. "Youth Unemployment and Crime: New Lessons Exploring Longitudinal Register Data," https://www.sole-jole.org/12129.pdf.

Grossman, Sanford J., and Robert J. Shiller. 1981. "Determinants of the Variability of Stock Market Prices." *American Economic Review* 71(2):221–27.

Gyourko, Joseph, Christopher Mayer, and Todd Sinai. 2013. "Superstar Cities." *American Economic Journal: Economic Policy* 5(4):167–99.

Hacker, Jacob S., and Paul Pierson. 2016. *American Amnesia: How the War on Government Led Us to Forget What Made America Prosper*. New York: Simon and Schuster.

Halbwachs, Maurice. 1925. "Les cadres sociaux de la mémoire." In *Les travaux de l'année Sociologique*. Paris: Alcan.

Haldrup, Michael, and Jonas Larsen. 2003. "The Family Gaze." *Tourist Studies* 3(1):23–46.

Hall, Todd W. 2007. "Psychoanalysis, Attachment, and Spirituality II: The Spiritual Stories We Live By." *Journal of Psychology and Theology* 35(1):29–42.

Hamilton, James. 1983. "Oil and the Macroeconomy since World War II." *Journal of Political Economy* 91(2):228–48.

Hane, Christopher, and John A. James. 2012. "Wage Rigidity in the Great Depression." Unpublished working paper, State University of New York at Binghamton.

Hanke, Steven H., and Nicholas Krus. 2013. "World Hyperinflations." In Randall Parker and Robert Whaples, eds., *The Handbook of Major Events in Economic History*, 367–77. London: Routledge.

Hannah, Leslie. 1986. *Inventing Retirement*. Cambridge: Cambridge University Press.

Hansen, Alvin H. 1938. *Full Recovery or Stagnation?* New York: W. W. Norton.

———. 1939. "Economic Progress and Declining Population Growth" (1938 presidential address before the American Economic Association). *American Economic Review* 29(1):1–15.

———. 1942. *After the War—Full Employment*. Natural Resources Planning Board. Washington, DC: US Government Printing Office.

Hansen, Lars Peter, and Thomas J. Sargent. 2005. *Recursive Models of Dynamic Linear Economies*. Princeton, NJ: Princeton University Press, http://home.uchicago.edu/~lhansen/mbook2.pdf.

Harari, Yuval Noah. 2018. "Why Technology Favors Tyranny." *Atlantic*, October.

Harvey, William Hope. 1894. *Coin's Financial School*. Chicago: Coin Publishing Company.

Hassler, John. 2001. "Uncertainty and the Timing of Automobile Purchases." *Scandinavian Journal of Economics* 103(2):351–66.

Haugen, Steven E. 2009. "Measures of Labor Underutilization from the Current Population Survey." US Department of Labor, https://www.bls.gov/ore/pdf/ec090020.pdf.

Heathcote, Jonathan, Gianluca Violante, and Fabrizio Perri. 2010. "Inequality in Times of Crisis: Lessons from the Past and a First Look at the Current Recession." Vox EU, voxeu.org/article/economic-inequality-during-recessions.

Heffetz, Ori. 2011. "A Test of Conspicuous Consumption: Visibility and Income Elasticities." *Review of Economics and Statistics* 93(4):1101–17.

Hegel, Georg Wilhelm Friedrich. 1841 [1807]. *Phänomenologie des Geistes*. Edited by D. Johann Schulze. Berlin: Duncker und Humblot.

Henderson, Willie. 1982. "Metaphor in Economics." *Economics* 18(4):147–53.

Hennig-Thurau, Thorsten, Mark B. Houston, and Torsten Heitjans. 2009. "Conceptualizing and Measuring the Monetary Value of Brand Extensions: The Case of Motion Pictures." *Journal of Marketing* 73(6):167–83, http://dx.doi.org/10.1509/jmkg.73.6.167.

Herr, Paul M., Frank R. Kardes, and John Kim. 1991. "Effects of Word-of-Mouth and Product-Attribute Information in Persuasion: An Accessibility-Diagnosticity Perspective." *Journal of Consumer Research* 17(4):454–62.

Herrera-Soler, Honesto, and Michael White. 2012. *Metaphor and Mills: Figurative Language in Business and Economics*. Berlin: De Gruyter.

Hicks, John. 1937. "Mr. Keynes and the 'Classics'; A Suggested Interpretation." *Econometrica* 5(2):147–59.

Higgs, Robert. 1997. "Regime Uncertainty: Why the Great Depression Lasted So Long and Why Prosperity Resumed after the War." *Independent Review* 1(4):561–90, http://www.jstor.org/stable/pdf/24560785.pdf.

Hill, Napoleon. 1925. *The Law of Success in 16 Lessons*. New York: Tribeca Books.

———. 1937. *Think and Grow Rich*. Meriden, CT: The Ralston Society.

Himanen, Pekka. 2001. *The Hacker Ethic and the Spirit of the Information Age*. New York: Random House.

Hofstadter, Douglas R. 1980. *Gödel, Escher, Bach: An Eternal Golden Braid*. New York: Vintage Books.

———. 1981. "Metamagical Themas: The Magic Cube's Cubies Are Twiddled by Cubists and Solved by Cubemeisters." *Scientific American* 244(3):20–39.

Hofstadter, Richard. 1964. "The Paranoid Style in American Politics." *Atlantic*, November.

———. 1967. *Cuba, the Philippines, and Manifest Destiny*. New York: Vintage Books.

Hoganson, Kristin L. 2000. *Fighting for American Manhood: How Gender Politics Provoked the Spanish-American War*. New Haven, CT: Yale University Press.

Holt, Douglas B. 2002. "Why Do Brands Cause Trouble? A Dialectical Theory of Consumer Culture and Branding." *Journal of Consumer Research* 29(1):70–90.

Hopkins, Emily J., Deena Skolnick Weisberg, and Jordan C. V. Taylor. 2016. "The Seductive Allure Is a Reductive Allure: People Prefer Scientific Explanations That Contain Logically Irrelevant Reductive Information." *Cognition* 155:67–76, https://doi.org/10.1016/j.cognition.2016.06.011.

Howard, Milford Wriarson. 1895. *The American Plutocracy*. New York: Holland Publishing Co.

Howell, David R., and Anna Okatenko. 2010. "By What Measure? A Comparison of French and US Labor Market Performance with New Measures of Employment Adequacy." *International Review of Applied Economics* 24(3):333–57.

Huberman, Gur, Jacob D. Leshno, and Ciamac C. Moallemi. 2017. "Monopoly without a Monopolist: An Economic Analysis of the Bitcoin Payment System." Unpublished paper, Columbia Business School, October 17.

Hume, David. 1788 [1742]. "On the Rise and Progress of the Arts and Sciences." In *Essays and Treatises on Several Subjects*, vol. 1. London: T. D. Cadell.

Huston, James L. 1987. *The Panic of 1857 and the Coming of the Civil War*. Baton Rouge: Louisiana State University Press.

Ibn Khallikan, Ahmad Ibn Muhammad. 1868 [1274]. *Biographical Dictionary*. Translated from the Arabic by Baron William Mac Guckin De Slane. Paris: Édouard Blot, Oriental Translation Fund of Great Britain and Ireland.

Irwin, Douglas A. 2011. "Anticipating the Great Depression? Gustav Cassel's Analysis of the Interwar Gold Standard." Unpublished paper, Dartmouth College.

———. 2012. *Trade Policy Disaster*. Cambridge MA: MIT Press.

Isenhour, Cindy. 2012. "On the Challenge of Signalling Ethics without the Stuff: Tales of Conspicuous Green Anti-Consumption." In James B. Carrier and Peter Luetchford, eds., *Ethical Consumption: Social Value and Economic Practice*. New York: Berghahn Books.

Jackendoff, Ray. 2009. "Parallels and Nonparallels between Language and Music." *Music Perception: An Interdisciplinary Journal* 26(3):195–204.

Jackson, Matthew O., and Leeat Yariv. 2005. "Diffusion in Social Networks." *Économie Publique* 16(1):2–16.

Jacobs, Alan, 2016. "The Watchman: What Became of the Christian Intellectuals?" *Harper's Magazine*, September, 54–60.

Jevons, William Stanley. 1878. "Commercial Crises and Sun-Spots." *Nature* 19:33–37.

Johnson, Edgar H. 1910. "The Economics of Henry George's 'Progress and Poverty.'" *Journal of Political Economy* 18(9):714–35.

Johnson, Eric J., and Amos Tversky. 1983. "Affect, Generalization, and the Perception of Risk." *Journal of Personality and Social Psychology* 45(1):20–31.

Johnson, Marcia K., and Mary Ann Foley. 1984. "Differentiating Fact from Fantasy: The Reliability of Children's Memory." *Journal of Social Issues* 40(2):33–50.

Johnson, Marcia K., Shahin Hashtroudi, and D. Stephen Lindsay. 1993. "Source Monitoring." *Psychological Bulletin* 114(1):3–28.

Jones, Charles M., and Owen A. Lamont. 2002. "Short-Sale Constraints and Stock Returns." *Journal of Financial Economics* 66(2–3):207–39.

Jung, Carl. 1919. "Instinct and the Unconscious III." *British Journal of Psychology* 10(1):15–23.

Kahn, Richard F. 1931. "The Relation between Home Investment and Unemployment." *Economic Journal* 41(162):173–98.

Kahneman, Daniel, and Amos Tversky. 1973. "On the Psychology of Prediction." *Psychological Review* 80(4):237–51.

———. 2000. *Choices, Values and Frames*. Cambridge: Cambridge University Press.

Kasparov, Garry. 2017. *Deep Thinking: Where Machine Intelligence Ends and Human Creativity Begins*. New York: PublicAffairs.

Katona, George. 1975. *Psychological Economics*. New York: Elsevier Scientific Publishing Co.

Katz, Elihu, and Paul F. Lazarsfeld. 1955. *Personal Influence: The Part Played by People in the Flow of Mass Communication*. New York: The Free Press of Glencoe.

Kemmerer, David. 2014. *Cognitive Neuroscience of Language*. Hove, East Sussex: Psychology Press.

Kemmerer, Edwin Walter. 1920. *High Prices and Deflation*. Princeton, NJ: Princeton University Press.

Kempton, Murray. 1998 [1955]. *Part of Our Time: Some Ruins and Monuments of the Thirties*. New York: New York Review of Books Classics.

Kent, Richard J. 2007. "A 1929 Application of Multiplier Analysis by Keynes." *History of Political Economy* 39(3):529–43.

Kermack, William Ogilvy, and Anderson Gray McKendrick. 1927. "A Contribution to the Mathematical Theory of Epidemics." *Proceedings of the Royal Society* 115(772):701–21.

Keynes, John Maynard. 1920 [1919]. *Economic Consequences of the Peace*. London: Macmillan.

———. 1932. "Economic Possibilities for Our Grandchildren (1930)." In *Essays in Persuasion*, 358–373. New York: Harcourt Brace.

———. 1936. *The General Theory of Employment, Interest, and Money*. London: Palgrave Macmillan.

Kirnarskaya, Dina. 2009. *The Natural Musician: On Abilities, Giftedness, and Talent*. Oxford: Oxford University Press.

Klages, Mary. 2006. *Literary Theory: A Guide for the Perplexed*. London: Bloomsbury Academic.

Klein, Melanie. 2002 [1921]. "The Development of a Child." In *Love, Guilt and Reparation: And Other Works 1921–1945*. New York: Free Press, 2002.

Klein, Naomi. 2009. *No Logo*. Tenth Anniversary Edition. New York: Picador.

Koopmans, Tjalling. 1947. "Measurement without Theory." *Review of Economics and Statistics* 29(3):161–72.

Kozinets, Robert V., Kristine de Valck, Andrea Wojnicki, and Sarah J. S. Wilner. 2010. "Networked Narratives: Understanding Word-of-Mouth Marketing in Online Communities." *Journal of Marketing* 74:71–89.

Kuran, Timur. 2012. *The Great Divergence: How Islamic Law Held Back the Middle East*. Princeton, NJ: Princeton University Press.

Kuran, Timur, and Cass Sunstein. 1999. "Availability Cascades and Risk Regulation." *Stanford Law Review* 51(4):683–768.

Kuziemko, Ilyana, and Ebonya Washington. 2015. "Why Did the Democrats Lose the South? Bringing New Data to an Old Debate." National Bureau of Economic Research Working Paper 21703.

Kydland, Finn E., and Edward C. Prescott. 1982. "Time to Build and Aggregate Fluctuations." *Econometrica* 50(6):1345–70.

Laffer, Arthur. 2004. "The Laffer Curve, Past, Present and Future." Executive Summary Backgrounder No. 1765. The Heritage Foundation.

Lahiri, Kajal, and J. George Wang. 2013. "Evaluating Probability Forecasts for GDP Declines Using Alternative Methodologies." *International Journal of Forecasting* 29(1): 175–90.

Lakoff, George, and Mark Johnson. 2003. *Metaphors We Live By*. Chicago: University of Chicago Press.

Lamberson, P. J. 2016. "Diffusion in Networks." In Yann Bramoullé, Andrea Galeotti, and Brian Rogers, eds., *The Oxford Handbook of the Economics of Networks*. Oxford: Oxford University Press.

Lanchester, John. 2018. "Can Economists and Humanists Ever Be Friends?" ["Doesn't Add Up" in print edition]. *New Yorker*, July 23, https://www.newyorker.com/magazine/2018/07/23/can-economists-and-humanists-ever-be-friends.

Langlois, Janet L., and Mary E. Durocher. 2011. "The Haunting Fear: Narrative Burdens in the Great Depression." In *Nobody's Burden: Lessons from the Great Depression on the Struggle for Old-Age Security*, 245–67. Lanham, MD: Lexington Books.

League of Nations, Economic and Finance Section. 1922. *Brussels Financial Conference, 1920. The Recommendations and Their Application; A Review after Two Years.*

Le Bon, Gustave. 1895. *Psychologie des foules* (*The Crowd*). Paris: Alcan.

Legrand, J., R. F. Grais, P. Y. Boelle, A. J. Valleron, and A. Flahault. 2007. "Understanding the Dynamics of Ebola Epidemics." *Epidemiology and Infection* 135:610–21.

Leonard, Janet L. 2006. "Sexual Selection: Lessons from Hermaphrodite Mating Systems." *Integrative and Comparative Biology* 46(4):349–67.

Leonard, Mark. 1997. *Britain™: Renewing Our Identity*, https://www.demos.co.uk/files/britaintm.pdf?1240939425.

LeRoy, Stephen F., and Richard D. Porter. 1981. "Stock Price Volatility: Tests Based on Implied Variance Bounds." *Econometrica* 49:97–113.

Leskovec, Jure, Lars Backstrom, and Jon Kleinberg. 2009. "Meme-Tracking and the Dynamics of the News Cycle." KDD '09 Proceedings of the 15th ACM SIGKDD International Conference on Knowledge Discovery and Data Mining, 497–506.

Lin, Yuri, Jean-Baptiste Michel, Erez Lieberman Aiden, Jon Orwant, Will Brockman, and Slav Petrov. 2012. "Syntactic Annotations for the Google Books Ngram Corpus." Proceedings of the 50th Annual Meeting of the Association for Computational Linguistics, July 8–14, 169–74. Jeju Island, Korea, http://aclweb.org/anthology/P12-3029.

Lindbeck, Assar, and Dennis J. Snower. 2001. "Insiders versus Outsiders." *Journal of Economic Perspectives* 15(1):165–88.

Litman, Barry R. 1983. "Predicting Success of Theatrical Movies: An Empirical Study." *Journal of Popular Culture* 16(4):159–75.

Littlefield, Henry M. 1964. "*The Wizard of Oz*: Parable on Populism." *American Quarterly* 16: 47–58. Reprinted in *The American Culture: Approaches to the Study of the United States*, edited by Hennig Cohen. Boston: Houghton Mifflin, 1968.

Loewenstein, George F., Elke U. Weber, Christopher K. Hsee, and Ned Welch. 2001. "Risk as Feelings." *Psychological Bulletin* 127(2): 267–86.

Long, Elisa F., Naveen K. Vaidya, and Margaret L. Brandeau. 2008. "Controlling Co-Epidemics: Analysis of HIV and Tuberculosis Infection Dynamics." *Operations Research* 56(6):1366–81.

Loomes, Graham, and Robert Sugden. 1982. "Regret Theory: An Alternative Theory of Rational Choice under Uncertainty." *Economic Journal* 92(368):805–24.

Lorayne, Harry. 2007. *Ageless Memory: The Memory Expert's Prescription for a Razor-Sharp Mind.* New York: Black Dog and Leventhal Publishers.

Losh, Molly, and Peter C. Gordon. 2014. "Quantifying Narrative Ability in Autism Spectrum Disorder: A Computational Linguistic Analysis of Narrative Coherence." *Journal of Autism and Developmental Disorders* 44 (12): 3016–25.

Lowen, Anice C., Samira Mubareka, John Steel, and Peter Palese. 2007. "Influenza Virus Transmission Is Dependent on Relative Humidity and Temperature." *PLOS Pathogens*, https://doi.org/10.1371/journal.ppat.0030151.

Loyd, Jere L. 1975. "Consumer Affairs—State Securities Regulation of Interstate Land Sales." *Urban Law Annual* 10:271–82, http://openscholarship.wustl.edu/law_ubranlaw/vol10/iss1/9.

Lucas, Robert E. 1978. "Asset Prices in an Exchange Economy." *Econometrica* 46:1429–45.

Luminet, Olivier, and Antoinietta Curci. 2009. "The 9/11 Attacks inside and outside the US: Testing Four Models of Flashbulb Memory Formation across Groups and the Specific Effects of Social Identity." *Memory* 17(7):742–59.

Machill, Marcel, Sebastian Köhler, and Markus Waldhauser. 2007. "The Use of Narrative Structures in Television News." *European Journal of Communication* 22(2):185–205.

Mackay, Charles. 1841. *Memoirs of Extraordinary Popular Delusions*. London: Richard Bentley.

Macmillan, R. H. 1956. *Automation: Friend or Foe?* Cambridge: Cambridge University Press.

MacMullen, Ramsay. 2003. *Feelings in History: Ancient and Modern*. Claremont, CA: Regina Books.

Malthus, Thomas Robert. 1798. *An Essay on the Principle of Population*. Anonymously published, 1798.

Marcus, George E., and Peter Dobkin Hall. 1992. *Lives in Trust: The Fortunes of Dynastic Families in Late Twentieth Century America (Institutional Structures of Feeling)*. Boulder, CO: Westview Press.

Marden, Orison Swett. 1920. *Success Fundamentals*. New York: Thomas Y. Crowell.

Maren, Stephen, and Gregory J. Quirk. 2004. "Neuronal Signalling of Fear Memory." *Nature Reviews: Neuroscience* 5(11):844–52.

Marineli, Filio, Gregory Tsoucalas, Marianna Karamanou, and George Androutsos. 2013. "Mary Mallon (1869–1938) and the History of Typhoid Fever." *Annals of Gastroenterology* 26(2):132–34.

Marx, Groucho. 2017 [1959]. *Groucho and Me*. Muriwai Books.

McCabe, Brian J. 2016. *No Place Like Home: Wealth, Community, and the Politics of Homeownership*. New York: Oxford University Press.

McCaffery, Edward. 2000. "Cognitive Theory and Tax." In Cass Sunstein, ed., *Behavioral Law and Economics*. Cambridge: Cambridge University Press.

McCloskey, Deirdre. 2016. "Adam Smith Did Humanomics: So Should We." *Eastern Economic Journal* 42(4):503–13.

McCullough, David. 1993. *Truman*. New York: Simon & Schuster.

McDaniel, M. A., and G. O. Einstein. 1986. "Bizarre Imagery as an Effective Memory Aid: The Importance of Distinctiveness." *Journal of Experimental Psychology: Learning, Memory, and Cognition* 12(1):54–65.

McGinn, Daniel. 2007. *House Lust: America's Obsession with Our Homes*. New York: Currency Doubleday.

McHugh, Richard. 1991. "Productivity Effects of Strikes in Struck and Nonstruck Industries." *ILR Review* 44(4):722–32.

McQuiggan, Scott W., Jonathan P. Rowe, Sunyoung Lee, and James C. Lester. 2008. "Story-Based Learning: The Impact of Narrative on Learning Experiences and Outcomes." In Beverley P. Woolf, Esma Aïmeur, Roger Nkambou, and Susanne Lajoie, eds., *Intelligent Tutoring Systems*, 530–39. Berlin: Springer Verlag.

Meadows, Donnella, et al. 1972. *Limits to Growth: A Report for the Club of Rome's Project on the Predicament of Mankind*. New York: Universe Books.

Merton, Robert K. 1948. "The Self-Fulfilling Prophecy." *Antioch Review* 8(2):193–210.

Merton, Robert K., and Patricia L. Kendall. 1946. "The Focused Interview." *American Sociological Review* 51(6): 541–57.

Michaels, Donald N. 1962. *Cybernation: The Silent Conquest*. Santa Barbara, CA: Center for the Study of Democratic Institutions, 1962, http://ucf.digital.flvc.org/islandora/object/ucf%3A5123.

Michel, Jean-Baptiste, Yuan Kui Shen, Aviva Presser Aiden, Adrian Veres, Matthew K. Gray, The Google Books Team, Joseph P. Pickett, Dale Hoiberg, Dan Clancy, Peter Norvig, Jon Orwant, Steven Pinker, Martin A. Nowak, and Erez Lieberman Aiden. 2011. "Quantitative Analysis of Culture Using Millions of Digitized Books." *Science* 331(6014):176–82.

Miguel, Edward, Shanker Satyanath, and Ernest Sergenti. 2004. "Economic Shocks and Civil Conflict: An Instrumental Variables Approach." *Journal of Political Economy* 112(4):725–53.

Milad, Mohammed R., Brian T. Quinn, Roger K. Pitman, Scott P. Orr, Bruce Fischl, Scott L. Rauch, and Marcus E. Raichle. 2005. "Thickness of Ventromedial Prefrontal Cortex in Humans Is Correlated with Extinction Memory." *Proceedings of the National Academy of Sciences of the United States of America* 102(30):10706–11.

Milad, Mohammed R., Blake L. Rosenbaum, and Naomi M. Simon. 2014. "Neuroscience of Fear Extinction: Implications for Assessment and Treatment of Fear-Based and Anxiety Related Disorders." *Behaviour Research and Therapy* 62:17–23.

Miller, Joel C. 2012. "A Note on the Derivation of Epidemic Final Sizes." *Bulletin of Mathematical Biology* 74(9):2125–41.

Miłosz, Czesław. 1990 [1951]. *The Captive Mind*. Translated from the Polish by Jane Zielonko. New York: Vintage International.

Mineka, Susan, and Michael Cook. 1988. "Social Learning and the Acquisition of Snake Fear in Monkeys." In Thomas R. Zentall and Bennett G. Galef Jr., eds., *Social Learning: Psychological and Biological Perspectives*, 51–74. Mahwah, NJ: Lawrence Erlbaum Associates.

Mirowski, Philip. 1982. "What's Wrong with the Laffer Curve?" *Journal of Economic Issues* 16(3):1815–28.

Mitchell, Daniel J. B. 1985. "Wage Flexibility: Then and Now." *Industrial Relations* 24(20):266–79.

Mitchell, Wesley C., and Arthur F. Burns. 1938. *Statistical Indicators of Cyclical Revivals, Bulletin 69*. New York: National Bureau of Economic Research, 1938, https://www.nber.org/chapters/c4251.pdf. Reprinted in Geoffrey Moore, *Business Cycle Indicators*. Princeton, NJ: Princeton University Press, 1961.

Mokyr, Joel. 2013. "Culture, Institutions, and Modern Growth." In Sebastian Galiani and Itai Sened, eds., *Institutions, Property Rights, and Economic Growth: The Legacy of Douglass North*. Cambridge: Cambridge University Press.

———. 2016. *Culture and Growth: The Origins of the Modern Economy*. Princeton, NJ: Princeton University Press.

Moore, Geoffrey H. 1983. "The Forty-Second Anniversary of the Leading Indicators." In Geoffrey Moore, ed., *Business Cycles, Inflation and Forecasting*. 2nd ed. Cambridge, MA: Published for the National Bureau of Economic Research by Ballinger Publishing Co., https://www.nber.org/chapters/c0710.pdf.

Morson, Gary Saul, and Morton Schapiro. 2017. *Cents and Sensibility: What Economics Can Learn from the Humanities*. Princeton, NJ: Princeton University Press.

Mullainathan, Sendhil, and Eldar Shafir. 2013. *Scarcity: Why Having Too Little Means So Much*. New York: Times Books.

Muller, Jerry Z. 2018. *The Tyranny of Metrics*. Princeton, NJ: Princeton University Press.

Myrdal, Gunnar. 1974. "The Case against Romantic Ethnicity." *Center Magazine* 7(4):26–30.

Nagel, Stefan, and Zhengyang Xu. 2018. "Asset Pricing with Fading Memory." Unpublished paper, University of Michigan.

Nakamoto, Satoshi. 2008. "Bitcoin: A Peer-to-Peer Electronic Cash System," https://Bitcoin .org/Bitcoin.pdf.

Narayanan, Arvind, Joseph Bonneau, Edward Felten, Andrew Miller, and Steven Goldfeder. 2016. *Bitcoin and Cryptocurrency Technologies*. Princeton, NJ: Princeton University Press.

Nathan, Robert R. 1944. *Mobilizing for Abundance*. New York: McGraw-Hill.

Nathanson, N., and J. R. Martin. 1979. "The Epidemiology of Poliomyelitis: Enigmas Surrounding Its Appearance, Epidemicity, and Disappearance." *American Journal of Epidemiology* 110(6):672–92.

Neftçi, Salih N. 1984. "Are Economic Time Series Asymmetric over the Business Cycle?" *Journal of Political Economy* 92(2):307–28.

Newcomb, Anthony. 1984. "Once More 'Between Absolute and Program Music': Schumann's Second Symphony." *19th-Century Music* 7(3):233–50.

Nørgård, Jørgen Stig, John Peet, and Kristín Vala Ragnarsdóttir. 2010. "The History of the Limits to Growth." *Solutions Journal* 1(2):59–63.

North, Douglass. 2005. *Understanding the Process of Economic Change*. Princeton, NJ: Princeton University Press.

Noyes, Alexander Dana. 1898. *Thirty Years of American Finance*. New York: G. P. Putnam's Sons.

Nsoesie, Elaine O., Richard J. Beckman, Sara Shashaani, Kalyani S. Nagaraj, Madhav V. Marathe. 2013. "A Simulation Optimization Approach to Epidemic Forecasting." *PLoS ONE* 8(6):e67164 doi:10 1371/journal.pone.0067164.

O'Barr, William M., and John M. Conley. 1992. *Fortune and Folly: The Wealth and Power of Institutional Investing*. Homewood, IL: Business-One Irwin.

O Broin, Turlach. 2016. "Mail-Order Demagogues: The NSDAP School for Speakers, 1928–34." *Journal of Contemporary History* 51(4):715.

O'Connor, Patricia E. 2000. *Speaking of Crime: Narratives of Prisoners*. Lincoln: University of Nebraska Press.

Okun, Arthur. 1980. "The Invisible Handshake and the Inflationary Process." *Challenge* 22(6):5–12.

Olsen, L. F., G. L. Truty, and W. M. Schaffer. 1988. "Oscillations and Chaos in Epidemics: A Nonlinear Dynamic Study of Six Childhood Diseases in Copenhagen, Denmark." *Theoretical Population Biology* 33:344–70.

Olson, Mancur. 1971. *The Logic of Collective Action: Public Goods and the Theory of Groups*. Cambridge, MA: Harvard University Press.

Ong, Walter J. 1982. "Oral Remembering and Narrative." In Deborah Tannen, ed., *Analyzing Discourse: Text and Talk*. Washington, DC: Georgetown University Press.

Pace-Schott, Edward F. 2013. "Dreaming as a Story-Telling Instinct." *Frontiers in Psychology* 4:159.
Palgrave, R. H. Inglis. 1894. *Dictionary of Political Economy*. London: Stockton Press.
Paller, Ken A., and Anthony D. Wagner. 2002. "Observing the Transformation of Experience into Memory." *Trends in Cognitive Sciences*. 6(2):93–102.
Palmer, Jay. 1987. "What Do You Think? A Nationwide Poll of Reaction to the Crash." *Barrons*, November 9, 16ff.
Patel, Aniruddh D. 2007. *Music, Language, and the Brain*. New York: Oxford University Press.
Pavlov, Ivan P. 1927. *Conditioned Reflexes: An Investigation of the Physiological Activity of the Cerebral Cortex*. London: Oxford University Press.
Payne, Robert. 1968. *Marx*. New York: Simon and Schuster.
Pecotich, Anthony, and Steven Ward. 2007. "Global Branding, Country of Origin, and Expertise: An Experimental Evaluation." *International Marketing Review* 24(3):271–96, https://doi.org/10.1108/02651330710755294.
Penfield, Wilder. 1958. "Some Mechanisms of Consciousness Discovered during Electrical Stimulation of the Brain." *Proceedings of the National Academy of Sciences* 44(2):51–66.
Pierce, Karen, R. A. Müller, J. Ambrose, G. Allen, and E. Courchesne. 2001. "Face Processing Occurs Outside the Fusiform 'Face Area' in Autism: Evidence from Functional MRI." *Brain* 124(10):2059–73.
Piketty, Thomas. 2014. *Capital in the Twenty-First Century*. Cambridge, MA: Harvard University Press.
Piore, Michael. 2010. "Qualitative Research: Does It Fit in Economics?" *European Management Review* 3(1):17–23.
Polletta, Francesca. 2002. "Plotting Protest Mobilizing Stories in the 1960 Student Sit-Ins." In Joseph E. Davis, ed., *Stories of Change*. Albany: State University of New York Press.
Poole, Debra A., and Lawrence T. White. 1991. "Effects of Question Repetition on the Eyewitness Testimony of Children and Adults." *Developmental Psychology* 27(6):975–79.
Posner, Michael I. 2012. *Cognitive Neuroscience of Attention*. 2nd ed. New York: The Guilford Press.
Presidential Task Force on Market Mechanisms. 1988. *Report* (Brady Commission Report). US Department of Treasury, Washington DC, https://archive.org/details/reportofpresiden01unit.
Presser, Lois, and Sveinung Sandberg. 2015. *Narrative Criminology: Understanding Stories of Crime*. New York: New York University Press.
Propp, Vladimir. 1984. *Theory and History of Folklore*. Minneapolis: University of Minnesota Press.
Proudhon, Pierre-Joseph. 1923 [1840]. *The General Idea of the Revolution in the Nineteenth Century*. Translated by John Beverly Robinson. London: Freedom Press.
Prowaznik, Bruno E. 2006. *Homo artifex: Von der Magie der Kunst*. Infothek.
Prum, Richard O. 2010. "The Lande-Kirkpatrick Mechanism Is the Null Model of Evolution by Intersexual Selection: Implications for Meaning, Honesty, and Design in Intersexual Signals." *Evolution* 64(11):3085–100.
———. 2017. *The Evolution of Beauty: How Darwin's Forgotten Model of Mate Choice Shapes the Animal World—And Us*. New York: Doubleday.

Pursley, Denise. 2017. "Understanding the Full Effects of the Interstate Land Sales Full Disclosure Act." *New England Real Estate Journal*, http://nyrej.com/understanding-the-full-effects-of-the-interstate-land-sales-full-disclosure-act.

Ramey, Valerie A. 2011. "Can Government Purchases Stimulate the Economy?" *Journal of Economic Literature* 49(3):673–85.

Rand, Ayn. 1957. *Atlas Shrugged*. New York: Random House.

Rand, D. A., and H. B. Wilson. 1991. "Chaotic Stochasticity: A Ubiquitous Source of Unpredictability in Epidemics." *Proceedings of the Royal Society B*, https://doi.org/10.1098/rspb.1991.0142.

Rappoport, Peter, and Eugene White. 1994. "Was the Crash of 1929 Expected?" *American Economic Review* 84(1):271–81.

Rashkin, Esther. 1997. *Family Secrets and the Psychoanalysis of Narrative*. Princeton, NJ: Princeton University Press.

Redish, Angela. 2000. *Bimetallism: An Economic and Historical Analysis*. Cambridge: Cambridge University Press.

Reeves, Byron, and Clifford Nass. 2003. *The Media Equation: How People Treat Computers, Television, and New Media Like Real People and Places*. Cambridge: Cambridge University Press.

Rhys-Williams, Juliet. 1943. *Something to Look Forward To*. London: MacDonald.

Richards, George. 1863. *The Memory of Washington: A Sermon Preached in the First Congregational Church, Litchfield CT, February 22, 1863*. Philadelphia: Henry B. Ashmead.

Ritter, Jay. 1991. "The Long-Run Performance of Initial Public Offerings." *Journal of Finance* 46(1):3–27.

Robbins, Lionel. 1932. *An Essay on the Nature and Significance of Economic Science*. London: Macmillan.

———. 1934. *The Great Depression*. New York: Macmillan.

Rockoff, Hugh. 1990. "*The Wizard of Oz* as a Monetary Allegory." *Journal of Political Economy* 98(4):739–60.

Roden, Donald. 1980. "Baseball and the Quest for National Dignity in Meiji Japan." *American Historical Review* 85(3):511–34.

Roll, Richard. 1988. "Orange Juice and Weather." *American Economic Review* 74(5):861–80.

Romer, Christina. 1990. "The Great Crash and the Onset of the Great Depression." *Quarterly Journal of Economics* 105(3):597–624.

Romer, Christina, and David Romer. 1989. "Does Monetary Policy Matter: A New Test in the Spirit of Friedman and Schwartz." Edited by Olivier J. Blanchard and Stanley Fischer. *NBER Macroeconomics Annual*, 63–129.

———. 1994. "What Ends Recessions?" National Bureau of Economic Research Working Paper 4765.

———. 2004. "A New Measure of Monetary Shocks." *American Economic Review* 94(4):1055–84.

Ross, Andrew. 1991. "Hacking Away at the Counterculture." In Andrew Ross and Constance Penley, eds., *Technoculture*. Minneapolis: University of Minnesota Press, 1991.

Roth, Benjamin. 2009. *The Great Depression: A Diary*. Edited by James Ledbetter and Daniel B. Roth. New York: Public Affairs.

Rubin, David C. 1997. *Memory in Oral Traditions: The Cognitive Psychology of Epic, Ballads, and Counting-Out Rhymes*. Oxford: Oxford University Press.

Rubinstein Mark, and Hayne Leland H. 1981. "Replicating Options with Positions in Stock and Cash." *Financial Analysts Journal* 37(4):63–72.

Rudebusch, Glenn D., and John C. Williams. 2009. "Forecasting Recessions: The Puzzle of the Enduring Power of the Yield Curve." *Journal of Business and Economic Statistics* 27(4):492–503.

Saavedra, Javier, Mercedes Cubero, and Paul Crawford. 2009. "Incomprehensibility in the Narratives of Individuals with a Diagnosis of Schizophrenia." *Qualitative Health Research* 19(11):1548.

Saiz, Albert. 2010. "The Geographic Determinants of Housing Supply." *Quarterly Journal of Economics* 125(3):1253–96.

Sala-i-Martin, Xavier. 2006. "The World Distribution of Income: Falling Poverty and . . . Convergence, Period." *Quarterly Journal of Economics* 121(2):351–97.

Salganik, Matthew J., Peter Sheridan Dodds, and Duncan J. Watts. 2016. "Experimental Study of Inequality and Unpredictability in an Artificial Cultural Market." *Science* 311(5762):854–56, doi: 10.1126/science.1121066.

Samuelson, Paul A. 1939. "Interactions between the Multiplier Analysis and the Principle of Acceleration." *Review of Economics and Statistics* 21(2):75–78.

———. 1948a. *Economics: An Introductory Analysis*. New York: McGraw-Hill.

———. 1948b. "International Trade and the Equalization of Factor Prices." *Economic Journal* 58(230):163–84.

———. 1958. "An Exact Consumption-Loan Model with or without the Social Contrivance of Money." *Journal of Political Economy* 66(6):467–82.

Sarbin, Theodore R. 1986. *Narrative Psychology: The Storied Nature of Human Conduct*. Santa Barbara, CA: Praeger.

Sargent, Thomas J., and François Velde. 2002. *The Big Problem of Small Change*. Princeton, NJ: Princeton University Press.

Sartre, Jean-Paul. 1938. *Nausea*. Translated by Robert Baldick. Harmondsworth, UK: Penguin.

Sayles, John. 2011. *A Moment in the Sun*. San Francisco: McSweeney's Publishers.

Schank, Roger C., and Robert P. Abelson. 1977. *Scripts, Plans, Goals, and Understanding: An Inquiry into Human Knowledge*. Hillsdale, NJ: Lawrence Erlbaum Associates.

Scheidel, Walter. 2017. *The Great Leveler: Violence and the History of Inequality from the Stone Age to the Twenty-First Century*. Princeton, NJ: Princeton University Press.

Scheve, Kenneth, and David Stasavage. 2017. *Taxing the Rich: A History of Fiscal Fairness in the United States and Europe*. Princeton, NJ: Princeton University Press.

Scholz, Christin, Elisa C. Baek, Matthew Brook O'Donnell, Hyun Suk Kim, Joseph N. Cappella, and Emily B. Falk. 2017. "A Neural Model of Valuation and Information Virality." *Proceedings of the National Academy of Science of the United States of America* 114(11):2881–86, doi: 10.1073/pnas.161259114, 2017, http://www.pnas.org/content/114/11/2881.abstract#aff-1.

Shapiro, Matthew D. 2016. "How Economic Shocks Affect Spending." *NBER Reporter* 2016(2):11–13.

Shiller, Robert J. 1981. "Do Stock Prices Move Too Much to Be Justified by Subsequent Changes in Dividends?" *American Economic Review* 71(3):421–36.

———. 1984. "Stock Prices and Social Dynamics." *Brookings Papers on Economic Activity* 15(2):457–98.

———. 1987. "Ultimate Sources of Aggregate Variability." *American Economic Review Papers and Proceedings* 77(2):87–92.

———. 1989. *Market Volatility*. Cambridge, MA: MIT Press.

———. 1995. "Conversation, Information, and Herd Behavior." *American Economic Review* 85:181–85.

———. 1997."Why Do People Dislike Inflation?" In Christina Romer and David Romer, eds., *Reducing Inflation: Motivation and Strategy*. Chicago: University of Chicago Press.

———. 2000. *Irrational Exuberance*. Princeton, NJ: Princeton University Press.

———. 2002. "Bubbles, Human Judgment, and Expert Opinion." *Financial Analysts Journal* 58(3):18–26.

Shiller, Robert J., and John Pound. 1989. "Survey Evidence on the Diffusion of Interest and Information among Investors." *Journal of Economic Behavior and Organization* 12: 47–66.

Shiller, Virginia M. 2017. *The Attachment Bond: Affectional Ties across the Lifespan*. New York: Lexington Books.

Shleifer, Andrei, and Robert W. Vishny. 1997. "The Limits of Arbitrage." *Journal of Finance* 52(1):35–55.

Sidis, Boris. 1898. *The Psychology of Suggestion: A Research into the Subconscious Nature of Man and Society*. New York: Appleton & Co.

Siegel, Jeremy J. 2014 [1994]. *Stocks for the Long Run*. New York: Irwin.

Silber, William. 2014. *When Washington Shut Down Wall Street: The Great Financial Crisis of 1914 and the Origins of America's Monetary Supremacy*. Princeton, NJ: Princeton University Press.

Silver, David, et al. 2017. "Mastering Chess and Shogi by Self-Play with a General Reinforcement Learning Algorithm." Cornell University, arXiv:1712.01815 [cs.AI], https://arxiv.org/abs/1712.01815.

Skousen, Mark. 2001. *The Making of Modern Economics*. Armonk, NY: M. E. Sharpe.

Slater, Michael D., David B. Buller, Emily Waters, Margarita Archibeque, & Michelle LeBlanc. 2003. "A Test of Conversational and Testimonial Messages versus Didactic Presentations of Nutrition Information." *Journal of Nutrition Education Behavior* 35:255–59.

Slovic, Paul, Melissa L. Finucane, Ellen Peters, and Donald G. MacGregor. 2007. "The Affect Heuristic." *European Journal of Operational Research* 177(3):1333–52.

Smith, Adam. 1869 [1776]. *An Inquiry into the Origin and Causes of the Wealth of Nations*. Oxford: Clarendon Press. [London: W. Strahan].

Smith, Walter E. 1879. *The Recent Depression of Trade: Its Nature, Its Causes, and the Remedies Which Have Been Suggested for It*. London: Trübner & Co.

Smith, William, William Wayte, and G. E. Marindin. 1890. *A Dictionary of Greek and Roman Antiquities*. London: John Murray.

Snyder, Timothy. 2010. *Bloodlands: Europe between Hitler and Stalin*. New York: Basic Books.

Stachura, Peter D. 1986. "The Social and Welfare Implications of Youth Unemployment in Weimar Germany 1929–1933." In Peter Stachura, ed., *Unemployment and the Great Depression in Weimar Germany*, 121–47. London: Palgrave Macmillan.

Stern, Barbara B., Craig J. Thompson, and Eric J. Arnould. 1998. "Narrative Analysis of a Marketing Relationship: The Consumer's Perspective." *Psychology & Marketing* 15(3):195–214.

Sternberg, Robert. 1998. *Love Is a Story: A New Theory of Relationships*. Oxford: Oxford University Press.

Stowe, Harriet Beecher. 1852. *Uncle Tom's Cabin; Or Life Among the Lowly*. Boston: John P. Jewett and Company.

Sullivan, James. 2006. *Jeans: A Cultural History of an American Icon*. New York: Gotham Books.

Summers, Lawrence H. 1986. "Does the Stock Market Rationally Reflect Fundamental Values?" *Journal of Finance* 41(3):591–601.

Temin, Peter. 1975. "The Panic of 1857." *Intermountain Review* 6:1–12.

———. 1976. *Did Monetary Forces Cause the Great Depression?* New York: W. W. Norton.

———. 1989. *Lessons from the Great Depression*. Cambridge, MA: MIT Press.

Terkel, Studs. 1970. *Hard Times: An Oral History of the Great Depression*. New York: Random House.

Thaler, Richard. 2015. *Misbehaving: The Making of Behavioral Economics*. New York: W. W. Norton.

———. 2016. "Behavioral Economics: Past, Present, and Future" (AEA Presidential Address). *American Economic Review* 106(7):1577–1600.

Thaler, Richard, and Cass Sunstein. 2008. *Nudge: Improving Decisions about Health, Wealth, and Happiness*. New Haven, CT: Yale University Press.

Theobald, Robert. 1963. *Free Men and Free Markets*. New York: C. N. Potter.

Thibault, Pascal, Manon Levesque, Pierre Gosselin, and Ursula Hess. 2012. "The Duchenne Marker Is Not a Universal Signal of Smile Authenticity—But It Can Be Learned!" *Social Psychology* 43(4):215–21.

Tobias, Ronald B. 1999. *Twenty Master Plots and How to Build Them*. London: Piatkus.

Tobin, James, and Craig Swan. 1969. "Money and Permanent Income: Some Empirical Tests." *American Economic Review* 59(2):285–95.

Trump, Donald J., and Meredith McIver. 2004. *How to Get Rich*. New York: Random House.

Trump, Donald J., and Bill Zanker. 2007. *Think Big and Kick Ass in Business and Life*. New York: HarperBusiness.

Uchitelle, Louis. 2006. *The Disposable American: Layoffs and Their Consequences*. New York: Alfred A. Knopf, 2006.

US Bureau of Labor Statistics. 2014. *Monthly Labor Review*. April, https://www.bls.gov/opub/mlr/2014/article/the-first-hundred-years-of-the-consumer-price-index.htm.

US Centers for Disease Control and Prevention. 2014. "Morbidity and Mortality Weekly Report: Evidence for a Decrease in Transmission of Ebola Virus—Lofa County, Liberia." November 14, https://www.cdc.gov/mmwr/preview/mmwrhtml/mm63e1114a1.htm.

US Department of Health, Education and Welfare. 1966. Report of the National Commission on Technology, Automation, and Economic Progress, *Technology and the American Economy*, vol. 1, https://files.eric.ed.gov/fulltext/ED023803.pdf.

US Department of Labor. 1948. *Construction in the War Years 1942–45: Employment, Expenditures, and Building Volume*. Washington, DC: US Government Printing Office, https://fraser.stlouisfed.org/title/4358.

US Securities and Exchange Commission, Trading and Exchange Division. 1947. *A Report on Stock Trading on the New York Stock Exchange on September 3, 1946*. Washington, DC: Securities and Exchange Commission.

Uscinski, Joseph E. 2018. *Conspiracy Theories and the People Who Believe Them*. Oxford: Oxford University Press.

Van Evera, Stephen. 1984. "The Cult of the Offensive and the Origins of the First World War." *International Security* 9(1):58–107.

Vannucci, Manila, Claudia Pelagatti, Carlo Chiorri, and Giuliana Mazzoni. 2015. "Visual Object Imagery and Autobiographical Memory: Object Imagers Are Better at Remembering Their Personal Past." *Memory* 24(4):455–70.

Vartanian, Oshin. 2012. "Dissociable Neural Systems for Analogy and Metaphor: Implications for the Neuroscience of Creativity." *British Journal of Psychiatry* 103(3):302–16.

Veblen, Thorstein. 1899. *The Theory of the Leisure Class: An Economic Study of Institutions*. New York: Macmillan.

———. 1921. *The Engineers and the Price System*. New York: B. W. Huebsch.

Vernon, J. R. 1991. "The 1920–21 Deflation: The Role of Aggregate Supply." *Economic Inquiry* 29(3):572–80.

Vinck, Patrick, Phuong N. Pham, Kenedy K. Bindu, Juliet Bedford, and Eric J. Nilles. 2019. "Institutional Trust and Misinformation in the Response to the 2018–19 Ebola Outbreak in North Kivu, DR Congo: A Population-Based Survey." *Lancet Infectious Diseases* March 27, https://www.thelancet.com/journals/laninf/article/PIIS1473-3099(19)30063-5/fulltext.

Vives, Xavier. 1996. "Social Learning and Rational Expectations." *European Economic Review* 40:589–601.

Vosoughi, Soroush, Deb Roy, and Sinan Aral. 2018. "The Spread of True and False News Online." *Science* 359(6380):1146–51, doi: 10.1126/science.aap9559.

Wang, Hongbin, Xun Liu, and Jin Fan. 2012. "Symbolic and Connectionist Models of Attention." In Michael Posner, ed., *Cognitive Neuroscience of Attention*, 2nd ed., 47–56. New York: Guilford Press.

Wanniski, Jude. 1978a. "Taxes, Revenues and the 'Laffer Curve.'" *Public Interest* 38:3–16, https://www.nationalaffairs.com/storage/app/uploads/public/58e/1a4/c54/58e1a4c549207669125935.pdf.

———. 1978b. *The Way the World Works: How Economies Fail and Succeed*. New York: Basic Books.

Watson, William, and Jason Clemons. 2017. *The History and Development of Canada's Personal Income Tax*. Fraser Institute, https://www.fraserinstitute.org/studies/history-and-development-of-canadas-personal-income-tax-zero-to-50-in-100-years.

Webb, L. Dean, Gene Glass, Arlene Metha, and Casey Cobb. 2002. "Economic Correlates of Suicide in the United States (1929–1992): A Time Series Analysis." *Archives of Suicide Research* 6:93–101.

Weber, Keith, Matthew M. Martin, Members of COMM 401, and Michael Corrigan. 2006. "Creating Persuasive Messages Advocating Organ Donation." *Communication Quarterly* 54:67–87.

Weber, Max. 1950 [1904]. *The Protestant Ethic and the Spirit of Capitalism (Die protestantische Ethik und der Geist des Kapitalismus)*. New York: Scribner's.

Weems, Mason Locke. 1837. *The Life of George Washington with Curious Anecdotes, Equally Honourable to Himself and Exemplary to His Young Countrymen*. Philadelphia: Joseph Allen.

Wertsch, James V. 2008. "Collective Memory and Narrative Templates." *Social Research* 75:133–56.

Wheelis, Mark. 2002. "Biological Warfare at the 1346 Siege of Caffa." *Emerging Infectious Disease Journal* 8(9):971–75.

Wheen, Francis. 1999. *Karl Marx: A Life*. New York: W. W. Norton.

Whewell, William. 1840. *The Philosophy of the Inductive Sciences, Founded upon Their History*. London: John W. Parker.

White, Hayden. 1981. "The Value of Narrativity in the Representation of Reality." In W.J.T. Mitchell, ed., *On Narrative*, 1–25. Chicago: University of Chicago Press.

Wilson, Edward O. 1998. *Consilience: The Unity of Knowledge*. New York: Alfred A. Knopf.

Wold, H. 1954. *A Study in the Analysis of Stationary Time Series*. 2nd ed. Uppsala: Almqvist and Wiksell Book Co.

Wolfe, Tom. 1975. *The Painted Word*. New York: Farrar, Straus and Giroux.

Wolman, Leo. 1916. *The Boycott in American Trade Unions*. Baltimore: Johns Hopkins University Press.

World Health Organization. 2003. *Adherence to Long-Term Therapies: Evidence for Action*. Geneva: WHO, http://www.who.int/chp/knowledge/publications/adherence_full_report.pdf.

———. 2015. *Health Worker Ebola Infections in Guinea, Liberia and Sierra Leone, Preliminary Report*, http://www.who.int/csr/resources/publications/ebola/health-worker-infections/en/.

Wyatt, H. V. 2011. "The 1916 New York City Epidemic of Poliomyelitis: Where Did the Virus Come From?" *Open Vaccine Journal* 4:13–17.

Young, Kay, and Jeffrey Saver. 2001. *The Neurology of Narrative*. Madison: University of Wisconsin Press.

Young, Warren. 1987. *Interpreting Mr. Keynes: The IS-LM Enigma*. Boulder, CO: Westview Press.

Zak, Paul J. 2015. "Why Inspiring Stories Make Us React: The Neuroscience of Narrative." *Cerebrum*, January–February, 2, https://www.ncbi.nlm.nih.gov/pmc/articles/PMC4445577/.

Zarnowitz, Victor, and Philip Braun. 1992. "Twenty-Two Years of the NBER-ASA Quarterly Economic Outlook Surveys: Aspects and Comparisons of Forecasting Performance." Cambridge MA: National Bureau of Economic Research Working Paper 3965.

Zeng, Guang Zhao, Lan Sun Chen, and Li Hua Sun. 2005. "Complexity of an SIR Epidemic Dynamics Model with Impulsive Vaccination Control." *Chaos, Solitons & Fractals* 26(2):495–505.

Zhang, Sarah. 2015. "The Pitfalls of Using Google NGRAM to Study Language." *Wired*, https://www.wired.com/2015/10/pitfalls-of-studying-language-with-google-ngram/.

Zhao, Laijun, Hongxin Cui, Xiaoyan Qiu, Xiaoli Wang, and Jiajia Wang. 2013. "SIR Rumor Spreading Model in the New Media Age." *Physica A: Statistical Mechanics and Its Applications* 392(4):995–1013.

Zheng, Muhua, Chaoqing Wang, Jie Zhou, Ming Zhao, Shuguang Guan, Yong Zou, and Zonghua Liu. 2015. "Non-periodic Outbreaks of Recurrent Epidemics and Its Network Modelling." *Scientific Reports* 5, Article number: 16010 (2015).